高等职业教育路桥工程类专业系列教材

道路勘测设计

DAOLU KANCE SHEJI

主　编　裴俊华　/　副主编　蒋彦林　谢爱萍
参　编　柳　军　汪江萍　/　主　审　石发进

重庆大学出版社

内容提要

本书全面系统地介绍了道路勘测设计的基本概念、原理和方法。全书共分为9个项目,包括绪论、平面设计、纵断面设计、横断面设计、选线与定线、道路交叉设计、道路排水及其设施、道路环境与景观、道路计算机辅助设计等内容。

本书可作为高等职业院校与职业本科学校道路桥梁工程技术、城市轨道交通工程技术、市政工程技术、工程测量技术等专业的教学用书,也可供从事公路、城市道路及线路工程设计、施工和管理的工程技术人员参考使用。

图书在版编目(CIP)数据

道路勘测设计 / 裴俊华主编. -- 重庆 : 重庆大学出版社, 2024.2

高等职业教育路桥工程类专业系列教材

ISBN 978-7-5689-4074-0

Ⅰ. ①道… Ⅱ. ①裴… Ⅲ. ①道路测量—高等职业教育—教材②道路工程—设计—高等职业教育—教材 Ⅳ. ①U412

中国国家版本馆 CIP 数据核字(2023)第 142098 号

道路勘测设计

主　编　裴俊华

副主编　蒋彦林　谢爱萍

参　编　柳　军　汪江萍

主　审　石发进

责任编辑:肖乾泉　　版式设计:肖乾泉

责任校对:谢　芳　　责任印制:赵　晟

*

重庆大学出版社出版发行

出版人:陈晓阳

社址:重庆市沙坪坝区大学城西路 21 号

邮编:401331

电话:(023) 88617190　88617185(中小学)

传真:(023) 88617186　88617166

网址:http://www.cqup.com.cn

邮箱:fxk@cqup.com.cn (营销中心)

全国新华书店经销

重庆新华印刷厂有限公司印刷

*

开本:787mm×1092mm　1/16　印张:20　字数:520 千　插页:8 开 1 页

2024 年 2 月第 1 版　2024 年 2 月第 1 次印刷

ISBN 978-7-5689-4074-0　定价:55.00 元

前　言

本书以习近平新时代中国特色社会主义思想为指导，以国家相关部委颁发的最新技术标准、规范为依据，以职业岗位工作目标为切入点，紧紧围绕道路工程勘测设计过程，充分反映道路勘测设计的新理念、新技术和新方法，突出工作岗位对从业人员知识结构和职业能力的要求，强化技能训练，注重实用性和可操作性，落实党的二十大精神和立德树人根本任务，弘扬工匠精神，适应技术进步和产业发展新要求，充分体现高等职业教育的特点。

本书编写中吸取了有关教材长处，遵循学生认知规律，结合教学实践经验，征求行业意见，紧跟生产实际，注重学生专业精神、职业精神、专业技能培养。通过工作岗位知识点和实践点的阐述，设计了基于岗位需求的项目式教学任务。通过课程实训环节，培养学生精益求精的工匠精神、吃苦耐劳的坚忍品格、严谨求实的工作作风，着力服务培养适宜于行业发展需求的工程师、能工巧匠和高技能人才。

本书由甘肃林业职业技术学院裴俊华担任主编，甘肃省天水公路事业发展中心蒋彦林、甘肃林业职业技术学院谢爱萍担任副主编，甘肃林业职业技术学院柳军、汪江萍参与编写，西安立德公路工程咨询有限公司石发进高级工程师担任主审。具体编写分工如下：裴俊华编写项目1、项目2、项目7；柳军编写项目3、项目4；蒋彦林编写项目5；汪江萍编写项目6、项目8；谢爱萍编写项目9。全书由裴俊华统稿。

本书在编写过程中，参考了大量文献，引用了相关规范、技术标准、产品使用手册和说明书的部分内容，在此，谨向有关作者和单位表示感谢。同时，本书得到了重庆大学出版社相关人员的支持和帮助，在此一并表示衷心的感谢。

由于编者水平有限，书中难免有疏漏和不足之处，敬请读者批评指正，欢迎提出宝贵意见和建议。联系邮箱：634037327@ qq. com。

编　者

2023 年 10 月

附:本书参考的部分规范和标准

1.《公路工程技术标准》(JTG B01—2014),简写为《公路工程技术标准》。

2.《城市道路工程设计规范(2016 年版)》(CJJ 37—2012),简写为《城市道路工程设计规范》。

3.《公路路线设计规范》(JTG D20—2017),简写为《公路路线设计规范》。

4.《城市道路路线设计规范》(CJJ 193—2012),简写为《城市道路路线设计规范》。

5.《公路环境保护设计规范》(JTG B04—2010),简写为《公路环境保护设计规范》。

目　录

项目1　绪　论

【学习目标】了解和掌握道路勘测设计课程的特点、任务和要求。重点掌握公路及城市道路的分级、分类及其依据,确定公路等级应考虑的主要因素,道路设计控制的概念和作用;掌握道路设计阶段的划分及其各阶段的主要任务;了解交通运输方式及道路运输的特点、地位与作用;了解我国道路发展的历史、现状及近远期规划。

任务1.1　道路发展概况及规划

1.交通运输系统组成

交通运输是国民经济中具有基础性、先导性、战略性的产业,是重要的服务性行业和现代化经济体系的重要组成部分,是联系国民经济各领域及城市和乡村、生产和消费的纽带,是推动社会经济发展和人类文明进步的重要因素,是构建新发展格局的重要支撑和服务人民美好生活、促进共同富裕的坚实保障。

现代交通运输系统是由铁路、公路、水运、航空及管道运输5种方式组成,这些运输方式在技术经济上各有特点。铁路运输对于远程的大宗客货运输具有明显的优势;水运具有通过能力高、运量大、耗能小、成本低的优点,但受自然条件限制大、速度慢;航空运输速度快,但运量小、运价高;管道运输适于运输液态、气态及散装物品,具有连续性强、运输成本低、损耗少、安全性好的特点;道路运输机动灵活,可以实现从门到门的运输,覆盖面广,避免中转和重复装卸,是综合交通运输系统中最活跃的一种运输方式。

2.道路运输的特点与发展概况

1)道路运输的特点

道路是国家经济和国防建设的基础设施。道路运输是随着人类社会经济和文化活动的发展而逐步发展起来的,是人类社会经济活动的基本条件之一。道路运输在整个交通运输系统中也处于基础地位。社会经济水平和交通运输需求决定着道路交通的发展进程,而道路交通也会制约社会经济和交通运输的发展水平。世界各国国民经济的发展进程无不与道路运输及其发展有着密切的联系。道路运输与其他运输方式相比,主要有以下特点:

①灵活性。道路运输受固定设施的限制较小,可以自成体系,能够在需要的时间和规定的地点迅速集散货物,而其他运输方式却需要道路运输为其提供集散条件,并通过道路运输来

完成。

②直达性。道路运输能够深入到客货集散点进行直接运输,而不需要中转,可以大大节约时间和费用,减少损耗。对于短途运输,效益更加显著。

③公益性。道路通达深度广,覆盖面大,可以到达工矿企业、城乡村镇,受益人群多,社会效益良好,容易受到社会各方面的关注和支持。

④主导性。随着我国道路网的不断改造和完善,特别是大量高速公路的建成通车,道路客货运量在交通运输体系中所占比重处于绝对优势。道路交通的发达程度已经成为衡量一个国家经济实力和现代化水平的重要标志。

⑤劣势。由于道路运输单位运量较少,行业服务人员和能源消耗较多,导致运输成本偏高。另外道路运输对环境污染较大,治理较为困难。

近年来,随着道路等级的逐渐提高,汽车性能的不断改善,以及高新技术在道路运输中的广泛应用,使得道路运输越来越快捷、安全、舒适、方便,道路在国民经济和社会生活中的地位日益提高,道路运输已成为各国广泛采用的一种主要运输方式。

2)我国道路运输的发展概况

(1)我国道路发展史

我国的道路建设曾经有过辉煌的时期,有着悠久的历史。早在 4 000 多年前,就有轩辕氏造舟车,到周朝又有"周道如砥,其直如矢"的记载,并将城乡道路按不同等级进行统一规划,修建了从镐京(周朝初年国都,今西安市长安区境内)通往各诸侯城邑的牛马车道路,形成了以都城为中心的道路体系。秦始皇统一六国后,颁布"车同轨"法令,大修驰道,据《汉书》记载"为驰道于天下,东穷燕齐,南极吴楚,江湖之上,濒海之观毕至",可见道路规模宏大,驰道型制是"道广五十步,三丈而树,厚筑其外,隐以金椎,树以青松"。西汉时期(公元前 202 年—公元 8 年),汉承秦制,随着城市的兴起和商业的发展,开通了连接欧亚大陆的"丝绸之路",由长安出发,经河西走廊、塔里木盆地直达中亚和欧洲,对当时东西方各国的交往起了重要的沟通作用。到唐代,初步形成了以城市为中心的四通八达的驿路,每隔 15 km 设置驿站,并建立完善的"驿制"。到清代,全国已形成了层次分明、功能较完善的道路系统——"官马大道""大路""小路",分别为京城到各省城、省城至地方重要城市及重要城市到市镇的三级道路分类。

公元 1886 年,第一辆汽车在德国的"奔驰"公司诞生,开创了道路运输的新纪元。20 世纪初,汽车输入我国,公路开始发展。1906 年,在广西友谊关修建了第一条公路。由于受战争、灾荒及其他因素的影响,到 1949 年,我国仅有汽车 5 万辆,公路通车里程 8 万 km。

改革开放特别是党的十八大以来,我国公路发展取得了举世瞩目的成就。《国家公路网规划(2013—2030 年)》明确提出,国家高速公路网由"7 射、11 纵、18 横"(以下简称"71118")等路线组成。截至 2020 年底,全国公路通车总里程达 519.81 万 km,其中高速公路通车里程为 16.10 万 km,稳居世界第一;高速公路对 20 万以上人口城市覆盖率超过 98%,普通国道通车里程达到 25.8 万 km,基本覆盖县级及以上行政区和常年开通的边境口岸。

公路交通作为最基础、最广泛的运输方式,发展成效显著,但是仍然存在不平衡不充分问题。一是基础设施仍需完善,区域之间、城市群之间高速公路通道能力需要提升,普通国省干线和农村公路的通达深度、技术状况、服务能力有待改善，路网韧性有待加强。二是与其他运输方式、新一代信息技术、其他相关产业的融合发展仍有提升空间。三是养护和运行管理压力持续加大，常态化养护长效机制仍需完善，公路安全防护等配套设施仍有不足，部分地质灾害易发多发路段存在较高运行风险。四是运输服务品质有待提升，联程运输和多式联运发展总体处于起步阶段，农村客运长效发展机制不够完善，农村物流短板明显。

(2)我国高速公路的发展

1988 年，上海至嘉定高速公路建成通车，结束了中国大陆没有高速公路的历史；1990 年，被誉为“神州第一路”的沈大高速公路全线建成通车，标志着我国高速公路发展进入了一个新的时代；1993 年，京津塘高速公路建成，我国拥有了第一条利用世界银行贷款建设、跨省市的高速公路。为了集中力量、突出重点，加快我国高速公路的发展，1992 年，原交通部制定了“五纵七横”国道主干线规划并付诸实施，从而为我国高速公路持续、快速、健康发展奠定了基础。由 5 条南北纵线和 7 条东西横线组成的“五纵七横”国道主干线总里程约 3.5 万 km，全部是二级以上的高等级公路，其中高速公路约占总里程的 76%，连接了当时全国所有人口在 100 万人以上的特大城市和 93% 的人口在 50 万人以上的大城市，于 2007 年底全线贯通。

2004 年 12 月，国务院审议通过《国家高速公路网规划》形成由中心城市向外放射以及横连东西、纵贯南北的大通道，规划了总规模为 8.5 万 km 的“7918”国家高速公路网。至 2015 年末，全国高速公路建成里程 12.35 万 km，比 2014 年末增加 1.16 万 km，其中，国家高速公路建成 7.96 万 km。

“十三五”时期，公路交通发展水平跃上新的大台阶。至 2020 年末，公路通车里程接近 520 万 km，高速公路通车里程达到 16.1 万 km，通达 99% 的城镇人口 20 万以上城市及地级行政中心，二级及以上公路通达 97.6% 的县城，农村公路总里程达到 438 万 km。

“十四五”时期，我国公路交通将以构建现代化高质量综合立体交通网络为导向，加强公路与其他运输方式的衔接，协调推进公路快速网、干线网和基础网建设。以中西部地区为重心，加快国家高速公路待贯通路段建设，高速公路通达城区人口 10 万以上市县，优先打通“71118”主线和省际衔接路段，进一步扩大路网覆盖，强化区际衔接，提升国家高速公路网络质量和整体效应。至 2022 年末，全国公路通车里程 535 万 km，其中高速公路 17.7 万 km。

(3)国家公路网规划总体情况

改革开放以来，我国先后出台了 5 个国家级干线公路网规划，分别是 1981 年原国家计委、国家经委、交通部联合颁布的《国家干线公路网(试行方案)》，即普通国道网；1992 年原交通部出台的《国道主干线系统规划》；2004 年国务院批准的《国家高速公路网规划》；2013 年交通运输部公布的《国家公路网规划(2013—2030 年)》；2022 年 7 月颁布的《国家公路网规划》。

1981 年，原国家计委、国家经委和交通部联合颁布的《国家干线公路网(试行方案)》，就是通常所说的国道网。它划定了总规模约 11 万 km 的普通国道，共 70 条国道，第一类是 12 条“1”字头的首都放射线，第二类是 28 条“2”字头的南北纵线，第三类是 30 条“3”字头的东西横线，从功能和布局上确定了全国公路网的基本构架，为集中推进国家干线公路建设奠定了基础。

1992 年，原交通部出台的《国道主干线系统规划》由 5 条南北纵线和 7 条东西横线组成“五纵七横”国道主干线，总里程约 3.5 万 km，全部是二级以上的高等级公路，其中高速公路约占总里程的 76%，连接了当时全国所有人口在 100 万人以上的特大城市和 93% 的人口在 50 万人以上的大城市，于 2007 年底全线贯通。

2004 年 12 月，国务院审议通过的《国家高速公路网规划》由 7 条首都放射线、9 条南北纵线和 18 条东西横线组成，简称为“7918”网，总规模约 8.5 万 km，其中主线 6.8 万 km，地区环线、联络线等其他路线约 1.7 万 km。到 2012 年底，国家级干线公路通车里程 17.3 万 km，其中：普通国道 10.5 万 km，国家高速公路 6.8 万 km。这一时期公路的快速发展，显著改善了我国公路整体技术水平，总体缓解了交通紧张状况，对提高经济运行效率、增强发展活力、提升国民生活质量、保障国家安全做出了突出贡献。

2013 年公布的《国家公路网规划（2013—2030 年）》明确国家公路网规划方案由普通国道和国家高速公路两个路网层次构成，总规模约 40 万 km。西部地区增加了两条南北向的通道，由“7、9、18”变成了“7、11、18”，国家高速公路网由“7 射、11 纵、18 横”（以下简称“71118”）等路线组成，总规模约 13.6 万 km；普通国道网由“12 射、47 纵、60 横”等路线组成，总规模约 26.5 万 km。截至 2021 年底，国家高速公路建成 12.4 万 km，基本覆盖地级行政中心；普通国道通车里程达到 25.8 万 km，基本覆盖县级及以上行政区和常年开通的边境口岸。

2022 年 7 月颁布的《国家公路网规划》，规划期至 2035 年，远景展望到本世纪中叶。基本建成覆盖广泛、功能完备、集约高效、绿色智能、安全可靠的现代化高质量国家公路网，形成多中心网络化路网格局，实现国际省际互联互通、城市群间多路连通、城市群城际便捷畅通、地级城市高速畅达、县级节点全面覆盖、沿边沿海公路连续贯通。国家公路网规划线路总规模约 46.1 万 km，由国家高速公路网和普通国道网组成，其中国家高速公路约 16.2 万 km（含远景展望线约 0.8 万 km），普通国道总规模约 29.9 万 km。

国家高速公路网按照“保持总体稳定、实现有效连接、强化通道能力、提升路网效率”的思路，补充完善国家高速公路网。保持国家高速公路网络布局和框架总体稳定，优化部分路线走向，避让生态保护区域和环境敏感区域；补充连接城区人口 10 万以上市县、重要陆路边境口岸；以国家综合立体交通网“6 轴 7 廊 8 通道”主骨架为重点，强化城市群及重点城市间的通道能力；补强城市群内部城际通道、临边快速通道，增设都市圈环线，增加提高路网效率和韧性的部分路线。国家高速公路网由 7 条首都放射线、11 条北南纵线、18 条东西横线，以及 6 条地区环线、12 条都市圈环线、30 条城市绕城环线、31 条并行线、163 条联络线组成，简称“71118”国家高速公路网，详见表 1.1.1。

普通国道按照“主体稳定、局部优化，补充完善、增强韧性”的思路，优化完善普通国道网。以既有普通国道网为主体，优化路线走向，强化顺直连接、改善城市过境线路、避让生态保护区域和环境敏感区域；补充连接县级节点、陆路边境口岸、重要景区和交通枢纽等，补强地市间通道、沿边沿海公路及并行线；增加提高路网效率和韧性的部分路线。普通国道总规模约 29.9 万 km。普通国道网由 12 条首都放射线、47 条北南纵线、60 条东西横线，以及 182 条联络线组成。

表 1.1.1 国家高速公路网

	序号	路线类别	路线编号与起讫点
放射线	1	主线	G1 北京—哈尔滨
		联络线	G0111 秦皇岛—滨州
		联络线	G0112 长春—辽源
		并行线	G0121 北京—秦皇岛
		并行线	G0122 秦皇岛—沈阳
	2	主线	G2 北京—上海
		联络线	G0211 天津—石家庄
		联络线	G0212 武清—滨海新区
	3	主线	G3 北京—台北
		联络线	G0311 济南—聊城
		并行线	G0321 德州—上饶
		并行线	G0322 北京—德州
		并行线	G0323 济宁—合肥
	4	主线	G4 北京—港澳
		联络线	G0411 安阳—长治
		联络线	G0412 深圳—南宁
		联络线	G0413 新乐—忻州
		并行线	G0421 许昌—广州
		并行线	G0422 武汉—深圳
		并行线	G0423 乐昌—广州
		并行线	G0424 北京—武汉
		并行线	G0425 广州—澳门
	5	主线	G5 北京—昆明
		联络线	G0511 德阳—都江堰
		联络线	G0512 成都—乐山
		联络线	G0513 平遥—洛阳
	6	主线	G6 北京—拉萨
		联络线	G0611 张掖—汶川
		联络线	G0612 西宁—和田
		联络线	G0615 德令哈—康定
		联络线	G0616 乌拉特前旗—甘其毛都
放射线	7	主线	G7 北京—乌鲁木齐
		联络线	G0711 乌鲁木齐—若羌
		联络线	G0712 额济纳旗—策克
纵线	1	主线	G11 鹤岗—大连
		联络线	G1111 鹤岗—哈尔滨
		联络线	G1112 集安—双辽
		联络线	G1113 丹东—阜新
		联络线	G1115 鸡西—建三江
		联络线	G1116 伊春—北安
		联络线	G1117 绥化—北安
		联络线	G1118 抚松—长白
		联络线	G1119 白山—临江
		联络线	G1131 牡丹江—延吉
	2	主线	G15 沈阳—海口
		联络线	G1511 日照—兰考
		联络线	G1512 宁波—金华
		联络线	G1513 温州—丽水
		联络线	G1514 宁德—上饶
		联络线	G1515 盐城—靖江
		联络线	G1516 盐城—洛阳
		联络线	G1517 莆田—炎陵
		联络线	G1518 盐城—蚌埠
		联络线	G1519 南通—如东
		并行线	G1521 常熟—嘉善
		并行线	G1522 常熟—台州
		并行线	G1523 宁波—东莞
		联络线	G1531 上海—慈溪
		联络线	G1532 泉州—梅州
		联络线	G1533 泉州—金门
		联络线	G1534 厦门—金门
		联络线	G1535 潮州—南昌
		联络线	G1536 东莞—广州

续表

	序号	路线类别	路线编号与起讫点
纵线	3	主线	G25　长春—深圳
		联络线	G2511　新民—鲁北
		联络线	G2512　阜新—锦州
		联络线	G2513　淮安—徐州
		联络线	G2515 鲁北—霍林郭勒
		联络线	G2516　东营—吕梁
		联络线	G2517　沙县—厦门
		联络线	G2518　深圳—岑溪
		联络线	G2519　康平—沈阳
		联络线	G2531　杭州—上饶
	4	主线	G35　济南—广州
		联络线	G3511　菏泽—宝鸡
		联络线	G3512　寻乌—赣州
	5	主线	G45　大庆—广州
		联络线	G4511　龙南—河源
		联络线	G4512　双辽—嫩江
		联络线	G4513　奈曼旗—营口
		联络线	G4515　赤峰—绥中
	6	主线	G55　二连浩特—广州
		联络线	G5511　集宁—阿荣旗
		联络线	G5512　晋城—新乡
		联络线	G5513　长沙—张家界
		联络线	G5515　张家界—南充
		联络线	G5516 苏尼特右旗—张家口
		联络线	G5517　常德—长沙
		联络线	G5518　晋城—潼关
	7	主线	G59　呼和浩特—北海
		联络线	G5911　朔州—太原
		联络线	G5912　房县—五峰
	8	主线	G65　包头—茂名
		联络线	G6511　安塞—清涧
		联络线	G6512　秀山—从江
		联络线	G6517　梧州—柳州
纵线	8	并行线	G6521　榆林—蓝田
		并行线	G6522　延安—西安
	9	主线	G69　银川—百色
		联络线	G6911　安康—来凤
	10	主线	G75　兰州—海口
		联络线	G7511　钦州—东兴
		联络线	G7512　贵阳—成都
		并行线	G7521　重庆—贵阳
		并行线	G7522　贵阳—北海
	11	主线	G85　银川—昆明
		联络线	G8511　昆明—磨憨
		联络线	G8512　景洪—打洛
		联络线	G8513　平凉—绵阳
		联络线	G8515　广安—泸州
		联络线	G8516　巴中—成都
		联络线	G8517　屏山—兴义
横线	1	主线	G10　绥芬河—满洲里
		联络线	G1011　哈尔滨—同江
		联络线	G1012　建三江—黑瞎子岛
		联络线	G1013　海拉尔—张家口
		联络线	G1015　铁力—科尔沁右翼中旗
		联络线	G1016　双鸭山—宝清
		联络线	G1017　海拉尔—加格达奇
	2	主线	G12　珲春—乌兰浩特
		联络线	G1211　吉林—黑河
		联络线	G1212　沈阳—吉林
		联络线	G1213　北安—漠河
		联络线	G1215　松江—长白山
		联络线	G1216　乌兰浩特—阿力得尔
		并行线	G1221　延吉—长春
	3	主线	G16　丹东—锡林浩特

续表

	序号	路线类别	路线编号与起讫点		序号	路线类别	路线编号与起讫点
横线	3	联络线	G1611　克什克腾—承德	横线	8	联络线	G3612　平顶山—宜昌
		联络线	G1612　锡林浩特—二连浩特			联络线	G3613　洛阳—内乡
	4	主线	G18　荣成—乌海			联络线	G3615　洛阳—卢氏
		联络线	G1811　黄骅—石家庄		9	主线	G40　上海—西安
		联络线	G1812　沧州—榆林			联络线	G4011　扬州—溧阳
		联络线	G1813　威海—青岛			联络线	G4012　溧阳—宁德
		联络线	G1815　潍坊—日照			联络线	G4013　扬州—乐清
		联络线	G1816　乌海—玛沁			联络线	G4015　丹凤—宁陕
		联络线	G1817　乌海—银川		10	主线	G42　上海—成都
		联络线	G1818　滨州—德州			联络线	G4211　南京—芜湖
	5	主线	G20　青岛—银川			联络线	G4212　合肥—安庆
		联络线	G2011　青岛—新河			联络线	G4213　麻城—安康
		联络线	G2012　定边—武威			联络线	G4215　成都—遵义
	6	主线	G22　青岛—兰州			联络线	G4216　成都—丽江
		联络线	G2211　长治—延安			联络线	G4217　成都—昌都
	7	主线	G30　连云港—霍尔果斯			联络线	G4218　雅安—叶城
		联络线	G3011　柳园—格尔木			联络线	G4219　曲水—乃东
		联络线	G3012　吐鲁番—和田			并行线	G4221　上海—武汉
		联络线	G3013　阿图什—伊尔克什坦			并行线	G4222　和县—襄阳
		联络线	G3014　奎屯—阿勒泰			并行线	G4223　武汉—重庆
		联络线	G3015　奎屯—塔城			联络线	G4231　南京—九江
		联络线	G3016　清水河—伊宁		11	主线	G50　上海—重庆
		联络线	G3017　武威—金昌			联络线	G5011　芜湖—合肥
		联络线	G3018　精河—阿拉山口			联络线	G5012　恩施—广元
		联络线	G3019　博乐—阿拉山口			联络线	G5013　重庆—成都
		并行线	G3021　临潼—兴平			联络线	G5015　武汉—岳阳
		联络线	G3031　商丘—固始			联络线	G5016　宜昌—华容
		联络线	G3032　永登—海晏			并行线	G5021　石柱—重庆
		联络线	G3033　奎屯—库车		12	主线	G56　杭州—瑞丽
		联络线	G3035　伊宁—新源			联络线	G5611　大理—丽江
		联络线	G3036　阿克苏—阿拉尔			联络线	G5612　大理—临沧
	8	主线	G36　南京—洛阳			联络线	G5613　保山—泸水
		联络线	G3611　南京—信阳			联络线	G5615　天保—猴桥

续表

	序号	路线类别	路线编号与起讫点		序号	路线类别	路线编号与起讫点
横线	12	联络线	G5616　安乡—吉首	地区环线	3	主线	G93　成渝地区环线
		联络线	G5617　临沧—勐海		4	主线	G94　珠江三角洲地区环线
		联络线	G5618　临沧—清水河			联络线	G9411　东莞—佛山
		并行线	G5621　昆明—大理		5	主线	G95　首都地区环线
	13	主线	G60　上海—昆明			联络线	G9511　涞水—涞源
		联络线	G6011　南昌—韶关		6	主线	G98　海南地区环线
		联络线	G6012　曲靖—弥勒			联络线	G9811　海口—乐东
		并行线	G6021　杭州—长沙			联络线	G9812　海口—琼海
		并行线	G6022　醴陵—娄底			联络线	G9813　万宁—洋浦
		并行线	G6023　南昌—凤凰	都市圈环线	1	主线	G9901 哈尔滨都市圈环线
		并行线	G6025　洞口—三穗		2	主线	G9902 长春都市圈环线
	14	主线	G70　福州—银川		3	主线	G9903 杭州都市圈环线
		联络线	G7011　十堰—天水		4	主线	G9904 南京都市圈环线
		联络线	G7012　抚州—吉安		5	主线	G9905 郑州都市圈环线
		联络线	G7013　沙县—南平		6	主线	G9906 武汉都市圈环线
		并行线	G7021　宁德—武汉		7	主线	G9907 长株潭都市圈环线
	15	主线	G72　泉州—南宁		8	主线	G9908 西安都市圈环线
		联络线	G7211　南宁—友谊关		9	主线	G9909 重庆都市圈环线
		联络线	G7212　柳州—北海		10	主线	G9910 成都都市圈环线
		并行线	G7221　衡阳—南宁		11	主线	G9911 济南都市圈环线
	16	主线	G76　厦门—成都		12	主线	G9912 合肥都市圈环线
		联络线	G7611　都匀—香格里拉	城市绕城环线	1		G0401 长沙市绕城高速
		联络线	G7612　纳雍—兴义		2		G0601 西宁市绕城高速
	17	主线	G78　汕头—昆明		3		G1501 沈阳市绕城高速
	18	主线	G80　广州—昆明		4		G1503 上海市绕城高速
		联络线	G8011　开远—河口		5		G1504 宁波市绕城高速
		联络线	G8012　弥勒—楚雄		6		G1505 福州市绕城高速
		联络线	G8013　砚山—文山		7		G1508 广州市绕城高速
地区环线	1	主线	G91　辽中地区环线		8		G2501 长春市绕城高速
		联络线	G9111　本溪—集安		9		G2502 天津市绕城高速
	2	主线	G92　杭州湾地区环线		10		G2503 南京市绕城高速
		联络线	G9211　宁波—舟山		11		G2504 杭州市绕城高速
		并行线	G9221　杭州—宁波		12		G4501 北京市绕城高速

续表

	序号	路线类别	路线编号与起讫点		序号	路线类别	路线编号与起讫点
城市绕城环线	13		G5901 呼和浩特市绕城高速	城市绕城环线	22		G3003 乌鲁木齐市绕城高速
	14		G1001 哈尔滨市绕城高速		23		G4001 合肥市绕城高速
	15		G2001 济南市绕城高速		24		G4201 武汉市绕城高速
	16		G2002 石家庄市绕城高速		25		G4202 成都市绕城高速
	17		G2003 太原市绕城高速		26		G5001 重庆市绕城高速
	18		G2004 银川市绕城高速		27		G5601 昆明市绕城高速
	19		G2201 兰州市绕城高速		28		G6001 南昌市绕城高速
	20		G3001 郑州市绕城高速		29		G6002 贵阳市绕城高速
	21		G3002 西安市绕城高速		30		G7201 南宁市绕城高速

说明:①表格内容源于2022年7月颁布的《国家公路网规划》,规划总规模约46.1万km,由国家高速公路网和普通国道网组成,其中国家高速公路约16.2万km(含远景展望线约0.8万km),普通国道约29.9万km。

②国家高速公路网由7条首都放射线、11条北南纵线、18条东西横线,以及6条地区环线、12条都市圈环线、30条城市绕城环线、31条并行线、163条联络线组成。

任务1.2 道路的基本组成

道路是布置在地面供各种车辆行驶的一种线形带状结构物,由道路线形、结构组成和沿线设施三大部分组成。

1.道路线形

道路路线是指道路的中线。线形是指道路中线在空间的几何形状和尺寸。中线是一条三维空间曲线,由直线和曲线组成。道路是从平面、纵面和空间3个方面来进行研究的。道路线形设计包括平面线形设计、纵面线形设计和空间线形(又称为平、纵组合线形)设计3个部分。

2.结构组成

道路的结构组成主要包括路基、路面、桥涵、隧道、交叉工程、排水系统、防护工程、特殊构造物等部分。

1)路基

路基是道路行车部分的基础,是由土、石按照一定尺寸和结构要求所构成的带状土工构造物。

路基横断面构成如图1.2.1所示。路基横断面有路堤、路堑、半填半挖路基3种基本形式,如图1.2.2所示。

路堤,亦称填方路基,指路线高于天然地面时填筑而成的路基。路堑,亦称挖方路基,指路线低于天然地面时开挖而成的路基。半填半挖路基,是介于上述两者之间的路基。

路基是路面的支撑体,其结构必须稳定、坚实并符合规定的尺寸,以承受汽车荷载的作用,并防止水分及其他自然因素对路基本身的侵蚀和损害。

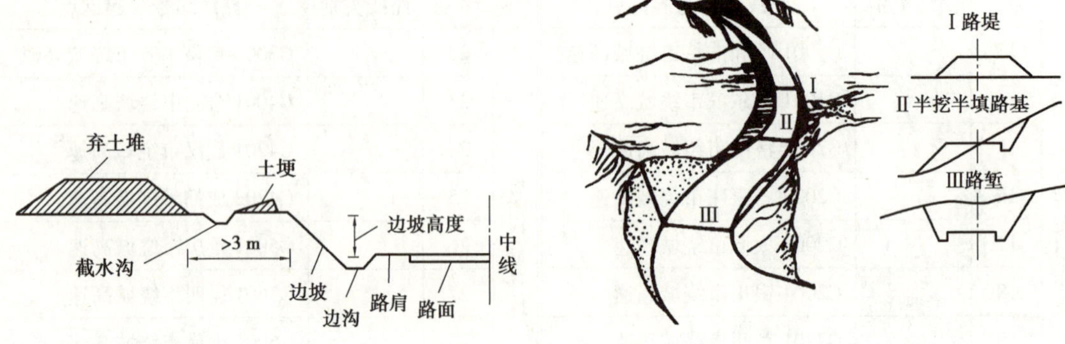

图 1.2.1　路基横断面构成　　图 1.2.2　路基横断面形式

2)路面

路面是路基顶面用各种材料分层铺筑而成的结构层。路面应具有足够的强度、平整度和粗糙度,以保证汽车以一定的速度安全、舒适地行驶,如图 1.2.1 所示。

路面按其材料组成、结构强度和使用品质有高级、次高级、中级和低级路面之分。按其力学性质有柔性路面和刚性路面之分。

3)桥涵

公路跨越河流、沟谷和其他障碍物时所使用的构筑物称为桥涵。如图 1.2.3 所示,当构筑物的标准跨径 $L_K \geqslant 5$ m,多孔跨径 $L_K \geqslant 8$ m 时为桥梁,否则称为涵洞。

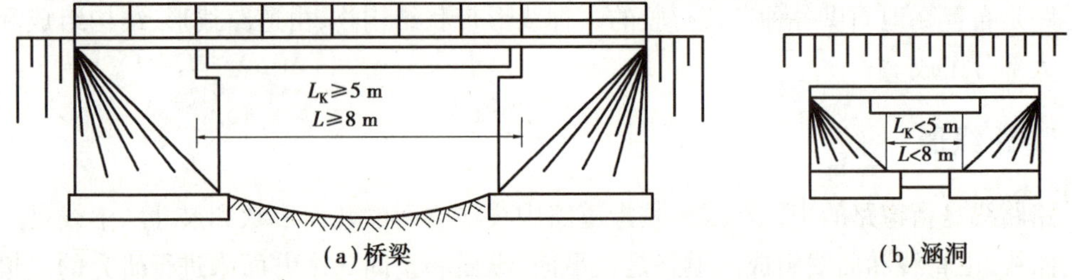

图 1.2.3　桥梁和涵洞

4)隧道

隧道是公路穿过山岭、置于地层内或地面下的结构物,包括隧道、明洞和半隧道。利用隧道可使公路缩短里程,降低公路越岭线纵坡,在国防上还具有隐蔽性,如图 1.2.4 所示。

图 1.2.4　隧道

5)交叉工程

交叉工程包括公路与公路、公路与铁路及公路与管线的交叉。公路与公路及公路与铁路相交可采用平面交叉或立体交叉(包括互通式立体交叉、分离式立体交叉)两种形式;公路与管线交叉时,一般采用留净空和横向间距的办法来保证各种管线不致侵入公路建筑界限内。

6)排水系统

为了确保路基稳定,避免受水的侵蚀,公路还应修建排水系统。公路排水系统按其排水方向有纵向排水系统和横向排水系统。

纵向排水系统常见的有边沟、截水沟、排水沟等。横向排水系统常见的有路拱、桥涵、透水路堤、过水路面、渡槽等,如图1.2.5所示。

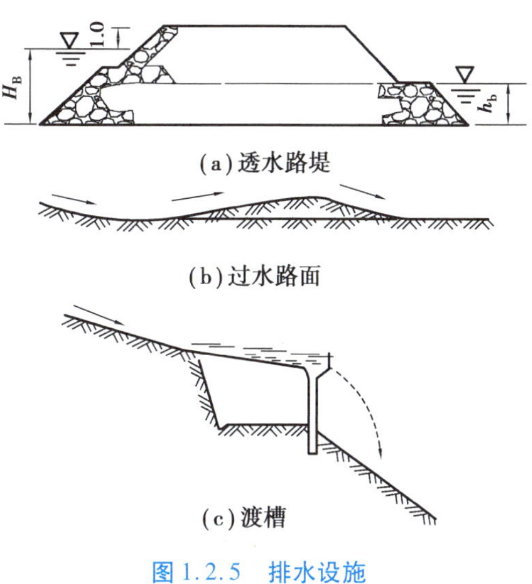

图1.2.5　排水设施

道路排水系统按其排水位置不同又分为地面排水和地下排水两种。地面排水主要是排除危害路基的雨水、积水以及外来水等地面水;地下排水系统主要是排出地下水和其他需要通过地下排出的水。盲沟是常见的公路地下排水结构物,如图1.2.6所示。

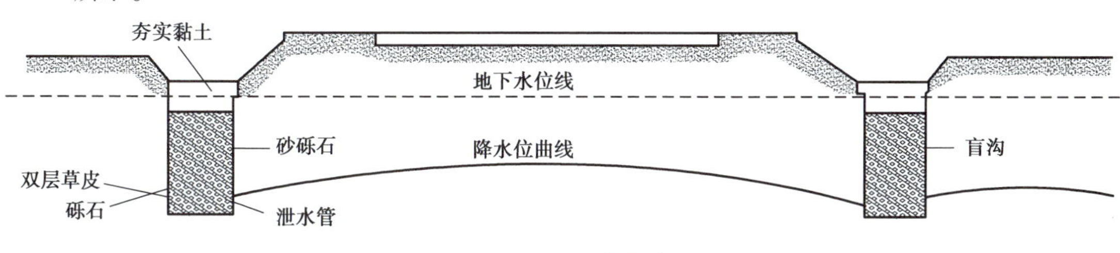

图1.2.6　盲沟

7)防护工程

防护工程指在陡峭山坡上或沿河一侧,为保证路基的稳定,加固路基边坡所修建的构造物。常见的路基防护工程有填石路基、砌石护坡、挡土墙、护脚及护面墙等,如图1.2.7所示。

8)特殊构造物

在山区地形、地质特别复杂路段,为了保证公路连续、路基稳定,有时需修建一些特殊构造物,如悬出路台、半山桥、明洞等,如图1.2.8所示。

3.沿线设施

公路除道路线形和结构组成外,为了保证行车安全舒适,增进路容美观,还需设置各种沿线设施,主要有交通安全设施、交通管理设施、交通服务设施、其他沿线设施。

①交通安全设施:为保证行车和行人安全,充分发挥公路的作用而设置的设施,如跨线桥、地道、信号灯、护栏、防护网、照明设施、反光标志等。

②交通管理设施:为保证良好的交通秩序,防止事故发生而设置的各种设施,如各种公路标志、紧急电话、可变(或不可变)情报板、监控装置等。

③交通服务设施:为汽车和乘客提供各种服务的设施,如加油站、维修站、停车场、食宿点等。

④其他沿线设施:如绿化、小品建筑及装饰等。

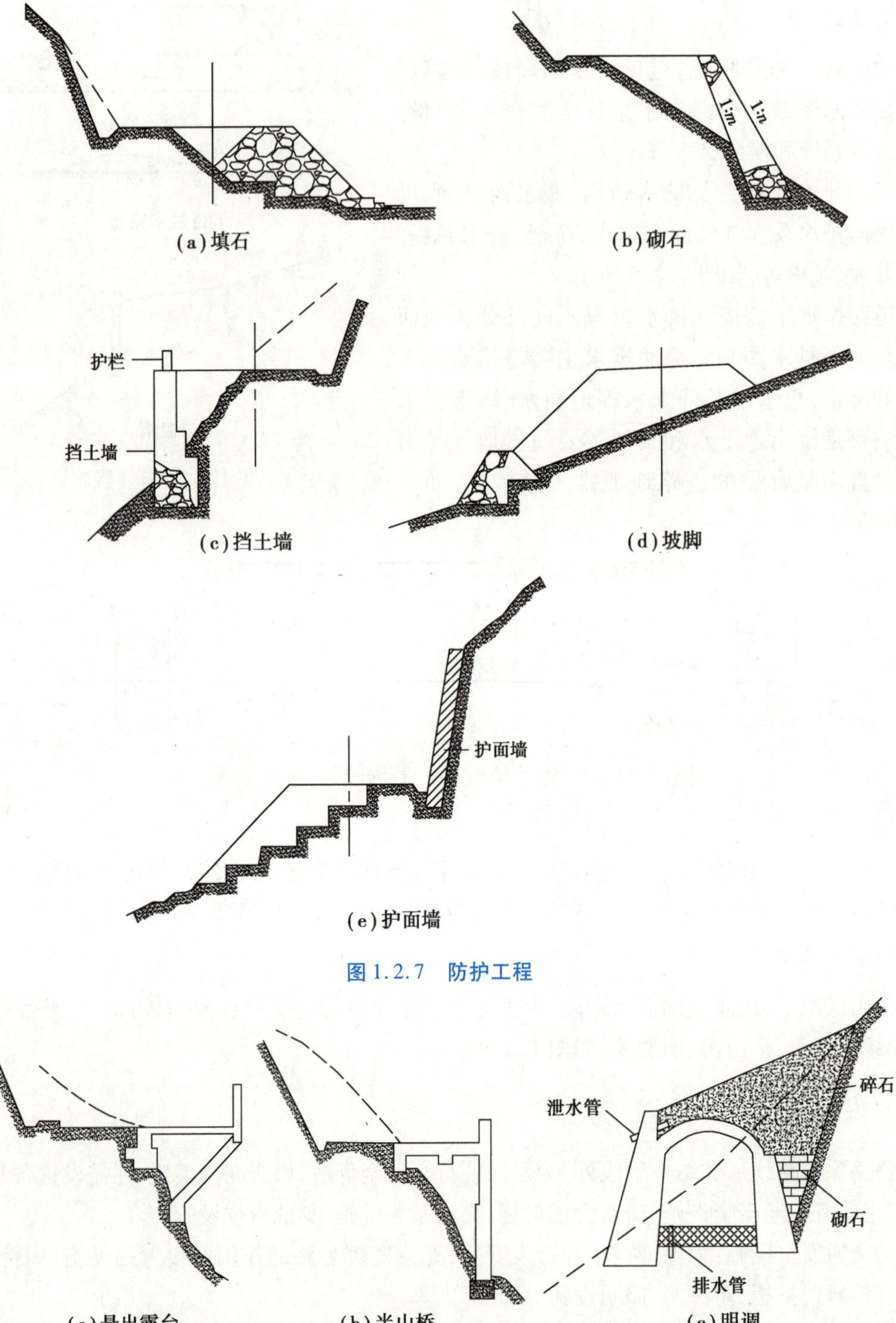

图 1.2.7　防护工程

图 1.2.8　特殊构造物

任务 1.3　道路的分类、分级与技术标准

1. 道路的分类

道路是供各种车辆（除轨道交通）和行人通行的工程设施，是行人和车辆行驶用地的统称。道路按其使用特点分为公路、城市道路、林区道路、厂矿道路及乡村道路等。

1）公路

公路是指连接城市、乡村和工矿基地，主要供汽车行驶，具有一定技术指标和工程设施的道路。公路按其功能和性质又可分为国家干线公路（简称国道）、省级干线（简称省道）、县级公路（简称县道）、乡道以及专用公路等。

①国道是指在国家干线网中，具有全国性的政治、经济、国防意义，并经确定为国家干线的公路。

②省道是指在省公路网中，具有全省性的政治、经济、国防意义，并经确定为省级干线的公路。

③县道是指具有全县性的政治、经济意义，并经确定为县级的公路。

④乡道是指连接乡与乡之间及乡与外部联络的公路，该类公路一般技术标准较低，主要解决通达的问题。

⑤专用公路是指由工矿、农林等部门投资修建，主要供部门使用的公路。

在城市、厂矿、林区、港口等内部的道路，都不属于公路范畴，但穿过小城镇的路段仍属公路。全国公路网组成体系如图 1.3.1 所示。

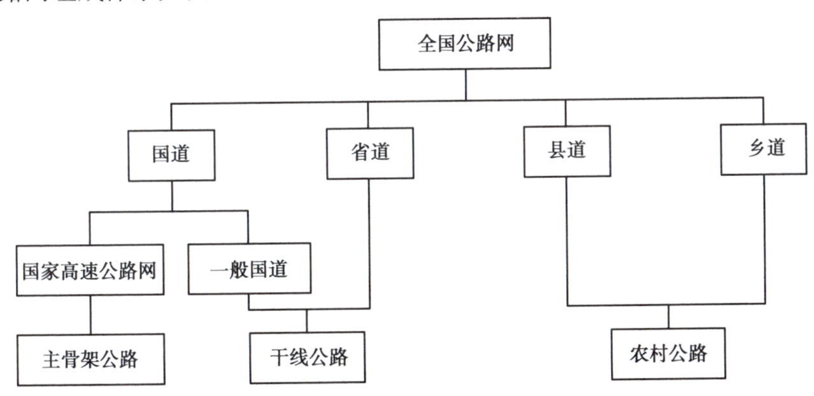

图 1.3.1　公路网组成体系

2）城市道路

城市道路是指在城市范围内，供车辆及行人通行且具有一定技术条件和工程设施的道路。城市道路除了为城市的各种交通服务外，还是城市规划布局的骨架，同时还有为城市通风、采光、防火及绿化提供场地的作用。

3）林区道路

林区道路是指修建在林区，主要供各种林业运输工具通行的道路。

4)厂矿道路

厂矿道路是指主要为工厂、矿山运输车辆通行的道路,通常分为厂内道路、厂外道路及露天矿山道路。

5)乡村道路

乡村道路是指修建在乡村、农场,主要供行人及各种农业运输工具通行的道路。

由于各类道路所处位置、功能和性质均不相同,在设计时所遵循的标准也各不相同。通常的道路主要分为公路和城市道路两大类。

2. 公路分级与技术标准

1)公路分级

根据公路功能作用确定技术等级和主要技术指标,《公路工程技术标准》将公路分为 5 个等级。在公路建设时,首先要根据项目的地区特点、交通特性、路网结构,分析拟建项目在路网中的地位和作用,明确公路功能及类别;然后以功能为主,结合交通量、地形条件选用技术等级;再以技术等级为主,结合地形条件选用设计速度,并由设计速度控制路线平纵设计;最后,根据公路功能、等级、设计速度,结合交通量、地形条件、通行能力等因素综合考虑选用车道路、横断面各组成部分的尺寸、各类构造物的技术指标或参数、各类设施的配置水平等。

(1)高速公路

高速公路为专供汽车分方向、分车道行驶,全部控制出入的多车道公路。高速公路的年平均日设计交通量宜在 15 000 辆小客车以上。

(2)一级公路

一级公路为供汽车分方向、分车道行驶,可根据需要控制出入的多车道公路。一级公路的年平均日设计交通量宜在 15 000 辆小客车以上。

(3)二级公路

二级公路为供汽车行驶的双车道公路。二级公路的年平均日设计交通量宜为 5 000 ~ 15 000 辆小客车。

(4)三级公路

三级公路为供汽车、非汽车交通混合行驶的双车道公路。三级公路的年平均日设计交通量宜为 2 000 ~ 6 000 辆小客车。

(5)四级公路

四级公路为供汽车、非汽车交通混合行驶的双车道或单车道公路。双车道四级公路年平均日设计交通量宜在 2 000 辆小客车以下。单车道四级公路年平均日设计交通量宜在 400 辆小客车以下。

全部控制出入的高速公路必须具有 4 条或 4 条以上的车道,必须设置中间带、禁入栅栏、立体交叉。

2)公路按照交通功能分类

公路按照交通功能分为干线公路、集散公路和支线公路三类。干线公路又可细分为主要干线公路和次要干线公路，集散公路又可细分为主要集散公路与次要集散公路。

(1) 主要干线公路

①连接20万人口以上的大中城市、交通枢纽、重要对外口岸和军事战略要地。

②提供省际及大中城市间长距离、大容量、高速度的交通服务。

(2) 次要干线公路

①连接10万人口以上的城市和区域性经济中心。

②提供区域内或省域内中长距离、较高容量和较高速度的交通服务。

(3) 主要集散公路

①连接5万人口以上的县(市)、主要工农业生产基地、重要经济开发区、旅游名胜区和商品集散地。

②提供中等距离、中等容量及中等速度的交通服务。

③与干线公路衔接，使所有的县(市)都在干线公路的合适距离之内。

(4) 次要集散公路

①连接1万人口以上的县(市)、大的乡镇和其他交通发生地。

②提供较短距离、较小容量、较低速度的交通服务。

③衔接干线公路、主要集散公路与支线公路，疏散干线公路交通、汇集支线公路交通。

(5) 支线公路

①以服务功能为主，直接与用路者的出行源点相衔接。

②衔接集散公路，为地区出行提供接入与通达服务。

公路功能分类指标包括区域层次、路网连续性、交通流特性和公路自身特性等定性和定量指标。不同地区经济发展水平与地形、地貌差异直接影响到分类指标的选取。各地区可根据规划区的实际情况自行确定。推荐的公路功能分类量化指标规定如表1.3.1所示。

表1.3.1 公路功能分类量化指标

分类指标	功能分类				
	主要干线公路	次要干线公路	主要集散公路	次要集散公路	支线公路
适应地域与路网连续性	人口20万以上的大中城市	人口10万以上的县(市)	人口5万以上的县城或连接干线公路	连接干线公路与支线公路	直接对应于交通发生源
路网服务指数	≥15	10~15	5~10	1~5	<1
期望速度	80 km/h以上	60 km/h以上	40 km/h以上	30 km/h以上	不要求
出入控制	全部控制出入	部分控制出入或接入管理	接入管理	视需要控制横向干扰	不控制

3) 公路技术标准

公路技术标准是指在一定的自然环境条件下，能保持车辆正常行驶所采用的技术指标体系。具体是指在设计和施工时对公路路线和构造物的几何形状、结构组成及技术性能上的要求，将这些要求用指标和条文的形式确定下来即形成公路工程的技术标准。它反映了我国公路建设的技术方针,是公路设计和施工的基本依据和准则,是法定的技术要求,必须遵守。各级公路主要技术指标汇总如表1.3.2所示。

表1.3.2 各级公路主要技术指标汇总

公路等级		高速公路			一级公路			二级公路		三级公路		四级公路	
设计速度/($km \cdot h^{-1}$)		120	100	80	100	80	60	80	60	40	30	30	20
车道数		≥4			≥4			2		2		2或1	
车道宽度/m		3.75	3.75	3.75	3.75	3.75	3.50	3.75	3.50	3.50	3.25	3.25	3.00
圆曲线最小半径(一般值)/m		1 000	700	400	700	400	200	400	200	100	65	65	30
圆曲线最小半径(极限值)/m	$I_{max}=4\%$	810	500	300	500	300	150	300	150	65	40	40	20
	$I_{max}=6\%$	710	440	270	440	270	135	270	135	60	35	35	15
	$I_{max}=8\%$	650	400	250	400	250	125	250	125	60	30	30	15
	$I_{max}=10\%$	570	360	220	360	220	115	220	115	—	—	—	—
停车视距/m		210	160	110	160	110	75	110	75	40	30	30	20
最大纵坡/%		3	4	5	4	5	6	5	6	7	8	8	15
最小坡长/m		300	250	200	250	200	150	200	150	120	100	60	20

各级公路的技术标准是根据路线在公路网中的性质和任务、设计交通量、交通组成、设计速度及路线所处的地形和其他自然条件所确定的。设计速度是技术标准中最重要的指标,它对公路的几何形状、工程费用和运输效率影响最大。路线的设计速度是在综合考虑规划路线的功能、性质及所处环境等因素的基础上,根据国家的技术政策而确定的。运行速度与设计速度的关系详见任务1.5中设计速度内容。

4)公路等级的选用

公路等级的选用应根据路网规划、公路功能、交通量,并充分考虑项目所在地区的综合运输体系、远期发展等,经论证后确定。确定一条公路的等级,应首先确定该公路的功能,是干线公路,还是集散公路,即属于直达还是连接,以及是否需要控制出入等,根据预测交通量初拟公路等级;然后再结合地形、交通组成等,确定设计速度和路基宽度。

一级公路具备两种功能,作为干线公路时,应以保证较高的运行速度和安全为目标,为此需采取措施以减少纵、横向干扰;作为集散公路时,为了发挥汇流和疏散车辆的功能,或适当降低服务水平,采用相对较低的设计速度,允许一定的干扰。当一级公路的非汽车交通量大时,应在纵向予以分隔。

当预测的设计交通量介于一级公路与高速公路之间时,应结合公路功能予以考虑。若拟建公路为干线公路,则提倡适度超前,宜选用高速公路;拟建公路为集散公路,宜选用一级公路。

干线公路宜选用二级及二级以上公路。三、四级公路是为满足通达要求和接入服务的支线公路,允许混合交通,可采用较低的设计速度和服务水平。

合理划定设计路段长度,恰当选择不同设计路段的衔接地点,处理好衔接处前后一定长度范围内的线形设计。一条公路,可分段选用不同的公路等级或同一公路等级不同的设计速度、路基宽度，但不同公路等级、设计速度、路基宽度间的衔接应协调，过渡应顺适。在相互衔接处前后一定长度范围内，主要技术指标应逐渐过渡，避免产生突变，设计速度高的一端采用较低的平、纵技术指标，反之则应采用较高的平、纵技术指标，以使平纵线形技术指标较为均衡。变更地点原则上选在交通量发生较大变化或驾驶员能够明显判断前方需要改变行车速度处，高速公路、一级公路宜设在互通式立体交叉或平面交叉处；二、三、四级公路宜设在交叉路口、桥梁、隧道、村镇附近或地形明显变化处。同时，还应考虑设计速度差异的协调、运行速度与设计速度差异的协调，其目的是保证运行的安全与顺畅，应能引导驾驶人员提前意识到前方的变化以便采取相应措施。

按照公路的使用任务、功能和远景交通量可分段采用不同的公路等级，或同一公路等级不同设计速度，但相邻设计路段的设计速度之差不宜超过 20 km/h。

设计速度相同的区段为同一设计路段，同一设计速度的设计路段长度不宜过短，线形技术指标应尽量保持相对均衡。两相邻不同设计路段之间其技术指标应逐渐变化，按不同设计速度设计的各路段长度不宜过短，高速公路不宜短于 15 km；一级公路、二级公路不宜短于 10 km。

《公路工程技术标准》首次提出特殊地区高速公路建设标准和指标的概念，并规定：第一，特殊地区是指戈壁、沙漠、草原和交通末端的小交通量地区，小交通量是指年平均日交通量为 1.5 万辆以下；第二，特殊地区分离式断面的高速公路“可采用分期分幅修建，先期建成的一幅按双向交通通车时，应按二级公路通车条件进行管理”；第三，西部沙漠、戈壁、草原地区的高速公路分离式断面路段利用现有二级公路改建为一幅时，其设计洪水频率可维持原标准不变，设计时速不应大于 80 km，并应设置完善的标志、港湾式紧急停车带等安全设施；第四，沙漠、戈壁、草原地区硬路肩路面可分期修建；第五，硬路肩宽度可论证采用“最小值”；第六，提出沿线城镇分布稀疏，水、电等供给困难的高速公路，服务区间距可适当增大；第七，小交通量高速公路的监控设施，可以采用分段监控的模式，实施全线重点监控、动态信息发布和交通诱导。

3. 城市道路分级与技术标准

1) 城市道路分级

按照道路在城市道路网中的地位、交通功能以及对沿线建筑物及车辆和行人进出的服务功能，我国目前将城市道路分为 4 个等级。

(1) 快速路

快速路应为城市中大交通量、长距离、快速交通服务。一般在特大城市或大城市中设置，主要联系市区各主要地区、市区和主要的近郊区、卫星城镇、主要对外公路等。快速路对向车行道之间应设中间分车带，其进出口应采用全控制或部分控制。

快速路两侧不应设置吸引大量车流、人流的公共建筑物的进出口。两侧一般建筑物的进出口应加以控制。

(2) 主干路

主干路应为连接城市各主要分区的干路，以交通功能为主，负担城市的主要客货运交通。自行车交通量大时，宜采用机动车与非机动车分隔形式，如三幅路或四幅路。

主干路两侧不应设置吸引大量车流、人流的公共建筑物的进出口。

(3)次干路

次干路应与主干路结合组成道路网,起集散交通的作用,兼有服务功能。次干路两侧可设置公共建筑物的进出口,并可设置机动车和非机动车的停车场、公共交通站点及出租车服务站等。

(4)支路

支路应为次干路与街坊路的连接线,解决局部地区交通,以服务功能为主。支路是地区通向干道的道路,但不得与快速路直接相接。

2)城市道路技术标准

城市各级道路的主要技术指标列于表1.3.3。

表1.3.3　城市道路主要技术指标表

项目类别	设计速度/(km·h^{-1})	机动车道宽度/m	分隔带设置	采用横断面形式
快速路	100,80,60	3.75(大型车或混行)	设置	四幅(两侧设辅路)
		3.5(小客车专用,设计速度为60 km/h时取3.25)		两幅(两侧不设辅路)
主干路	60,50,40	3.5(大型车或混行)	设置	四幅或三幅
		3.25(小客车专用)	设置	
次干路	50,40,30	3.5(大型车或混行)	设置	单幅或两幅
		3.25(小客车专用)	单幅路不设置	
支路	40,30,20	3.5(大型车或混行)	—	单幅
		3.25(小客车专用)	—	

在选定城市道路的分级标准时,受地形限制的山城可降低标准,特殊发展的省会、自治区首府所在地的中小城市的道路等级可根据实际情况提高标准。改建道路根据地形、地物限制、房屋拆迁、占地等具体情况,选用表中适当的道路等级。有特殊情况需变更级别时,应做技术经济论证,报规划审批部门批准。

对于城市道路规划交通量达到饱和状态时的设计年限,《城市道路工程设计规范》规定:快速路、主干路为20年,次干路为15年,支路为10~15年。

任务1.4　道路勘测设计程序

1.公路基本建设程序

道路工程基本建设一般分为3个阶段:前期工作阶段、设计施工阶段和竣工验收试运营阶段。在实施过程中,必须严格遵守从设想、选择、评估、决策、设计、施工到竣工验收、投入生产的基本建设程序。因为它科学地总结了建设工作的实践经验,反映了工程建设的客观自然规律和经济规律。

前期工作阶段的主要内容包括:

①根据国民经济和社会发展的长远规划,结合行业和地区发展规划要求,进行工程规划。

②根据长远规划或项目建议书,进行可行性研究。

③根据可行性研究,编制计划任务书。

设计施工阶段的主要内容包括:

①根据批准的计划任务书进行现场勘测,编制初步设计文件和概算。

②根据批准的初步设计文件,编制施工图和施工图预算。

③列入年度基本建设计划。

④进行施工前的各项准备工作。

⑤编制实施性施工组织设计及开工报告,报上级主管部门审批。

⑥严格执行有关施工的规程和规定,坚持正常施工秩序,做好施工记录,建立技术档案。竣工验收、运营阶段主要是编制竣工图表和工程决算,进行竣工验收并交付建设单位试运营。公路基本建设程序如图1.4.1所示。

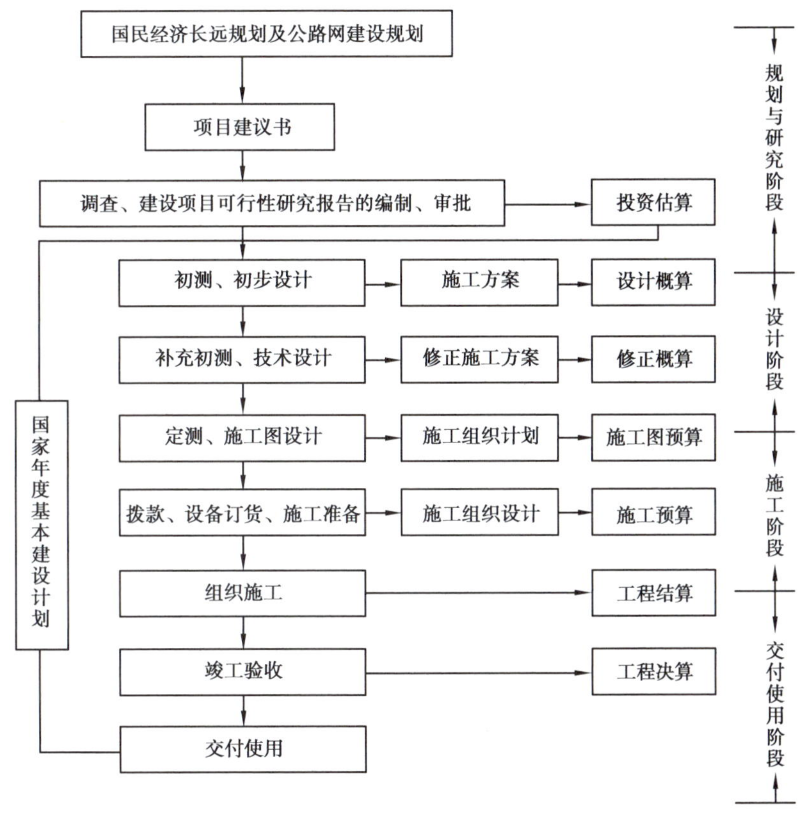

图1.4.1 公路基本建设程序

2. 设计任务书

公路施工前的勘测设计工作根据批准的设计任务书及有关标准、规范进行。设计任务书是由提出计划的主管部门下达或由下级单位编制后再按规定上报审批。设计任务书应根据批准的工程可行性研究报告进行编制。设计任务的基本内容包括:

①建设依据和意义;

②建设规模和性质;

③路线基本走向和主要控制点；

④工程技术标准和主要技术指标；

⑤设计阶段及各阶段完成时间；

⑥建设期限和投资估算，对分期修建项目应提出每期的建设规模和投资估算；

⑦施工力量的原则安排；

⑧附路线示意图、工程数量、钢材、木材、水泥用量和投资估算表。

设计任务书经上级主管部门批准后，如对建设规模、期限、技术等级和标准以及路线基本走向等重大问题有变更时，应报原批准机关审批。

3. 工程可行性研究

工程可行性研究是基本建设前期工作的一项重要内容，是基本建设程序的组成部分，是建设项目立项和编制设计任务书的主要依据。其主要任务是通过全面的调查研究和工程勘察、测量等工作，进行技术、经济论证，分析、判断建设项目的建设必要性、技术可行性、经济合理性、实施可能性，为工程项目的决策提供依据。待项目建议书批准后，方可进行可行性研究工作。可行性研究视工程的规模一般分为两阶段，即初步可行性（预可行性）研究和工程可行性研究，对小型不复杂的工程也可直接进行工程可行性研究。

预可行性研究是项目建议书与工程可行性研究之间的中间阶段，主要是复查、落实项目建议书中提供的投资机会，对不同的建设方案做出粗略的分析、比选，明确项目中哪些问题是关键，是否有必要进行专题研究。预可行性研究在内容结构上与工程可行性研究基本一致，但论证依据不需过分详细，数据资料的准确程度要求也不很高，有关费用可以从现有的可比项目中参考得出。工程可行性研究的内容一般包括：

①工程项目的背景。论述建设项目的任务依据、历史背景和研究范围，提出可行性研究的主要结论。

②现状及问题。调查及论述建设地区综合运输网的交通现状和建设项目在交通运输网中的地位与作用，论述原有道路的工程技术状况以及不适应的程度。

③发展预测。进行全面的交通调查和经济调查，论述建设项目所在地区的经济特征，研究建设项目与经济发展的内在联系，预测交通运输量的发展情况。

④道路建设标准和规模。论述项目采用的技术等级及其主要技术指标和建设规模。

⑤建设条件和方案选择。调查建设项目所处地理位置的地形、地质、地震、气候、水文等自然特征，建筑材料来源及运输条件；进行工程方案的比选，提出推荐路线方案的走向和主要控制点；评价建设项目对环境的影响，并提出合理保护环境的措施。

⑥投资估算与资金筹措。计算建造项目所需的投资估算金额，包括建筑安装工程费、设备购置费、征地拆迁费、勘察设计费、研究试验费、建设管理费、预备费等；拟定资金筹措方案，初步确定投资总额中资本金、贷款、债券、补贴等具体组成金额。

⑦工程建设实施计划。包括勘测设计和工程施工的计划与要求、工程管理和技术人员的培训等。

⑧经济评价。分为国民经济评价和财务评价。国民经济评价一般包括运输成本等经济参数的确定，建设项目的直接经济效益和费用的估算，进行经济评价敏感性分析，建设项目的间接经济效益分析。收费公路还需做财务分析。

⑨问题与建议。客观地说明可行性研究中存在的问题,相应地提出对下一步工作的建议。

4. 勘测设计阶段

工程可行性研究报告经主管部门审查批准后,即可进入工程建设的第二阶段,即设计施工阶段。根据工程的性质、复杂程度等具体情况,可以采用一阶段设计、两阶段设计和三阶段设计。

一阶段设计即一阶段施工图设计,适用于技术简单、方案明确的小型建设项目。两阶段设计即初步设计和施工图设计,适用于一般建设项目。三阶段设计即初步设计、技术设计和施工图设计,适用于技术复杂、基础资料缺乏和不足的建设项目或建设项目中的个别路段、特大桥、互通式立体交叉、隧道等。

两阶段和三阶段设计中的初步设计应根据批准的可行性研究报告、设计任务书(或测设合同)和初测资料编制。主要内容包括拟定修建原则、选定设计方案、计算工程数量和主要材料数量、提出施工方案、编制设计概算、提供文字说明及图表资料。初步设计在选定方案时,应对路线的走向、控制点和方案进行现场核查,征求沿线地方政府和建设单位意见,基本落实路线布置方案。一般应进行纸上定线,赴实地核对,落实并放出必要的控制线位桩。对复杂困难地段的路线、互通式立体交叉、隧道、特大桥、大桥的位置等,应选择两个或两个以上的方案进行同深度、同精度的测设工作和方案比选,提出推荐方案。

三阶段设计中的技术设计应根据批复的初步设计、测设合同和定测、详勘资料编制。技术设计阶段的目的是对重大、复杂的技术问题进一步落实设计方案。主要内容是通过科学实验、专题研究,加深勘探调查及分析比较,解决初步设计中未解决的问题,落实技术方案,计算工程数量,提出修正的施工方案,修正设计概算。工程设计类型选择具体如表1.4.1所示。

表1.4.1　工程设计类型选择

设计特点 设计类型	适用场合	设计依据	应提交的成果
一阶段设计	投资不大的道路工程项目	批准的可行性研究(或测设合同)和定测资料	施工图设计文件和施工图预算文件
二阶段设计	一般工程项目	初步设计:批准的可行性研究(或测设合同)和初测资料; 施工图设计:已批准的初步设计和定测资料	初步设计:初步设计文件和工程概算文件; 施工图设计:施工图设计文件和施工图预算文件
三阶段设计	重大的工程项目或其中有技术难题的工程项目	初步设计:批准的可行性研究(或测设合同)和初测资料; 技术设计:已批准的初步设计和补充初测资料; 施工图设计:已批准的技术设计和定测资料	初步设计:初步设计文件和工程概算文件; 技术设计:技术设计文件和修正概算文件; 施工图设计:施工图设计文件和施工图预算文件

施工图设计阶段的目的是对批准的推荐方案进行详细设计以满足施工的要求。其主要内容包括对审定的修建原则、设计方案、技术决定加以具体和深化,最终确定各项工程数量,提出

文字说明和适应施工需要的图表资料以及施工组织计划，并编制施工图预算。

三阶段设计中的施工图设计应根据批复的技术设计、测设合同和补充定测、补充详勘资料编制。

两阶段设计中的施工图设计应根据批复的初步设计、测设合同和定测、详勘（含补充定测、详勘）资料编制。

一阶段施工图设计应根据批准的可行性研究报告、测设合同和定测、详勘资料编制。其目的和内容是拟定修建原则，确定设计方案和工程数量，提出文字说明和图表资料以及施工组织计划，编制施工图预算，满足审批的要求，适应施工的需要。

5. 设计文件组成

设计文件是道路勘测设计的最后成果，经审查批准后是道路施工的依据，其组成、内容和要求随设计阶段不同而异。

以公路设计为例，根据《公路工程基本建设项目设计文件编制办法》规定，设计文件组成和内容如下：

（1）初步设计文件

初步设计文件由总体设计、路线、路基路面、桥梁涵洞、隧道、路线交叉、交通工程及沿线设施、环境保护与景观设计、其他工程、筑路材料、施工方案、设计概算共12篇和基础资料组成。

（2）施工图设计文件

施工图设计文件由总说明、路线、路基路面、桥梁涵洞、隧道、路线交叉、沿线设施及其他工程、环境保护、筑路材料、施工方案、设计预算共11篇组成。

（3）技术设计文件

技术设计文件的组成和内容可参照初步设计文件和施工图设计文件编制规定编制。对于公路工程建设项目中的特大桥、互通式立体交叉、隧道、交通工程及沿线设施的技术设计文件，还必须对整个建设项目的总体设计情况予以补充说明，对总概算加以修正。

设计单位编制设计文件时，均应按上述要求执行。

任务1.5 道路几何设计控制

道路设计从建立设计的基本控制开始，这些控制包括环境（如地形、道路所处的特定位置、气候）、驾驶员与行人特性、交通元素等。上述控制因素是由设计者选择或决定的，它们决定了道路的等级，同时又为线形设计（纵坡、曲率、宽度、视距等）提供依据。设计控制是道路几何设计的重要依据。在工程实际中，还需要考虑经济、安全、美观等各个方面的控制因素。

1. 设计车辆

设计车辆指道路几何设计所采用的代表车型，以其外廓尺寸、质量、运转特性等特征作为道路几何设计的依据，对道路几何设计具有决定性控制作用。车辆尺寸直接影响加宽设计、车道宽度、最小转弯半径、视距和道路建筑限界，动力特性影响纵断面设计、爬坡车道等。道路上行驶的车辆种类繁多，形状各异，动力大小差别很大，因此，应结合道路上运行的各种车辆的特性，按使用目的、结构或发动机的不同而分成各种类型，在每种类型中选择质量、尺寸和运行特性有代表性的车辆作为设计车辆。

公路设计选用的设计车辆有五类：小客车、大型客车、铰接客车、载重汽车和铰接列车，其外廓尺寸如表1.5.1和图1.5.1所示。其中，前悬指车体前端到前轮车轴中心的距离，轴距指前轮车轴中心到后轮车轴中心的距离，后悬指后轮车轴中心到车体后端的距离。

表1.5.1　设计车辆外廓尺寸

单位：m

车辆类型	总长	总宽	总高	前悬	轴距	后悬
小客车	6	1.8	2	0.8	3.8	1.4
大型客车	13.7	2.55	4	2.6	6.5+1.5	3.1
铰接客车	18	2.5	4	1.7	5.8+6.7	3.8
载重汽车	12	2.5	4	1.5	6.5	4
铰接列车	18.1	2.55	4	1.5	3.3+11	2.3

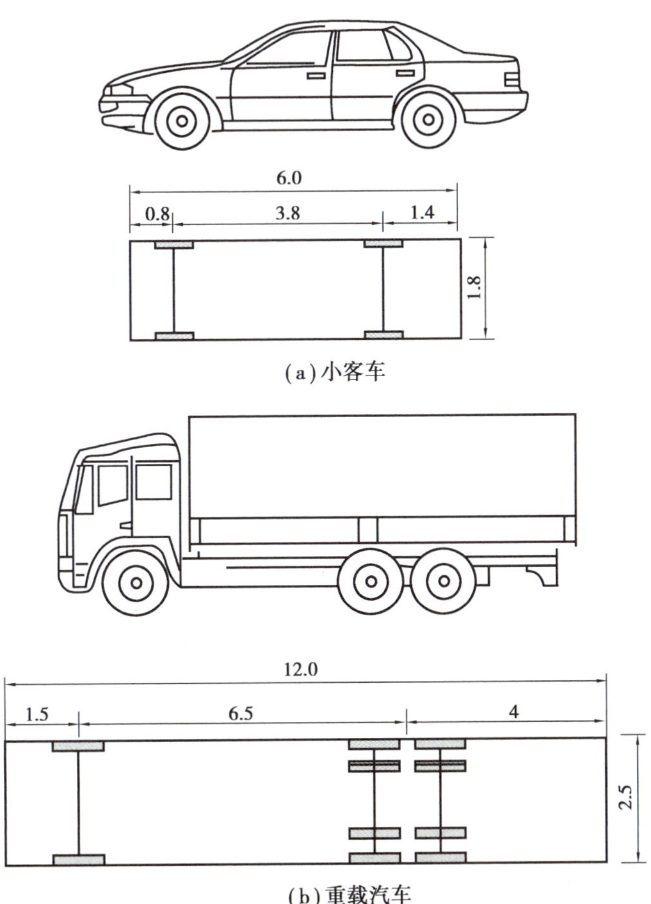

(b)重载汽车

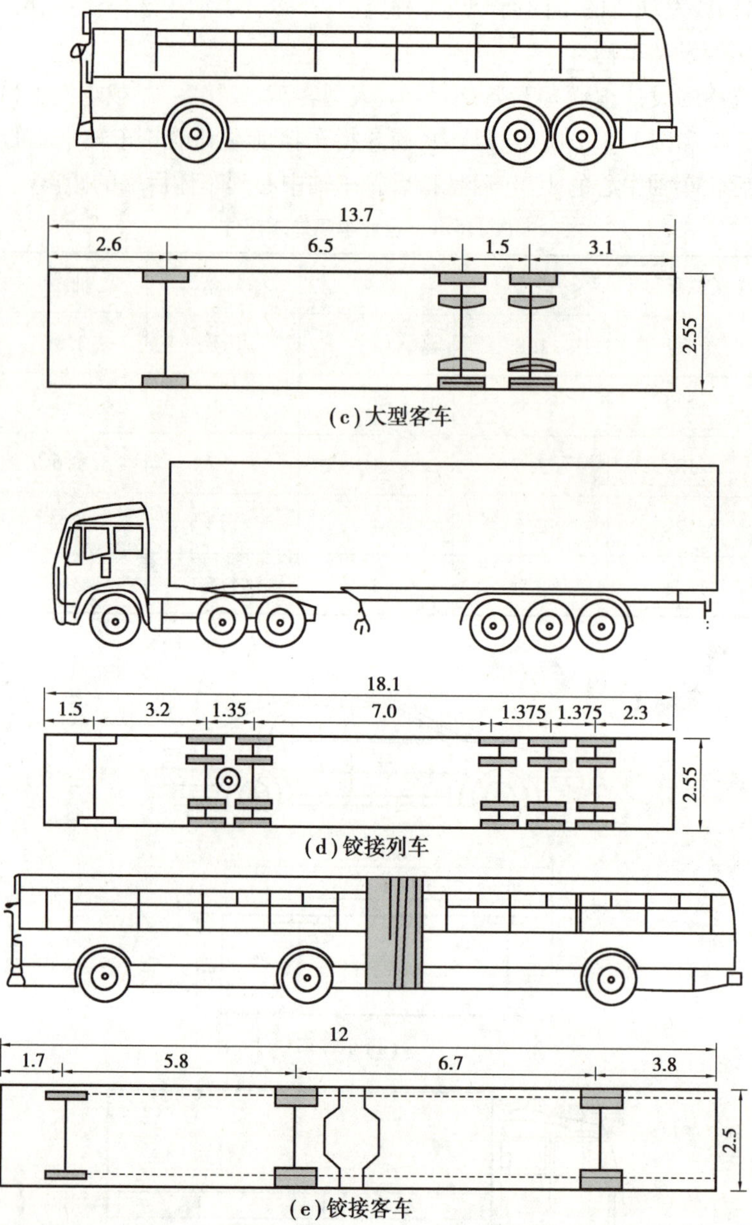

图 1.5.1 设计车辆外廓尺寸示意(单位:m)

选择设计车辆时,要考虑符合汽车制造业车辆尺寸的发展趋势,并代表当前一个时期内道路上运行车辆的一种组合。公路设计中,设计者应考虑交通流中比例较高、尺寸最大的设计车辆,因为只要满足了这部分车辆的要求,小客车的要求就容易满足。作为一般性规则,选择设计车辆时,可按下列要求进行:

①高速公路、一级公路和有大型集装箱运输的公路,应选择鞍式列车作为设计车辆;

②其他公路必须保证小客车及载重汽车的安全和顺适通行;

③城市道路可选择铰接车作为设计车辆;

④确定路缘石或交通岛的转弯车道半径时,一般应以鞍式列车的转弯半径作为控制因素。

自行车在城市或近郊数量较多,设计时应予以充分考虑。自行车的外廓尺寸为宽 0.75 m,

长2.00 m,载人后的高为2.25 m。

2. 设计速度

1)设计速度的概念及其作用

《公路工程技术标准》中将设计速度定义为确定公路设计指标并使其相互协调的设计基准速度。《美国公路和街道设计政策》(2011 版)中这样描述设计速度:设计速度是公路设计时确定几何要素而采用的速度,选定的设计速度在考虑了地形、邻近土地利用和公路功能的前提下应该是合理的。设计速度直接影响曲线半径、缓和曲线最小长度、超高、视距、纵坡和竖曲线半径等技术指标。车道宽度、中间带宽度、路肩宽度等指标也与设计速度有密切关系。这些技术指标均应与设计速度配合以获得均衡设计。《公路工程技术标准》规定各级公路设计速度如表1.3.2 所示。

2)设计速度的选用

同一等级的道路应尽量采用相同的设计速度。也可根据实际的地形和交通条件选用不同的设计速度,但应在交通量发生较大变化处或驾驶员能明显判断情况发生变化而需要改变行车速度处,设置过渡段。《公路工程技术标准》对各级公路规定了不同的设计速度分档,如表1.3.2所示。公路设计中,设计速度的选用应根据公路的功能与技术等级,结合地形、工程经济、预期的运行速度和沿线土地利用性质等因素综合论证确定。

高速公路作为国家级及省级重要干线公路,或作为交通量大的国家级及省级干线公路,或位于地形、地质良好的平原、丘陵地段时,经技术经济论证其设计速度宜采用120 km/h或100 km/h;当受地形、地质等自然条件限制时,经论证可选用80 km/h。

作为干线的一级公路,设计速度宜采用100 km/h;当受地形、地质等自然条件限制时,可选用80 km/h。作为集散的一级公路,设计速度宜采用80 km/h;受地形、地质等自然条件限制时,可选用60 km/h。

高速公路和作为干线的一级公路的特殊困难局部路段,因修建公路可能诱发病害时,经论证并报主管部门批准,其局部路段可采用60 km/h 的设计速度,但其长度不宜大于15 km,或仅限于相邻互通式立体交叉之间的路段。

作为干线的二级公路,设计速度宜采用80 km/h;作为城乡接合部混合交通量大的集散公路或位于地形等条件受限制的路段时,其设计速度宜选用60 km/h;受地形、地质等自然条件限制时,可选用60 km/h。作为集散的二级公路,设计速度宜采用60 km/h;受地形、地质等自然条件限制时,可采用40 km/h。

三级公路宜采用40 km/h;当受地形、地质等自然条件限制时,可选用30 km/h。

四级公路设计速度宜采用30 km/h;当受地形、地质等自然条件限制时,可选用20 km/h。

城市道路与公路相比,具有功能多样、组成复杂、行人交通量大、车辆多、车速差异大、交叉口多的特点,平均行驶速度比公路低。《城市道路工程设计规范》规定的各类各级道路的设计速度如表1.3.3 所示,条件允许时宜采用较大值。

3)设计速度与运行速度的关系

需要指出,驾驶员往往不是以设计速度,而是根据沿途的地形、交通等实际条件选择适应道路几何状况的行驶速度。在路面平整、潮湿、自由流状态下,行驶速度累计分布曲线上对应于

85%分位值的速度,称为运行速度(简称 V_{85})。就是说,运行速度与设计速度并非一致。在设计速度低的路段,当路线本身几何要素超过安全行驶的需要,外部条件(交通密度、地形、气候等)又较好时,运行速度常接近或超过设计速度。设计速度越低,出现这种可能性的概率就越高。反过来,在设计速度高的路段,当外部条件不好时,运行速度一般低于设计速度。设计速度越高,外部条件越差,出现这种可能性的概率就越高。上述分析说明,以设计速度为控制进行路线设计而得到的线形指标,很可能与运行速度要求的不一致。这一缺陷已经引起国内外广大公路科技工作者和设计人员的重视,并展开了相关的研究工作。目前,常用的改进办法是用设计速度与运行速度差对设计指标的合理性进行检查和评估。《公路工程技术标准》(JTG B01—2014)要求:相邻路段运行速度之差应小于 20 km/h,同一路段运行速度与设计速度之差宜小于 20 km/h。

3. 交通量与通行能力

1)规划交通量

交通量是指单位时间内通过道路某一断面的车辆数,其普遍计量单位是年平均日交通量,用全年总交通量除以 365 求得。规划交通量(也称设计交通量)是指拟建道路到预测年限时所能达到的年平均日交通量(veh/d,即辆/日),其值根据历年交通观测资料预测求得,目前多按年平均增长率计算确定。

$$AADT = ADT \times (1+r)^{n-1} \tag{1.5.1}$$

式中 $AADT$——规划交通量,veh/d;

ADT——起始年平均日交通量,veh/d;

r——年平均增长率,%;

n——预测年限,年。

预测年限规定:高速公路和一级公路设计交通量预测年限为 20 年;二级公路、三级公路设计交通量预测年限为 15 年;四级公路可根据实际情况确定。另外,设计交通量的预测起算年应为该项目的计划通车年。

设计交通量在确定道路等级、论证道路的建造费用及进行各项结构设计等时有重要作用,但不宜直接用于道路几何设计。因为在一年中的每月、每日、每小时交通量都在变化,在某些季节、某些时段可能高出年平均日交通量数倍,所以不宜作为具体设计的依据。

2)设计小时交通量

小时交通量(veh/h,即辆/小时)是以小时为计算时段的交通量,是确定车道数和车道宽度或评价服务水平的依据。大量交通统计表明,在一天以及全年期间,每小时交通量的变化是相当大的。如果用一年中最大的高峰小时交通量作为设计依据,会造成浪费,但如果采用日平均小时交通量则不能满足交通需求,造成交通拥挤或阻塞。为使设计交通量的取值既保证交通安全畅通,又能使工程造价经济、合理,需借助一年中每小时交通量的变化曲线来指导确定合乎设计使用的小时交通量。方法如下:

将一年中所有 8 760 个小时交通量(双向)按其与年平均日交通量比值的百分数大小顺序排列起来,并画成曲线(图 1.5.2)。由图 1.5.2 可知,在 20 ~ 40 位小时交通量附近,曲线急剧变化,其右侧曲线明显变缓,而左侧曲线坡度则较大。显然,设计小时交通量的合理取值范围应在第20~40位之内。如果以第30位小时交通量作为设计依据，意味着在一年中只有29个小时的交通量超过设计值，会发生拥挤，占全年小时数的0.33%，相反，全年99.67%的时间能够保证交通畅通。目前，包括我国在内的世界许多国家都采用第30位小时交通量作为设计的依据，也可根据当地调查结果采用第20~40位小时之间最为经济合理的时位。

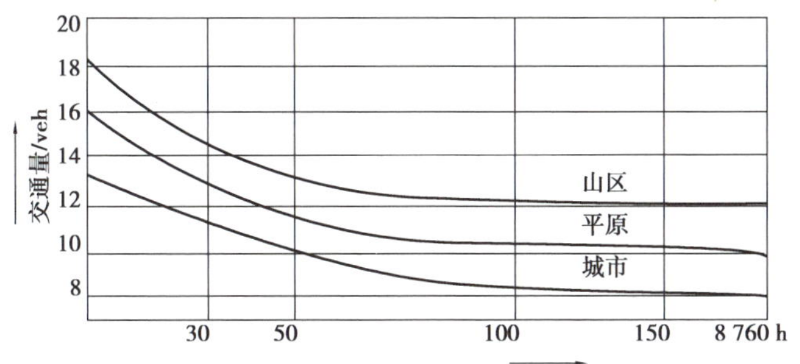

图1.5.2 年平均日交通量与小时交通量的关系曲线

在确定设计小时交通量时，应根据平时观测资料绘制各条路线交通量变化曲线，没有观测资料的路段可参考性质相似、交通情况相仿的其他道路观测资料确定。

设计小时交通量按下式算：

$$N_h = AADT \times D \times k \tag{1.5.2}$$

式中 N_h——主要方向设计小时交通量，veh/h；

$AADT$——规划交通量，veh/d；

D——方向不均匀系数，一般取 $D=0.5\sim0.6$；

k——设计小时交通量系数，%。

当有观测资料时，绘制图1.5.2求得 k 值；无资料时，可根据气候分区按表1.5.2取值。

表1.5.2 设计小时交通量系数

单位：%

公路环境及分类		华北	东北	华东	中南	西南	西北
		京、津、冀晋、蒙	辽、吉、黑	沪、苏、浙、皖闽、赣、鲁	豫、湘、鄂、粤桂、琼	川、渝、滇、黔、藏	陕、甘、青宁、新
近郊	高速公路	8.0	9.5	8.5	8.5	9.0	9.5
	一级公路	9.5	11.0	10.0	10.0	10.5	11.0
	双车道公路	11.5	13.5	12.0	12.5	13.0	13.5
城间	高速公路	12.0	13.5	12.5	12.5	13.0	13.5
	一级公路	13.5	15.0	14.0	14.0	14.5	15.0
	双车道公路	15.5	17.5	16.0	16.5	17.0	17.5

3）标准车型与车辆折算系数

道路上行驶的车辆种类较多，其速度、行驶规律以及占用道路的净空差异较大，但作为道路设计的交通量应折算成某一种标准车型。《公路工程技术标准》规定的标准车型为小客车，用于道路规划与技术等级划分的机动车折算系数按表1.5.3采用。对于非机动车占较大比重的混合交通道路，自行车、行人、畜力车等作为横向干扰因素不再参与交通量折算。公路上行驶的拖拉机，每辆可折算为4辆小客车。

城市道路上各种车辆的折算系数可按《城市道路工程设计规范》的规定采用。

表1.5.3　各级公路车辆折算系数

车型编号	代表车型	折算系数	车种说明
1	小客车	1.0	座位≤19座的客车和载重量≤2 t的货车
2	中型车	1.5	座位>19座的客车和2 t<载重量≤7 t的货车
3	大型车	2.5	7 t<载重量≤20 t的货车
4	汽车列车	4.0	载重量>20 t的货车

4）通行能力

道路通行能力是指某一路段最大所能承受的交通量，也称道路容量，以单位时间内通过的最大车辆数表示(veh/h)。对于多车道的道路，为一条车道通过的车辆数；对于双车道，为往返车道合计车辆数。道路设计通行能力是经过对基本通行能力、可能通行能力的诸多修正后得到的。

基本通行能力是指在理想条件下，单位时间内一个车道或一条道路某一路段可以通过小客车的最大数量，是计算各种通行能力的基础。所谓理想条件包括道路本身和交通两个方面，即道路本身应有足够的车道宽、侧向净宽，平、纵线形及视距条件良好；交通方面，车道上只有小客车行驶，没有其他车型混入且车速不受限制。现有的道路即使是高速公路，基本上没有合乎理想条件的，可能通过的车辆数一般都低于基本通行能力。基本通行能力的计算可采用"车头时距"或"车头间距"求得。车头时距是指连续两车通过车道或道路上同一地点的时间间隔。车头间距是指交通流中连续两车之间的距离。

可能通行能力是由于通常的道路和交通条件与理想条件有较大差距，考虑了影响通行能力的诸多因素（如车道宽、侧向净宽和大型车混入）后，对基本通行能力进行修正后的通行能力。

设计通行能力是道路交通的运行状态保持在某一设计的服务水平时，单位时间内道路上某一路段可以通过的最大车辆数。我国按照车流运行状态，把从小交通量的自由流至交通量达到可能状态的受限制流运行范围划分为六级服务水平，与每一级服务水平相应的交通量称为服务交通量。设计通行能力由可能通行能力乘以与该路服务水平相应的最大服务交通量和基本通行能力之比(V/C)得到。当V/C值较小时，服务交通量小，车流运行条件好，相应的服务水平就高；反之，V/C值较大时，服务交通量也大，车流运行条件差，服务水平也低。当设计小时交通量超过设计通行能力时，道路将发生堵塞。

5）服务水平

公路服务水平是指在规定的公路与交通条件下，根据交通量、车速、舒适、方便、经济和安全等指标，公路向使用者（主要是汽车驾驶人）所能提供的综合效果。不同的效果反映不同的服务水平。服务水平是驾驶员感受公路交通流运行状态的质量指标，通常用平均行驶速度、行驶时间、驾驶自由度和交通延误等指标表征。

《公路工程技术标准》依据饱和度值来衡量拥挤程度，将饱和度作为评价服务水平的主要指标,同时采用小客车实际行驶速度与自由流速度之差作为次要评价指标,将服务水平分为六级,分别代表一定运行条件下驾驶人的感受。具体的服务水平定性描述如下:

①一级服务水平:交通流处于完全自由流状态,交通量小,速度高,行车密度小,驾驶人能自由地按照自己的意愿选择所需速度,行驶车辆不受或基本不受交通流中其他车辆的影响。在交通流内驾驶的自由度很大,为驾驶人、乘客或行人提供的舒适度和方便性非常优越。较小的交通事故或行车障碍的影响容易消除,在事故路段不会产生停滞排队现象,很快就能恢复到一级服务水平。

②二级服务水平:交通流状态处于相对自由流的状态,驾驶人基本上可按照自己的意愿选择行驶速度,但是开始要注意到交通流内的其他使用者,驾驶人身心舒适水平很高,较小交通事故或行车障碍的影响容易消除,在事故路段的运行服务情况比一级差些。

③三级服务水平:交通流状态处于稳定流的上半段,车辆间的相互影响变大,选择速度受到其他车辆的影响,变换车道时驾驶人要格外小心,较小交通事故仍能消除,但事故发生路段的服务质量大大降低,严重的阻塞使后面形成排队车流,驾驶人心情紧张。

④四级服务水平:交通流处于稳定流范围下限,但是车辆运行明显地受到交通流内其他车辆的相互影响,速度和驾驶自由度受到明显限制。交通量稍有增加就会导致服务水平的显著降低,驾驶人身心舒适水平降低,即使较小的交通事故也难以消除,会形成很长的排队车流。

⑤五级服务水平:为交通流拥堵流的上半段,其下是达到最大通行能力时的运行状态。对于交通流的任何干扰,如车流从匝道驶入或车辆变换车道,都会在交通流中产生一个干扰波,交通流不能消除它,任何交通事故都会形成长长的排队车流,车流行驶灵活性极端受限,驾驶人身心舒适水平很差。

⑥六级服务水平:是拥堵流的下半段,是通常意义上的强制流或阻塞流。这一服务水平下,交通设施的交通需求超过其允许的通过量,车辆排队行驶,队列中的车辆出现停停走走现象,运行状态极不稳定,可能在不同交通流状态间发生突变。

《公路工程技术标准》规定,各级公路的服务水平应不低于表1.5.4的规定,并应符合下列规定:一级公路作为集散公路时,设计服务水平可降低一级;长隧道及特长隧道路段、非机动车及行人密集路段、互通式立体交叉的分合流区段以及交织区段,设计服务水平可降低一级。

表1.5.4 各级公路设计服务水平

公路等级	高速公路	一级公路	二级公路	三级公路	四级公路
服务水平	三级	三级	四级	四级	—

在进行公路规划、设计时,既要保证必要的车辆运行质量,同时又要兼顾公路建设的投资成本。高速公路与一级公路以不低于三级服务水平进行设计,突出了依据功能选用服务水平的理念,扩大了设计服务水平选用范围,以保证高峰期交通的运行质量及达到预测交通量使用年限。同样,当一、二、三级公路的功能类别高时,应该选用较高的服务水平,功能类别低时,也可降低一级,节约工程投资。

高速公路、一级公路路段的设计通行能力和二级公路、三级公路的设计通行能力的计算参见《公路路线设计规范》第3.4和3.5条的规定。交叉口、立体交叉等处的设计通行能力计算可参考交通工程方面的文献。

一级公路作为集散公路时，设计服务水平可降低一级。长隧道及特长隧道路段、非机动车及行人密集路段、互通式立体交叉的分合流区段以及交织区段，设计服务水平可降低一级。

4. 驾驶员特性

道路主要是为车辆服务的，而车辆是由驾驶员操纵的，道路设计是否适当要从驾驶员使用的效果来评判，以满足驾驶员使用的安全性和有效性为依据。如果设计的道路与驾驶员的能力相适应，道路就有助于提高驾驶效能。若与驾驶员能力不适应时，驾驶员的出错概率就会增加，诱发交通事故。驾驶员特性包括多个方面，如驾驶员反应时间、视觉特性、驾驶员驾龄和年龄等，都对设计有一定影响。反应时间直接影响视距设计、交通安全设施的设计等。线形设计和景观设计等需要考虑驾驶员的视觉特性。

车辆行驶过程中，会随时遇到各种突发情况，驾驶员需要对遇到的情况做出快速反应，进行及时妥善处理才能避免事故的发生。应该认识到，驾驶员对不同事件的反应时间是不同的，对于判断较复杂或突发事件的反应时间会更长些。国外根据驾驶员的组成，还要考虑老年驾驶员情况，这种差距变化会更复杂。国外有关驾驶员对预期事件和突发事件反应时间的研究表明，多数驾驶员对预期事件的平均反应时间为 0.6 s，少数长达 2 s，而对突发事件的反应时间会增加 35%，有些驾驶员达到 2.7 s。因此，从安全角度出发，设计中涉及驾驶员反应时间的一般按 3 s 考虑。

5. 建筑限界、用地及道路红线

1）道路建筑限界

道路建筑限界又称净空，由净高和净宽两部分组成。它是为保证道路上各种车辆、人群的正常通行与安全，在一定高度和宽度范围内不允许有任何障碍物侵入的空间界线。道路建筑限界是横断面设计的重要依据，设计时应充分研究组成路幅要素的相互关系及道路各种设施的设置规划，在有限空间内做出合理的安排。绝对不允许桥台、桥墩以及照明灯柱、护栏、信号机、标志、行道树、电杆等设施侵入道路建筑限界以内。

净高即净空高度，是指道路在横断面范围内保证安全通行所必须满足的竖向高度。净高应根据汽车装载高度、安全高度及路面铺装等因素确定。我国载重汽车的装载高度限制为 4.0 m，外加 0.5 m 的安全高度，一般采用 4.5 m 的净高。考虑到大型设备运输的发展、路面积雪和路面铺装在养护中的加厚等因素，规定高速公路和一级、二级公路的净高为 5.0 m，三、四级公路为 4.5 m。对于路面类型为中级或低级的三、四级公路，考虑到路面铺装的要求，其净高可预留 20 cm。一条公路应采用相同的净高。当构造物位于凹形竖曲线上方时，长大车辆通过会形成悬空即圆弧上的一条弦而降低了构造物下的有效净高，应保证有效净空高度满足各级公路规定的净空高度要求。同理，公路下穿时应保证路面距构造物底部任意点均应满足净高的需要。对于城市道路最小净高，各种汽车为 4.5 m，无轨电车为 5.0 m，有轨电车为 5.5 m，自行车和行人为 2.5 m，其他非机动车为 3.5 m。

净宽是指道路在横断面范围内保证安全通行所必须满足的横向宽度。净宽包括行车带、路肩、中间带、绿化带等宽度。路肩是在净空范围之内，因此道路上各种设施（标志、护栏等）均应设置在硬路肩以外的保护性路肩上，而且必须保证其伸入部分在净高以上。设于中间带和路肩上的桥墩或门式支柱不应紧靠建筑限界设置，应留有设置防护栏位置（不小于0.5 m）的余地。

桥梁、隧道及高架道路的净空一般应与路段相同，有时为了降低造价需压缩净空时，其压缩部分主要体现在侧向宽度上。但在桥梁、隧道中需设人行道，且当人行道宽度大于侧向宽度时，其增加的宽度应包括在净宽之内。人行道、自行车道、检修道与行车道分开设置时，其净高一般为2.5 m。

各级公路建筑限界规定如图1.5.3所示，城市道路建筑限界规定如图1.5.4所示。

道路建筑限界的边界线规定如图1.5.5所示。对于一般路拱路段，上缘边界线为一条水平线，两侧边界线与水平线垂直；对于设置超高的路段，上缘边界线是与超高横坡平行的斜线，两侧边界线与超高横坡线垂直。

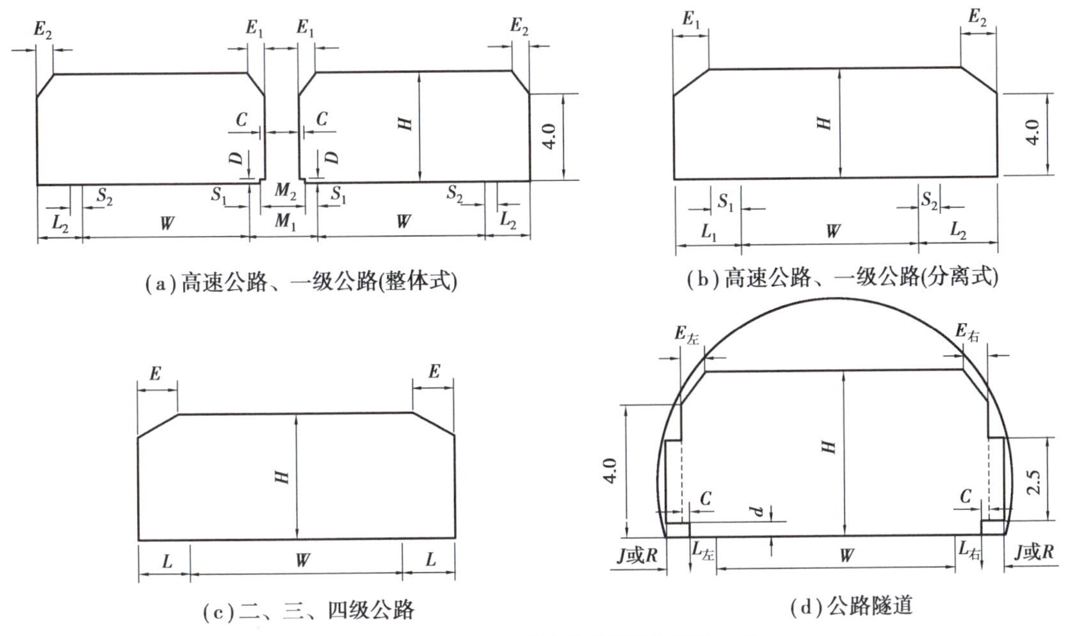

(a)高速公路、一级公路(整体式)
(b)高速公路、一级公路(分离式)
(c)二、三、四级公路
(d)公路隧道

图1.5.3 各级公路的建筑限界（单位：m）

图1.5.3中，W—行车道宽度；L_1—左侧硬路肩宽度；L_2—右侧硬路肩宽度；S_1—左侧路缘带宽度；S_2—右侧路缘带宽度；L—侧向宽度，二级公路的侧向宽度为硬路肩宽度，三、四级公路的侧向宽度为路肩宽度减去0.25 m；设置护栏时，应根据护栏需要的宽度加宽路基；$L_{左}$—隧道内左侧侧向宽度；$L_{右}$—隧道内右侧侧向宽度；C—当设计速度大于100 km/h时为0.5 m，小于或等于100 km/h时为0.25 m；D—路缘石高度，小于或等于0.25 m；一般情况下，高速公路可不设路缘石；M_1—中间带宽度；M_2—中央分隔带宽度；J—检修道宽度；R—人行道宽度；d—检修道或人行道高度；E—建筑限界顶角宽度，当$L \leqslant 1$ m时，$E=L$；当$L \geqslant 1$ m时，$E=1$ m；E_1—建筑限界顶角宽度，当$L_1<1$ m，$E_1=L_1$；或$S_1+C<1$ m，$E_1=S_1+C$；当$L_1 \geqslant 1$ m或$S_1+C \geqslant 1$ m时，$E_1=1$ m；E_2—建筑限界顶角宽度，$E_2=1$ m；$E_{左}$—建筑限界左顶角宽度，当$L_{左} \leqslant 1$ m时，$E_{左}=L_{左}$；当$L_{左}>1$ m时，$E_{左}=1$ m；$E_{右}$—建筑限界右顶角宽度，当$L_{右} \leqslant 1$ m时，$E_{右}=L_{右}$；当$L_{右}>1$ m时，$E_{右}=1$ m；H—净空高度。

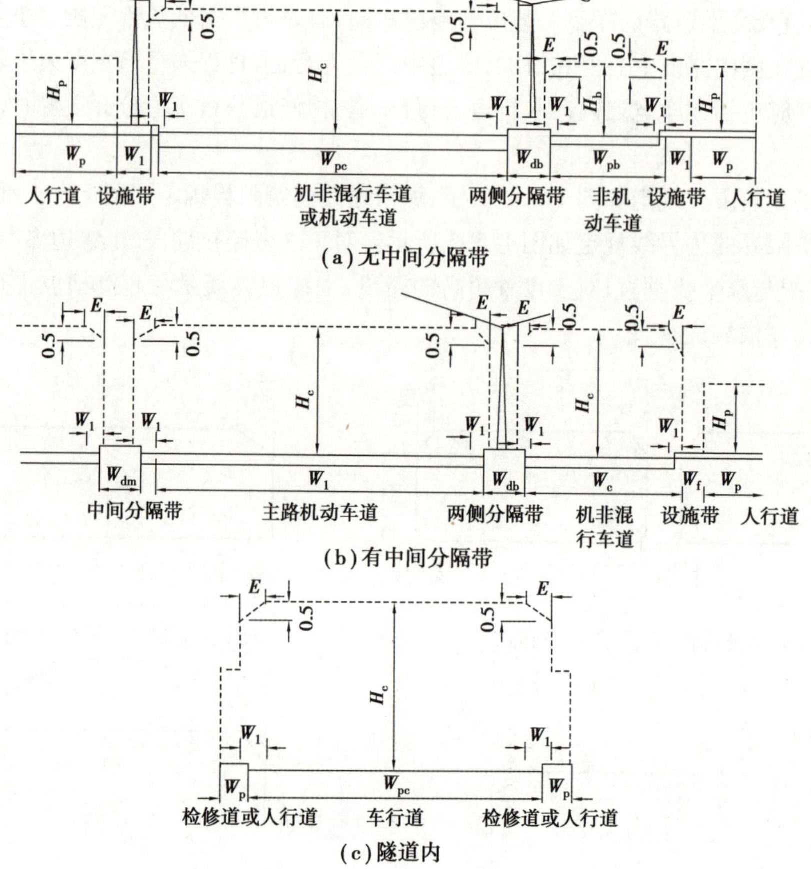

图 1.5.4　城市道路建筑限界(单位:m)

图 1.5.4 中,H_C—机动车车行道最小净高;H_b—非机动车车行道最小净高;H_p—人行道最小净高;E—建筑限界顶角宽度;W_C—机动车道或机非混行车道的车行道宽度;W_{PC}—机动车道或机非混行车道的路面宽度;W_{Pb}—非机动车道的路面宽度;W_l—侧向净宽;W_{dm}—中间分隔带宽度;W_{db}—两侧分隔带宽度;W_p—人行道宽度;W_f—设施带宽度。

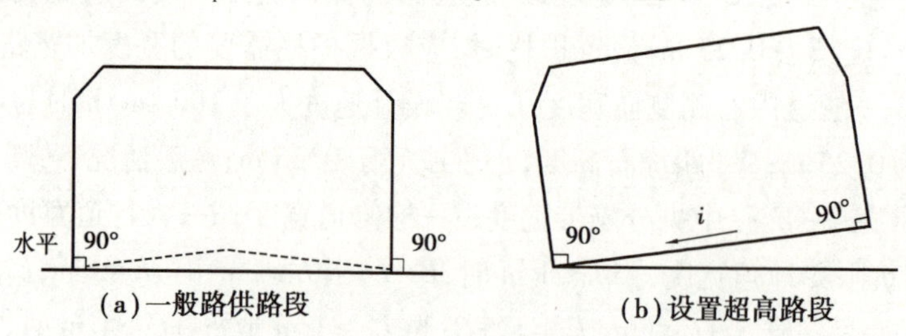

图 1.5.5　道路建筑限界的边界线

2)公路用地

公路用地是指公路修建、养护及布设沿线各种设施等所需要占用的土地。公路用地必须按国家有关政策办理征地手续。在公路用地范围内不得修建非路用建筑物,如开挖渠道,埋设管道、电缆、电杆及其他设施。在确定用地时,既要满足修建公路所必需的用地范围,又要充分考虑我国土地资源珍贵的特点,应尽可能从设计和施工等方面节省每一寸土地,不占或少占高产

田,提倡利用取土或弃土整田造地。公路用地范围规定为:

①新建高速公路路堤两侧排水沟外边缘(无排水沟时为路堤或护坡道坡脚)以外,或路堑坡顶截水沟外缘(无截水沟时为坡顶)以外不少于2 m的土地为公路用地范围;一、二、三、四级公路上述边缘线以外不少于1 m的土地为公路用地范围。

②在高填深挖路段,为保证路基的稳定,应根据计算确定用地范围。

③在风沙、雪害及特殊地质地带,应根据设置防护林、种植固沙植物、安装防沙或防雪栅栏以及设置反压护道等的需要确定用地范围。

④行道树应种植在排水沟或截水沟外侧的公路用地范围内,有时根据环保要求需要种植多行林带的路段,应根据具体情况确定用地范围。

⑤公路沿线立体交叉、平面交叉、服务设施、安全设施、交通管理设施、停车区、养护管理设施以及料场和苗圃等工程用地,应根据实际需要确定用地范围。

⑥改建公路可参考新建公路确定用地范围。

3)道路红线

道路红线是指城市道路用地分界控制线,红线之间的宽度即道路用地范围,称为道路建筑红线宽度或路幅宽度。规划道路红线也就是确定道路的边线或道路红线的宽度,其目的在于全面规定各级道路、广场、交叉口等用地范围,便于道路设计、施工及两侧建筑物的安排布置,也是各项管线工程设计、施工和调整的主要依据。道路红线一经确定,红线以外的用地就要按规划进行建设,各种管线也要按红线进行布设,一旦建成后就难以改变,因此规划红线是十分重要的。道路红线通常由城市规划部门依据城市总体规划确定的道路网形式和各条道路的功能、性质、走向和位置等因素确定。道路红线规划设计的主要内容如下:

①确定道路红线宽度。根据道路的性质与功能,考虑适当的横断面形式,定出机动车道、非机动车道、人行道、绿化带等各组成部分的合理宽度,从而定出合理的道路红线宽度。确定红线宽度除了考虑政治上的特殊需求外,还须考虑的因素有交通功能需要的宽度(包括车道数、车道宽、分隔带宽、非机动车道宽、人行道宽及绿化带等),日照、通风需要的宽度,防空、防火、防地震要求的宽度,建筑艺术要求的宽度等。红线宽度规划太窄,不能满足各种影响因素的要求时,会给以后改扩建带来困难,太宽又会造成城市用地不经济。所以,确定红线宽度时应充分考虑"近远结合,以近为主"的原则。

②确定道路红线位置。在城市总平面图基础上,对于新区道路,根据规划路中线的位置,按拟定的红线宽度画出红线。对于旧区改建道路,如计划近期一次扩宽至红线宽度,根据少拆迁原则,可一侧或两侧拓宽;以一侧拓宽为宜;属于长期控制,逐步形成的道路,特别是红线宽度比现状道路宽时,定位中以保持现状中线不动,两侧建筑物平均后退为宜。

③确定交叉口形式。按照近、远期规划和交叉口处具体条件,确定交叉口的形式、用地范围、具体位置和主要几何尺寸,并以红线方式绘于平面图上。

④确定控制点坐标和高程。规划道路中线的转折点和各条道路的交叉点即为控制点。控制点的平面坐标可直接实地测量,控制高程则由竖向规划确定。

思考与练习题

1.1 路线设计应遵守的技术要求有哪些?

1.2 工程可行性研究的主要内容包括哪几个方面?

1.3 道路设计阶段如何划分及各阶段的主要任务是什么?

1.4 简述道路功能的概念和作用。

1.5 道路为什么要分级?公路的分级依据是什么?

1.6 《公路工程技术标准》对公路是如何分级的?确定公路等级应考虑哪些主要因素?

1.7 城市道路分类的依据是什么?城市道路是如何分类和分级的?

1.8 道路设计的控制有哪些?其具体的作用是什么?

1.9 解释设计车辆、设计速度、交通量、通行能力的概念及其作用。

项目2　道路平面设计

【学习目标】理解和掌握道路平面设计的主要任务、基本原理、原则和要求，理解并掌握汽车行驶轨迹特性与道路平面线形要素特性；掌握直线的特点和运用，以及最大长度和最小长度的规定；掌握圆曲线的特点、半径大小及其长度的规定；掌握缓和曲线的性质、形式及最小长度和参数；理解平面线形设计原则和线形要素组合类型；了解道路平面设计主要成果等。

任务2.1　道路平面线形

1.路线

道路是一条三维空间的实体。它是由路基、路面、桥梁、涵洞、隧道和沿线设施所组成的线形构造物。一般所说的路线，是指道路中线的空间位置。路线在水平面上的投影称为路线的平面。沿中线竖直剖切再行展开则是路线的纵断面。中线上任意一点的法向切面是道路在该点的横断面。路线设计是指确定路线空间位置和各部分几何尺寸的工作。为便于研究，把它分解为路线平面设计、路线纵断面设计和横断面设计。三者是相互关联的，既分别进行，又综合考虑。

无论是公路还是城市道路，其路线位置受社会经济、自然地理和技术标准等因素的制约。设计者的任务就是在调查研究、掌握大量材料的基础上，合理确定路线的几何参数，满足技术标准、行车安全和工程经济等要求，并与地形、地物相适应，与环境和景观相协调。

在设计的顺序上，一般是在尽量顾及纵、横断面平衡的前提下先定平面，沿这个平面线形进行高程测量和横断面测量，取得地面线和地质、水文及其他必要的资料后，再设计纵断面和横断面。为求得线形均衡和土石方数量的节省，必要时再修改平面，这样经过几次反复，可望得到一个满意的结果。在路线设计的范围，只限于路线的几何性质，不涉及结构。结构设计在路基路面和桥梁工程等课程中讲述。

路线的平面线形是指由直线、圆曲线和缓和曲线组成的平面线形，如图2.1.1所示。

2.平面线形设计的基本要求

1)汽车行驶轨迹

汽车行驶过程中，车轮在路面上留下的痕迹可粗略地看成是汽车的行驶轨迹。在交通繁忙的道路上，由于车辆漏油或废气、轮胎等的污染，在路面上的车道内可清晰地看到一条黑色带；在薄层的积雪上，车辆驶过也会留下明显的轮迹。研究表明，行驶中的汽车的重心轨迹在几何

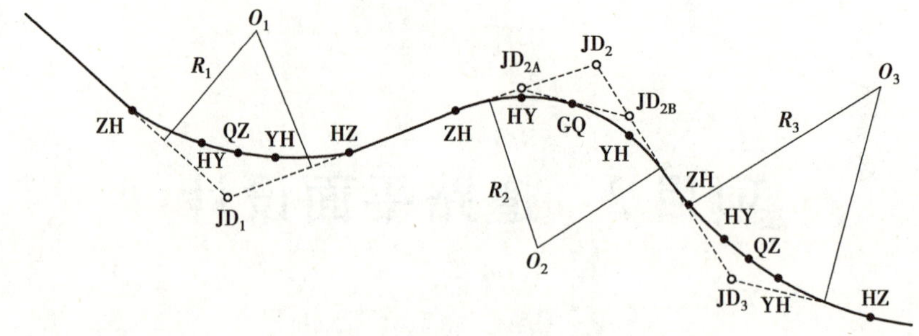

图 2.1.1 路线的平面线形

性质上有以下特征：

①轨迹是连续的、圆滑的；

②轨迹的曲率是连续的，即轨迹上任一点不会出现两个曲率值；

③轨迹的曲率变化率是连续的，即轨迹上任一点不会出现两个曲率变化率值。

通过对汽车行驶轨迹的研究，能了解道路平面线形的几何构成。理想的公路平面线形是行车道的边缘能与汽车的前外轮和后内轮的轮迹线完全符合或相平行。早期的公路平面线形由直线和圆曲线构成，仅符合汽车行驶轨迹特征的第①条，满足了车辆的直行和转向要求，但在直线和圆曲线相切处出现曲率不连续（直线上曲率为 0，圆曲线上曲率为 $1/R$），如图 2.1.2 所示，与汽车行驶轨迹之间有较大偏离。随着汽车交通量的增加和行驶速度的提高，现代道路在直线和圆曲线之间引入了一条曲率逐渐变化的“缓和曲线”，使整条线形符合汽车行驶轨迹特征的第①条和第②条，保持了线形的曲率连续，如图 2.1.3 所示，但在直线、圆曲线及缓和曲线的连接点曲率的变化率不连续，即仍不满足第③条特性的要求。考虑到道路横向宽度有足够的富余，即使轨道的曲率变化率不连续，对车辆行驶的安全性影响有限。所以，国内外道路设计仍把缓和曲线作为道路平面线形的要素广泛采用。

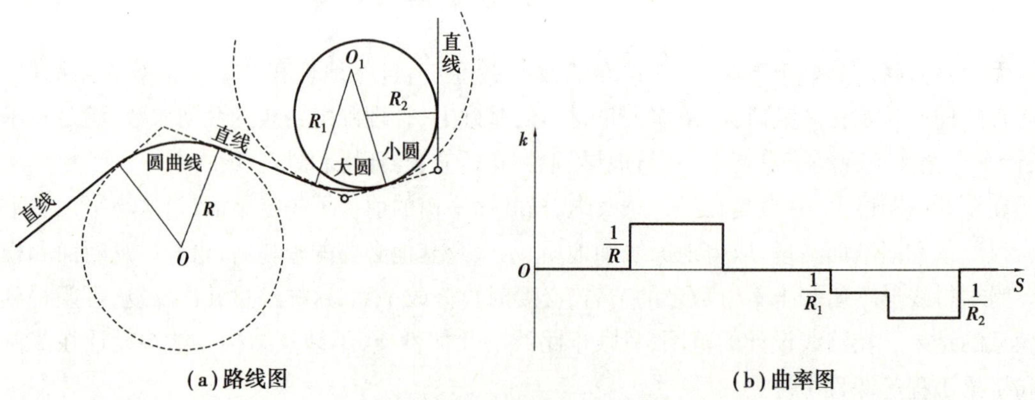

图 2.1.2 曲率不连续的路线

2）平面线形要素

行驶中的汽车的导向轮旋转面与车身纵轴之间有以下 3 种关系：

①角度为零；

②角度为常数；

③角度为变数。

与上述 3 种状态对应的行驶轨迹线为：

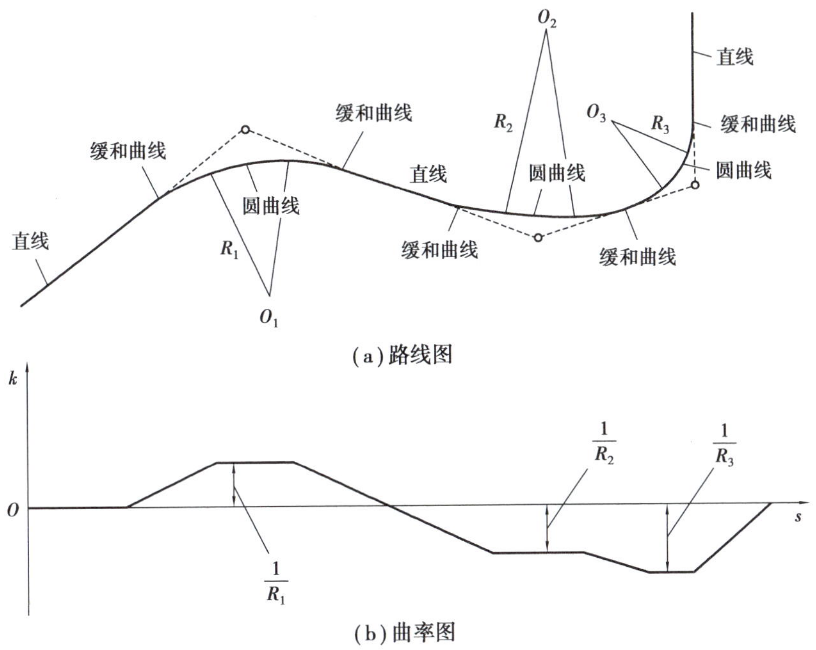

图 2.1.3　曲率连续的路线

①曲率为零的线形:直线;

②曲率为常数的线形:圆曲线;

③曲率为变数的线形:缓和曲线。

道路平面线形由直线和平曲线组合而成。平曲线又分为圆曲线和缓和曲线两种。特别是高等级道路,由于设置了缓和曲线,使平面线形在视觉上更加平顺,能更好地引导驾驶员的视线,路线更容易被驾驶员跟踪。因此,现代道路平面线形由直线、圆曲线和缓和曲线构成,也称为平面线形三要素。

三要素是道路平面线形的基本组成,各要素所占比例及使用频率并无规定。各要素使用合理、配置得当均可满足汽车行驶要求。道路平面线形设计就是从线形的角度去研究 3 个要素的选用和相互间的组合等问题。

任务 2.2　直　线

1. 直线的特点

作为平面线形要素之一的直线,在道路设计中被广泛采用。因为两点间直线最短,一般在定线时,只要地势平坦、无大的地物障碍,定线人员首先应考虑采用直线通过,且笔直的道路给人以短捷、直达的良好印象,在美学上直线也有其自身的特点,加之汽车在直线上行驶受力简单,方向明确,驾驶操作简易。因此,测设中,直线只需定出两点,就可方便地测定方向和距离,如图 2.2.1 所示。

但是,过长的直线并不好。在地形起伏较大的地区,直线难以与地形相适应,容易产生高填深挖路基,破坏自然景观。若长度运用不当,会影响线形的连续性。过长的直线会使驾驶员感到单调、疲倦和急躁,难以目测车间距离,增加夜间行车车灯炫目的危险,还会诱发超速行驶,从而导致交通事故的发生。当然,直线过短也不好,曲线间的短直线容易造成视觉不连续、驾驶员操纵困难等问题。所以,在定线中直线的运用、长度的确定,应慎重考虑。

2. 直线的最大长度和最小长度

在道路平面线形设计时,一般应根据沿线地形、地物条件和驾驶员的视觉、心理感受以及保证行车安全等因素,合理布设直线路段,对直线的最大长度与最小长度有所限制(图 2.2.1)。

图 2.2.1　直线

1) 直线的最大长度

既然直线的长度不宜过长,则在长直线的应用上应有条件地加以限制。对于直线的最大长度(以 m 计),日本、德国规定不宜超过 20 V(V 是设计速度,单位为 km/h),即 72 s 的行程;西班牙规定不宜超过 80% 的设计速度的 90 s 的行程;法国认为长直线宜采用半径 5 000 m 以上的圆曲线代替。一些土地资源丰富的国家一般都采用宽中央分隔带改善路容,设置低路堤缓边坡增加直线上高速行车的安全度,这方面显然不适合我国国情。我国地域辽阔,地形差异较大,对直线长度很难做出统一规定。因此,《公路工程技术标准》和《公路路线设计规范》中均未对直线的最大长度规定具体的数值。

我国已建成的高速公路如京津塘和济青高速公路的直线长度不超过 3 200 m;沈大高速公路多处出现 5 ~ 8 km 的长直线,最大为 13 km。从运营效果看,也未导致严重的交通安全问题。在实际工作中,设计者可根据地形、地物、自然景观以及经验等决定直线的最大长度,既不追求长直线,也不强设平曲线。对于直线路段,应采用运行速度进行检查,以确保直线段与相邻曲线段线形设计的连续性。

经对不同路段调查,按 100 km/h 的车速行驶时,驾驶员和乘客的心理反应和感受如下:

①位于城市附近的道路,作为城市干道部分,因路旁高大建筑和城市景观,无论路基高低均被纳入视线范围,驾驶员和乘客无直线过长希望驶出的不良反应。

②位于乡间平原区的公路,随季节和地区不同,驾驶员有不同反应。北方的冬季,植物枯萎,景色单调,过长的直线使人情绪受到影响。夏季有所改善,但驾驶员加速行驶,希望尽快驶出直线的心理依然普遍存在。

③位于戈壁、草原的公路,直线长度可达数十千米,驾驶员极易疲劳,车速往往会超过设计速度很多。但在这种特殊的地形条件下,除了直线别无其他选择,若故意设置弯道,不但不能改善其单调,反而增加路线长度。

因此,直线的最大长度(以 m 计),在城镇及其附近或其他景色有变化的地点,长度大于 20V 是可接受的;在景色单调的地点,长度最好控制在 20V 以内;而在特殊的地理条件下应特殊处理,不宜过度限制。

但必须强调,无论是高速公路还是低速公路,在任何情况下都要避免追求长直线的错误倾向。

2)直线的最小长度

考虑到线形的连续和驾驶的方便,相邻两曲线之间应有一定的直线长度。这个长度是指前一曲线的终点到后一曲线的起点之间的距离。

(1)同向曲线间直线的最小长度

同向曲线是指两个转向相同的圆曲线中间用直线或缓和曲线衔接,或两圆曲线径向连接(径向连接指两个半径不同的圆曲线在其径向所指公切点处直接连接)而成的平面线形。同向曲线间的直线较短时,在视觉上容易形成直线与两端的曲线构成反弯的错觉,使整个组合线形缺乏连续性,形成所谓的“断背曲线”,如图2.2.2所示,易造成驾驶操作失误,应尽量避免。

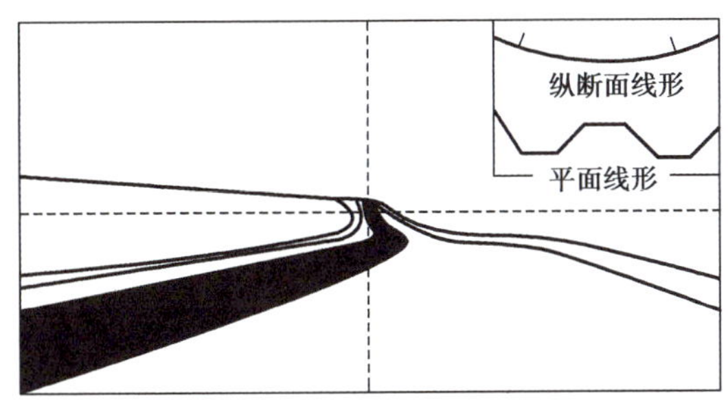

图2.2.2 “断背曲线”的视觉效果

《公路路线设计规范》规定:当设计速度不小于60 km/h时,同向圆曲线间的直线最小长度(以m计)以不小于设计速度(以km/h计)的6倍为宜。对于低速道路($V\leqslant 40$ km/h),可参考执行。在受条件限制时,宜将同向曲线改为大半径曲线或将两曲线做成复曲线、卵形曲线或C形曲线。

对实际使用情况进行调研发现,平原区各级公路设计中均能满足曲线间直线长度设置要求,但山岭、重丘区受地形条件限制较严。当设计速度不小于60 km/h时,局部路段同向曲线间很难达到$6V$要求,而且公路等级越高、设计速度越高就越难满足。使用中,若曲线间的直线长度难以达到规定要求时,应通过技术措施尽可能将同向曲线设计为复曲线。

(2)反向曲线间直线的最小长度

反向曲线是指两个转向相反的圆曲线之间以直线或缓和曲线衔接,或两圆曲线径向连接而成的平面线形,如图2.2.3所示。由于两弯道转弯方向相反,考虑超高和加宽过渡的需要,以及驾驶员操作的方便,其间直线的最小长度应予限制。《公路路线设计规范》规定:当设计速度不小于60 km/h时,反向圆曲线间直线最小长度(以m计)以不小于设计速度(以km/h计)的2倍为宜。当两反向曲线两端设有缓和曲线时,在受到限制的地点也可将两反向曲线首尾相接,构成S形曲线。但被连接的两缓和曲线和圆曲线宜满足一定的条件。

3.直线设计要点

1)直线的运用

道路平面线形采用直线时,应注意线形与地形的关系,并应符合前述直线的最大长度和最小长度的采用原则。在运用直线线形并确定其长度时，必须慎重考虑，原则是宜直则直、宜曲则曲，一般不宜采用长直线，但在下列路段上宜采用直线：

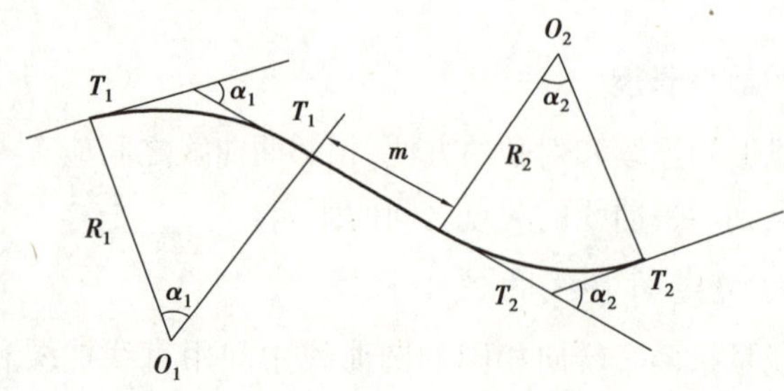

图 2.2.3　反向曲线

①路线完全不受地形、地物限制的平坦地区或山间的宽阔河谷地带；

②城镇及其近郊道路，或以直线为主体进行规划的地区；

③长大桥梁、隧道等构造物路段；

④路线交叉点及其附近；

⑤双车道公路提供超车的路段。

2）需要关注的问题

直线的最大长度应有所限制。当采用长的直线线形时，为弥补景观单调之缺陷，应结合沿线具体情况采取相应的技术措施并注意下列问题：

①在长直线上纵坡不宜过大，因长直线再加下陡坡行驶更易导致高速度。直线上的纵坡一般应小于3%。

②长直线与大半径凹形竖曲线组合为宜，这样可以使生硬呆板的直线得到一些缓和，如图2.2.4所示。

③道路两侧地形过于空旷时，宜采取种植不同树种或设置一定建筑物、雕塑、广告牌等措施，以改善单调的景观。

(a)长直线与直坡组合

(b)长直线与凹形竖曲线组合

图 2.2.4　长直线与凹形竖曲线组合

当不得已而采用了长直线时，应注意其对应的纵坡不宜过大；若两侧地形过于空旷时，宜采取种植不同树种的树木或设置一定建筑物等技术措施予以改善；定线时，应注意把能引起兴趣的自然风景或建筑物纳入驾驶员的视线范围之内。在长直线尽头设置的平曲线，除曲线半径、超高、视距等必须符合规定要求外，还必须采取设置标志、增大路面抗滑能力等安全保护措施，以确保行车安全。

任务 2.3　圆曲线

圆曲线是道路平面线形的三大要素之一,亦是最常用的线形要素。《公路路线设计规范》规定,各级公路不论转角大小均应设置圆曲线。圆曲线设计的主要任务是:在满足技术标准的前提下,结合路线的等级、地形、地物及其他环境条件,充分考虑行车安全、行车速度、工程经济和线形舒顺的要求,选择适宜的曲线半径,并确定敷设圆曲线的各项曲线要素。本任务将主要介绍圆曲线半径的确定及圆曲线运用等问题。

1. 圆曲线的线形特征

各级公路与城市道路不论转角大小均应设置圆曲线,从圆曲线的使用特征分析,其主要特点如下:

①圆曲线上任意一点的曲率半径 R 为常数,故测设比缓和曲线简便。

②圆曲线上的每一点都在不断地改变方向,因而汽车在圆曲线上的行驶要受到离心力的作用,对行车的安全性、舒适性等产生不利影响,圆曲线半径越小、行驶速度越高,行车越不安全。

③视距条件差。汽车在圆曲线内侧行驶时,视线受到路堑边坡或其他障碍物的影响,视距条件差,容易发生交通事故。同时,汽车在平曲线上行驶时各轮轨迹半径不同,比在直线上行驶要多占用路面宽度。

④较大半径的长缓圆曲线具有线形美观、顺适、行车舒适等特点,是公路上常采用的线形。

2. 汽车行驶的横向稳定性

汽车行驶稳定性是指汽车行驶过程中,在外部因素作用下,汽车尚能保持正常行驶状态和方向,不致失去控制而产生滑移、倾覆等现象的能力。

影响汽车行驶稳定性的因素主要有汽车本身的结构参数、驾驶员的操作技术以及道路与环境等外部因素的作用。

1) 汽车在圆曲线上行驶时力的平衡

汽车在圆曲线上行驶时会产生离心力,其作用点在汽车的重心,方向水平背离圆心。一定质量的汽车其离心力大小与行驶速度的平方成正比,而与圆曲线半径成反比。

$$F=\frac{Gv^2}{gR} \tag{2.3.1}$$

式中　F——离心力,N;

R——圆曲线半径,m;

v——汽车行驶速度, m/s;

G——汽车重力,N;

g——重力加速度,9.8 m/s^2。

离心力对汽车在圆曲线上行驶的稳定性影响很大,它可能使汽车向外侧滑移或倾覆。为抵消或减小离心力的作用,保证汽车在圆曲线上稳定行驶,必须使圆曲线上路面做成外侧高、内侧低呈单向横坡的形式,称为横向超高。如图 2.3.1 所示,汽车行驶在设置了超高的圆曲线上时,其汽车重力的水平分力可抵消一部分离心力的作用，其余部分由汽车轮胎与路面之间的横向摩阻力与之平衡。

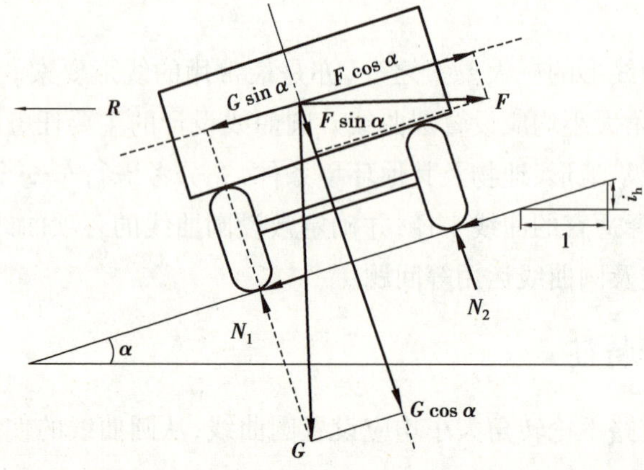

图 2.3.1　汽车转弯时的受力分析

将离心力 F 与汽车重力 G 分解为平行于路面的横向力 X 和垂直于路面的竖向力 Y。

$$X=F\cos\alpha-G\sin\alpha$$

$$Y=F\sin\alpha+G\cos\alpha$$

因路面横向倾角 α 一般很小，则 $\sin\alpha\approx\tan\alpha=i_h$，$\cos\alpha\approx1$，其中 i_h 称为横向超高坡度（简称超高值）。

$$X=F-Gi_h=\frac{Gv^2}{gR}-Gi_h=G\left(\frac{v^2}{gR}-i_h\right)$$

横向力 X 是汽车行驶的不稳定因素，竖向力是稳定因素。X 值的大小，尚不能反映不同重力汽车的稳定程度。例如，5 kN 的横向力若作用在小汽车上，可能使其产生横向倾覆的危险，而作用在重型载重汽车上则可能是安全的。故采用横向力系数 μ 来衡量稳定性程度，其意义为单位车重的横向力。

$$\mu=\frac{X}{G}=\frac{v^2}{gR}-i_h$$

用 V（km/h）代替上式中的 v（m/s），经换算得：

$$\mu=\frac{V^2}{127R}-i_h \tag{2.3.2}$$

式中　R——圆曲线半径，m；

μ——横向力系数；

V——汽车行驶速度，km/h；

i_h——横向超高坡度（超高值）。

式(2.3.2)表达了横向力系数与车速、圆曲线半径及超高值之间的关系。μ 值越大，汽车在圆曲线上的稳定性越差。式(2.3.2)对确定圆曲线半径、超高值以及评价汽车在圆曲线上行驶时的安全性和舒适性有十分重要的意义。

2）横向倾覆条件分析

汽车在具有超高的圆曲线上行驶时，由于横向力的作用，可能使汽车绕外侧车轮触地点产生向外横向倾覆的危险。为使汽车不产生倾覆，必须使倾覆力矩小于或等于稳定力矩。

$$Xh_g \leqslant Y\frac{b}{2} = (Fi_h + G)\frac{b}{2}$$

因 Fi_h 比 G 小得多,可略去不计,则有:

$$\mu = \frac{X}{G} \leqslant \frac{b}{2h_g} \tag{2.3.3}$$

式中　b——汽车轮距,m;

h_g——汽车重心高度,m。

将式(2.3.3)代入式(2.3.2)并整理,得:

$$R \geqslant \frac{V^2}{127\left(\frac{b}{2h_g} + i_h\right)} \tag{2.3.4}$$

用式(2.3.4)可计算汽车在圆曲线上行驶时,不产生横向倾覆的最小圆曲线半径 R 或最大允许行驶速度 V。

3)横向滑移条件分析

汽车在圆曲线上行驶时,因横向力的存在,可能使汽车沿横向力的方向产生横向滑移。为使汽车不产生横向滑移,必须使横向力小于或等于轮胎和路面之间的横向摩阻力。

$$X \leqslant Y\varphi_h \approx G\varphi_h$$

$$\mu = \frac{X}{G} \leqslant \varphi_h \tag{2.3.5}$$

式中　φ_h——横向摩阻系数,一般 $\varphi_h = (0.6 \sim 0.7)\varphi$,$\varphi$ 为附着系数。

将式(2.3.5)代入式(2.3.2)并整理,得:

$$R \geqslant \frac{V^2}{127(\varphi_h + i_h)} \tag{2.3.6}$$

用式(2.3.6)可计算出汽车在圆曲线上行驶时,不产生横向滑移的最小圆曲线半径 R 或最大允许行驶速度 V。

4)横向稳定性的保证

由式(2.3.3)和式(2.3.5)可知,汽车在圆曲线上行驶时的横向稳定性主要取决于横向力系数 μ 值的大小。现代汽车在设计制造时,重心较低,一般 $b \approx 2h_g$,即 $\frac{b}{2h_g} \approx 1$,而 $\varphi_h < 0.5$,所以 $\varphi_h < \frac{b}{2h_g}$。即汽车在圆曲线上行驶时,在发生横向倾覆之前先产生横向滑移现象。因此,在道路设计中应保证汽车不产生横向滑移,同时也就保证了横向倾覆的稳定性。只要设计采用的 μ 值满足式(2.3.5)条件,一般在满载情况下能保证横向行车的稳定性,但装载过高时可能发生倾覆现象。

3.圆曲线半径及圆曲线长度

行驶在曲线上的汽车由于受离心力作用,其稳定性受到影响,而离心力的大小又与圆曲线半径密切相关,半径越小越不利。所以,在选择圆曲线半径时应尽可能采用较大的值,只有在地形或其他条件受到限制时才可使用较小的曲线半径。为了行车的安全与舒适,《公路工程技术标准》规定了圆曲线半径在不同情况下的最小值。

1)圆曲线半径与影响因素

由式(2.3.2)得:

$$R=\frac{V^2}{127(\mu \pm i_h)} \tag{2.3.7}$$

式中 R——圆曲线半径,m;

V——行驶速度,km/h;

μ——横向力系数;

i_h——超高值,设超高时为"+",不设超高时为"-"。

在车速 V 一定的情况下,最小半径 R_{min} 取决于容许的最大横向力系数 μ_{max} 和该圆曲线的最大超高值 $i_{h(max)}$。

(1)横向力系数μ

横向力的存在对行车产生种种不利影响,μ 越大越不利,表现在以下4个方面:

①危及行车安全。汽车能在圆曲线上行驶的基本前提是轮胎不在路面上滑移,要求横向力系数 μ 低于轮胎与路面之间所能提供的横向摩阻系数 φ_h。

$$\mu \leqslant \varphi_h \tag{2.3.8}$$

φ_h 与车速、路面及轮胎等有关。一般在干燥路面上,φ_h 为0.4~0.8;在潮湿的沥青路面上汽车高速行驶时,φ_h 降低到0.25~0.40;路面结冰和积雪时,φ_h 降低到0.2以下;在光滑的冰面上,φ_h 可降到0.06(不加防滑链)。

②增加驾驶操纵的困难。圆曲线上行驶的汽车在横向力作用下,弹性轮胎会产生横向变形,使轮胎的中间平面与轮迹前进方向形成一个横向偏移角(图2.3.2),其存在增加了汽车在方向操纵上的困难。特别是车速较高时,如横向偏移角超过5°,一般驾驶员就不易保持驾驶方向的稳定。

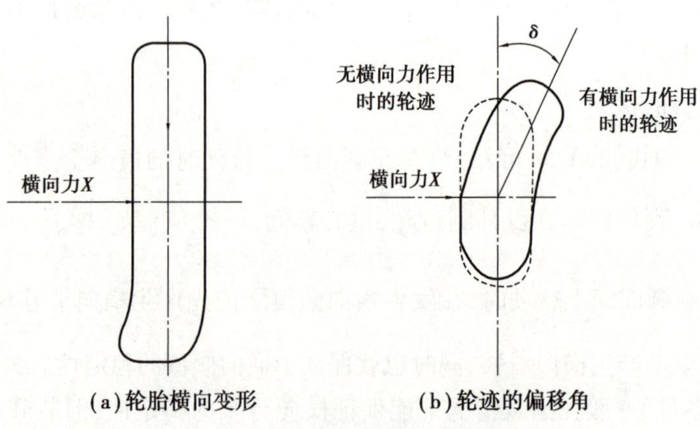

图2.3.2 汽车轮胎的横向偏移角

③增加燃料消耗和轮胎磨损。μ 的存在使轮胎和路面之间的摩阻力增加,车辆的燃油消耗和轮胎磨损增加。表2.3.1所示为不同横向力系数下的实测损耗值。

表2.3.1 实测损耗值

横向力系数μ	燃料消耗/%	轮胎磨损/%
0	100	100

续表

横向力系数μ	燃料消耗/%	轮胎磨损/%
0.05	105	160
0.10	110	220
0.15	115	300
0.20	120	390

④旅行不舒适。μ 值过大,汽车不能连续稳定行驶,有时还需要减速。在圆曲线半径小的曲线上,驾驶员要尽量大回转,易离开车道发生事故。当 μ 超过一定数值时,驾驶员要采用增加汽车稳定性的措施,增加了驾驶员在圆曲线行驶中的紧张。μ 值增大还会使乘客感到不舒适。据试验,乘客随 μ 的变化其心理反应如下:当 $\mu<0.10$ 时,感觉不到有曲线存在,很平稳;当 $\mu=0.15$ 时,稍感到有曲线存在,尚平稳;当 $\mu=0.20$ 时,已感到有曲线存在,稍感不稳定;当 $\mu=0.35$ 时,感到有曲线存在,不稳定;当 $\mu\geqslant0.40$ 时,非常不稳定,有倾覆的危险感。

综上所述,μ 的采用值关系到行车的安全、经济与舒适。为计算最小圆曲线半径,应考虑各方面因素采用一个合适的 μ 值。一般情况下,$\mu_{max}=0.10\sim0.16$,车速高时取低值,车速低时取高值。

由式(2.3.2)可知,在车速一定时,半径越小,横向力系数越大。统计资料表明,在圆曲线半径小的路段,驾驶员通常会降低车速,以保证安全。但半径大于400 m的圆曲线对运行速度影响不大。

(2)最大超高值 $i_{h(max)}$

在车速较高的情况下,为了平衡离心力要用较大的超高,但道路上行驶车辆的速度差异较大,特别是在混合交通的道路上,不仅要照顾快车,也要考虑慢车的安全。对于慢车,乃至因故暂停在弯道上的车辆,其离心力接近或等于0。如超高值过大,超出轮胎与路面间的横向摩阻系数,车辆有沿路面最大合成坡度下滑的危险。因此,最大超高率不应大于轮胎与路面间的横向摩阻系数。

$$i_{h(max)}\leqslant\varphi_w \tag{2.3.9}$$

式中 φ_w——一年中气候恶劣季节路面的横向摩阻系数。

确定最大超高值 $i_{h(max)}$,除考虑道路所在地区的气候条件外,还必须给驾驶员和乘客以心理上的安全感。对重山区、城市附近、交叉口以及有相当数量非机动车行驶的道路,最大超高应比一般道路小些。

《公路路线设计规范》对各级公路的最大超高规定:一般地区的高速公路、一级公路为8%或10%;二、三、四级公路为8%;积雪冰冻地区的各级公路均为6%;城镇区域各级公路均为4%。二、三、四级公路接近城镇且混合交通量大的路段,车速受到限制和城市道路设计速度为80 km/h时,最大超高取6%;当设计速度为60 km/h时,最大超高取4%;当设计速度为40 km/h、30 km/h、20 km/h时,最大超高取2%。

2)最小半径的计算

汽车在圆曲线上行驶时保持稳定的必要条件是汽车所受横向力被轮胎与路面之间的摩阻

力抵消。若横向力大于摩阻力,则汽车出现横向滑移。因此,在设计时应控制横向力系数μ不超过摩阻系数φ_h。

《公路工程技术标准》根据不同横向力系数及超高值,对不同等级的公路规定了圆曲线的极限最小半径、一般最小半径和不设超高的最小半径。

(1)圆曲线极限最小半径(极限值)

极限最小半径是指为保证车辆按设计速度安全行驶所规定的圆曲线半径最小值。《公路工程技术标准》规定的i_h=6%~10%、μ=0.1~0.17,将超高值和横向力系数代入式(2.3.7),即得出《公路工程技术标准》规定的圆曲线最小半径的极限值,如表2.3.2所示。设计中,常采用8%超高的圆曲线最小半径极限值。

表2.3.2 圆曲线极限最小半径(极限值)

设计速度/(km·h^{-1})		120	100	80	60	40	30	20
横向力系数μ		0.10	0.12	0.13	0.14	0.15	0.16	0.17
圆曲线极限最小半径/m	i_h=10%	570	360	220	115	—	—	—
	i_h=8%	650	400	250	125	60	30	15
	i_h=6%	710	440	270	135	60	35	15
	i_h=4%	810	500	300	150	65	40	20

(2)圆曲线一般最小半径(一般值)

一般最小半径是指各级公路对按设计速度行驶的车辆能保证其安全、舒适的最小圆曲线半径,标准中的一般最小半径值是按i_h=6%~8%、μ=0.05~0.06计算取整得到,如表2.3.3所示。

表2.3.3 圆曲线一般最小半径(一般值)

设计速度/(km·h^{-1})	120	100	80	60	40	30	20
圆曲线一般最小半径/m	1 000	700	400	200	100	65	30

一般最小半径是在通常情况下推荐采用的最小半径。一是考虑汽车在这种圆曲线上以设计速度或以接近设计速度行驶时,旅客有充分的舒适感;二是考虑在地形比较复杂的情况下,不会过多增加工程量。

(3)不设超高的圆曲线最小半径

当圆曲线半径较大时,离心力的影响较小,路面摩阻力可保证汽车有足够的稳定性,这时可不设超高,设置与直线段上相同的双向横坡路拱形式。因此,不设超高最小半径是指不必设置超高就能满足行驶稳定性的圆曲线最小半径。

从舒适和安全的角度考虑,应把横向力系数控制到最小值,以使乘客在圆曲线上与在直线上有大致相同的感觉。《公路工程技术标准》中不设超高的最小半径规定为:当路拱横坡小于或等于2%时,分别取μ=0.035、i_h=−0.015和μ=0.040、i_h=−0.02;路拱横坡大于2%时,当i_h=−0.025时取φ_h=0.04,当i_h=−0.03时取φ_h=0.045,当i_h=−0.035时取φ_h=0.050,按式

(2.3.7)计算取整得到,如表2.3.4所示。

《公路工程技术标准》和《城市道路工程设计规范》中所规定的圆曲线最小半径如表2.3.4和表2.3.5所示。

表2.3.4　不设超高的圆曲线最小半径

设计速度/(km·h^{-1})		120	100	80	60	40	30	20
不设超高的圆曲线最小半径/m	路拱<2%	5 500	4 000	2 500	1 500	600	350	150
	路拱>2%	7 500	5 250	3 350	1 900	800	450	200

表2.3.5　城市道路圆曲线最小半径

设计速度/(km·h^{-1})		100	80	60	50	40	30	20
不设超高的最小半径/m		1 600	1 000	600	400	300	150	70
设超高的最小半径/m	一般值	650	400	300	200	150	85	40
	极限值	400	250	150	100	70	40	20

注:"一般值"为正常情况下的采用值;"极限值"为条件受限时,可采用的值。

(4)圆曲线最小半径的选用

各级公路设计中,应根据沿线地形等情况,尽量选用较大半径,极限最小半径一般尽可能不用;当不得已采用极限最小半径时,应注意前后线形的协调。从目前国内已建公路的调研情况看,山岭区公路采用比极限最小半径稍大的半径的路段,尽管也做到了线形指标的逐渐过渡,但很难引起驾驶员的足够注意,行车速度一般不会有大的改变;极限最小半径的曲线不仅表现出行车不舒适,而且往往因超高与速度不匹配导致驾驶操作不当引发事故。

圆曲线半径较小时,车辆行驶速度一般会有所降低。但对于陡的下坡路段,往往由于汽车的动量关系,容易导致车辆加速行驶,造成圆曲线上车速增高,影响行车安全。因此,当公路平面必须设置小于一般最小半径的小半径曲线时,应根据纵坡设置情况适当加大曲线半径。

3)圆曲线的最大半径

选用圆曲线半径时,在地形等条件允许的前提下,应尽量采用大半径曲线,使行车舒适。但半径过大,对施工不利,且过大的圆曲线半径,其几何外观与直线无多大差异。研究表明,当圆曲线半径大于9 000 m时,视线集中的300~600 m范围内的视觉效果与直线没有区别。因此,《公路路线设计规范》规定,圆曲线最大半径值不宜超过10 000 m。

4)圆曲线的最小长度

汽车在曲线线形的道路上行驶时,如果曲线很短,则驾驶员操作方向盘频繁而紧张,这在高速行驶的情况下是危险的。在平面设计中,公路平曲线一般由前后缓和曲线和中间圆曲线三段曲线组成,为便于驾驶操作和行车安全与舒适,汽车在任何一段线形上行驶的时间都不应短于3 s,即在曲线上行驶时间不短于9 s;如果中间的圆曲线为零,则会形成两回旋曲线直接衔接的凸形曲线,这对行车不利,只有在受地形条件限制的山嘴或特殊困难情况下方可使用。因此,在平曲线设计时,圆曲线的最小长度一般要达到3 s行程。

4. 圆曲线的运用

道路平面设计时，应根据沿线地形、地物等条件，尽量选用较大半径，以保证行车安全舒适。在选定半径时，既要技术合理，又要经济适用；既不盲目采用高标准（大半径）而过分增加工程量，也不只考虑眼前通行要求而采用低标准。

①选定圆曲线半径应与地形相适应，以采用超高值为2%~4%的圆曲线半径为宜。

②地形条件受限时，可采用大于或接近圆曲线一般最小半径；地形条件特殊困难不得已时，方可采用圆曲线极限最小半径。

③在选用圆曲线半径时，应与设计速度相适应，同相衔接路段的平、纵线形要素相协调，构成连续、均衡的曲线线形。

④从交通安全的角度考虑，400 m 是圆曲线半径选择的参考基准值。相关研究成果表明，大量的交通事故与小半径曲线有关，交通事故率和事故严重程度随着曲线半径的增加而降低；圆曲线半径低于200 m 的路段交通事故率要比圆曲线半径大于400 m 的路段至少高一倍。圆曲线半径大于400 m 时，对运行速度已经没有太大的影响，对于安全性的提高也没有太大影响。同时，半径均衡的曲线组合比不均衡的曲线组合更安全，长直线接小半径曲线对行车非常不利。

⑤选用曲线半径时，最大半径值一般不应超过10 000 m。论研究和实践表明，对于高速公路而言，当 $R>3\ 000$ m 后，汽车的横向力系数的差异极小。由于横向力的存在而引起的舒适性方面的降低是人体感觉不到的，在驾驶操作上与在直线段上已无大的差异，因横向力的存在而增加的燃料消耗也小于3%。当地形平坦景观单调时，在大曲率长曲线上行驶如同在长直线上行驶一样，会使驾驶员感到疲劳、反应迟钝。调查表明，驾驶者不希望在过长、过缓的曲线上行驶。所以，选用大半径的曲线时，也应持谨慎的态度。

5. 圆曲线要素计算及其直角坐标

1）圆曲线几何要素计算

如图2.3.3所示，已知交点位置、线路的转角 α、圆曲线半径 R 3个条件，根据几何关系，则圆曲线的要素可按下列公式计算：

$$\left.\begin{aligned}
&\text{切线长}\quad T=R\times\tan\frac{\alpha}{2}\\
&\text{曲线长}\quad L=R\times\alpha\,\frac{\pi}{180^\circ}\\
&\text{外距}\quad E=R\times\left(\sec\frac{\alpha}{2}-1\right)\\
&\text{切曲差}\quad D=2T-L
\end{aligned}\right\}\qquad(2.3.10)$$

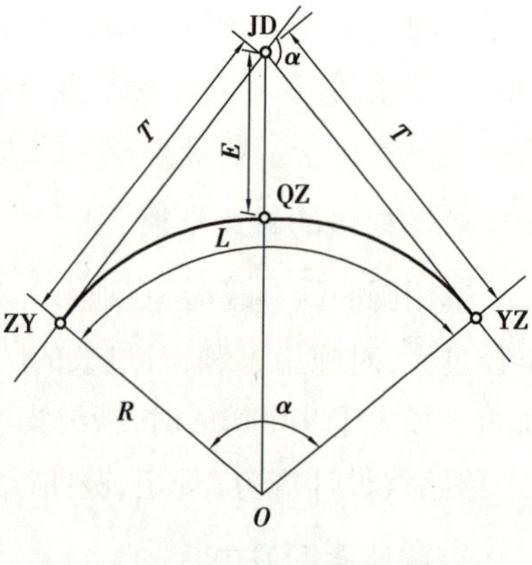

图2.3.3　圆曲线测设元素

式中　R——圆曲线半径，m；

α——线路的转角，(°)。

2）主点里程的计算

线路曲线段的里程是按曲线长度传递的，即按汽车的行驶轨迹计算里程，故 $YZ_{里程}\neq JD_{里程}+T$。圆曲线各主点里程按下式计算，由图2.3.3可知：

$$\left.\begin{aligned} ZY_{里程} &= JD_{里程} - T \\ YZ_{里程} &= ZY_{里程} + L \\ QZ_{里程} &= YZ_{里程} - \frac{L}{2} \\ JD_{里程} &= QZ_{里程} + \frac{D}{2}（校核） \end{aligned}\right\} \tag{2.3.11}$$

3）圆曲线直角坐标表达式

圆曲线切线支距法即以曲线的起点 ZY 点或终点 YZ 点为原点，以切线为 x 轴，以过原点的半径为 y 轴，以求得曲线上各点的坐标 x、y 来测设曲线，故又称直角坐标法，如图 2.3.4 所示。

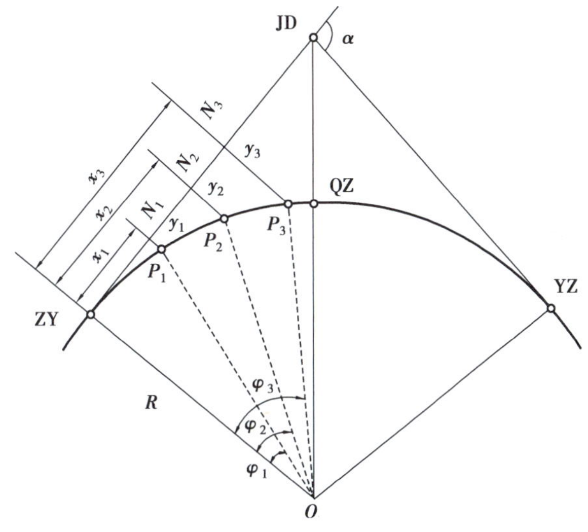

图 2.3.4　圆曲线直角坐标

设 P_i 为曲线上欲加测的点位，该点距曲线的起点 ZY 点（或终点 YZ 点）的弧长为 l_i，φ_i 为 l_i 所对的圆心角，R 为曲线半径，则曲线上任意一点 P_i 的坐标为：

$$\left.\begin{aligned} x_i &= R\sin\varphi_i \\ y_i &= R(1-\cos\varphi_i) \end{aligned}\right\} \tag{2.3.12}$$

式中，$\varphi_i = \dfrac{l_i}{R}\dfrac{180°}{\pi}$，其中 l_i 为圆曲线上各点至坐标原点的弧长（里程之差）。

4）圆曲线要素计算示例

【例 2.3.1】已知某四级公路，交点的里程为 K6+182.76，曲线的转角为 $\alpha_y = 25°48'$，曲线半径 $R=300$ m，求圆曲线的曲线要素及主点桩号。

【解】①圆曲线测设元素。由式(2.3.10)代入数据计算可得：

切线长：$$T = R\times\tan\frac{\alpha}{2} = 300\times\tan\frac{25°48'}{2} = 68.71(\text{m})$$

曲线长：$$L = \frac{\pi}{180°}\alpha R = \frac{\pi}{180°}\times25°48'\times300 = 135.09(\text{m})$$

外距：$$E = R\left(\sec\frac{\alpha}{2}-1\right) = 300\times\left(\sec\frac{25°48'}{2}-1\right) = 7.77(\text{m})$$

切曲差：$$D = 2T - L = 2.33(\text{m})$$

②主点里程计算:

JD	K6+182.76
-)T	68.71
ZY	K6+114.05
+)L	135.09
YZ	K6+2411.14
-)$L/2$	67.54
QZ	K6+181.60
+)$D/2$	1.16　(校核)
JD	K6+182.76　(计算无误)

任务2.4　缓和曲线

缓和曲线是道路平曲线形要素之一,它是设置在直线与圆曲线之间或半径相差较大的两个转向相同的圆曲线之间的一种曲率连续变化的曲线。在高速公路上,有时缓和曲线所占比例超过了直线和圆曲线,成为平面线形主要组成部分。在城市道路上,缓和曲线也被广泛使用。

1. 缓和曲线的作用与性质

1)缓和曲线的作用

(1)曲率连续变化,便于车辆遵循

汽车转弯行驶的过程中,存在一条曲率连续变化的轨迹线。无论车速高低,这条轨迹线都是客观存在的。它的形式和长度则随行驶速度、曲率半径和驾驶员转动方向盘的快慢而定。在低速行驶时,驾驶员尚可利用路面的富余宽度将汽车保持在车道范围内,缓和曲线似乎没有必要。但在高速行驶时,汽车有可能超越自己的车道驶出一条很长的过渡性轨迹线。从安全性考虑,有必要设置一条驾驶员易于遵循的缓和曲线,使车辆在进入或离开圆曲线时不致侵入邻近的车道。

(2)离心加速度逐渐变化,旅客感觉舒适

汽车行驶在圆曲线上产生离心力,离心力的大小与圆曲线的曲率成正比。汽车由直线驶入圆曲线或由圆曲线驶入直线,曲率的突变会使乘客有不舒适的感觉。所以,应在曲率不同的直线和圆曲线、圆曲线和圆曲线之间,设置一条过渡性的曲线以缓和离心加速度的变化,使旅客感到舒适。

(3)超高及加宽逐渐变化,行车更加平稳

道路横断面从直线上的双坡断面过渡到圆曲线上的单坡断面和由直线上的正常宽度过渡到圆曲线上的加宽宽度,一般在缓和曲线长度内完成。为避免车辆在过渡行驶中急剧地左右摇摆,并保证路容的美观,需设置一定长度的缓和曲线。

(4)与圆曲线配合,增加线形美观

圆曲线与直线直接衔接,在连接处曲率突变,视觉上有不平顺的感觉。设置缓和曲线后,线形连续圆滑，增加线形的美观，同时从外观上看也感到安全(图2.4.1)。

(a)不设缓和曲线感觉路线扭曲

(b)设置缓和曲线后变得平顺美观

图2.4.1　直线与曲线连接效果图

2)缓和曲线的性质

为研究汽车由直线进入圆曲线的行驶轨迹，假定汽车为等速行驶，驾驶员匀速转动方向盘。当方向盘转动角度为φ时，前轮相应转动角度为ϕ，它们之间的关为：

$$\phi = k\varphi(\text{rad})$$

其中，k为小于1的系数。而转动角度为：

$$\phi = \omega t(\text{rad}) \tag{2.4.1}$$

式中　ω——方向盘转动的角速度，rad/s；

t——行驶时间，s。

汽车前轮的转向角为：

$$\phi = k\ \omega t(\text{rad})$$

设汽车前后轮轴距为d，前轮转动ϕ后，汽车行驶轨迹的曲率半径为r，由图2.4.2可知：

$$r = \frac{d}{\tan\phi}(\text{m})$$

因ϕ很小，可近似地认为：

$$r \approx \frac{d}{\phi} = \frac{d}{k\ \omega t}(\text{m}) \tag{2.4.2}$$

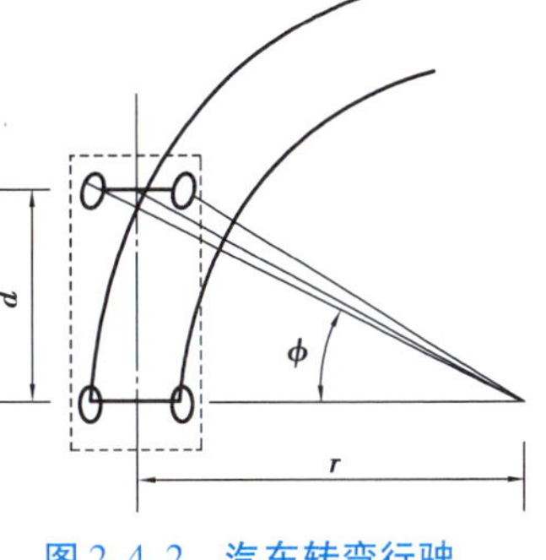

图2.4.2　汽车转弯行驶

汽车以v(m/s)等速行驶，经时间t(s)后，其行驶距离l(弧长)为：

$$l = vt(\text{m}) \tag{2.4.3}$$

由式(2.4.2)得：

$$t = \frac{d}{k\ \omega r}$$

代入式(2.4.3)得：

$$l \approx v\frac{d}{k\ \omega r} \tag{2.4.4}$$

式中，v、d、k、ω均为常数，令：

$$\frac{vd}{k\ \omega} = C$$

则

$$l = \frac{C}{r}\text{或}\ rl = C \tag{2.4.5}$$

式中　l——汽车自直线终点开始转弯，经t后行驶的弧长，m；

r——汽车行驶t后在l处的曲率半径，m；

C——常数。

式(2.4.5)为汽车以不变角速度转动方向盘等速行驶的轨迹,说明汽车匀速从直线驶入圆曲线或圆曲线驶入直线,其行驶轨迹的弧长与曲率半径之乘积为常数。这一性质与数学上的回旋线正好相符。

2. 缓和曲线的形式

对于缓和曲线形式,虽然相关学者提出过三次抛物线、双纽线等形式,但由于回旋线具有形式简单、计算方便等优点,因此《公路路线设计规范》规定,我国公路设计中,缓和曲线采用回旋线。

1)回旋线的基本公式

回旋线是曲率随曲线长度成比例变化的曲线。这一性质与前面驾驶员以匀速转动方向盘汽车由直线驶入圆曲线或圆曲线驶入直线的轨迹线相符。其基本公式为:

$$rl=A^2 \tag{2.4.6}$$

式中 r——回旋线上某点的曲率半径,m;

l——回旋线上某点到原点的曲线长,m;

A——回旋线参数。

回旋线参数 A 表征回旋线曲率变化的缓急程度,在回旋线内 r 是随 l 的变化而变化的。在回旋线起点,曲率为零,曲率半径为无穷,但在回旋线终点处,$l=L_s$,$r=R$,则 $RL_s=A^2$。

$$A=\sqrt{RL_s} \tag{2.4.7}$$

式中 R——回旋线所连接的圆曲线半径,m;

L_s——回旋线型缓和曲线长度,m。

2)回旋线的相似性

回旋线的曲率是连续变化的,而且其曲率的变化与曲线长度的变化呈线性关系。因此,可以认为回旋线的形状只有一种,只要改变参数 A 就能得到不同大小的回旋线,A 相当于回旋线的放大系数。

$A=1$ 时的回旋线称为单位回旋线。根据相似性,可由单位回旋线要素计算任意回旋曲线的要素。在各要素中,又分长度要素(如切线长、曲线长、内移植、直角坐标等)和非长度要素(如缓和曲线角、弦偏角等),它们的计算方法为:

$$\text{回旋线长度要素}=\text{单位回旋线长度要素}\times A$$

$$\text{回旋线非长度要素}=\text{单位回旋线非长度要素}$$

3. 缓和曲线的最小长度及参数

1)缓和曲线的最小长度

缓和曲线应有足够的长度,从而满足车辆在缓和曲线上完成不同曲率的行驶过渡,以保障驾驶员能从容地转动方向盘、乘客感觉舒适、线形美观流畅,同时,圆曲线上的超高和加宽的过渡一般也在缓和曲线内平顺完成。基于此,应规定缓和曲线的最小长度。

(1)旅客感觉舒适

汽车在缓和曲线上行驶,其离心加速度随缓和曲线曲率的变化而变化,如变化过快会使乘客感到横向冲击。由离心力产生的离心加速度 $a=\frac{v^2}{r}$ 在 t(s)时间内汽车从缓和曲线的起点到达缓和曲线终点,曲率半径 r 由∞均匀地变化到 R,离心加速度由零均匀地增加到 $\frac{v^2}{R}$,离心加速度的变化率为:

$$a_s=\frac{a}{t}=\frac{v^2}{Rt}$$

在等速行驶的情况下,则 $t=L_s/v$,此时:

$$a_s=\frac{v^3}{RL_s}$$

$$L_s=\frac{v^3}{Ra_s}$$

式中,离心加速度变化率 a_s 采用值,各国不尽相同。一般高速公路,英国采用0.3 m/s³,美国采用0.6 m/s³,我国一般控制在0.5～0.6 m/s³。若以 V(km/h)表示设计速度,则最小缓和曲线长度 $L_{s(min)}$ 的计算公式为:

$$L_{s(min)}=0.0214\frac{V^3}{Ra_s}(\mathrm{m}) \tag{2.4.8}$$

(2)超高渐变率适中

应在缓和曲线上设置超高过渡段,若过渡段太短,则路面会急剧地由双坡变为单坡扭曲,对行车和路容均不利。

在超高过渡段上,路面外侧逐渐抬高,从而形成一个"附加坡度"。当圆曲线上的超高 s 值一定时,该附加坡度取决于过渡段长度。附加坡度(也称超高渐变率)太大和太小都不利,太大会使行车左右摇摆影响行车安全,太小对排水不利。《公路路线设计规范》规定了适中的超高渐变率,由此可导出计算过渡段最小长度的公式:

$$L_{s(min)}=\frac{B'\Delta_i}{P}(\mathrm{m}) \tag{2.4.9}$$

式中　B'——旋转轴至行车道(设路缘带时为路缘带)外侧边缘的宽度,m;

Δ_i——超高坡度(超高值)与路拱坡度代数差,%;

P——超高渐变率。

式(2.4.9)的推导和关于 P 的规定详见第四章。

(3)行驶时间不过短

缓和曲线不管其参数如何,都不可使车辆在缓和曲线上的行驶时间过短,过短会使驾驶员操作不便,甚至造成驾驶操纵的紧张和忙乱。一般认为,汽车在缓和曲线上的行驶时间至少应达到3 s,于是有:

$$L_s=\frac{V}{1.2}(\mathrm{m}) \tag{2.4.10}$$

式中　V——汽车行驶速度,km/h。

根据影响缓和曲线长度的各项因素,《公路路线设计规范》制定了各级公路缓和曲线最小长度，如表 2.4.1 所示。《城市道路工程设计规范》规定了城市道路的最小缓和曲线长度，如表 2.4.2 所示。

表 2.4.1　各级公路缓和曲线最小长度

设计速度/($km \cdot h^{-1}$)	120	100	80	60	40	30	20
缓和曲线最小长度/m	100	85	70	50	35	25	20

表 2.4.2　城市道路缓和曲线最小长度

设计速度/($km \cdot h^{-1}$)	100	80	60	50	40	30	20
缓和曲线最小长度/m	85	70	50	45	35	25	20

《公路路线设计规范》规定的缓和曲线最小长度基本满足双车道公路以中线为旋转轴设置超高过渡的长度，但对以双车道边线为旋转轴，或者行车道数较多或较宽的公路，则可能超高所需过渡段长度会更长一些。因此，应视计算结果而采用其中较长的一个。

2）缓和曲线参数 A 值

缓和曲线参数 A 值决定了回旋线曲率变化的缓急程度。A 的最小值应根据汽车在缓和曲线上缓和行驶的要求、行驶时间要求以及允许的超高渐变率要求等确定。《公路路线设计规范》规定了缓和曲线最小长度，由公式 $RL_s = A^2$ 可知，也确定了最小参数 A 值。因此，在进行平面线形设计时，可选定缓和曲线长度，也可选定缓和曲线参数 A 值。

缓和曲线参数应与圆曲线半径相协调，研究认为：缓和曲线参数与连接的圆曲线半径 R 之间，只要保持 $R/3 \leqslant A \leqslant R$，便可获得视觉上协调、舒顺的线形。

不过上述关系只适用于 R 在各自范围之内。经验证明，当 R 在 100 m 左右时，通常取 $A=R$；如果 $R<100$ m，则选择 $A=R$ 或 $>R$，反之，在圆曲线半径较大时，可选择 A 在 $R/3$ 左右；如 R 超过 3 000 m，即使 $A<R/3$，在视觉上也是没有问题的，如图 2.4.3 所示。当然，缓和曲线长度和回旋线参数的确定，还必须考虑到地形、排水和中间所夹圆曲线长度等因素。当限制较多时，方可选用极限值。

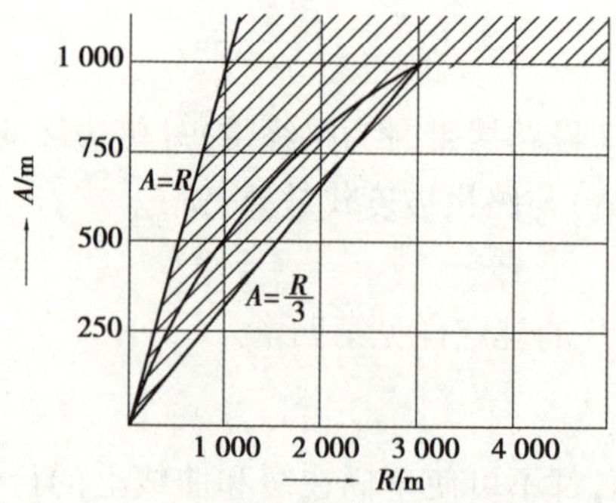

图 2.4.3　A 和 R 的关系

3）缓和曲线的省略

在直线和圆曲线之间设置缓和曲线后，圆曲线产生内移值 P，在 L_s 一定的情况下，P 与圆曲线半径成反比；当 R 大到一定程度时，P 值甚微，即使直线与圆曲线直接相连，汽车也能完成曲率渐变行驶，因为在车道的富余宽度中已包含该内移值。所以，《公路路线设计规范》规定，在下列情况下可不设缓和曲线：

①在直线与圆曲线间，当圆曲线半径大于或等于“不设超高的最小半径”时；

②半径不同的同向圆曲线间，当小圆半径大于或等于“不设超高的最小半径”时；

③小圆半径大于表 2.4.3 中所列复曲线中小圆临界曲线半径，且符合下列条件之一时：

a. 小圆曲线按规定设置相当于最小缓和曲线长度的回旋线时，其大圆与小圆的内移值之差不超过 0.10 m；

b. 设计速度大于或等于 80 km/时，大圆半径（R_1）与小圆半径（R_2）之比小于 1.5；

c. 设计速度小于 80 km/h 时，大圆半径（R_1）与小圆半径（R_2）之比小于 2。

《城市道路工程设计规范》规定的不设缓和曲线的最小圆曲线半径如表 2.4.4 所示。

表 2.4.3 复曲线中小圆临界曲线半径

设计速度/（km·h^{-1}）	120	100	80	60	40	30
临界曲线半径/m	2 100	1 500	900	500	250	130

表 2.4.4 城市道路不设缓和曲线的最小圆曲线半径

设计速度/（km·h^{-1}）	100	80	60	50	40
不设缓和曲线的最小圆曲线半径/m	3 000	2 000	1 000	700	500

4. 缓和曲线的运用

①缓和曲线作为平面线形要素之一，在线形设计中应作为主要线形要素加以应用，不能仅视为一种过渡的线形。设计时，要注意与直线和圆曲线相协调、配合，在线形组合和线形美观上产生良好的行车和视觉效果。

②缓和曲线参数宜根据地形条件及线形要求确定，并与圆曲线半径相协调。

③缓和曲线长度除满足最小缓和曲线长度外，还应考虑超高的要求，所选择的缓和曲线长度还应大于或等于超高缓和段的要求。

④两反向圆曲线相衔接或插入的直线长度不足时，可用缓和曲线将两反向圆曲线连接组合为 S 形曲线。

⑤两同向圆曲线相衔接或插入的直线长度不足时，可用缓和曲线将两同向圆曲线连接组合为卵形曲线。当受地形条件限制时，可用缓和曲线与圆曲线组成凸形曲线、复合曲线或 C 形曲线等形式。

5. 缓和曲线的直坐标及要素计算

(1) 切线角

如图 2.4.4 所示，设回旋线上任一点 P 的切线与起点 ZH 或 HZ 的切线的夹角称为切线角，用 β 表示。该角值与 P 点至起点的曲线长 l 所对的中心角相等。在 P 处取一段微分弧 $\mathrm{d}l$，所对中心角为 $\mathrm{d}\beta$，于是：

$$\mathrm{d}\beta=\frac{\mathrm{d}l}{\rho}=\frac{l\cdot\mathrm{d}l}{c}$$

积分得：

$$\beta=\frac{l^2}{2c}=\frac{l^2}{2Rl_s}(\mathrm{rad}) \tag{2.4.11}$$

当 $l=l_s$ 时，以 β_0 代替 β，式(2.4.11)可写成：

$$\beta_0=\frac{l_s}{2R}(\mathrm{rad}) \tag{2.4.12}$$

以角度来表示，则：

$$\beta_0=\frac{l_s}{2R}\cdot\frac{180^\circ}{\pi}(\mathrm{deg}) \tag{2.4.13}$$

β_0 即为缓和曲线全长 l_s 所对的中心角即切线角，也称缓和曲线角。

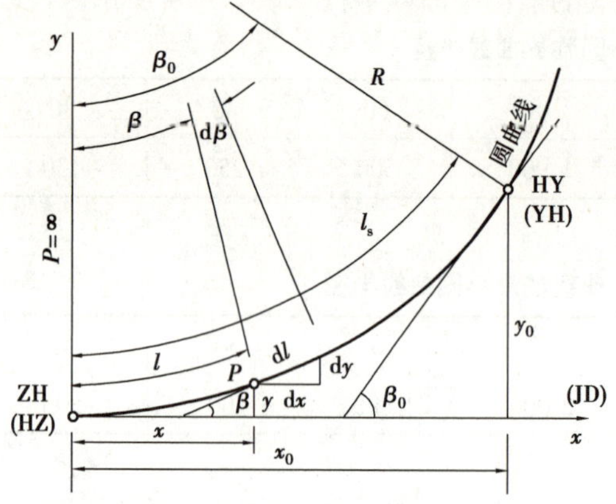

图 2.4.4　回旋形缓和曲线

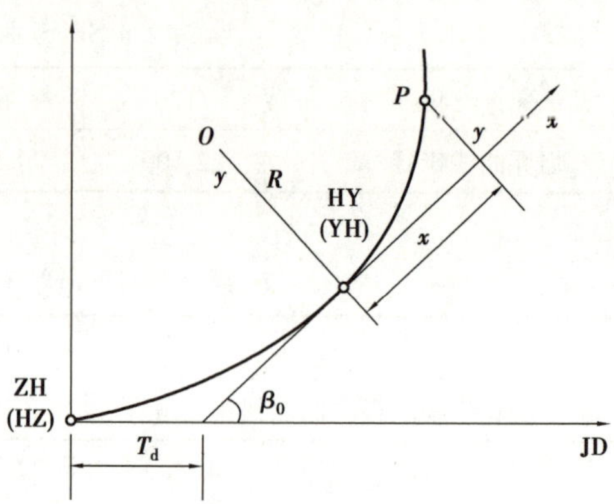

图 2.4.5　带有缓和曲线的圆曲线直角坐标

(2)缓和曲线的直角坐标表达式

如图2.4.5所示，根据缓和曲线角，构建缓和曲线参数方程，在数学实质上形成了以缓和曲线的起点为坐标原点，过该点的切线为 x 轴，过原点的半径为 y 轴的直角坐标系。在缓和曲线上，取任一点 P 的坐标为(x,y)，则微分弧 $\mathrm{d}l$ 在坐标轴上的投影为：

$$\left.\begin{aligned}\mathrm{d}x&=\mathrm{d}l\cos\beta\\ \mathrm{d}y&=\mathrm{d}l\sin\beta\end{aligned}\right\} \tag{2.4.14}$$

将式(2.4.14)中的 $\cos\beta$、$\sin\beta$ 按级数展开为：

$$\cos\beta=1-\frac{\beta^2}{2!}+\frac{\beta^4}{4!}-\cdots$$

$$\sin\beta=\beta-\frac{\beta^3}{3!}+\frac{\beta^5}{5!}-\cdots$$

将 $\beta=l^2/2Rl_s$ 代入其中，式(2.4.14)可写成：

$$\mathrm{d}x=\left[1-\frac{1}{2}\left(\frac{l^2}{2Rl_s}\right)^2+\frac{1}{24}\left(\frac{l^2}{2Rl_s}\right)^4-\cdots\right]\mathrm{d}l$$

$$\mathrm{d}y=\left[\frac{l^2}{2Rl_s}-\frac{1}{6}\left(\frac{l^2}{2Rl_s}\right)+\frac{1}{1\,200}\left(\frac{l^2}{2Rl_s}\right)^5-\cdots\right]\mathrm{d}l$$

积分后略去高次项得：

$$\left.\begin{aligned}x&=l-\frac{l^5}{40R^2l_s^2}\\ y&=\frac{l^3}{6Rl_s}-\frac{l^7}{336R^3l_s^3}\end{aligned}\right\} \tag{2.4.15}$$

式(2.4.15)即为缓和曲线的参数方程。当 $l=l_s$ 时,即可得缓和曲线的终点坐标为:

$$\left.\begin{aligned} x_0 &= l_s - \frac{l_s^3}{40R^2} \\ y_0 &= \frac{l_s^2}{6R} - \frac{l_s^4}{336R^3} \end{aligned}\right\} \tag{2.4.16}$$

(3)带有缓和曲线的圆曲线直角坐标

如图2.4.6所示,在同一坐标系下,按照几何关系求得带有缓和曲线的圆曲线上任意点 P 的坐标为(x,y)为:

$$\left.\begin{aligned} x &= R\sin\varphi + q \\ y &= R(1-\cos\varphi) + p \\ \varphi &= \frac{l-l_s}{R}\cdot\frac{180^\circ}{\pi} + \beta_0 \end{aligned}\right\} \tag{2.4.17}$$

或 $\varphi=\frac{l}{R}\cdot\frac{180^\circ}{\pi}+\beta_0$,$l$ 为该点到点 HY 或 YH 点的曲线长,仅为圆曲线部分的长度。

式中　l——测点至 ZH 点或 HZ 点曲线长;

l_s——缓和曲线长;

β_0——缓和曲线角。

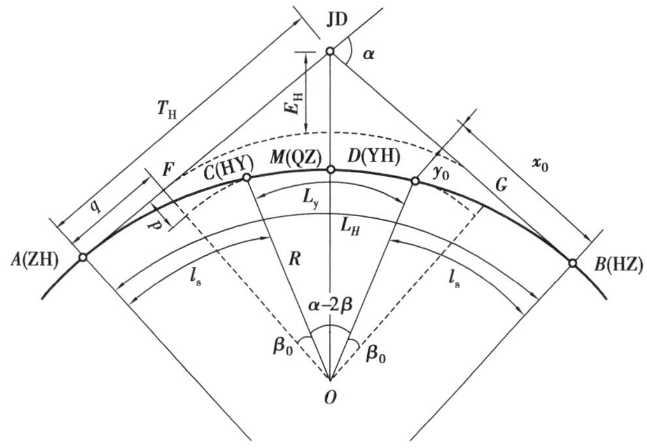

图2.4.6　曲线的内移植与切线增长值

(4)缓和曲线要素计算

①曲线的内移值与切线增长值计算。

如图2.4.6所示,在直线与圆曲线之间插入缓和曲线时,必须将原有的圆曲线向内移动距离 P 才能使缓和曲线的起点位于直线方向上,这时切线增长了 q。公路上,一般采用圆心不动的平行移动方法,即未设缓和曲线时的圆曲线为弧 FG,其半径为$(R+P)$;插入两段缓和曲线 AC 和 BD 后,圆曲线向内移,其保留部分为弧 CMD,半径为 R,所对的圆心角为$(\alpha-2\beta_0)$。

测设时,必须满足的条件为 $\alpha\geqslant 2\beta_0$,否则应缩短缓和曲线长度或加大圆曲线半径使之满足条件。由图2.4.6可得:

$$\left.\begin{aligned} p &= y_0 - R(1-\cos\beta_0) \\ q &= x_0 - R\sin\beta_0 \end{aligned}\right\} \tag{2.4.18}$$

将式(2.4.18)中 $\sin\beta_0$、$\cos\beta_0$ 展开,略去高次项,并按式(2.4.13)和式(2.4.16)将 β_0、x_0

和 y_0 代入,便可得:

$$\left.\begin{aligned} p&=\frac{l_s^3}{24R} \\ q&=\frac{l_s}{2}-\frac{l_s^3}{240R^2} \end{aligned}\right\} \tag{2.4.19}$$

由式(2.4.19)与式(2.4.16)可知,内移距 p 等于缓和曲线中点纵坐标 y 的两倍;切线增长值 q 为缓和曲线长度的一半,缓和曲线的位置大致是一半占用直线部分,另一半占用原来的圆曲线部分。

②平曲线几何要素计算。当测得曲线的转角 α,圆曲线半径 R 和缓和曲线长 l_s 确定后,即可按式(2.4.13)及式(2.4.19)计算切线角 β_0、内移值 p 及增长值 q,并在此基础上计算曲线要素。

如图 2.4.6 所示,平曲线几何要素的计算公式如下:

$$\left.\begin{aligned} &\text{切线长}:T_H=(R+p)\tan\frac{\alpha}{2}+q \\ &\text{曲线长}:L_H=R(\alpha-2\beta_0)\frac{\pi}{180^\circ}+2l_s \\ &\text{或者 } L_H=R\cdot\alpha\frac{\pi}{180^\circ}+l_s \\ &\text{圆曲线长}:L_Y=R(\alpha-2\beta_0)\frac{\pi}{180^\circ} \\ &\text{外距}:E_H=(R+P)\sec\frac{\alpha}{2}-R \\ &\text{切曲差}:D_H=2T_H-L_H \end{aligned}\right\} \tag{2.4.20}$$

③曲线主点里程计算及主点测设。

$$\left.\begin{aligned} &\text{直缓点}:\mathrm{ZH}=\mathrm{JD}-T_H \\ &\text{缓圆点}:\mathrm{HY}=\mathrm{ZH}+l_s \\ &\text{圆缓点}:\mathrm{YH}=\mathrm{HY}+L_Y \\ &\text{缓直点}:\mathrm{HZ}=\mathrm{YH}+l_s \\ &\text{曲中点}:\mathrm{QZ}=\mathrm{HZ}-\frac{L_H}{2} \\ &\text{交点}:\mathrm{JD}=\mathrm{QZ}+\frac{D_H}{2}(\text{校核}) \end{aligned}\right\} \tag{2.4.21}$$

根据交点的里程和曲线测设要素,可计算出主点里程。

(5)有缓和曲线的道路平曲线计算示例

【例 2.4.1】某公路设计车速为 80 km/h,某平曲线半径 R=400 m,交点 JD 桩号为 K16+700,偏角为 $\alpha=29°23'24''$,试计算该曲线上设置缓和曲线后的 5 个主点桩桩号。

【解】:①确定缓和曲线长度。

$$l_s\geqslant 0.035\frac{V^3}{R}=0.035\times\frac{80^3}{400}=44.8(\mathrm{m})$$

V=80 km/h 时,缓和曲线长度一般值 100 m,最小值 70 m,本例取 l_h=100 m。

②判断能否设置缓和曲线，即 $\alpha \geqslant 2\beta_0$。

$$\beta_0 = \frac{90°}{\pi}\frac{l_s}{R} = \frac{90°}{\pi}\times\frac{100}{400} = 7°09'43''$$

$$2\times\beta_0 = 2\times7°09'43'' = 14°19'26'' < \alpha = 29°23'24''\text{（符合要求）}$$

③计算缓和曲线几何参数。

内移距：

$$p = \frac{l_s^2}{24R} - \frac{l_s^4}{2\,384R^3} = \frac{100^2}{24\times400} + \frac{100^4}{2\,384\times400^3} = 1.041(\text{m})$$

切移距：

$$q = \frac{l_s}{2} - \frac{l_s^4}{240R^2} = \frac{100}{2} - \frac{100^3}{240\times400^2} = 49.974(\text{m})$$

切线长：$T_H = (R+p)\tan\dfrac{\alpha}{2} + q = (400+1.041)\tan\dfrac{29°23'24''}{2} + 49.974 = 155.148(\text{m})$

曲线总长：$L_H = \dfrac{\pi}{180°}\times\alpha R + l_s = \dfrac{\pi}{180°}\times29°23'24''\times400 + 100 = 305.181(\text{m})$

主圆曲线长：$L_Y = L_s - 2\times l_s = 305.181 - 2\times100 = 105.181(\text{m})$

外距：

$$E_H = (R+p)\sec\frac{\alpha}{2} - R$$

$$= (400+1.041)\sec\frac{29°23'24''}{2} - 400 = 14.603(\text{m})$$

校正距：$D_H = 2T_s - L_s = 2\times155.148 - 305.181 = 5.115(\text{m})$

回旋曲线上终点的坐标：

$$x_0 = l_s - \frac{l_s^3}{40R^2} = 100 - \frac{100^3}{40\times400^2} = 99.843(\text{m})$$

$$y_0 = \frac{l_s^2}{6R} - \frac{l_s^4}{336R^3} = \frac{100^2}{6\times400} - \frac{100^4}{336\times400^3} = 4.162(\text{m})$$

④主点桩号计算。

JD	K6+700
$-T_H$	155.148
ZH	544.852
$+l_s$	100.000
HY	644.852
$+L_Y$	105.181
YH	750.033
$+l_s$	100.000
HZ	850.033
$-L_{H/2}$	305.181/2
QZ	697.422
$+D_H/2$	5.115/2
JD	K16+700.000（计算准确无误）

任务 2.5　行车视距

1. 视距及其类型

1) 定义

为保证行车安全，驾驶员驾驶汽车在公路上行驶时，任意点位置都应看到汽车前方相当远的距离，以便在发现路面障碍物或迎面来车时，能采取措施，以避免相撞，这一必要距离称为行车视距。为了计算方便，《公路路线设计规范》规定行车轨迹为离路面内侧边缘（曲线段为路面内侧未加宽前）1.5 m 处，驾驶员眼高为 1.2 m，障碍物高 0.1 m。

在平面上，当弯道内侧有挖方边坡、障碍物以及纵断面上凸形竖曲线处、路线交叉口附近、下穿式立体交叉的凹型竖曲线上，均有可能存在视距不良的问题，如图 2.5.1 所示。

在道路设计中保证足够的行车视距，是确保行车安全、快速，增加行车安全感，提高行车舒适性的重要任务。

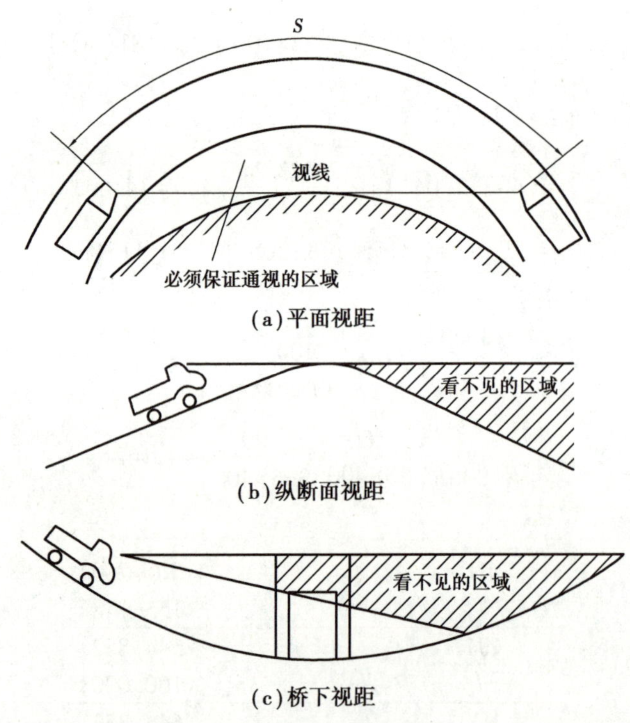

(a) 平面视距

(b) 纵断面视距

(c) 桥下视距

图 2.5.1　影响行车视距的地点

2) 种类

行车视距是否充分，直接关系到行车的安全与迅速，它是道路使用质量的重要指标之一。驾驶员发现障碍物或迎面来车，根据其采取措施的不同，行车视距可分为以下 4 种类型。

①停车视距：汽车行驶时，自驾驶人员看到前方障碍物时起，至到达障碍物前安全停止，所需的最短距离。

②会车视距：在同一车道上两对向汽车相遇，从相互发现时起，至同时采取制动措施使两车

安全停止,所需的最短距离。

③错车视距:在没有明确划分车道线的双车道道路上,两对向行驶之汽车相遇,发现后即采取减速避让措施安全错车所需的最短距离。

④超车视距:在双车道公路上,后车超越前车时,从开始驶离原车道之处起,至可见逆行车并能超车后安全驶回原车道所需的最短距离。

前述4种视距中,前3种属于对向行驶,超车视距属于同向行驶。超车视距所需距离最长,须单独研究;错车视距最短容易保证;经研究分析会车视距约等于停车视距的2倍。所以,停车视距是最基本视距,双车道公路也应保证足够长度的超车视距的路段。

2. 视距的确定与应用

1) 停车视距

停车视距是指驾驶人员发现前方有障碍物到汽车在障碍物前停止所需要的最短距离。停车视距可分解为反应距离、制动距离和安全距离3个部分,如图2.5.2所示。

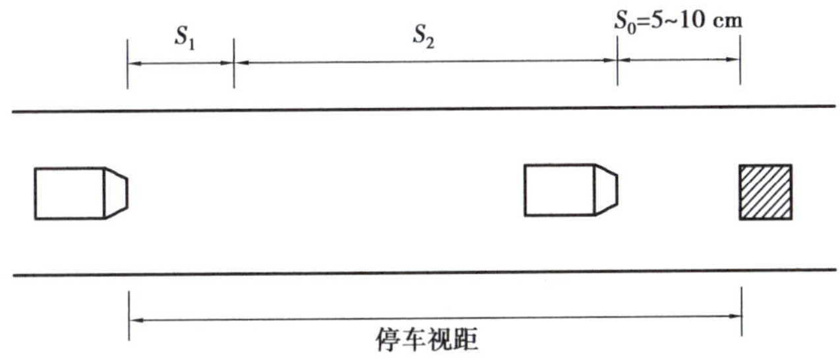

图2.5.2　影响行车视距的地点

(1) 反应距离 S_1

反应距离是指驾驶员发现前方的障碍物,经过判断决定采取制动措施的那一瞬间到制动器真正开始起作用的瞬间汽车所行驶的距离。在这段时间过程中,可分为"感觉时间"和"反应时间"来分析,并用实验来测定。感觉时间很大程度上取决于物体的外形、颜色、驾驶员的视力和机敏程度以及大气的可见度等。根据测定资料,设计上采取感觉时间为1.5 s,制动反应时间取1.0 s是较适当的,感觉和制动反应总时间 $t=2.5$ s,在这个时间内汽车行驶的距离为:

$$S_1=\frac{V}{3.6}t \tag{2.5.1}$$

(2) 制动距离 S_2

制动距离是指汽车从制动生效到汽车完全停住这段时间内所走过的距离。汽车在刹车制动过程中受到的阻力有迎风面的空气阻力、弹性轮胎变形引起的滚动阻力、上(下)坡车辆自重引起的坡度阻力和路面对车辆的摩阻力。略去影响较小的空气阻力、滚动阻力,考虑坡度阻力和路面阻力因素,根据守恒定理有下式成立:

$$S_2(G\varphi\pm Gi)=\frac{1}{2}\frac{G}{g}(v_1^2-v_2^2) \tag{2.5.2}$$

式(2.5.2)左边是汽车质量在制动距离内所做的功,式(2.5.2)右边是从 v_1 到 v_2 所消耗的动能。因为 $v_2=0$,所以:

$$S_2=\frac{v_1^2}{2\times9.8(\varphi\pm i)} \tag{2.5.3}$$

将式(2.5.3)中 v 化为 V,则有:

$$S_2=\frac{v_1^2}{19.6\times3.6^2(\varphi\pm i)}=\frac{v_1^2}{254(\varphi\pm i)} \tag{2.5.4}$$

式中 S_2——制动距离,m;

V_1——行驶速度,设计速度为 80~120 km/h,采用设计速度的 85%;当设计车速为 40~60 km/h,采用设计速度的 90%;当设计车速为 20~30 km/h,采用原设计速度。

i——路线纵坡值,上坡为"+",下坡为"-"。

φ——纵向附着系数,依车速及路面状况而定,计算停车视距一般按路面潮湿状态考虑;不同设计车速下的 φ 值如表 2.5.1 所示。

表 2.5.1 不同设计车速下的 φ 值

设计速度/(km·h^{-1})	120	100	80	60	50	40	30	20
φ	0.29	0.31	0.31	0.33	0.35	0.38	0.44	0.44

(3)安全距离 S_0

安全距离是指汽车停住至障碍物前的距离,S_0 一般取 5~10 m。

综上所述,停车视距为:

$$S_T=S_1+S_2+S_0 \tag{2.5.5}$$

$$S_T=S_1+S_2+S_0=\frac{v_1}{3.6}t+\frac{v_1^2}{254(\varphi\pm i)}+S_0 \tag{2.5.6}$$

《公路工程技术标准》中对停车视距的规定如表 2.5.2 所示。

表 2.5.2 停车视距

设计速度/(km·h^{-1})	120	100	80	60	40	30	20
停车视距/m	210	160	110	75	40	30	20

注:积雪冰冻路段的停车视距宜适当增长。

货车存在空车制动性能差、轴间荷载难以保证均匀分布、一条轴侧滑会引发其他车轴失稳、半挂车铰接刹车不灵等现象。尽管货车驾驶员因眼睛位置高,能比小客车驾驶员看得更远,但仍需要比小客车更长的停车视距。以大型车为主的公路,应按货车停车视距进行检验。平坡段货车停车视距规定如表 2.5.3 所示,下坡段的货车停车视距经坡度修正后规定如表 2.5.4 所示。货车停车视距计算中的眼高和物高规定为:眼高 2.0 m,物高 0.1 m。

表 2.5.3 平坡段货车停车视距

设计速度/(km·h^{-1})	120	100	80	60	40	30	20
货车停车视距/m	245	180	125	85	50	35	20

表 2.5.4　下坡段货车停车视距

设计速度/(km·h^{-1})		120	100	80	60	40	30	20
纵坡坡度/%	0	245	180	125	85	50	35	20
	3	265	190	130	89	50	35	20
	4	273	195	132	91	50	35	20
	5	—	200	136	93	50	35	20
	6	—	—	139	95	50	35	20
	7	—	—	—	97	50	35	20
	8	—	—	—	—	—	35	20
	9	—	—	—	—	—	—	20

2) 会车视距

两辆对向行驶的汽车能在同一车道上相遇及时制动并停车所必需的安全视距称为会车视距，如图 2.5.3 所示。

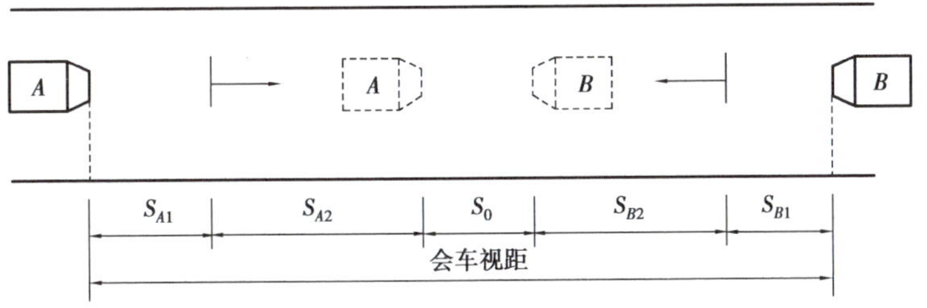

图 2.5.3　会车视距

会车视距由三部分组成：双方驾驶人员反应时间所行驶的距离；双方汽车的制动距离；安全距离。

会车视距的规定值是其长度不应小于停车视距的 2 倍。

3) 超车视距

在一般双车道公路上行驶着各种不同速度的车辆，当快速车追上慢速车以后，需要占用供对向汽车行驶的车道进行超车。为了超车时的安全，司机必须能看到前面足够长度的车流空隙，以便在相邻车道上没有出现对向驶来的汽车之前完成超车而不妨碍被超汽车的行驶。这种快车超越前面慢车后再回到原来车道所需要的最短距离称为超车视距，如图 2.5.4 所示。

超车视距的全程可分为以下 4 个阶段，按下式计算：

$$S_{cq}=S_1+S_2+S_3+S_4 \tag{2.5.7}$$

(1) 加速行驶距离 S_1

当超车汽车经判断认为有超车的可能，于是加速行驶移向对向车道，在进入该车道之前的行驶距离为 S_1 为：

$$S_1=\frac{V_0}{3.6}t_1+\frac{1}{2}at_1^2 \tag{2.5.8}$$

式中 V_0——被超汽车的速度,km/h;

t——加速时间,s;

a——平均加速度,m/s^2。

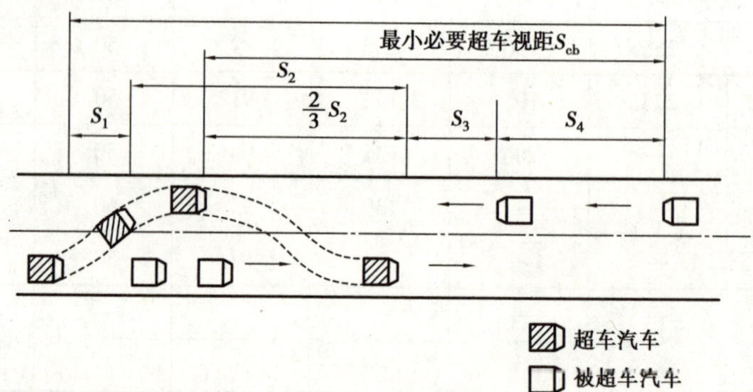

图 2.5.4 超车视距

(2)超车汽车在对向车道上行驶的距离本距离 S_2

$$S_2=\frac{V}{3.6}t_2 \tag{2.5.9}$$

式中 V——超车汽车的速度,采用这一路段的设计车速,km/h;

t_2——在对向车道上的行驶时间,s,根据实测取 7.6 ~ 10.4 s。

(3)超车完了时,超车汽车与对向汽车之间的安全距离 S_3

该距离视超车汽车和对向汽车的行驶速度不同采用不同的数值,一般取:

$$S_3=15\sim100\ \text{m} \tag{2.5.10}$$

(4)超车汽车从开始加速到超车完了时,对向汽车的行驶距离 S_4

$$S_4=\frac{V}{3.6}(t_1+t_2) \tag{2.5.11}$$

式中 V——对向汽车的速度,采用这一路段的设计车速,km/h。

以上 4 个距离之和是比较理想的全超车过程,但距离较长,在地形比较复杂的地点感到很难实现。实际上,在计算所需的时间时,只考虑超车汽车从完全进入对向车道到超车完了所行驶的时间就可保证安全。因为,尾随在慢车后面的快车司机往往在未看到前面的安全区段就开始超车作业,如果进入对向车道之后发现迎面有汽车开来而超车距离不足时,还来得及返回自己的车道。因此,对向汽车行驶时间大致为$\frac{2}{3}t_2$ 即可。

$$S_4'=\frac{2}{3}S_2=\frac{2}{3}\times\frac{V}{3.6}t_2 \tag{2.5.12}$$

由以上分析可知,最小超车视距为:

$$S_C=S_1+S_2+S_3+S_4' \tag{2.5.13}$$

在地形困难或不得已时,可采用最小必要超车视距为:

$$S_C=\frac{2}{3}\cdot S_2+S_3+S_4' \tag{2.5.14}$$

超车视距如表 2.5.5 所示。

表2.5.5　超车视距

设计速度/($km \cdot h^{-1}$)	80	60	(50)	40	30	20
公路一般值/m	550	350	(250)	200	150	100
公路最小值/m	350	250	(200)	150	100	70

注:表中带括号的数据是城市道路的规定值。

3. 视距标准的选用

停车视距、会车视距、超车视距的选用,应根据道路的等级、设计车速、交通管理方式和具体条件选用。

①各级道路每一条车道均应满足大于停车视距要求。更详细的说明是,车道上任意点位不论从平面或纵断面上,均应保证大于停车视距。

②高速公路、一级公路的设计视距采用停车视距。因为高速公路和一级公路都有中央分隔带,无对向行车,不存在会车问题。同时,车道数均在4个车道以上,快、慢车用画线分隔行驶,各行其道,故也不存在超车问题。规范中也不提供设计车速大于80 km/h的超车视距指标。

③二、三、四级公路的视距应满足会车视距要求,会车视距长度应不小于停车视距的2倍。工程特别困难或受其他条件限制地段,可采用停车视距,但必须采用分道行驶措施,如设分隔带、分道线、分隔桩或设成分离式的单车道。

④高速公路、一级公路以及大型车比例高的二、三级公路,应按货车停车视距对相关路段进行检验。因为以小客车为标准的视距推导的视点位置是眼高值取1.2 m,这与大型货车司机眼睛所在的位置不符,故应按实际的眼高位置进行检验。

⑤二级公路宜在3~4 min的行驶时间内,提供一次满足超车视距要求的超车路段。一般情况下,超车路段不小于路线总长度的10%~30%。

⑥三、四级公路除满足停车、会车视距外,应根据地形、地物条件,在适当间隔设置满足一般值的超车视距。当地形及其他因素不得已时,超车视距可适当缩短,但最小值不应小于规范推荐的最小值。

城市道路平曲线路段的视距要求与公路规定相同。交叉口和各类出入口的视距由视距三角形保证,详见平面交叉有关内容。各级公路的互通式立体交叉、服务区、停车区、客运汽车停靠站等各类出口路段应满足识别视距的要求,详见道路立体交叉有关内容。

4. 路段行车视距的保证

1)横断面上视距保证

汽车在弯道上行驶时,弯道内侧行车视线可能被树木、建筑物、路堑边坡等障碍物所阻挡而使行车视距受到影响。因此,在路线设计时,必须检查平曲线上的视距是否能得到保证。如有遮挡时,则必须清除视距区内侧横净距内的障碍物,如图2.5.5所示。

图2.5.5中,阴影部分是阻碍驾驶员视线的范围,范围以内的障碍物都应加以清除。S_Z为内侧车道上汽车应保证的横净距。横净距是公路曲线范围最内侧的车道中心线行车轨迹由安全视距两端点连线所构成的曲线内侧空间的界限线(即包络线)的距离。可根据各种情况按公式计算横净距S_Z,若横净距S_Z小于行车轨迹至障碍物的距离(即$S_Z<S_{Z0}$),则视距能够得到保

证;反之,视距不能得到保证。

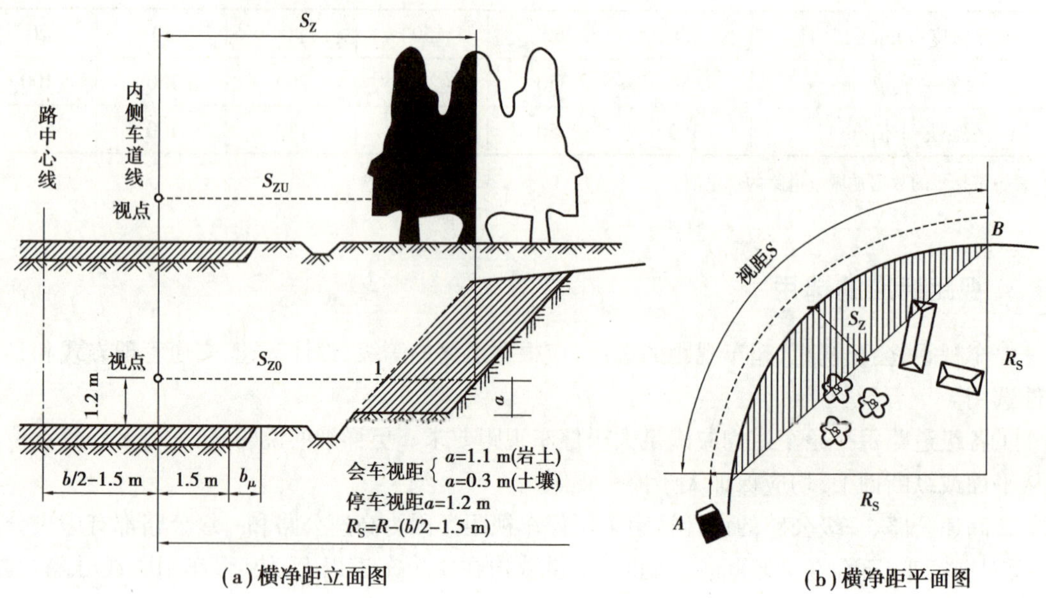

(a)横净距立面图　　(b)横净距平面图

图 2.5.5　视线障碍与视距(b 为未加宽的行车道宽)

行车轨迹一般取弯道内侧车道路面内缘(不包括加宽)加 1.5 m,驾驶员视点离地面 1.2 m。

2)图解法确定视距切除范围

按公式计算的 S_Z 值是弯道上须清除的最大横净距(公式可查阅公路设计手册),它在曲线中点或中点附近。在曲线上任意位置的横净距是随行车位置的改变而变化的,如果曲线全长上按最大横净距值切除,则会造成工程上的浪费。对于需要清除的是重要建筑物或岩石边坡时,多用图解法来确定清除范围,如图 2.5.6 所示。

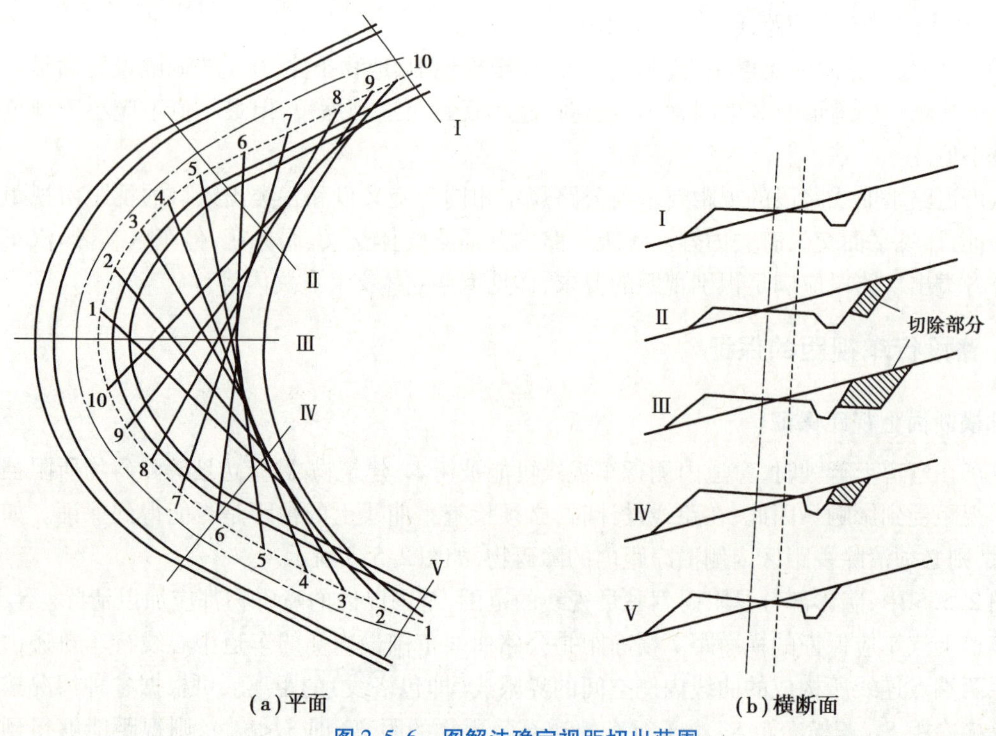

(a)平面　　(b)横断面

图 2.5.6　图解法确定视距切出范围

其方法如下：

①按一定比例绘制弯道平面图，并标示出行车轨迹线位置；

②在轨迹线上从弯道两端相连直线上距曲线起点(或终点)S 的地方开始，按 S 距离定出多组视线 1—1，2—2，3—3，…，10—10 等；

③绘出这些视线的包络线(内切曲线)，即为视距曲线；

④量出相应断面位置的横净距，即可按上面的方法确定相应断面上的视距切除范围。

必须指出，除平曲线上考虑视距外，在竖曲线上也有保证视距的问题，其保证措施在选择竖曲线半径时考虑。《公路工程技术标准》对竖曲线最小半径的规定值也考虑了视距的保证因素。

任务 2.6　平面线形设计

1. 平面线形设计一般原则

1)平面线形应直接、连续、顺适，并与地形、地物相适应，与环境相协调

在地势平坦开阔的平原微丘区，路线直接舒顺，在平面线形三要素中直线所占比例较大。而在地势有很大起伏的山岭和重丘区，路线则多弯曲，曲线所占比例则较大。可以设想，如果在没有任何障碍物的开阔地区(如戈壁、草原)故意设置一些不必要的弯道，或者在高低起伏的山地硬拉长直线都将给人以不协调的感觉。路线要与地形相适应，这既是美学问题，也是经济问题和保护生态环境的问题。直线、圆曲线、回旋线的选用与合理组合取决于地形地物等具体条件，片面强调路线要以直线为主或以曲线为主，或人为规定三者的比例都是不合适的。

2)满足行驶力学上的要求和视觉及心理上的要求

高速公路、一级公路以及设计速度大于60 km/h 的公路，应注重立体线形设计，尽量做到线形连续、指标均衡、视觉良好、景观协调、安全舒适。设计速度越高，线形设计所考虑的因素越应周全。

设计速度小于40 km/h 的公路，首先应在保证行车安全的前提下，正确地运用平面线形要素最小值。在条件允许不过多增加工程量的情况下，力求做到各种线形要素的合理组合，并尽量避免和减轻不利的组合，以期充分发挥投资效益。

3)保持平面线形的均衡与连续

为使一条公路上的车辆尽量以均匀的速度行驶，应注意各线形要素保持连续性而不出现技术指标的突变。在设计时，应充分注意以下4点：

①长直线尽头不能接以小半径曲线。长的直线和长的大半径曲线会导致较高的车速，若突然出现小半径曲线，会因减速不及而造成事故，特别是在下坡方向的尽头更要注意。若由于地形所限小半径曲线难免时，中间应插入中等曲率的过渡性曲线，并使纵坡不要过大。

②短直线接大半径的平曲线。这种组合主要表现为线形均衡性差，且线形不美观。根据国内外设计经验，从视觉及安全考虑，当直线与平曲线相接时，圆曲线半径 R 与其前后的直线长度 L_Z 满足如下关系时，是比较好的直线与平曲线组合：$L_Z \leqslant 500$ m 时，$R \geqslant L_Z$；$L_Z > 500$ m 时，$R \geqslant 500$ m。

③相邻平曲线之间的设计指标应连续、均衡，避免突变。在条件允许时，相邻圆曲线大半径与小半径之比宜小于2.0，相邻回旋线参数之比宜小于2.0，这种要求对行车是有利的。

④高、低标准之间要有过渡。同一等级的公路由于地形的变化在指标的采用上也会有变化，或同一条公路按不同设计速度的各设计路段之间也会形成技术标准的变化。遇有这种高、低标准变化的路段，除满足有关设计路段在长度和梯度上的要求外，还应结合地形的变化，使路线的平面线形指标逐渐过渡，避免出现突变。不同标准路段相互衔接的地应选在交通量发生变化处，或者驾驶者能够明显判断前方需要改变行车速度的地方。

4）应避免连续急弯的线形

这种线形给驾驶者造成不便，给乘客的舒适也带来不良影响。设计时，可在曲线间插入足够长的直线或回旋线。

5）注意与纵断面设计相协调

在平面线形设计中，应考虑纵断面设计的要求，与纵断面线形相协调。特别是平原微丘区的道路，平曲线指标一般较高，平曲线较长，与铁路、主要道路及河流交叉的地方往往是纵断面线形的控制点。在设计平面线形时，应考虑平原区道路纵断面设计的特殊性，为纵断面设计留有余地，以利于平纵线形组合设计。

6）平曲线应有足够的长度

汽车在道路的曲线路段上行驶，如平曲线长度过短，驾驶员需急转方向盘，在高速行驶时是不安全的，也会使离心加速度变化率过大，乘客感到不舒适。当道路转角很小时，容易产生曲线半径很小的错觉。因此，平曲线应有一定长度。最小平曲线长度一般应考虑按下述条件确定。

(1)驾驶员操作从容、乘客感觉舒适要求的平曲线最小长度

平曲线一般由前后回旋线和中间圆曲线三段组成。根据经验，在每段曲线上驾驶员操作方向盘不感到困难至少需 3 s 的行程，全长需 9 s。《公路路线设计规范》指出：各级公路设计平曲线长度不宜过短，从线形设计要求方面考虑，曲线长度按最小值的 5 ~ 8 倍较适宜。平曲线最小长度不应小于表 2.6.1 的规定，表列一般值基本上取“最小值”的 3 倍。

表 2.6.1　各级公路平曲线最小长度

设计速度/($km \cdot h^{-1}$)	120	100	80	60	40	30	20
一般值/m	1 000	850	700	500	350	250	200
最小值/m	200	170	140	100	70	50	40

(2)转角 Δ 小于 7°时的平曲线长度

路线转角的大小反映了路线的舒顺程度，取小一些好。但转角过小，即使设置了较大的半径也容易把曲线长看成比实际的要短，造成急转弯的错觉。这种倾向转角越小越显著，以致造成驾驶者枉做减速转弯的操作。

一般认为，$\Delta \leqslant 7°$应属小转角弯道。小转角弯道应设置较长的平曲线，其长度应大于表 2.6.2 中规定的“一般值”。但受地形及其他特殊情况限制时，可减短至表中的“低限值”。

表 2.6.2　公路转角小于或等于 7°时的平曲线长度

设计速度/($km \cdot h^{-1}$)	120	100	80	60	40	30	20
一般值/m	1 400/Δ	1 200/Δ	1 000/Δ	700/Δ	500/Δ	350/Δ	280/Δ
低限值/m	200	170	140	100	70	50	40

注：表中 Δ 角为路线转角值(°)，当 $\Delta<2°$时，按 $\Delta=2°$计算。

2. 平面线形要素组合设计

平面线形由直线、圆曲线、缓和曲线3个几何要素组成,3个线形要素可以组合成不同的组合线型。

1) 简单型曲线

(1) 定义

当一个弯道由直线与圆曲线组合时称为简单型曲线,即按直线—圆曲线—直线的顺序组合,如图2.6.1所示。

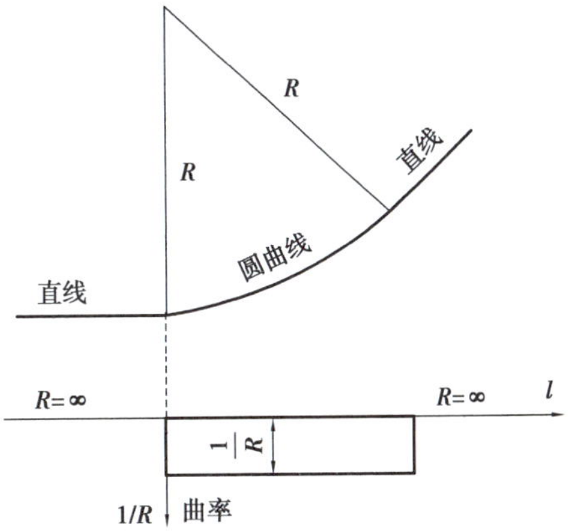

图2.6.1　简单型曲线

(2) 特征及运用

简单型组合曲线在ZY点和YZ点处有曲率突变点,对行车不利。当半径较小时,该处线形也不顺适,一般限于四级公路采用。对于其他等级公路,当平曲线半径大于不设超高半径时,缓和曲线也可以省略。

2) 基本型曲线

(1) 定义

按直线—回旋线—圆曲线—回旋线—直线的顺序组合的曲线称为基本型曲线,如图2.6.2所示。

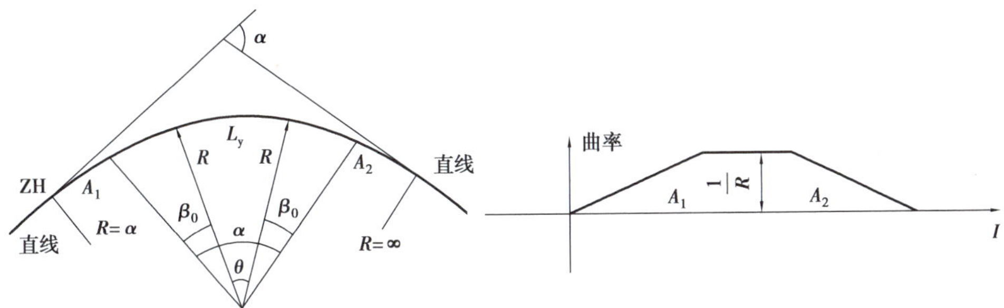

图2.6.2　基本型曲线

(2) 特征及运用

基本型曲线可以设计成对称基本型和非对称基本型两种,当 $A_1=A_2$ 时为对称基本型,这是经常采用的。非对称型是根据线形、地形变化的需要在圆曲线两侧采用 $A_1\neq A_2$ 的回旋线。基本型两端的回旋线参数除应满足式(2.6.1)的要求外,为使线形连续协调,回旋线—圆曲线—回旋线的长度之比宜为1∶1∶1,并注意满足如下设置基本型的几何条件为:

$$2\beta_0<\alpha \tag{2.6.1}$$

式中　α——路线转角;

β_0——缓和曲线角,$\beta_0=\frac{90}{\pi}\frac{L_h}{R}$。

3) 凸形曲线

(1) 定义

两同向回旋曲线间不插入圆曲线而径相连接的组合形式称为凸形曲线,如2.6.3所示。

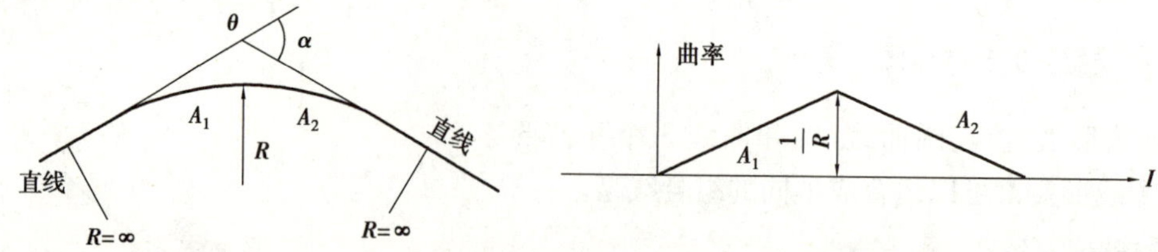

图 2.6.3　凸形曲线

(2)特征及运用

设置凸形曲线的几何条件为:

$$2\beta_0=\alpha \tag{2.6.2}$$

凸形曲线之回旋曲线最小参数及其连接点的半径值,应分别符合容许最小回旋线参数和圆曲线一般最小半径的规定。

凸形曲线在两回旋曲线衔接处曲率发生突变,不仅行车操作不便,而且由于超高,路面边缘线纵断面也在该处形成转折,所以凸形曲线作为平面线形是不理想的。一般情况下不宜采用,只有在地形、地物受限制的路段方可考虑。

4)S 形曲线

(1)定义

两个反向圆曲线间用两个反向回旋线连接的组合形式称为 S 形曲线,如图 2.6.4 所示。

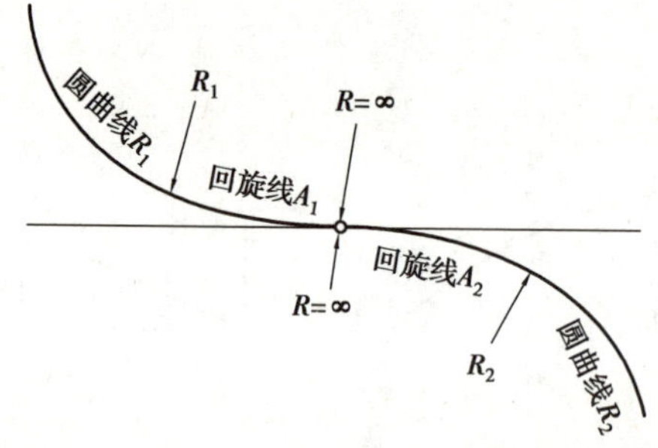

图 2.6.4　S 形曲线

(2)特征及运用

从行驶力学和线形协调、超高缓和上考虑,S 形曲线相邻两个回旋线参数 A_1 和 A_2 之比应小于 2.0,有条件时以小于 1.5 为宜。

S 形曲线的两个反向回旋线以径相衔接为宜。当由于地形条件限制必须插入短直线或当两个圆曲线的回旋线相互重合时,短直线或重合段的长度都应符合下式规定:

$$l\leqslant\frac{A_1+A_2}{40} \tag{2.6.3}$$

式中　l——反向回旋线间短直线或重合段的长度,m;

A_1、A_2——回旋线参数。

两圆曲线半径之比不宜过大,$\frac{R_2}{R_1}=\frac{1}{3}\sim1$ 为宜。其中,R_1 为大圆的曲线半径,m;R_2 为小圆的曲线半径,m。

如果中间直线超过上述长度很多,则认为是两个基本型曲线而不是 S 形曲线。

5)C 形曲线

(1)定义

同向曲线的两回旋线在曲率为零处径相衔接的形式称为 C 形曲线,如图 2.6.5 所示。

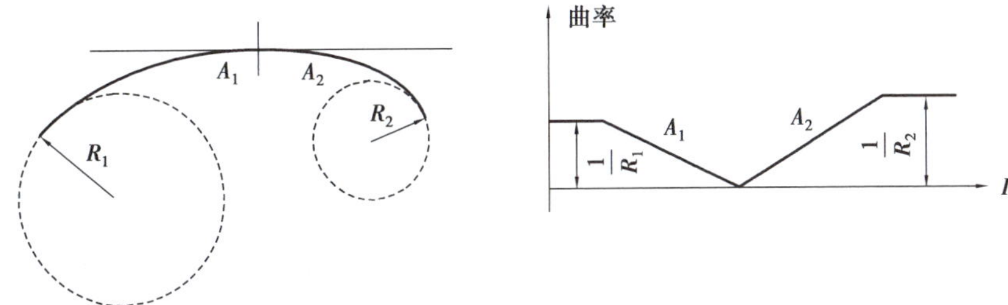

图 2.6.5 C 形曲线

(2)特征及运用

C 形曲线连接处的曲率为 0,即 $R=\infty$,相当于两个基本型的同向曲线中间直线长度为 0,对行车不利。C 形曲线只有在特殊地形条件下方可采用。两个回旋线参数可相等,也可不相等。

6)复合型曲线

(1)定义

两个及两个以上的同向回旋曲线,在曲率相等处径相衔接的组合形式称为复合型曲线,如图 2.6.6 所示。

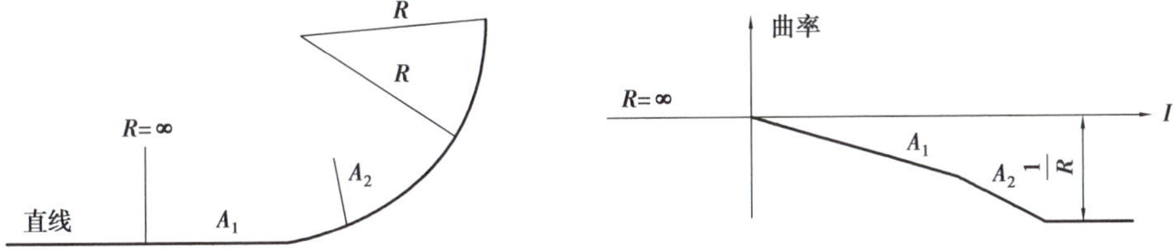

图 2.6.6 复合型曲线

(2)特征及运用

复合型曲线的两个回旋线参数之比一般以小于 1∶1.5 为宜。这种形式很少采用,仅在受地形或其他特殊原因限制时采用(互通式立交除外)。

7)复曲线

(1)定义

复曲线是指两个或两个以上半径不同、转向相同的圆曲线径相连接或插入缓和曲线的组合曲线,后者又称卵形曲线。根据其是否插入缓和曲线可有以下 3 种形式。

①圆曲线直接相连的组合形式。如图 2.6.7 所示,按直线—圆曲线(R_1)—圆曲线(R_2)—直线的顺序组合构成。

②两端带缓和曲线的组合形式。如图 2.6.8 所示,即按直线—缓和曲线(A_1)—圆曲线(R_1)—圆曲线(R_2)—缓和曲线(A_2)—直线顺序组合构成。

③卵形曲线。如图 2.6.9 所示,即按直线一缓和曲线(A_1)—圆曲线(R_1)—缓和曲线(A)—圆曲线(R_2)—缓和曲线(A_2)直线顺序组合而成的线形。

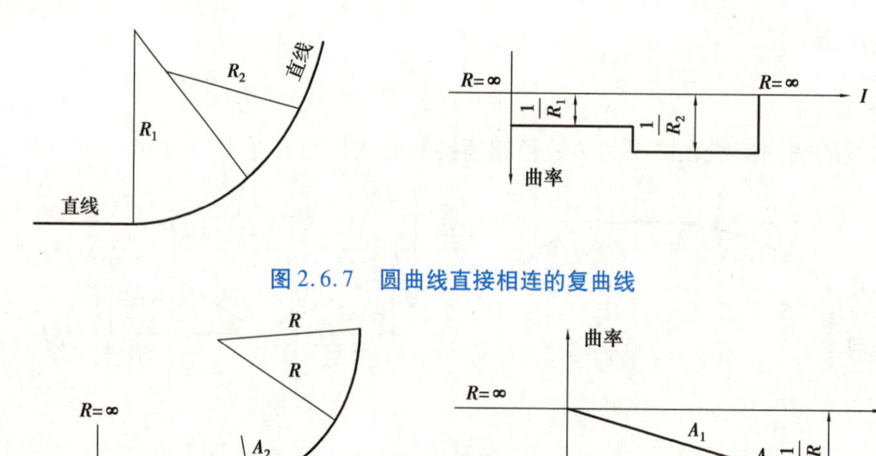

图 2.6.7　圆曲线直接相连的复曲线

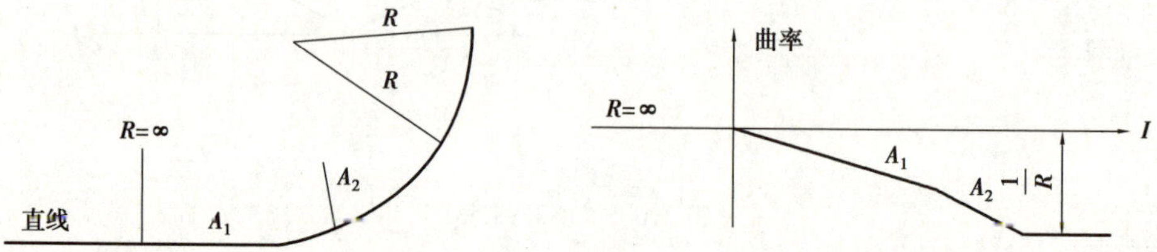

图 2.6.8　两端带缓和曲线的复曲线

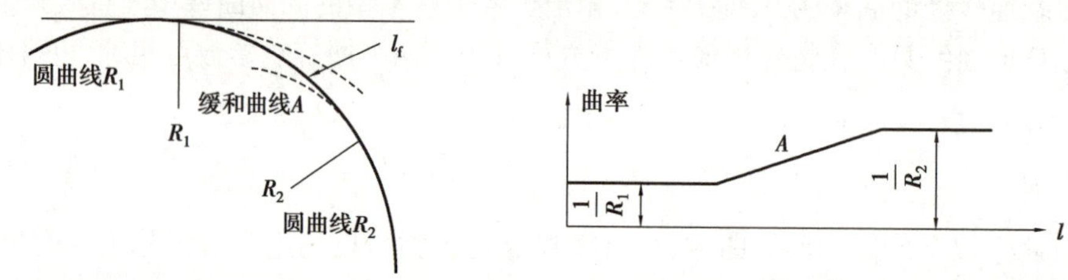

图 2.6.9　卵形曲线

(2)特征及运用

卵形曲线要求大圆能完全包住小圆，如果大圆半径为无穷大，则它就是直线，而回到基本型。所以，卵形曲线可以认为是具有基本型的一般线形。不过，卵形回旋曲线不是从原点开始，而是使用曲率从 $1/k_1$ 到 $1/k_2$ 这一段。

卵形回旋曲线的参数最好在下列范围之内：

$$\frac{R^2}{2} \leqslant A \leqslant R^2 \tag{2.6.4}$$

两圆曲线半径之比以$\frac{R_2}{R_1}=0.2\sim0.8$ 为宜。两圆曲线半径之比以$\frac{S}{R_2}=0.003\sim0.03$ 为宜（S 为两曲线间的最小间距）。

卵形曲线要求大圆能完全包络小圆，如果两圆曲线相交、相切或相离时，只用一条回旋线就不能将两个圆曲线连接起来，需要用适当的辅助圆把两个回旋曲线连接成两个卵形，或用 C 形曲线。

8)回头曲线

(1)定义

回头曲线指在山区公路为克服高差在同一坡面上展线时所采用的、其圆心角一般接近或大于 180°的曲线，如图 2.6.10 所示。

(2)特征及运用

越岭线应尽量利用有利地形自然展线，避免设置回头曲线。三、四级公路在自然展线无法争取需要的距离以克服高差，或因地形、地质条件所限不能采取自然展线而必须在同一山坡采取回头展线时,方可采用回头曲线。

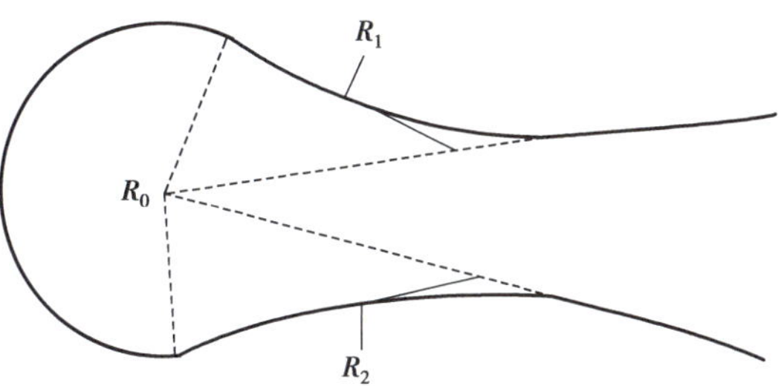

图 2.6.10　回头曲线

回头曲线的前后线形应有连续性,两头宜布设过渡性曲线。此外,还应设置限速标志,并采取保证通视良好的技术措施。回头曲线的主要技术指标如表 2.6.3 所示。

在两相邻回头曲线之间,应争取有较长的距离。由一个回头曲线的终点至下一个回头曲线起点的距离,在设计速度为 40 km/h、30 km/h 和 20 km/h 时,分别应不小于 200 m、150 m 和 100 m。

表 2.6.3　回头曲线的主要技术指标

主线设计速度/(km · h^{-1})	40		30	20
回头曲线设计速度/(km · h^{-1})	35	30	25	20
圆曲线最小半径/m	40	30	20	15
回旋线最小长度/m	35	30	25	20
超高横坡度/%	6	6	6	6
双车道路面加宽值/m	2.5	2.5	2.5	3.0
最大纵坡/%	3.5	3.5	4.0	4.5

任务 2.7　道路平面设计成果

完成路线平面设计以后,应即时清绘各种图纸和表格。其中主要的图纸有路线平面设计图、路线交叉设计图、道路平面布置图、纸上移线图等。主要的表格有直线、曲线及转角表、逐桩坐标表、路线固定表、总里程及断链桩号表等。各种图纸和表格的样式参照交通运输部颁布的"设计文件图表示例",本任务就主要的表格"直线、曲线及转角表""逐桩坐标表"和主要的图纸"路线平面设计图"予以说明。

1. 直线、曲线及转角表

直线、曲线及转角表是路线平面设计的重要成果之一,它集中反映了道路平面设计的成果和数据,是施工放线和复测的主要依据。表中应列出交点号、交点桩号、交点坐标、转角值、曲线要素值、曲线主点桩号、直线长、计算方位角、断链等,如表 2.7.1 所示。

在路线纵断面设计、横断面设计和其他构造物设计时,都要使用直线、曲线及转角表中的数据。

表 2.7.1　直线、曲线及转角

交点号	交点坐标		交点桩号	转角值	曲线要素值/m						
	N(*X*)	E(*Y*)			半径	缓和曲线长度	缓和曲线参数	切线长度	曲线长度	外距	校正值
1	2	3	4	5	6	7	8	9	10	11	12
BP	3 846 163.618	602 581.832	K0+000								
JD1	3 846 139.958	602 620.103	K0+044.994	79°30′03.1″(*Z*)	20.000	20	20	27.238	47.751	7.088	6.725
JD2	3 846 251.930	602 721.723	K0+189.479	6°08′57.9″(*Y*)	500.000			26.858	53.664	0.721	0.052
JD3	3 846 322.984	602 801.681	K0+296.394	18°23′53.6″(*Z*)	100.000	20	44.721	26.219	52.111	1.472	0.326
JD4	3 846 423.410	602 859.607	K0+412.003	81°21′18″(*Y*)	15.159	20.000 0	17.412 0	22.721 14.124	31.525	5.560	5.32
JD5	3 846 412.667	602 887.116	K0+436.215	86°45′23.2″(*Y*)	15.159	0 20.000	0 17.412	15.409 24.120	32.954	6.456	6.575
JD6	3 846 312.834	602 854.509	K0+491.272	59°57′15.6″(*Z*)	23.000	20	21.448	23.619	44.067	4.383	3.171
JD7	3 846 275.968	602 887.548	K0+537.605	52°15′35.4″(*Y*)	31.929	20	25.27	25.885	49.122	4.214	2.648
JD8	3 846 223.447	602 877.915	K0+588.355	14°34′18″(*Z*)	136.870	20	52.32	27.513	54.809	1.237	0.216

曲线主点桩号					直线长度及方向			备注
第一缓和曲线起点	第一缓和曲线终点或圆曲线起点	曲线中点	第二缓和曲线起点或圆曲线终点	第二缓和曲线终点	直线段长/m	交点间距/m	计算方位角	
13	14	15	16	17	18	19	20	21
					17.756	44.994	121°43′33.9″	
K0+017.756	K0+037.756	K0+041.631	K0+045.507	K0+065.507	97.114	151.210	42°13′30.8″	
	K0+162.621	K0+189.453	K0+216.285		53.891	106.967	48°22′28.7″	
K0+270.176	K0+290.176	K0+296.231	K0+302.287	K0+322.287	66.995	115.934	29°58′35″	
K0+389.282	K0+409.282	K0+415.044	K0+420.807		0.000	29.532	111°19′53″	
	K0+420.807	K0+427.284	K0+433.760	K0+453.760	57.284	105.023	198°05′16.2″	长链：43.392m K0+511.044=K0+467.652
K0+467.652	K0+487.652	K0+489.686	K0+491.720	K0+511.720	0.000	49.504	138°08′00.6″	
K0+511.720	K0+531.720	K0+536.281	K0+540.842	K0+560.842	0.000	53.398	190°23′35.9″	
K0+560.842	K0+580.842	K0+588.247	K0+595.651	K0+615.651	0.000	61.569		

2. 逐桩坐标表

逐桩坐标表是等级较高道路平面设计成果之一，是道路中线放样的重要资料。等级较高道路的线形指标较高，圆曲线半径较大，缓和曲线较长。在测设和放样时须采用坐标法，方能保证其测量精度。所以，计算"逐桩坐标表"是十分必要的。

1）坐标系统的采用

根据测区内原坐标系统，一般可作下列 4 种选择：

①采用统一的高斯正投影 3°带平面直角坐标系统。

②采用高斯正投影 3°带或任意带平面直角坐标系统投影面可采用 1985 年国家高程基准、测区抵偿高程面或测区平均高程面。

③三级及三级以下公路、独立桥梁、隧道及其他构造物等小测区，可不经投影，采用平面直角坐标系统在平面上直接进行计算。

④在已有平面控制网的地区，应尽量沿用原有的坐标系统。如精度不合要求，也应充分利用其点位，选用其中一点的坐标及含此点的方位角作为平面控制的起算依据。

2）逐桩坐标计算

目前，全站仪、RTK 测设中桩在工程实际中已趋于普及。这些放样方法都要借助于已计算好的中线逐桩坐标。在计算曲线和直线段的坐标时，采用的坐标系与测量控制点所在的坐标系并非同一坐标系，曲线的中桩坐标计算一般先对各个线形元素建立相对坐标系，求出中桩点在该相对坐标系（或局部坐标系）中的坐标，然后利用二维平面内的坐标转换方法得到统一的全局（测量）坐标系的坐标。在现代公路或铁路工程的设计文件中，要求编制中线逐桩坐标表，以便于实现施工放样。

在计算道路中桩（逐桩）坐标时，一般把一个平曲线与前后两条直线段作为一个计算单元。在计算单元中，通常包括后直线段、第一回旋曲线段、圆曲线段、第二回旋曲线段和前直线段 5 个段落。如图 2.7.1 所示，交点 JD 的坐标（X_{JD}，Y_{JD}）（为区别于切线支距法坐标系之坐标，在此用大写）已经通过勘测手段测定或者获取，道路导线的坐标方位角 A 和边长 S 可按坐标反算求得，在选定各圆曲线半径 R 和缓和曲线长度 l_s 后，各里程桩号的坐标值（X，Y）即可按下述方法算出。

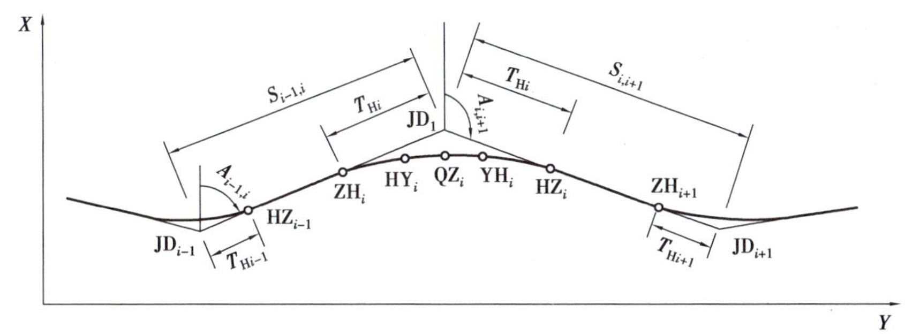

图 2.7.1　中桩坐标计算图

（1）HZ 点（包括路线起点）至 ZH 点之间的中桩坐标计算

如图 2.7.1 所示，此段为直线段，桩点的坐标按下式计算：

$$\left.\begin{aligned} X_i &= X_{HZ_{i-1}} + D_i \cos A_{i-1,i} \\ Y_i &= Y_{HZ_{i-1}} + D_i \sin A_{i-1,i} \end{aligned}\right\} \tag{2.7.1}$$

式中，$A_{i-1,i}$ 为路线导线 JD_{i-1} 至 JD_i 的坐标方位角；D_i 为桩点至 HZ_{i-1} 点间的距离，即桩点里程与 HZ_{i-1} 点里程之差；$X_{HZ_{i-1}}$、$Y_{HZ_{i-1}}$ 为 HZ_{i-1} 点的坐标，由下式计算：

$$\left.\begin{aligned} X_{HZ_{i-1}} &= X_{JD_{i-1}} + T_{H_{i-1}} \cos A_{i-1,i} \\ Y_{HZ_{i-1}} &= Y_{JD_{i-1}} + T_{H_{i-1}} \sin A_{i-1,i} \end{aligned}\right\} \tag{2.7.2}$$

式中，$X_{JD_{i-1}}$、$Y_{JD_{i-1}}$ 为交点 JD_{i-1} 的坐标；$T_{H_{i-1}}$ 为切线长。

ZH 点位直线的终点，除可按式(2.7.1)计算外，亦可按下式计算：

$$\left.\begin{aligned} X_{ZH_i} &= X_{JD_{i-1}} + (S_{i-1,i} - T_{H_i}) \cos A_{i-1,i} \\ Y_{ZH_i} &= Y_{JD_{i-1}} + (S_{i-1,i} - T_{H_i}) \sin A_{i-1,i} \end{aligned}\right\} \tag{2.7.3}$$

式中，$S_{i-1,i}$ 为路线导线 JD_i 的边长。

(2) ZH 点至 YH 点之间的中桩坐标计算

此段包括第一缓和曲线及圆曲线，可按式(2.4.15)和式(2.4.17)分别算出第一缓和曲线上和圆曲线上的切线支距法坐标(x,y)，然后通过坐标变化将其转换为测量坐标(X,Y)。坐标变换公式为：

$$\begin{bmatrix} X_i \\ Y_i \end{bmatrix} = \begin{bmatrix} X_{ZH_i} \\ Y_{ZH_i} \end{bmatrix} + \begin{bmatrix} \cos A_{i-1,i} & -\sin A_{i-1,i} \\ \sin A_{i-1,i} & \cos A_{i-1,i} \end{bmatrix} \begin{bmatrix} x_i \\ y_i \end{bmatrix} \tag{2.7.4}$$

在运用式(2.7.4)计算时，当曲线为左转角，应以 $y_i = -y_i$ 代入。

(3) YH 点至 HZ 点之间的中桩坐标计算

此段为第二缓和曲线，仍可按式(2.4.15)计算第二缓和曲线上的切线支距法坐标，再按下式转换为测量坐标：

$$\begin{bmatrix} X_i \\ Y_i \end{bmatrix} = \begin{bmatrix} X_{HZ_i} \\ Y_{HZ_i} \end{bmatrix} - \begin{bmatrix} \cos A_{i,i+1} & -\sin A_{i,i+1} \\ \sin A_{i,i+1} & \cos A_{i,i+1} \end{bmatrix} \begin{bmatrix} x_i \\ y_i \end{bmatrix} \tag{2.7.5}$$

当曲线为右转角时，以 $y_i = -y_i$ 代入。

(4) 中桩坐标计算示例

【例 2.7.1】 路线交点 JD_2 的坐标：$\begin{cases} X_{JD_2} = 2\ 688\ 711.270 \text{ m} \\ Y_{JD_2} = 22\ 478\ 702.880 \text{ m} \end{cases}$；$JD_3$ 的坐标：$\begin{cases} X_{JD_3} = 2\ 691\ 069.056 \text{ m} \\ Y_{JD_3} = 22\ 478\ 662.850 \text{ m} \end{cases}$；$JD_4$ 的坐标：$\begin{cases} X_{JD_4} = 2\ 694\ 145.875 \text{ m} \\ Y_{JD_4} = 22\ 481\ 070.750 \text{ m} \end{cases}$；$JD_3$ 的里程桩号为 K10+790.306，圆曲线半径 $R=2\ 000$ m，缓和曲线长 $l_s=100$ m。

(1) 计算路线转角

$$\tan A_{32} = \frac{Y_{JD_2} - Y_{JD_3}}{X_{JD_2} - X_{JD_3}} = \frac{+40.030}{-2\ 357.786} = -0.016\ 977\ 792$$

$$A_{32} = 180° - 0°58'21.6'' = 179°01'38.4''$$

$$\tan A_{34} = \frac{Y_{JD_4} - Y_{JD_3}}{X_{JD_4} - X_{JD_3}} = \frac{+2\ 407.900}{+3\ 076.819} = 0.782\ 593\ 97$$

$$A_{34} = 38°02'47.5''$$

右角：

$$\beta=179°01'38.4''-38°02'47.5''=140°58'50.9''$$

$\beta<180°$，为右转角。

转角：

$$\alpha=180°-140°58'50.9''=39°01'09''$$

(2)计算曲线测设元素

$$\beta_0=\frac{l_s}{2R}\cdot\frac{180°}{\pi}=1°25'56.6''$$

$$p=\frac{l_s^2}{24R}=0.208$$

$$q=\frac{l_s}{2}-\frac{l_s^3}{240R^2}=49.999$$

$$T_H=(R+p)\tan\frac{\alpha}{2}+q=758.687$$

$$L_H=R\alpha\frac{\pi}{180°}+l_s=1\ 462.027$$

$$L_Y=R(\alpha-2\beta_0)\frac{\pi}{180°}=1\ 262.027$$

$$E_H=(R+p)\sec\frac{\alpha}{2}-R=122.044$$

$$D_H=2T_H-L_H=55.347$$

(3)计算曲线主点里程

JD_3	K10+790.306
$-T_H$	758.687
ZH	K10+031.619
$+l_s$	100
HY	K10+131.619
$+L_Y$	1 262.027
YH	K11+393.646
$+l_s$	100
HZ	K11+493.646
$-L_H/2$	731.014
QZ	K10+762.632
$+D_H/2$	27.674
JD_3	K10+790.306

(4)计算曲线主点及其他中桩坐标

ZH 点的坐标按式(2.7.3)计算：

$$S_{23}=\sqrt{(X_{JD_3}-X_{JD_2})^2+(Y_{JD_3}-Y_{JD_2})^2}=2\ 358.126$$

$$A_{23}=A_{32}+180°=359°01'38.4''$$

$$\left.\begin{aligned}X_{ZH_3}&=X_{JD_2}+(S_{23}-T_{H_3})\cos A_{23}=2\ 690\ 310.479\\Y_{ZH_3}&=Y_{JD_2}+(S_{23}-T_{H_3})\sin A_{23}=22\ 478\ 675.729\end{aligned}\right\}$$

第一缓和曲线上的中桩坐标计算：

①如中桩 K10+100 处，$l=10100-10031.619$(ZH 桩号)=68.381，代入式(2.4.15)计算支距法坐标：

$$\left.\begin{aligned}x&=l-\frac{l^5}{40R^2l_s^2}=68.380\\y&=\frac{l^3}{6Rl_s}=0.226\end{aligned}\right\}$$

按式(2.7.4)转换坐标：

$$\left.\begin{aligned}X&=X_{ZH_3}+x\cos A_{23}-y\sin A_{23}=2\ 690\ 378.854\\Y&=Y_{ZH_3}+x\sin A_{23}+y\cos A_{23}=22\ 478\ 674.834\end{aligned}\right\}$$

②HY 点的中桩坐标按式(2.4.16)先算出支距法坐标：

$$\left.\begin{aligned}x_0&=l_s-\frac{l_s^3}{40R^2}=99.994\\y_0&=\frac{l_s^2}{6R}=0.833\end{aligned}\right\}$$

按式(2.7.4)转换坐标：

$$\left.\begin{aligned}X_{HY_3}&=X_{ZH_3}+x_0\cos A_{23}-y_0\sin A_{23}=2\ 690\ 4\ 10.473\\Y_{HY_3}&=Y_{ZH_3}+x_0\sin A_{23}+y_0\cos A_{23}=22\ 478\ 674.864\end{aligned}\right\}$$

圆曲线部分的中坐标计算：

①如中桩 K10+500，按式(2.4.17)计算支距法坐标：

$$l=10\ 500-10\ 131.619(\text{HY 桩号})=368.381$$

$$\varphi=\frac{l}{R}\cdot\frac{180^\circ}{\pi}+\beta_0=11^\circ59'08.6''$$

$$\left.\begin{aligned}x&=R\sin\varphi+q=465.335\\y&=R(1-\cos\varphi)+p=43.809\end{aligned}\right\}$$

代入式(2.7.4)得 K10+500 的坐标：

$$\left.\begin{aligned}X&=X_{ZH_3}+x\cos A_{23}-y\sin A_{23}=2\ 690\ 776.491\\Y&=Y_{ZH_3}+y\sin A_{23}+y\cos A_{23}=22\ 478\ 711.632\end{aligned}\right\}$$

②QZ 点位于圆曲线部分，故计算步骤与 K10+500 相同：

$$l=\frac{L_Y}{2}=631.014$$

$$\varphi=19^\circ30'34.6''$$

$$\left.\begin{aligned}x&=717.929\\y&=115.037\end{aligned}\right\}$$

$$\left.\begin{aligned}X_{QZ_3}&=2\ 691\ 030.257\\Y_{QZ_3}&=22\ 478\ 778.562\end{aligned}\right\}$$

③HZ 点的坐标计算按式(2.7.2)计算:

$$\left.\begin{aligned}X_{HZ_3}&=X_{JD_3}+T_{H_3}\cos A_{34}=2\ 691\ 666.530\\Y_{HZ_3}&=Y_{JD_3}+T_{H_3}\sin A_{34}=22\ 479\ 130.430\end{aligned}\right\}$$

④YH 点的支距法坐标与 HY 点完全相同:

$$\left.\begin{aligned}x_0&=99.994\\y_0&=0.833\end{aligned}\right\}$$

按式(2.7.4)转换坐标,并顾及曲线为右转角,y 以$-y_0$ 代入:

$$\left.\begin{aligned}X_{YH_3}&=X_{HZ_3}-x_0\cos A_{34}+(-y_0)\sin A_{34}=2\ 691\ 578.270\\Y_{YH_3}&=Y_{HZ_3}-x_0\sin A_{34}-(-y_0)\cos A_{34}=22\ 479\ 069.460\end{aligned}\right\}$$

第二缓和曲线上的中桩坐标计算:

如中桩 K11+450,l=11 493.646(HZ 桩号)−11 450=43.646,代入式(2.7.1)计算支距法坐标:

$$\left.\begin{aligned}x&=43.646\\y&=0.069\end{aligned}\right\}$$

按式(2.7.5)转换坐标,y 以负值代入得:

$$\left.\begin{aligned}X&=2\ 691\ 632.116\\Y&=22\ 479\ 103.585\end{aligned}\right\}$$

直线上中桩坐标计算:

如 K11+600,D=11 600−11 493.646(HZ 桩号)= 106.354,代入式(2.7.1)即可求得:

$$\left.\begin{aligned}X&=X_{HZ_3}+D\cos A_{34}=2\ 691\ 750.285\\Y&=Y_{HZ_3}+D\sin A_{34}=22\ 479\ 195.976\end{aligned}\right\}$$

桩坐标表即各个中桩的坐标。其计算和测量的方法按“从整体到局部”的原则进行。一般是根据导线点坐标用全站仪或 GPS 测量路线交点坐标或从图上直接量取交点坐标,计算交点转角和方位角、交点间距,再根据计算的结果、选定的圆曲线半径和缓和曲线长度,计算中线上各桩坐标。按照上述方法计算某公路某段逐桩坐标结果如表 2.7.2 所示。

由于一条路线的中桩数目很多,因此设计和施工单位的道路中线逐桩坐标通常可用专业勘测设计软件(如纬地道路、海地道路)等批量化生成或借助计算工具如 CASIO-fx 系列编程计算器计算获得。

表 2.7.2　逐桩坐标表

项目名称:某公路×××段

桩号	坐标		桩号	坐标	
	N(*X*)	E(*Y*)		N(*X*)	E(*Y*)
K0+000	3 844 574.321	529 652.462	K0+500	3 844 494.071	529 513.254
K0+020	3 844 555.164	529 658.206	K0+520	3 844 512.477	529 505.511
K0+040	3 844 536.006	529 663.951	K0+540	3 844 529.327	529 494.757
K0+060	3 844 516.849	529 669.695	K0+560	3 844 545.754	529 483.349
K0+080	3 844 497.692	529 675.440	K0+580	3 844 562.181	529 471.940
K0+100	3 844 478.534	529 681.184	K0+600	3 844 578.608	529 460.532
K0+120	3 844 459.377	529 686.929	K0+620	3 844 595.036	529 449.124
K0+140	3 844 440.220	529 692.673	K0+640	3 844 611.439	529 437.682
K0+160	3 844 421.040	529 698.338	K0+660	3 844 612.173	529 421.241
K0+180	3 844 401.366	529 701.699	K0+680	3 844 593.601	529 425.914
K0+200	3 844 381.473	529 700.217	K0+700	3 844 575.798	529 435.027
K0+220	3 844 362.292	529 694.605	K0+720	3 844 557.994	529 444.140
K0+240	3 844 344.335	529 686.056	K0+740	3 844 540.191	529 453.253
K0+260	3 844 334.566	529 669.112	K0+760	3 844 522.388	529 462.365
K0+280	3 844 337.610	529 649.589	K0+780	3 844 504.577	529 471.463
K0+300	3 844 345.051	529 631.025	K0+800	3 844 485.851	529 478.282
K0+320	3 844 352.522	529 612.473	K0+820	3 844 465.948	529 478.159
K0+340	3 844 360.177	529 593.998	K0+840	3 844 446.437	529 473.921
K0+360	3 844 371.439	529 577.608	K0+860	3 844 433.267	529 459.868
K0+380	3 844 387.410	529 565.627	K0+880	3 844 430.061	529 440.159
K0+400	3 844 404.158	529 554.695	K0+900	3 844 432.101	529 420.425
K0+420	3 844 420.907	529 543.764	K0+920	3 844 440.115	529 402.113
K0+440	3 844 437.713	529 532.923	K0+940	3 844 448.584	529 383.995
K0+460	3 844 455.554	529 523.948	K0+960	3 844 456.492	529 365.638
K0+480	3 844 474.714	529 518.269	K0+980	3 844 459.110	529 345.929

3. 道路平面设计图

1) 公路平面设计图

公路“路线平面设计图”是公路设计文件的主要图纸之一,它综合反映了路线的平面位置、线形和几何尺寸,还反映沿线人工构造物和重要工程设施的布置,以及公路与沿线地形、地物和行政区划的关系等。

路线平面设计图中应示出沿线的地形、地物、线位及里程桩号、断链、平曲线主要桩位与其他交通路线的关系以及县以上境地界等,标注水准点、导线点及坐标网格或指北图式,示出特大桥、大中桥、隧道、路线交叉位置等,列出平曲线要素和交点坐标表等,比例尺一般为1∶2 000 ~ 1∶5 000,如图2.7.2所示。

等级较高公路设计文件中,除应绘制上述路线平面设计图外,还应增绘公路平面总体设计图。公路平面总体设计图,除应绘制路线平面图的内容外,还应给出路基边线、坡脚或坡顶线、路线交叉及其平面形式,示出服务区、停车场、收费站等。

2) 城市道路平面图

城市道路平面图是城市道路设计成果的重要图纸组成之一。一般应标明路线、规划红线、行车道线、人行道线、停车场、绿化、交通标志、人行横道线、沿线建筑物出入口、各种地上地下管线的走向位置、雨水进水口、窨井等,注明交叉口及沿线里程桩,弯道及交叉口处应注明曲线要素、交叉口转角缘石的转弯半径等,比例尺一般为1∶500 ~1∶1 000,如图2.7.3所示。

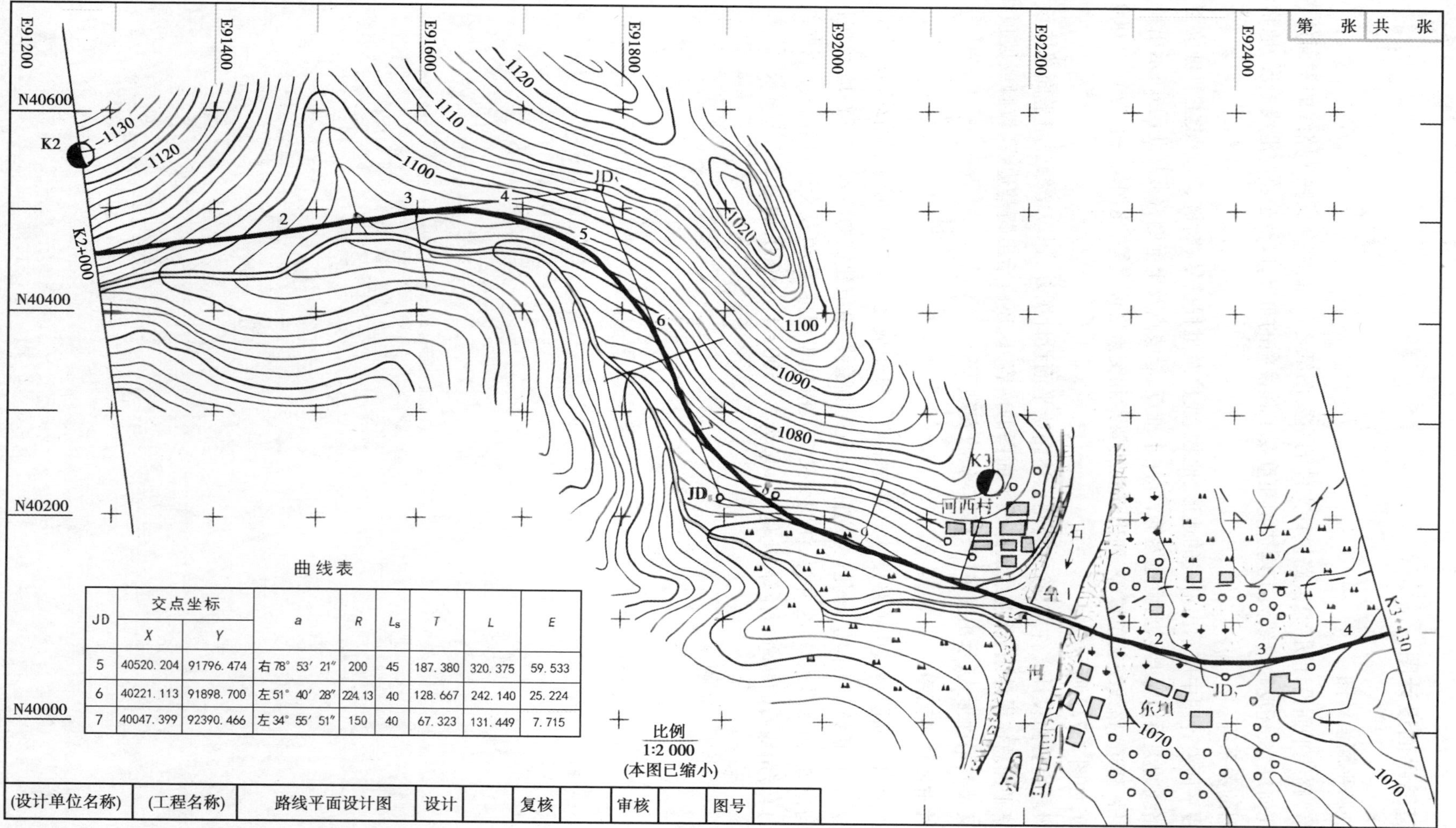

曲线表

JD	交点坐标		a	R	L_s	T	L	E
	X	Y						
5	40520.204	91796.474	右78° 53′ 21″	200	45	187.380	320.375	59.533
6	40221.113	91898.700	左51° 40′ 28″	224.13	40	128.667	242.140	25.224
7	40047.399	92390.466	左34° 55′ 51″	150	40	67.323	131.449	7.715

图2.7.2 路线平面设计图

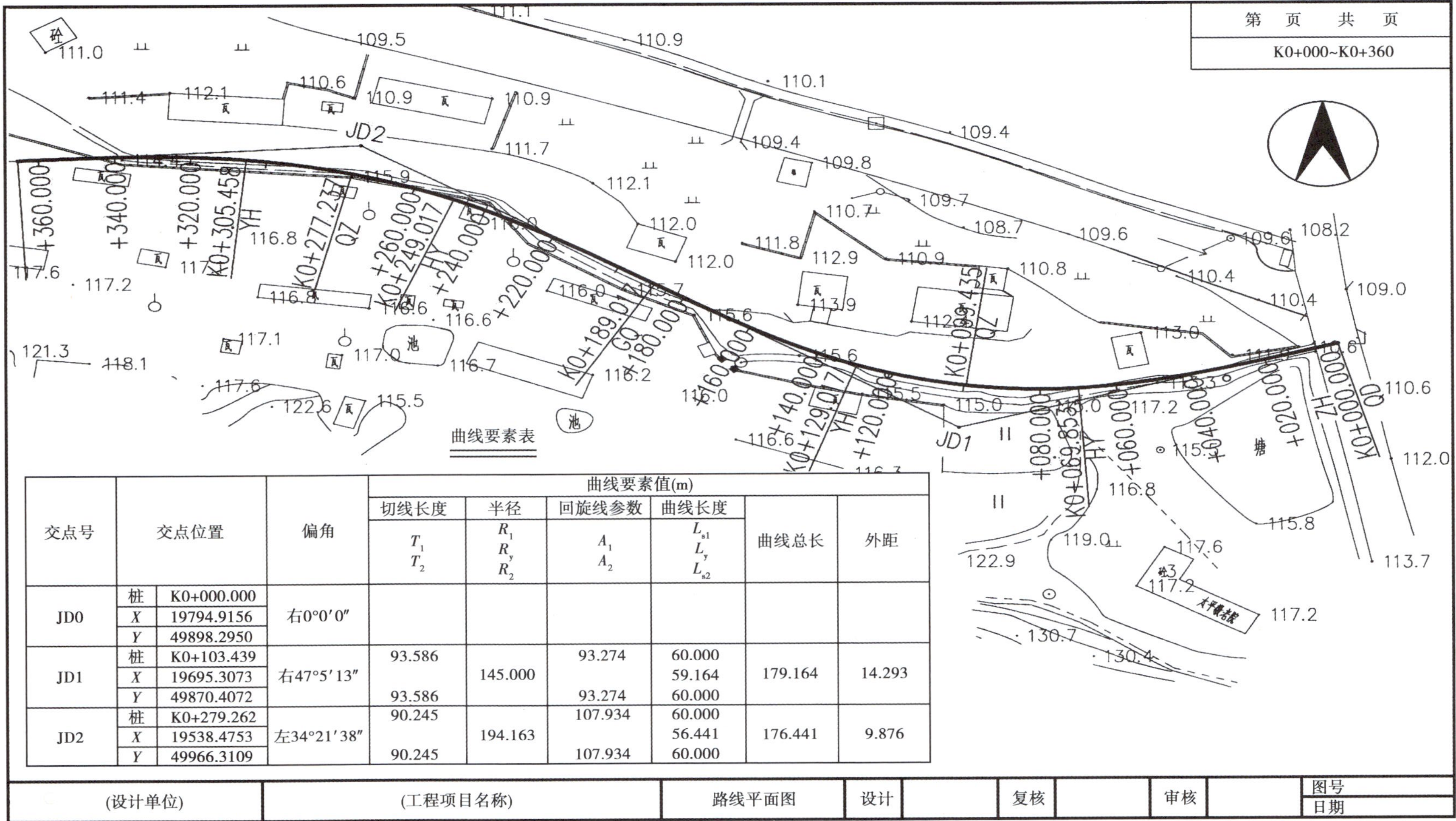

曲线要素表

交点号		交点位置	偏角	曲线要素值(m) 切线长度 T_1 T_2	半径 R_1 R_y R_2	回旋线参数 A_1 A_2	曲线长度 L_{s1} L_y L_{s2}	曲线总长	外距
JD0	桩	K0+000.000	右0°0′0″						
	X	19794.9156							
	Y	49898.2950							
JD1	桩	K0+103.439	右47°5′13″	93.586	145.000	93.274	60.000	179.164	14.293
	X	19695.3073					59.164		
	Y	49870.4072		93.586		93.274	60.000		
JD2	桩	K0+279.262	左34°21′38″	90.245	194.163	107.934	60.000	176.441	9.876
	X	19538.4753					56.441		
	Y	49966.3109		90.245		107.934	60.000		

图2.7.3　城市道路路线平面设计图

思考与练习题

2.1　汽车行驶轨迹有哪些特征？道路平面线形由哪些要素组成？

2.2　为何要限制直线的长度？

2.3　公路的最小圆曲线半径有几种？分别在何种情况下使用？

2.4　缓和曲线的作用是什么？确定其长度应考虑哪些因素？

2.5　设某二级公路设计速度为 80 km/h，路拱横坡为 2%。

①试求不设超高的圆曲线半径及设置超高（i_h = 8%）的极限最小半径（μ 值分别取 0.035 和 0.15）。

②当采用极限最小半径时，缓和曲线长度应为多少（路面宽 B = 9 m，超高渐变率取 1/150）。

2.6　某丘陵区公路，设计速度为 40 km/h，如习题 2.6 图所示，路线转角 $\alpha_{4右}$ = 95°04′38″，$\alpha_{5左}$ = 69°20′28″，JD_4 至 JD_5 的距离 D = 267.71 m。由于地形限制，选定 R_4 = 110 m、L_{s4} = 70 m，试定 JD_5 的圆曲线半径 R_5 和缓和曲线长 L_{s5}。

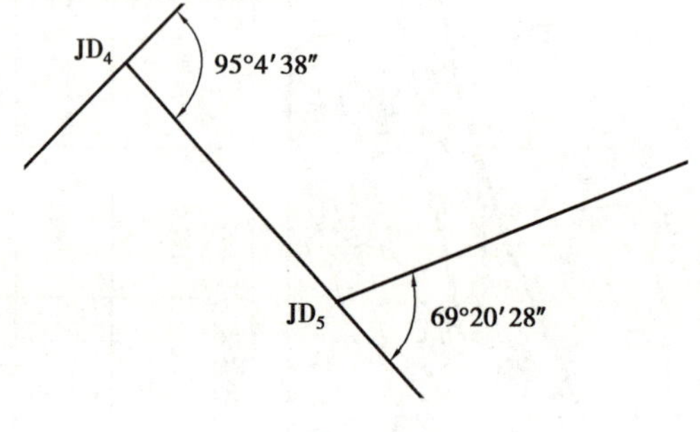

习题 2.6 图

2.7　某山岭区二级路设计速度为 60 km/h，路线转角如习题 2.7 图所示，至 JD_1 至 JD_2、JD_2 至 JD_3 的距离分别为 458.96 m、560.54 m，选定 R_1 = 300，L_{a1} = 65 m，试确定 JD_2、JD_3 的圆曲线半径和缓和曲线长度。

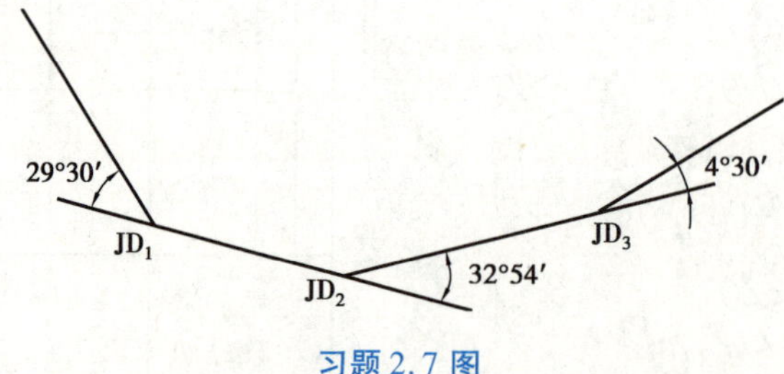

习题 2.7 图

项目 3　道路纵断面设计

【学习目标】理解并掌握汽车动力特性及其对纵断面设计的影响;掌握纵坡极限指标的确定方法及相关规定、影响纵坡设计的主要因素;掌握竖曲线的特点、半径大小及其长度的规定;掌握平纵面组合设计的基本要求;掌握纵断面设计的步骤和方法;了解驾驶员视觉特性及其对线形设计的影响及道路立体线形质量的检查评价方法;了解道路纵断面设计主要成果。

任务 3.1　概　述

道路铺设的地表面是高低起伏变化的,当这种起伏不大时,道路可以顺应地形修建;当起伏剧烈,不能满足汽车的动力性能和平稳性要求时,就需要对道路经过的区域进行填挖处理(包括修建桥隧等构造物),以保证汽车行驶的安全和快速,同时还要考虑处理的经济性且不对环境造成大的破坏等诸多要求。这些都是纵断面设计的工作。为了便于学习和理解,本章首先介绍纵断面图,从概念入手,分析纵断面设计的主要内容。路线纵断面图是道路纵断面设计的主要成果,也是道路设计的技术文件之一。把道路的纵断面图与平面图结合起来,就能准确地定出道路的空间位置。

1. 纵断面图的组成

所谓纵断面,即沿着道路中线竖直剖切然后展开的立面投影。由于道路路线是由直线与曲线组合而成,故剖切面既有平面又有曲面(柱面)。为了清楚地表示出路线纵断情况,把剖切面展开(展开时,不改变路线纵坡度)成一立面,即路线纵断面图。纵断面图的长度就是路线的长度。在纵断面图的中间区域有两条主要的线:一条是地面线,它是根据中线上各桩点的高程而点绘的一条不规则的折线,平面线形确定后,地面线自然就唯一确定下来;对于新建道路而言,地面线反映了沿着中线地面的起伏变化情况。另一条是设计线,它是经过技术上、经济上以及美学上等多方面比较后确定的,具有规则形状的几何线形,反映了路线的起伏变化状况,以及路线的纵向设计坡度和竖曲线。另外,为了表现平纵面配合的情况、纵断面设计指标、填挖状况、道路经过区域的地质情况等,在纵断面图下面的资料表中设有直线及平曲线、坡度/坡长、填挖高度和地质概况等栏目。不同的设计阶段,对纵断面图内容的要求不同。

2. 纵断面设计中的规定

纵断面设计线是由直线和竖曲线组成的。直线(即均匀坡度线)有上坡和下坡,用坡度和水平长度表示,不计斜长。直线的坡度和长度影响着汽车的行驶速度和运输的经济以及行车的安全。它们的一些临界值的确定和必要的限制,是以通行的汽车类型及行驶性能来决定的。

在直线的坡度转折处为平顺过渡要设置竖曲线,按坡度转折形式的不同,竖曲线有凹有凸,其大小用半径和水平长度表示,不计曲线长。另外,坡度转折处(变坡点)只计坡度代数差,不计角度。

一般而言,路线纵断面图上的设计高程基点位置(设计线代表的路基上的位置)有以下规定:

①新建公路的设计高程基点为高速公路和一级公路采用中央分隔带的外侧边缘;二、三、四级公路采用路基边缘,在设置超高、加宽地段为设超高、加宽前该处边缘。

②改建公路的设计高程基点,一般按新建公路的规定办理,也可视具体情况而采用行车道中线。

3. 纵断面设计的主要任务

纵断面设计的主要任务是根据汽车的动力特性、道路的功能和等级、地形、地质、水文及其他自然环境的限制,综合考虑工程的技术要求和经济性等诸多因素,合理确定坡度、坡长和竖曲线半径,并进行纵断面和平面的组合设计,以便达到行车安全、环保、快速、经济合理及乘客感觉舒适的目的。

任务 3.2　汽车的动力性能

1. 汽车行驶理论简介

1)研究汽车行驶理论的意义

汽车行驶理论是一门在分析汽车行驶基本规律的基础上,研究汽车行驶原理、使用性能和行驶性能的学科。通过上述研究,进一步分析影响汽车使用和行驶性能的各种因素,从而最大限度地从汽车构造、道路设计以及其他行车条件等方面发挥汽车的使用效益。

道路是为汽车行驶服务的,要满足汽车在道路上行驶安全、迅速、经济、舒适、低公害的要求,就必须从驾驶员、汽车、道路和交通管理等方面来保证。在上述因素中,道路的线形设计与汽车行驶的各主要性能关系最密切。道路线形设计的保证措施主要包括以下内容:

①为保证汽车在路上行驶的稳定性,即保证安全行车,不翻车、不倒溜或不侧滑,就需要研究汽车行驶的力系平衡、稳定性,合理设置纵、横坡度、弯道以及保证车轮与路面的附着力等。

②尽可能提高车速。评价运输效率的指标是汽车运输生产率[t·(km/h)]和运输成本[元/(t·km)],车速是影响的主要因素。因此,为提高车速,就需要充分发挥汽车行驶的动力性能。

③为保证道路行车畅通,必须使行车不受或少受阻碍,要有足够的视距和路面宽度,合理地设置平、竖曲线,以及减少道路交叉等。

因此,汽车行驶理论是道路线形设计的基础,是制定道路线形几何标准(如平曲线半径、纵坡坡度等)的理论依据。掌握应用汽车行驶理论对指导道路线形设计、研究和制定道路技术标准有着重要意义。

2)汽车的一般构造

汽车虽然型号繁多,且用途与构造各异,但从汽车的基本构造而言,任何一辆汽车都大致由发动机、底盘、车身和电气设备4个部分组成。普通货车总体构造的基本形式如图3.2.1所示。

(1)发动机

发动机是汽车的动力装置,其作用是使供入的燃料经过燃烧而变成热能,并转化成动能,通过底盘的传动系统驱动汽车行驶。

(2)底盘

①传动系将发动机产生的动力传给驱动车轮,由离合器、变速器、万向传动装置、驱动桥中的主减速器、差速器和半轴组成。

②行驶系把汽车各总成、部件连接成一个整体,支承全车荷载,保证汽车行驶,由车架、车桥(前桥和后桥)、车轮和悬架等组成。

③转向系保证汽车能够按照驾驶员所需的方向行驶,由带转向盘的转向器总成和转向传动机构(横、直拉杆)等组成。

④制动系能够对汽车的减速过程进行人为的控制,必要时能在最短的距离内停车,以保证行车安全,由车轮制动器、手制动器和制动传动装置等组成。

(3)车身

车身用来乘坐驾驶员、旅客或装载货物。轿车有一个整体的车身,载货汽车车身则包括车头、驾驶室与车厢三部分组成。

(4)电气设备

电气设备包括电源、发动机起动系以及汽车照明等用电设备。在强制点火的发动机中,还包括发动机点火系。

为了适应不同使用要求及改善全车某些方面的使用性能,汽车的构造和布置形式也可作某些变动。例如,为了提高汽车的通过性能,越野汽车做成全部车轮驱动,这时所有车桥都成为驱动桥,并在传动系中相应地增设分动器等总成。又如,为了提高汽车的载重量,在现有道路允许轴荷载的限制下,载货车除前后桥外,还加设支持桥。当载重量小时,支持桥被提升机构吊起来,全车仅由两桥支承;当载重量大时,支持桥落下,全车由三桥支承。

3)汽车的技术参数

为了说明汽车的主要技术性能,经常用下列参数来表示,如图3.2.1所示。

①空车质量:指标准装备的汽车质量,即完整的发动机、底盘、车身、全部电气设备和车辆正常行驶所需要的辅助设备的质量,以及加注燃料、润料、冷却液和随车工具、备用车轮及备品等的质量之和。

②载重量:指汽车上所许可的额定装载量,通常货车以"t"表示;客车以"座位数"或"人数"表示。

③最大总质量:指汽车满载时的总质量。

④最大轴载重量:指汽车单轴所承载的最大总质量。

⑤车长L:指垂直于车辆纵向对称平面并分别抵靠在汽车前、后最外端突出部分的两垂面间的距离(mm)。

⑥车宽B:指平行于车辆纵向对称平面并分别抵靠在汽车两侧固定突出部位(除后视镜、侧面标志灯、方位灯、转向指示灯等)的两平面之间的距离。

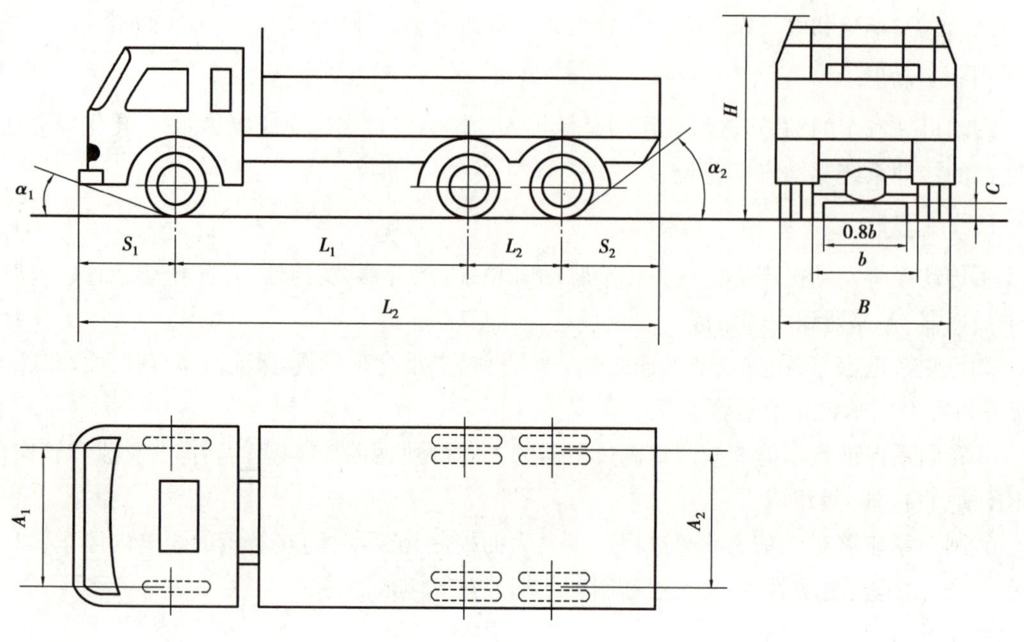

图 3.2.1　汽车常用主要结构参数

⑦车高 H:指车辆支承平面与车辆最突出部位相抵靠的水平之间的距离。

⑧轴距 L_1、L_2:指汽车直线行驶位置时,前后车轮落地中心线之间的距离。

⑨轮距 A_1、A_2:指在支承平面上,同轴左右车轮两轨迹中心间的距离(轴两端为双轮时,为左右两条双轨迹的中线间距离)。

⑩前悬 S_1:指在直线行驶位置时,汽车前端刚性固定件的最前点到通过两前轮轴线的垂面间的距离。

⑪后悬 S_2:指在直线行驶位置时汽车后端刚性固定件的最后点到通过最后面两后轮轴线的垂面间的距离。

⑫最小离地间隙 C:指满载时汽车中间区域下部的最低点到地面之间的距离,用以表明汽车在道路不平处可以无碰撞地越过的程度。而汽车中间区域是指汽车外形轮廓投影到与汽车纵向对称平面垂直的铅平面上,汽车与同一轴两端车轮(包括复式车轮)内缘所在平面之间的距离 b 的 80%,即 0.8 区域内。

⑬接近角 α_1:指汽车前端最突出点向前轮引的切线与地面的夹角。

⑭离去角 α_2:指汽车后端最突出点向后轮引的切线与地面的夹角。

⑮最小转弯半径:指汽车在转弯时,转向盘转到最大极限位置时,外侧前轮所滚过的轨迹半径(mm),以表明汽车在行驶中的灵活程度。

⑯最高车速:指汽车在平坦公路上行驶时能达到的最大速度(km/h)。

⑰爬坡能力:指汽车的最大爬坡能力。一般指汽车在满载和一档状态下能上坡的最大倾斜角度(°或%)。

⑱制动距离:指汽车以一定速度行驶紧急制动时,从驾驶员踩脚制动踏板开始到完全停车为止的距离。通常用初速为 50 km/h 的制动距离为准。

⑲平均燃料消耗量:一般以汽车百吨公里的最低燃油消耗量或每百公里的平均燃料消耗量分别表示为 L/100(t · km)或 L/100 km。

4)汽车的主要技术性能

汽车的性能随汽车类型而不同，一般归纳起来可包括动力性能、运动性能以及环境性能3个部分，如图3.2.2所示。

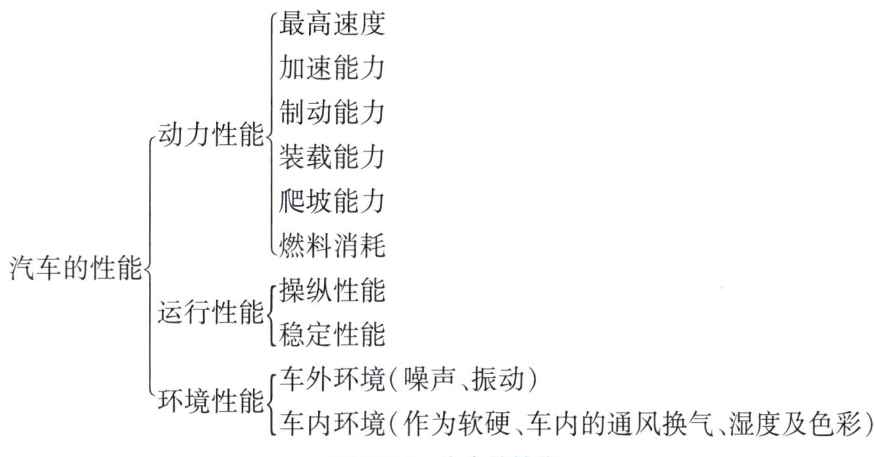

图3.2.2　汽车的性能

汽车的技术性能是汽车本身的固有特性，了解汽车的技术性能，如何在道路线形设计中保证汽车技术性能的正常发挥，对确保行车快速、安全、舒适具有十分重要的意义。本任务重点就与道路纵面设计有密切相关的性能加以论述。其主要内容有汽车行驶的牵引力及运动方程、汽车的动力特性、汽车行驶的纵向稳定性、汽车的制动性等。

2.汽车行驶的纵向稳定性

汽车行驶稳定性是指汽车在行驶过程中，受外部因素作用，能保持或很快恢复原行驶状态和方向，而不失去控制发生侧滑、倾覆等现象的能力。

汽车行驶稳定性从不同方向来看，可有纵向稳定性和横向稳定性。从丧失稳定的方式来看，可有滑动稳定性和倾覆稳定性。分析和确保汽车行驶的稳定性对合理设计汽车结构尺寸、正确设计公路、保证行车安全，提高运输生产率，减轻驾驶员的疲劳强度，具有十分重要的意义。

影响汽车行驶稳定性主要有以下3个方面的因素：

①汽车本身的结构参数，如汽车的整体布置、几何参数、质量参数、轮胎特性、前后悬架的形式等。

②驾驶员的因素，如驾驶员开车时的思想集中状况、反应快慢、技术熟练程度、动作灵敏程度等因素。这对驾驶员能否做出准确判断，及时采取措施使汽车趋于稳定，确保行车稳定有着直接关系。

③作用于汽车的外部因素。主要是汽车和路面间的相互作用因素(如公路的纵向、横向坡度，路面附着情况等)，以及汽车做不等速行驶和曲线运动时惯性力的作用。

3.汽车的制动性能

汽车的制动性能是指汽车在行驶中强制降低车速或在下长坡时保持一定车速的能力。汽车制动性能的好坏，直接关系到汽车行驶的安全。据某城市统计，在某年中发生的250起重大交通事故中，因制动距离太长和紧急制动侧滑所引起的事故占40%。因此，良好的制动性能是汽车在安全行驶条件下提高车速、获得较高的运输生产效率的重要保证。

汽车的制动性能可以从以下 3 个方面来评价：

①制动效能包括汽车的制动减速度、制动时间和制动距离；

②制动效能的恒定性，如热机衰退性能等；

③制动时汽车的方向稳定性，即制动时汽车不发生跑偏、侧滑、甩尾及丧失转向能力。

任务 3.3　纵坡设计

道路设计的要求之一就是确保车辆在同一设计速度的路段上行驶的状态一致。设计速度确定后，与线形有关的其他设计要素都有规定值，通过这一做法就可以保证车辆按设计速度行驶。但是，纵坡因汽车动力性能不同所受影响较人，要制定一个能保证任何车辆都达到设计速度的标准，在经济上是不可取的。较大的纵坡节省工程投资，但随着纵坡的增大，载重汽车行驶速度会显著降低，影响其他高速车辆的通行，严重时将导致道路通行能力下降，危及行车安全，甚至导致交通事故。所以，应限制最大纵坡值。

要理解关于坡度规定的原理并正确地运用到设计中，首先要研究有关汽车的行驶性能，特别是爬坡性能，在此基础上进一步了解车速与坡度的关系，以及在一定速度下坡度与行驶距离的关系。其主要目的是解决各种临界坡度值及其长度的规定问题。

1. 理想最大纵坡和不限长度最大纵坡

1) 理想最大纵坡

理想最大纵坡是指设计车型在油门全开的情况下，持续以希望速度等速行驶所能克服的纵坡。希望速度对小客车为设计速度，对载重车为汽车的最大行驶速度。设希望速度为 v_1，理想最大纵坡为 i_1，动力因数为 D_1，因等速行驶，则有：

$$\frac{f+i_1}{\lambda}=D_1 \tag{3.3.1}$$

所以

$$i_1=\lambda D_1-f$$

i_1 称为理想最大纵坡，因在不大于 i 的坡道上载重车能以最大速度行驶，可使载重车与小客车、重车与轻车之间的速差最小，相互干扰小，道路通行能力最大。

不限长度最大纵坡是指设计车型在油门全开情况下，持续以容许速度等速行驶所能克服的纵坡。容许速度一般为设计速度的 1/2 ~ 2/3，高速路取低限，低速路取高限。

理想最大纵坡虽好，但常因地形等条件制约，不是总能争取到。有必要允许车速由希望速度降到容许速度，以获得较大纵坡。在不限长度最大纵坡上，汽车将以容许速度等速行驶。设容许速度为 v_2，不限长度最大纵坡为 i_2，动力因数为 D_2。

$$i_2=\lambda D_2-f \tag{3.3.2}$$

当汽车在纵坡小于或等于不限长度最大纵坡的坡道上行驶时，只要初速度大于容许速度，汽车至多减速到容许速度；当纵坡大于不限长度最大纵坡时，为防止汽车行驶速度低于容许速度，应对其坡长加以限制（见后详述）。

【例3.3.1】根据式(3.3.1)和式(3.3.2),计算东风EQ-140载重车装载75%时,各设计速度下理想最大纵坡 i_1 和不限长度最大纵坡 i_2。

【解】结果如表3.3.1所示。

表3.3.1　理想最大纵坡 i_1 和不限长度最大纵坡 i_2

设计速度/(km·h⁻¹)	v		120		100		80		60		40		30		20	
滚动阻力系数/%	f		1.0		1.0		1.0		1.5		2.0		2.0		2.0	
减速范围/(km·h⁻¹)	v_1	v_2	80	60	80	55	80	50	60	40	40	25	30	20	20	15
动力因数/%	D_1	D_2	2.3	3.0	2.3	3.2	2.3	3.3	3.0	3.5	5.4	5.8	5.7	5.8	5.8	5.8
海拔 $H=0,\lambda=1.19$	i_1	i_2	1.7	2.6	1.7	2.8	1.7	2.9	2.1	2.7	4.4	4.9	4.8	4.9	4.9	4.9
海拔 $H=1\,000$ m,$\lambda=1.05$	i_1	i_2	1.4	2.2	1.4	2.4	1.4	2.5	1.7	2.2	3.7	4.1	4.0	4.1	4.1	4.1
海拔 $H=2\,000$ m,$\lambda=0.93$	i_1	i_2	1.1	1.8	1.1	2.0	1.1	2.1	1.3	1.8	3.0	3.4	3.3	3.4	3.4	3.4
海拔 $H=3\,000$ m,$\lambda=0.82$	i_1	i_2	0.9	1.5	0.9	1.6	0.9	1.7	1.0	1.4	2.4	2.8	2.7	2.8	2.8	2.8

2)最大纵坡

最大纵坡是根据道路等级、自然条件、行车要求等因素所限定的路线纵坡最大值,它是道路纵断面设计的重要控制指标。在地形起伏较大地区,直接影响路线的长短、使用质量、运输成本及造价。

确定最大纵坡时,不仅考虑汽车的动力特性、道路等级、自然条件,还要考虑工程和运营的经济等。《公路工程技术标准》规定:最大纵坡时,对汽车在坡道上行驶情况进行大量调查、试验,并广泛征求各有关方面特别是驾驶员的意见,也考虑了畜力车通行状况,经综合分析研究后确定了最大纵坡值。各级公路最大纵坡的规定如表3.3.2所示。

表3.3.2　各级公路最大纵坡

设计速度/(km·h⁻¹)	120	100	80	60	40	30	20
最大坡度/%	3	4	5	6	7	8	9

城市道路最大纵坡约相当于公路按设计速度计的最大纵坡减小1%。高速公路受地形条件或其他特殊情况限制时,经技术经济论证合理,最大纵坡可增加1%。

位于海拔2 000 m以上或严寒冰冻地区,四级公路山岭、重丘区的最大纵坡不应大于8%。

设计速度小于或等于80 km/h、在位于海拔3 000 m以上的高原地区,最大纵坡值应按表3.3.3的规定予以折减。折减后若小于4%,仍采用4%。

表3.3.3　高原纵坡折减值

海拔高度/m	3 000 ~4 000	4 000 ~5 000	>5 000
折减值/%	1	2	3

在非机动车交通比例较大路段,为照顾其交通要求可根据具体情况将纵坡适当放缓:平原、微丘区一般不大于2% ~3%;山岭、重丘区一般不大于4% ~5%。

2. 汽车的加、减速行程和坡长限制

1)汽车的加、减速行程

(1)加、减速行程计算公式

由 $ds=vdt$ 及加、减速度 $a=dv/dt(m/s^2)$,得:

$$ds=\frac{v}{a}dv \quad (a\neq 0)$$

设初速 v_1、终速 v_2,对上式积分,并用 $v(km/h)$表达上述公式,得:

$$S=\frac{1}{12.96}\int_{v_1}^{v_2}\frac{v}{a}dv$$

将 $a=\lambda g(D-\psi)/\delta=\lambda g(Pv^2+Qv+W-\psi)/\delta$ 代入上式,得:

$$\lambda S=\frac{\delta}{12.96g}\int_{v_1}^{v_2}\frac{vdv}{Pv^2+Qv+(W-\psi)} \tag{3.3.3}$$

令 $B=Q^2-4P(W-\psi)$,$y=Pv^2+Qv+(W-\psi)$,则不同情况分析如下。

①$B>0$(即 $\psi<D_{max}$)时:

$$\lambda S=\frac{\delta}{12.96gP}\left[\frac{1}{2}\ln|y|-\frac{Q}{2\sqrt{B}}\ln\left|\frac{2Pv+Q-\sqrt{B}}{2Pv+Q+\sqrt{B}}\right|\right]_{v_1}^{v_2} \tag{3.3.4}$$

当 $v_k<v_1<v_2<v_p$ 时,λS 为加速行程;当 $v_p<v_2<v_1<v_{max}$ 时,λS 为减速行程。

②$B=0$(即 $\psi=D_{max}$)时:

$$\lambda S=\frac{\delta}{12.96gP}\left[\frac{Q}{Q+2Pv}+\ln\left|\frac{Q}{2P}+v\right|\right]_{v_1}^{v_2} \tag{3.3.5}$$

因 $\psi=D_{max}$,只能减速行驶,且 $v_k<v_2<v_1<v_{max}$。

③$B<0$(即 $\psi>D_{max}$)时:

$$\lambda S=\frac{\delta}{12.96gP}\left[\frac{1}{2}\ln|y|-\frac{Q}{\sqrt{-B}}\arctan\frac{2Pv+Q}{\sqrt{-B}}\right]_{v_1}^{v_2} \tag{3.3.6}$$

式中,arctan 以弧长计。当 $v_k<v_2<v_1<v_{max}$ 时,λS 为减速行程。

(2)加、减速行程图

为使用方便,根据已知数据将加、减速行程绘成图,以备查用。图 3.3.1 所示为东风 EQ-140 型载重车加、减速行程图。图 3.3.1 中,左下到右上曲线为加速行程,左上到右下为减速行程。该图采用直角坐标绘制,横坐标为距离行程 λS,单位为 m;纵坐标为车速,单位为 km/h。曲线上数字代表道路阻力系数 $\psi=(f+i)/\lambda$。

(3)加、减速行程图的用法

图 3.3.2 是图 3.3.1 中任意两条曲线经简化后的图形,其用法有如下两种:

①已知$(f+i)/\lambda$、初速 v_1 和终速 v_2,求加速最短行程 S_a 和减速最大行程 S_d。即 $\lambda S_a=\lambda S_{15}^{v_2}-\lambda S_{15}^{v_1}$,$\lambda S_d=\lambda S_{80}^{v_2}-\lambda S_{80}^{v_1}$。

②已知$(f+i)/\lambda$、v_1、λS_a 或 λS_d,求 v_2。此法用于绘制沿线最高车速图。

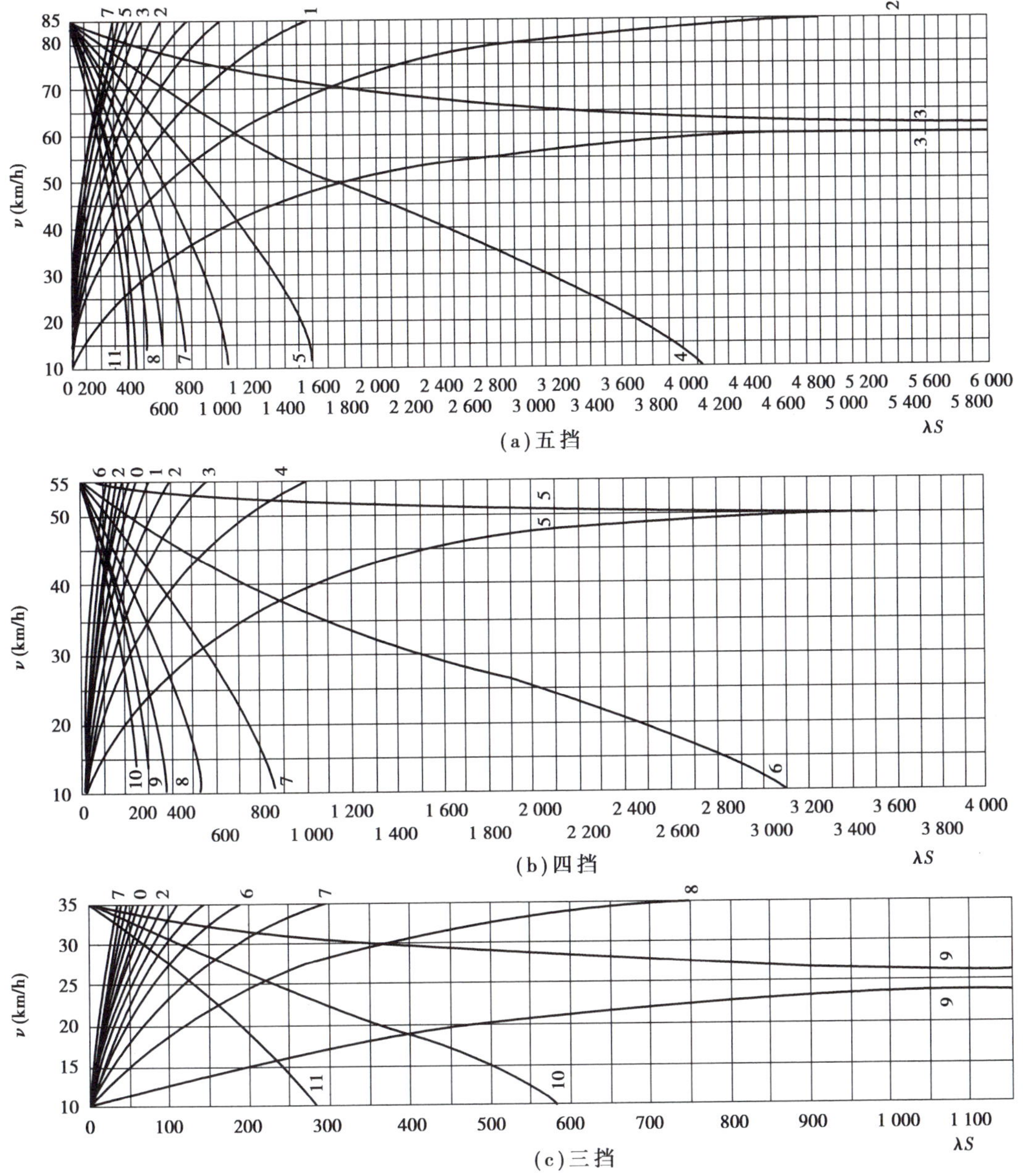

图 3.3.1　东风 EQ-140 加、减速行程图

2)坡长限制

坡长是纵断面相邻变坡点的桩号之差,即水平距离。对一定纵坡长度的限制称为坡长限制,包括最大坡长限制和最小坡长限制。

(1)最大坡长限制

最大坡长限制是指控制汽车在坡道上行驶,当车速下降到最低容许速度时所行驶的距离。最低容许速度 v_2 对应的纵坡为不限长度最大纵坡 i_2,凡大于 i_2 的纵坡其长度都应加以限制。

纵坡越陡,坡长越长,对行车影响也越大。主要表现在:行驶速度显著下降,甚至要换低排挡克服坡度阻力;易使水箱"开锅",导致汽车爬坡无力,甚至熄火;下坡行驶制动次数频繁,易使制动器发热失效,甚至造成车祸;影响通行能力和服务水平。因此,对纵坡长度必须加以限制。我国在制定各级公路纵坡长度的限制标准时,进行了大量的调查和试验研究工作,同时也参考了国内外大量资料。《公路工程技术标准》及《城市道路工程设计规范》规定最大坡长如表3.3.4—表3.3.6所示。

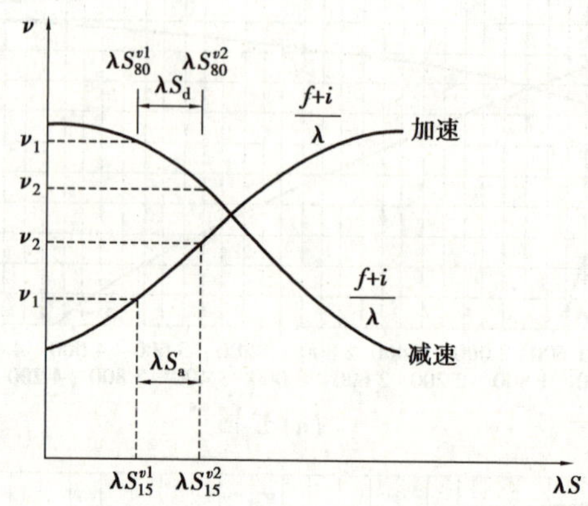

图3.3.2　加、减速行程图的用法

表3.3.4　各级公路纵坡长度限制

单位:m

设计速度/(km·h⁻¹)		120	100	80	60	40	30	20
纵坡坡度/%	3	900	1 000	1 100	1 200	—	—	—
	4	700	800	900	1 000	1 100	1 100	1 200
	5	—	600	700	800	900	900	1 000
	6	—	—	500	600	700	700	800
	7	—	—	—	—	500	500	600
	8	—	—	—	—	300	300	400
	9	—	—	—	—	—	200	300
	10	—	—	—	—	—	—	200

表3.3.5　城市道路纵坡长度限制

设计速度/(km·h⁻¹)	80			60			50			40		
纵坡坡度/%	5	5.5	6	6	6.5	7	6	6.5	7	6.5	7	8
纵坡长度限制/m	600	500	400	400	350	300	350	300	250	200	250	300

表3.3.6　城市道路非机动车坡长限制

单位:m

纵坡坡度	车种	
	自行车	三轮车、板车
2.5%	300	150
3%	200	100
3.5%	150	—

各级道路为连续上坡或下坡时，应在不大于规定的纵坡长度之间设置缓和坡段。

(2)缓和坡段

在纵断面设计中，当纵坡的长度达到限制坡长时，按规定设置的较小纵坡路段称为缓和坡段。其作用是恢复在较大纵坡上降低的速度；减少下坡制动次数，保证行车安全；确保道路通行质量。在缓坡上汽车加速行驶，缓坡的长度应适应该加速过程的需要。

由表3.3.1可知，除设计速度为40 km/h及以下时，理想最大纵坡 i_1 都未超过3%。根据实际观测试验，《公路工程技术标准》规定：缓和坡段的纵坡应不大于3%，其长度应不小于最小坡长。若地形限制不严，当设计速度≥60 km/h时，缓和坡段宜小于2%，其长度宜为设置竖曲线以后直坡段的长度。

缓和坡段的具体位置应结合纵向地形起伏情况，尽量减少填挖方工程数量，同时应考虑路线的平面线形要素。缓和坡段宜设在平面的直线或较大半径的平曲线上，以充分发挥缓和坡段的作用，提高整条道路的使用质量。在必须设置缓和坡段而地形有困难地段，可将缓和坡段设于半径比较小的平曲线上，但应适当增加缓和坡段的长度，以使缓和坡段端部的竖曲线位于小半径平曲线之外。这种要求对提高行驶质量、保证行车安全是必要的。

(3)最小坡长限制

从汽车行驶平顺性要求，如坡长过短，使变坡点增多，汽车行驶在连续起伏路段产生的增重与减重变化频繁，导致乘客感觉不舒适，车速越高，表现越明显；缓坡太短上坡不能保证加速行驶要求，下坡不能减缓制动；路容美观、相邻竖曲线的设置和纵面视距等也要求坡长应有一定最短长度。

最小坡长规定汽车以设计速度9～15 s的行程为宜。在高速路上，9 s可满足行车及几何线形布设的要求，在低速路上应取大值。《公路工程技术标准》和《城市道路工程设计规范》规定了各级道路的最小坡长，如表3.3.7和表3.3.8所示。

表3.3.7　各级公路最小坡长

设计速度/(km·h^{-1})		120	100	80	60	40	30	20
最小坡长/m	一般值	400	350	250	200	160	130	80
	最小值	300	250	200	150	120	100	60

表3.3.8　城市道路最小坡长

设计速度/(km·h^{-1})	80	60	50	40	30	20
最小坡长/m	290	170	140	110	85	60

3.最小纵坡、平均纵坡和合成坡度

1)最小纵坡

最小纵坡是为纵向排水的需要，对横向排水不畅的路段所规定的纵坡最小值。为使道路行车安全、快速和畅通，纵坡小一些为好；但在长路堑、低填方和其他横向排水不畅的路段，为保证行车安全和排水要求，防止积水渗入路基而影响其稳定性，应设置不小于0.3%的纵坡(一般以不小于0.5%为宜)。对于旱地区,以及横向排水良好、不产生路面积水的路段,也可不受最小纵坡的限制。

2)平均纵坡

平均纵坡是指一定长度路段两端点的高差与该路段长度的比值,它是衡量纵断面线形质量的一个重要指标。

$$i_P = \frac{H}{L} \tag{3.3.7}$$

式中 H——相对高差,m;

L——路线长度,m。

在路线纵坡设计中,当地形困难、高差很大时,可能交替使用最大纵坡(并达到限制坡长)和缓和坡段(接近最短坡长),形成"台阶式"纵断面。汽车在这种坡段上行驶,上坡会长时间使用低挡,易导致车辆水箱沸腾;下坡则频繁制动,驾驶员心理紧张,易引起操作失误。因此,有必要控制纵坡平均值。

限定平均纵坡是为合理运用最大纵坡、坡长限制及缓和坡段的规定,保证车辆安全顺适行驶。《公路工程技术标准》规定:二级、三级、四级公路越岭路线连续上坡(或下坡)路段相对高差为200~500 m时,平均纵坡不应大于5.5%;越岭路线相对高差大于500 m时,平均纵坡不应大于5.0%,且任意连续3 km路段的平均纵坡不应大于5.5%。

对高速公路、一级公路的平均纵坡,目前尚无规定。根据连续下坡路段现场试验和交通安全调查分析,当平均纵坡小于2%时,可不限路段长度;当平均纵坡为2%、3%、4%和5%时,路段长度分别不宜超过15.0 km、4 km、3 km和2.5 km,最大不应超过15.0 km、4.5 km、3.5 km和3.0 km。

3)合成坡度

合成坡度是指道路纵坡和横坡的矢量和,如图3.3.3所示。计算公式为:

$$I = \sqrt{i^2 + i_h^2} \tag{3.3.8}$$

式中 I——合成坡度,%;

i——路线纵坡,%;

i_h——超高值,%。

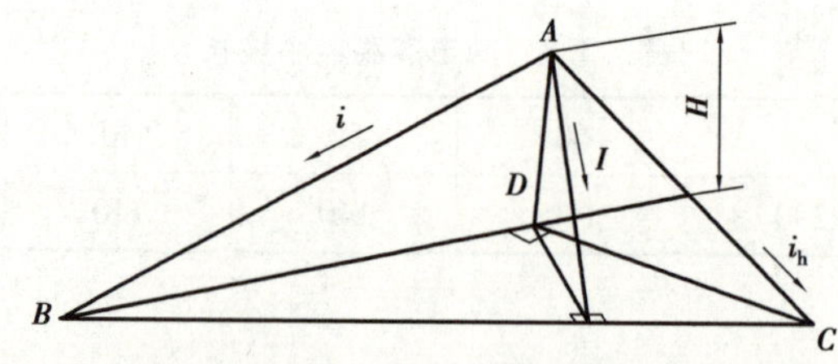

图3.3.3 合成坡度

因合成坡度由纵向坡度与横向坡度组合而成,其坡度值比原路线纵坡或超高横坡大。汽车在设有超高的坡道上行驶时,不仅受坡度阻力的影响,且受离心力的影响。当纵坡较大而圆曲线半径较小时,合成坡度较大,使汽车重心发生偏移,给汽车行驶带来危险。所以,在有平曲线的坡道上,应将合成坡度控制在一定范围内,可避免急弯和陡坡的不利组合,防止因合成坡度过大而引起该方向滑移，保证行车安全。

《公路路线设计规范》规定：在设有超高的平曲线上，超高与纵坡的合成坡度值不得超过表3.3.9的规定；在积雪或冰冻地区，合成坡度值不应大于8%。

表3.3.9　各级公路的合成坡度值

公路等级	高速公路			一级公路			二级公路		三级公路		四级公路
设计速度/(km·h^{-1})	120	100	80	100	80	60	80	60	40	30	20
合成坡度值/%	10.0	10.0	10.5	10.0	10.5	10.5	9.0	9.5	10.0	10.0	10.0

为保证路面排水，还规定各级公路的最小合成坡度不宜小于0.5%；当合成坡度小于0.5%时，应采用综合排水措施，以保证路面排水畅通。

任务3.4　竖曲线

纵断面上两个坡段的转折处，为了行车安全、舒适并满足视距需要，常用一段曲线缓和，这条曲线称为竖曲线。竖曲线的线形有用圆曲线的，也有用抛物线形的。通常在公路设计中，圆弧和抛物线几乎没有差别，但在设计和计算上，抛物线则比圆曲线方便得多。因此，设计上一般采用二次抛物线作为竖曲线。

1.竖曲线要素的计算公式

如图3.4.1所示取 xoy 坐标系，以竖曲线起点为原点，横坐标为路线里程长度，纵坐标为竖向高程。设变坡点相邻两直坡段坡度分别为 i_1 和 i_2，它们的代数差用 ω 表示，即 $\omega=i_2-i_1$。当 ω 为“+”时，表示凹形竖曲线；当 ω 为“-”时，表示凸形竖曲线。

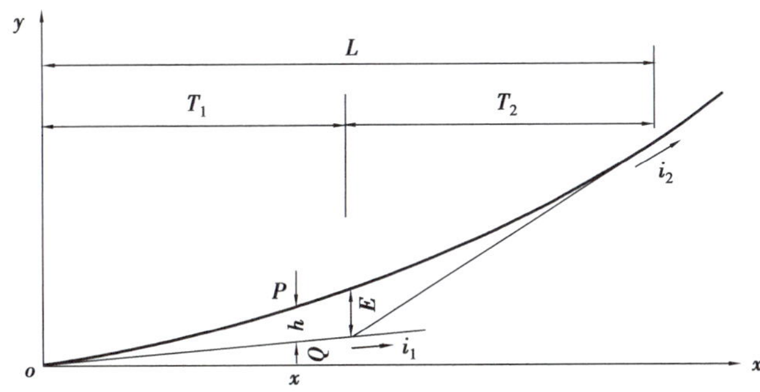

图3.4.1　竖曲线要素示意图

在坐标系下，二次抛物线一般方程为：

$$y=\frac{1}{2k}x^2+ix \tag{3.4.1}$$

式中，k 为抛物线曲率半径。在竖曲线上任一点 P，其斜率为：

$$i_P=\frac{\mathrm{d}y}{\mathrm{d}x}=\frac{x}{k}+i$$

抛物线上任一点的曲率半径为：

$$R=\frac{\left[1+\left(\frac{\mathrm{d}y}{\mathrm{d}x}\right)^2\right]^{3/2}}{\frac{\mathrm{d}^2y}{\mathrm{d}x^2}}$$

其中，$\frac{\mathrm{d}y}{\mathrm{d}x}=i$，$\frac{\mathrm{d}^2y}{\mathrm{d}x^2}=\frac{1}{k}$，代入上式，得：

$$R=k(1+i^2)^{3/2}$$

因为 i 介于 i_1 和 i_2 之间，且 i_1、i_2 均很小，故 i^2 可略去不计，则有：

$$R\approx k$$

在竖曲线起点，即 $x=0$ 时，$i=i_1$，则有：

$$y=\frac{x^2}{2R}+i_1x \tag{3.4.2}$$

在竖曲线终点，即 $x=L$ 时，$i=\frac{L}{k}+i_1=i_2$，则有：

$$k=\frac{L}{i_2-i_1}=\frac{L}{\omega}$$

即

$$R=\frac{L}{\omega}\text{或 }L=R\omega \tag{3.4.3}$$

因为 $T=T_1\approx T_2$，则有：

$$T=\frac{L}{2}=\frac{R\omega}{2} \tag{3.4.4}$$

竖曲线上任一点竖距 h，因为 $h=PQ=y_P-y_Q=\frac{x^2}{2R}+i_1x-i_1x$，则有：

$$h=\frac{x^2}{2R} \tag{3.4.5}$$

竖曲线外距 E 为：

$$E=\frac{T^2}{2R}\text{或 }E=\frac{R\omega^2}{8}=\frac{L\omega}{8}=\frac{T\omega}{4} \tag{3.4.6}$$

2. 竖曲线的最小半径

在纵断面设计中，竖曲线的设计要受众多因素的限制，其中有 3 个限制因素决定着竖曲线的最小半径或最小长度。

1) 缓和冲击

汽车行驶在竖曲线上时，产生径向离心力。这个力在凹形竖曲线上是增重，在凸形竖曲线上是减重。这种增重与减重达到某种程度时，旅客就有不舒适的感觉，同时对汽车的悬挂系统也有不利影响。所以，确定竖曲线半径时，对离心加速度应加以控制。汽车在竖曲线上行驶时，其离心加速度为：

$$a=\frac{v^2}{R}(\mathrm{m/s^2})$$

用 V(km/h)表示并整理，得：

$$R=\frac{V^2}{13a}(\mathrm{m})$$

根据试验，认为离心加速度 a 限制在 0.5～0.7 m/s^2 比较合适。但考虑到不因冲击而造成的不舒适感，以及视觉平顺等要求，《公路工程技术标准》规定的凹形竖曲线最小半径值与式(3.4.7)计算结果极相近，相当于 $a=0.278\ m/s^2$。

$$R_{\min}=\frac{V^2}{3.6}\text{或}L_{\min}=\frac{V^2\omega}{3.6} \tag{3.4.7}$$

2) 时间行程不过短

汽车从直坡道行驶到竖曲线上，尽管竖曲线半径较大，当坡角很小时，竖曲线长度也很短。其长度过短，汽车倏忽而过，驾驶员会产生变坡很急的错觉，旅客也会感到不舒适。因此，应限制汽车在竖曲线上的行程时间不过短，最短应满足 3 s 行程。

$$L_{\min}=\frac{V}{3.6}t=\frac{V}{1.2} \tag{3.4.8}$$

3) 满足视距的要求

汽车行驶在竖曲线上，若为凸形竖曲线，如果半径太小，会阻挡驾驶员的视线；若为凹形竖曲线，也同样存在视距问题。对地形起伏较大地区的道路，在夜间行车时，若竖曲线半径过小，前灯照射距离近，影响行车速度和安全；对于高速公路及城市道路跨线桥、门式交通标志及广告宣传牌等，如果它们正好处在凹形竖曲线上方，也会影响驾驶员的视线。因此，为了保证行车安全，对竖曲线的最小半径和最小长度应加以限制。

(1) 凸形竖曲线的最小半径和最小长度

凸形竖曲线最小长度应以满足停车视距要求为主，竖曲线长度 L 和停车视距 S_T 的关系分为两种情况。

①当 $L<S_T$ 时(图 3.4.2)：

$$h_1=\frac{d_1^2}{2R}-\frac{t_1^2}{2R}\Rightarrow d_1=\sqrt{2Rh_1+t_1^2}$$

$$h_2=\frac{d_2^2}{2R}-\frac{t_2^2}{2R}\Rightarrow d_2=\sqrt{2Rh_2+t_2^2}$$

式中 R——竖曲线半径，m；

h_1——驾驶员视线高，即目高 $h_1=1.2$ m；

h_2——障碍物高，即物高 $h_1=0.1$ m。

由 $t_1=d_1-l=\sqrt{2Rh_1+h_1^2}-l$，得：

$$t_1=\frac{Rh_1}{l}-\frac{l}{2}$$

由 $t_2=d_2-(L-l)=\sqrt{2Rh_2+t_2^2}-(L-l)$，得：

$$t_2=\frac{Rh_2}{L-l}-\frac{L-l}{2}$$

停车视距长度为：

$$S_T=t_1+L+t_2=\frac{Rh_1}{l}+\frac{L}{2}+\frac{Rh_2}{L-1}$$

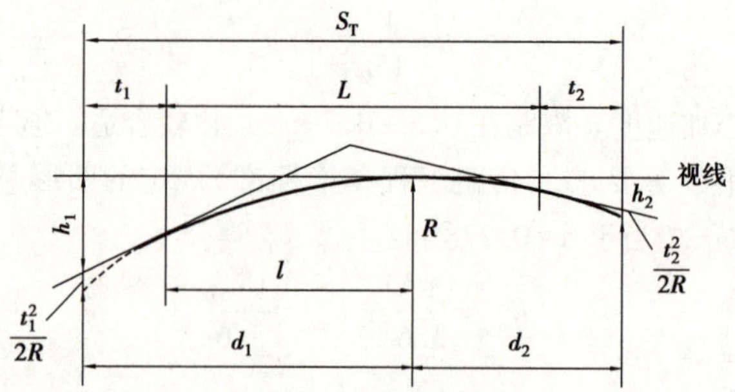

图 3.4.2　凸形竖曲线计算图式($L<S_T$)

令$\frac{dS_T}{dl}=0$,解得 $l=\frac{\sqrt{h_1}}{\sqrt{h_1}+\sqrt{h_2}}L$,代入上式:

$$S_T=\frac{R}{L}(\sqrt{h_1}+\sqrt{h_2})^2+\frac{L}{2}=\frac{(\sqrt{h_1}+\sqrt{h_2})^2}{\omega}+\frac{L}{2}$$

$$L_{min}=2S_T-\frac{2(\sqrt{h_1}+\sqrt{h_2})^2}{\omega}=2S_T-\frac{4}{\omega} \tag{3.4.9}$$

②当 $L\geqslant S_T$ 时(图 3.4.3):

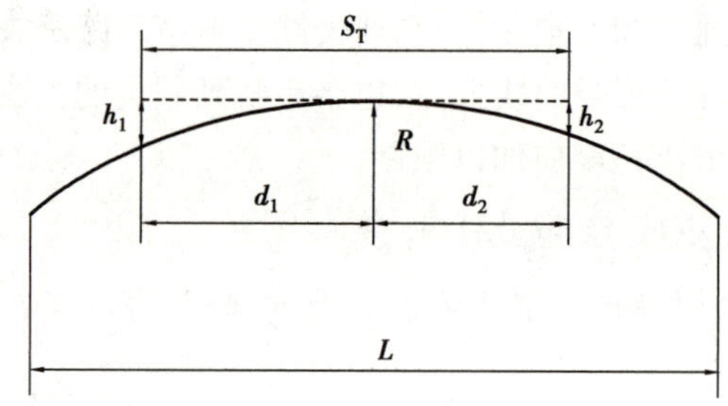

图 3.4.3　凸形竖曲线计算图式($L\geqslant S_T$)

$$h_1=\frac{d_1^2}{2R}\Rightarrow d_1=\sqrt{2Rh_1}$$

$$h_2=\frac{d_2^2}{2R}\Rightarrow d_1=\sqrt{2Rh_2}$$

$$S_T=d_1+d_2=\sqrt{2R}(\sqrt{h_1}+\sqrt{h_2})$$

$$S_T=\sqrt{\frac{2L}{\omega}}(\sqrt{h_1}+\sqrt{h_2})$$

$$L_{min}=\frac{S_T^2\omega}{2(\sqrt{h_1}+\sqrt{h_2})^2}=\frac{S_T^2\omega}{4} \tag{3.4.10}$$

比较以上两种情况,显然式(3.4.10)计算结果大于式(3.4.9),应将式(3.4.10)作为有效的控制。

根据缓和冲击、行驶时间及视距要求 3 个限制因素,可计算出各设计速度时的凸形竖曲线最小半径和最小长度,如表 3.4.1 所示。《公路工程技术标准》规定:一般最小半径约为极限最小半径的 1.5 ~2.0 倍,在条件许可时应尽量采用大于一般最小半径的竖曲线。竖曲线最小长度相当于各级道路设计速度的 3 s 行程,即用式(3.4.8)计算取整而得。

表 3.4.1　凸形竖曲线最小半径和最小长度

计算行车速度 /(km·h^{-1})	停车视距 L_{min}/m	缓和冲击 $L_{min}=\frac{V_1^2\omega}{3.6}$	视距要求 $L_{min}=\frac{V_T^2\omega}{4}$	《公路工程技术标准》规定值			
				竖曲线半径/m		竖曲线最小长度/m	
				一般值	最小值	一般值	最小值
120	210	4 000ω	11 025ω	17 000	11 000	2 500	100
100	160	2 778ω	6 400ω	10 000	6 500	210	85
80	110	1 778ω	3 025ω	4 500	3 000	170	70
60	75	1 000ω	1 406ω	2 000	1 400	120	50
40	40	444ω	400ω	700	450	90	35
30	30	250ω	225ω	400	250	60	25
20	20	111ω	100ω	100	100	50	20

(2)凹形竖曲线最小半径和最小长度

凹形竖曲线的最小长度应满足两种视距的要求:一是保证夜间行车安全,前灯照明应有足够的距离;二是保证跨线桥下行车有足够的视距。

①夜间行车前灯照射距离要求。

a. 当 $L<S_T$ 时(图 3.4.4),因 $S_T=L+l$,则 $l=S_T-L$。

$$h+S_T\tan\delta=\frac{(L+l)^2}{2R}-\frac{l^2}{2R}=\frac{\omega(2S_T-L)}{2}$$

解得:

$$L_{min}=2\left(S_T-\frac{h+S_T\tan\delta}{\omega}\right)$$

式中　S_T——停车视距,m;

h——车前灯高度,m,$h=0.75$ m;

δ——车前灯光束扩散角,(°),$\delta=1.5°$。

将已知数据代入得:

$$L_{min}=2\left(S_T-\frac{0.75+0.026S_T}{\omega}\right) \tag{3.4.11}$$

式中　ω——坡差代数值,其他参数意义同前。

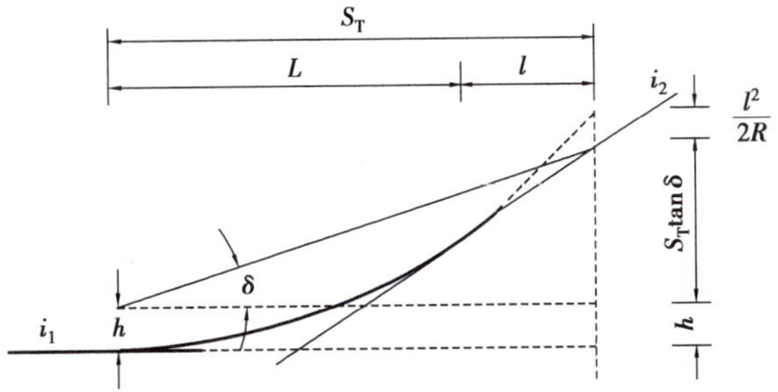

图 3.4.4　车前灯照射距离($L<S_T$)

b. 当 $L \geqslant S_T$ 时(图 3.4.5)：

$$h+S_T\tan\delta=\frac{S_T^2}{2R}=\frac{S_T^2\omega}{2l}$$

$$L_{\min}=\frac{S_T^2\omega}{2(h+S_T\tan\delta)}$$

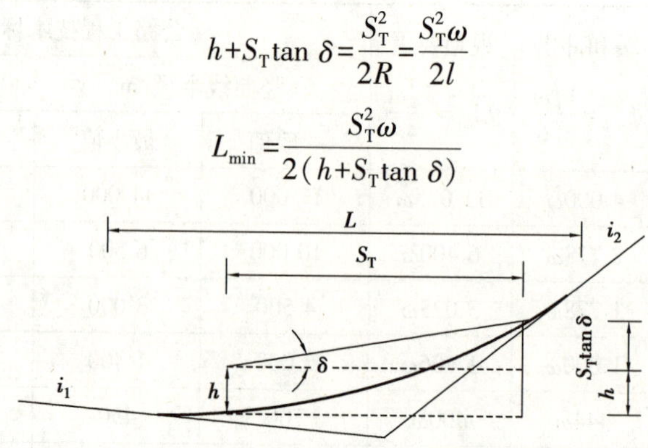

图 3.4.5　车前灯照射距离($L \geqslant S_T$)

将已知数据代入得：

$$L_{\min}=\frac{S_T^2\omega}{1.5+0.052\,4S_T} \tag{3.4.12}$$

式中,各参数意义同前。

显然,式(3.4.12)计算结果大于式(3.4.11),应以式(3.4.12)作为有效控制。

②跨线桥下行车视距要求。

a. 当 $L<S_T$ 时(图 3.4.6)：

$$h_0=\frac{(L+t_2)^2}{2R}-\frac{t_2^2}{2R}$$

$$AB=h_1+\frac{h_2-h_1}{2R}(t_1+l)$$

$$BD=h_0\,\frac{t_1+l}{S_T}=\left[\frac{(L+t_2)^2}{2R}-\frac{t_2^2}{2R}\right]\frac{t_1+l}{S_T}$$

$$CD=\frac{l^2}{2R}$$

因 $S_T=t_1+L+t_2$,则 $t_2=S_T-t_1-L$。

$$\begin{aligned}h&=AB+BD-CD\\&=h_1+\frac{h_2-h_1}{S_T}(t_1+l)+\frac{L(t_1+l)}{2RS_T}(2S_T-2t_1-l)-\frac{l^2}{2R}\end{aligned}$$

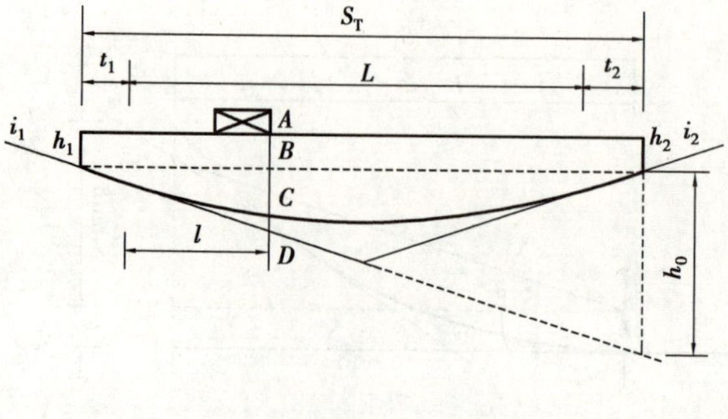

图 3.4.6　跨线桥下行车视距($L<S_T$)

由$\frac{\mathrm{d}h}{\mathrm{d}l}=0$解出 l,代入上式整理得:

$$h_{\max}=h_1+\frac{1}{2RS_{\mathrm{T}}^2}\left[2S_{\mathrm{T}}t_1+R(h_2-h_1)+\frac{L}{2}(2S_{\mathrm{T}}-2t_1-L)\right]\cdot\left[R(h_2-h_1)+\frac{L}{2}(2S_{\mathrm{T}}-2t_1-L)\right]$$

由$\frac{\mathrm{d}h_{\max}}{\mathrm{d}t_1}=0$可解出 t_1,代入上式得:

$$h_{\max}=h_1+\frac{[2R(h_2-h_1)+(2S_{\mathrm{T}}+L)]^2}{8RL(2S_{\mathrm{T}}-L)}$$

解得:

$$L_{\min}=2S_{\mathrm{T}}-\frac{4h_{\max}}{\omega}\left[1-\frac{h_1+h_2}{2h_{\max}}+\sqrt{\left(1-\frac{h_1}{h_{\max}}\right)\left(1-\frac{h_2}{h_{\max}}\right)}\right]$$

式中　$h_{\max}$——桥下设计净空,$h_{\max}=4.5$ m;

h_1——驾驶员视线高度,$h_1=1.5$ m;

h_2——障碍物高度,$h_2=0.75$ m。

将已知数据代入得:

$$L_{\min}=2S_{\mathrm{T}}-\frac{26.92}{\omega} \tag{3.4.13}$$

b. 当 $L\geqslant S_{\mathrm{T}}$ 时(图 3.4.7):

$$h_0=\frac{S_{\mathrm{T}}^2}{2R}$$

$$AB=h_1+\frac{h_2-h_1}{S_{\mathrm{T}}}l$$

$$BD=h_0\ \frac{l}{S_{\mathrm{T}}}=\frac{S_{\mathrm{T}}}{2R}l$$

$$CD=\frac{l^2}{2R}$$

同理可得:

$$h=h_1+\frac{h_2-h_1}{S_{\mathrm{T}}}l+\frac{S_{\mathrm{T}}}{2R}l-\frac{l^2}{2R}$$

由$\frac{\mathrm{d}h}{\mathrm{d}l}=0$解出 l,代入上式并整理得:

$$h_{\max}=h_1+\frac{1}{2R}\left[\frac{R(h_2-h_1)}{S_{\mathrm{T}}}+\frac{S_{\mathrm{T}}}{2}\right]^2$$

$$L_{\min}=\frac{S_{\mathrm{T}}^2\omega}{[\sqrt{2(h_{\max}-h_1)}+\sqrt{2(h_{\max}-h_2)}]^2}$$

将已知数据代入得:

$$L_{\min}=\frac{S_{\mathrm{T}}^2\omega}{26.92} \tag{3.4.14}$$

比较以上两式,应以式(3.4.14)作为有效控制。

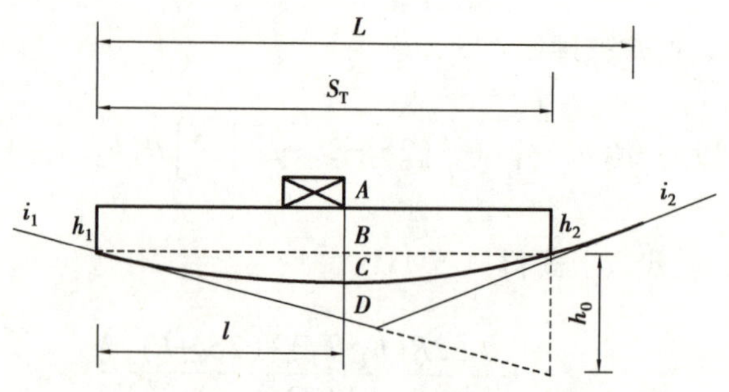

图 3.4.7 跨线桥下行车视距($L \geq S_T$)

根据影响竖曲线最小半径的 3 个限制因素,可计算出凹形竖曲线最小半径如表 3.4.2 所示。

《公路工程技术标准》规定的一般最小半径约为极限最小半径的 1.5 ~2.0 倍。凹形竖曲线最小长度同凸形竖曲线。

表 3.4.2 凹形竖曲线最小半径

计算行车速度 /(km·h⁻¹)	停车视距 S_T/m	缓和冲击 $\frac{V^2\omega}{3.6}$	夜间行车照明 $\frac{S_T^2\omega}{1.5+0.052\,4S_T}$	桥下视距 $\frac{S_T^2\omega}{26.92}$	《公路工程技术标准》规定值	
					极限最小半径 R_{min}/m	一般最小半径/m
120	210	4 000ω	3 527ω	1 683ω	4 000	6 000
100	160	2 778ω	2 590ω	951ω	3 000	4 500
80	110	1 778ω	1 666ω	449ω	2 000	3 000
60	75	1 000ω	1 036ω	209ω	1 000	1 500
40	40	444ω	445ω	59ω	450	700
30	30	250ω	293ω	33ω	250	400
20	20	111ω	157ω	15ω	100	200

【例 3.4.1】某山岭区二级公路,变坡点桩号为 K5+030.00,高程为 427.68 m,$i_1=+5\%$,$i_2=-4\%$,竖曲线半径 $R=2\,000$ m。试计算竖曲线诸要素以及桩号为 K5+000.00 和 K5+100.00 处的设计高程。

【解】①计算竖曲线要素。

$\omega=i_2-i_1=-0.04-0.05=-0.09$,为凸形。

曲线长:$L=R\omega=2\,000\times0.09=180$(m)

切线长:$T=\frac{L}{2}=\frac{180}{2}=90$(m)

外距:$E=\frac{T^2}{2R}=\frac{90^2}{2\times2\,000}=2.03$(m)

②计算设计高程。

竖曲线起点桩号=(K5+030.00)-90=K4+940.00

竖曲线起点高程=427.68−90 × 0.05=423.18(m)

桩号 K5+000.00 处:

横距 x_1=(K5+000.00)−(K4+940.00)=60(m)

竖距 $h_1=\dfrac{x_1^2}{2R}=\dfrac{60^2}{2\times 2\ 000}=0.90(\text{m})$

切线高程=423.18+60× 0.05=426.18(m)

设计高程=426.18−0.90=425.28(m)

桩号 K5+100.00 处:

横距 x_2=(K5+100.00)−(K4+940.00)=160(m)

竖距 $h_2=\dfrac{x_2^2}{2R}=\dfrac{160^2}{2\times 2\ 000}=6.40(\text{m})$

切线高程=423.18+160× 0.05=431.18(m)

设计高程=431.18−6.40=424.78(m)

任务3.5　道路平、纵线形组合设计

1. 平、纵线形组合的视觉分析

1)视觉分析的概念和意义

汽车在道路上快速行驶时,驾驶员是通过视觉、运动感觉和时间变化感觉来判断线形的。道路的线形、周围的景观、标志以及其他有关信息,几乎都是通过驾驶员的视觉感受到的。因此,视觉是连接道路与汽车的重要媒介。

从视觉心理出发,对道路的空间线形及其与周围自然景观和沿线建筑的协调等进行研究分析,以保持视觉的连续性,使行车具有足够的舒适感和安全感的综合设计称为视觉分析。驾驶员的视觉判断能力与车速密切相关,车速越高,其注视距离越远,而视角逐渐变小,如表3.5.1所示。

表3.5.1　行车速度与视角、注视距离的关系

车速/(km · h^{-1})	40	60	80	100	120
视角/(°)	100	86	60	40	22
注视距离/m	180	335	377	564	710

研究表明:

①驾驶员的注意力集中程度和心理紧张程度随车速的增加而增加。

②注意力集中点和视野距离随车速增加而增大。高速行驶时,驾驶员对前景细节的视觉开始变得模糊不清。

③视角随车速增加而逐渐变窄。高速时,驾驶员已不能顾及两侧景象。由此可见,对于快速道路来说,驾驶员的主要注意力是观察视点较远路幅的线形状况。因此,在进行道路设计和视觉

分析时,必须使驾驶员准确无误地了解前方线形变化,尽量避免由于判断错误而导致驾驶失误。

2)视觉分析方法

线形状况是指道路平面和纵面线形所组成的立体形状,汽车快速行驶中给驾驶员提供的连续不断的视觉印象。该视觉印象的优劣,除依靠设计者对三维空间的想象来判断之外,比较好的方法是利用视觉印象随时间变化的道路透视图来评价。它是按照汽车在道路上的行驶位置,根据线形的几何状况确定的视轴方向以及公路和风景是否协调。小至超高过渡段的连接,大至构造物的设计,差不多在公路几何设计的所有领域中都可以利用。在设计中,用透视图检查出存在缺陷的路段可随时修改,然后再绘制透视图进行分析研究。因此,绘制透视图是视觉分析的较好方法。

2. 平、纵线形组合设计

1)平、纵线形组合的设计原则

道路线形设计是从道路选线、定线开始,最终以平、纵、横面所组成的立体线形反映于驾驶员的视觉上。平、纵线形组合是指在满足汽车运动学和力学要求的前提下,研究如何满足视觉和心理方面的连续、舒适感,如何与周围环境相协调,并有良好的排水条件。尽管平、纵线形设计均按前述标准进行设计,但若平、纵线形组合不好,不仅有碍于其优点的发挥,而且会加剧两方面存在的缺点,造成行车危险,也就不可能获得最优的立体线形。

对于不同设计速度的公路,平、纵线形组合设计的指导原则有所不同。对于设计速度大于或等于60 km/h 的道路,必须注意平、纵线形的合理组合,尽量做到线形连续、指标均衡、视觉良好、景观协调、安全舒适。设计速度越高,线形设计时考虑的因素越应周全。对于设计速度小于或等于40 km/h 的道路,应在保证行车安全的前提下,正确地运用线形要素指标,在条件允许的情况下力求做到各种线形要素的合理组合,并尽量避免和减轻不利的组合。

道路平、纵线形组合设计应遵循以下原则:

①应在视觉上能自然地引导驾驶员的视线,并保持视觉的连续性。任何使驾驶员感到茫然、迷惑和易判断失误的线形,必须尽量避免。在视觉上能自然地引导视线,是衡量平、纵线形组合是否合理的最基本标准。

②注意平、纵线形的技术指标大小应保持均衡。它不仅影响线形的平顺性,而且与工程费用相关。对于纵面线形反复起伏的问题,在平面上采用高标准的线形是无意义的,反之亦然。

③选择组合得当的合成坡度,以利于路面排水和行车安全。

④注意与道路周围环境的配合。它可以减轻驾驶员的疲劳和紧张程度,并可起到引导视线的作用。

2)平、纵线形组合的基本要求

(1)平曲线与竖曲线应相互重合,且平曲线应稍长于竖曲线

这种组合是使平曲线和竖曲线对应,即所谓的“平包竖”。图3.5.1所示为平曲线与竖曲线相互重合的透视形状。这种立体线形不仅能起引导视线的作用,而且可取得平顺而流畅的效果。对于等级较高的道路,应尽量做到这种组合,并使平、竖曲线半径都大一些才显得协调,特别是凹形竖曲线处车速较高,二者半径更应该大一些。

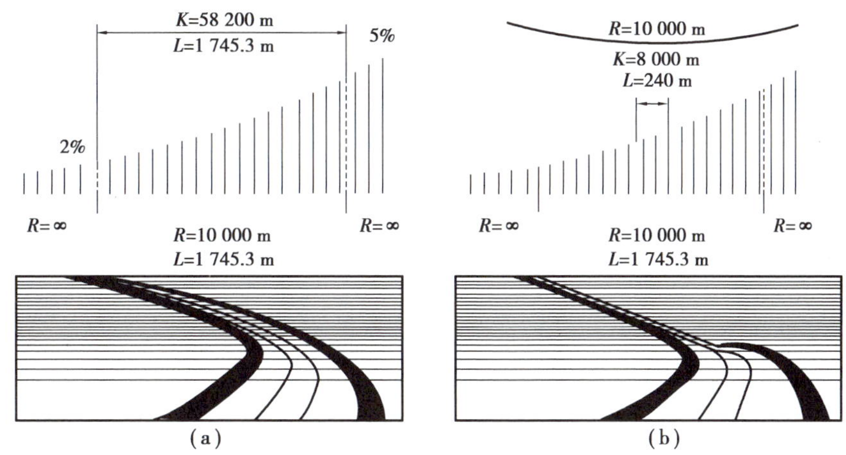

图 3.5.1　平、竖曲线组合对比

竖曲线的起、终点最好分别放在平曲线的两个缓和曲线内，其中任一点都不要放在缓和曲线以外的直线上，也不要放在圆弧段之内，如图 3.5.2 所示。若平、竖曲线半径都很大且坡率差较小时，则平、竖位置可不受上述限制；若做不到平、竖曲线较好的组合，宁可把二者拉开相当距离，使平曲线位于直坡段或竖曲线位于直线上。

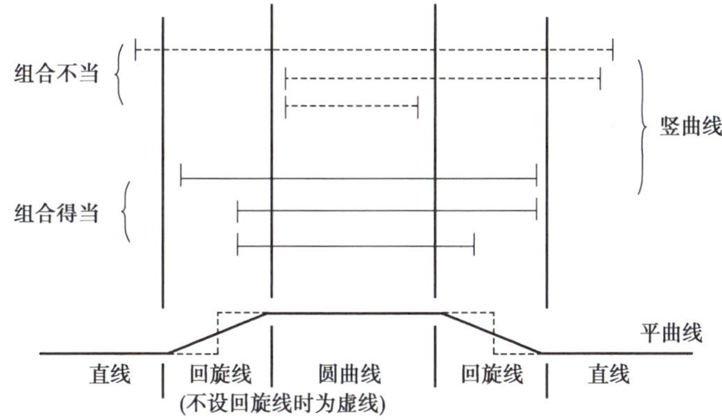

图 3.5.2　平曲线与竖曲线的组合

(2)要保持平曲线与竖曲线大小的均衡

平曲线和竖曲线其中一方大而平缓，则另一方就不要形成多而小。如果一个长的平曲线内有两个以上凸、凹相间的竖曲线，或一个大的竖曲线含有两个以上反向平曲线，看上去会非常别扭，图 3.5.3 所示即为上述两种组合的透视形状。

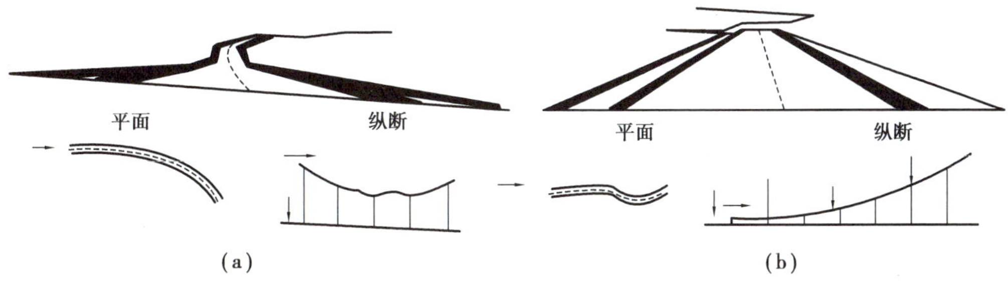

图 3.5.3　平曲线和竖曲线大小不均衡

研究表明，当平曲线半径在 1 000 m 以下时，竖曲线半径宜为平曲线半径的 10 ~ 20 倍，可获得视觉与工程费用的平衡,其协调关系如表3.5.2所示。

表3.5.2 平、竖曲线半径的均衡

单位:m

平曲线半径	竖曲线半径	平曲线半径	竖曲线半径
500	10 000	1 100	30 000
700	12 000	1 200	40 000
800	16 000	1 500	60 000
900	20 000	2 000	100 000
1 000	25 000	—	—

(3)要选择适当的合成坡度

合成坡度过大,对行车安全不利,车辆易出事故。山区纵坡大的路段插入小半径平曲线时,应注意控制最大合成坡度,陡峻傍山路段及非汽车交通比率高的路段合成坡度最好小于8%。合成坡度过小,不利于路面排水,高速行驶的车辆会由于溅水而影响行车安全。如果变坡点与路面横向排水不良的平曲线路段组合,易使合成坡度过小,排水不利,妨碍高速行车,故合成坡度一般应不小于0.5%。

3)平、纵线形设计中应注意避免的组合

平、竖曲线重合是一种理想的组合,但由于地形等条件限制,这种组合往往不是总能争取到的。如果平曲线的中点与竖曲线的顶(底)点位置错开不超过平曲线长度的1/4时,仍然可以获得比较满意的外观。但是,如果错位过大或大小不均衡,就会出现视觉效果很差的线形。

①避免竖曲线的顶、底部插入小半径的平曲线。如果在凸形竖曲线的顶部有小半径的平曲线,不仅不能引导视线,而且急转方向时易使行车发生危险。在凹形竖曲线的底部有小半径的平曲线,会出现汽车加速且转向过急,同样可能发生危险。

②避免使竖曲线顶、底部与反向平曲线的拐点重合。此类组合都存在不同程度的扭曲外观,前者不能正确引导视线,会使驾驶员操作失误,引起交通事故;后者会导致路面排水不畅,形成积水影响行车安全。

③应避免小半径的竖曲线与缓和曲线的重合。对凸形竖曲线视觉引导性差,事故率较高;对凹形竖曲线路面排水不良,影响行车安全。

④避免出现驼峰、暗凹、跳跃等使驾驶员视线中断的线形。在一个平曲线或一段长直线内包含几个竖曲线,特别是小半径竖曲线,易出现驼峰、暗凹、跳跃等线形,使前方道路失去连续性。当然,我国平原微丘区的高速公路设计中,因地形平坦,平曲线半径一般较大,但由于沿线通道多,为减少工程数量,降低路肩填土高度,有时不得不在一个长的平曲线内多次变坡。实践表明,当纵坡不大且坡差又较小时,在竖曲线半径选用较大的情况下,多次起伏并不影响线形的连续性。

4)道路线形与景观的协调配合

道路作为一种人工构造物,应将其视为景观对象来研究。修建道路会对自然景观产生影响,具有一定破坏作用。而道路两侧的自然景观反过来又会影响道路上汽车的行驶,特别是对驾驶员的视觉、心理以及驾驶操作等都有很大影响。

平、纵线形组合必须是在充分与道路所经地区的景观相配合的基础上进行。否则,即使线形组合符合有关规定,也不一定是良好设计。对于驾驶员来说,只有看上去具有优美的线形和景观,才能称为舒适和安全的道路。对设计速度高的道路,平、纵线形组合设计与周围景观的配合尤为重要。

道路景观工程包括内部协调和外部协调两方面。内部协调主要指平、纵线形视觉的连续性和立体协调性;而外部协调是指道路与其两侧坡面、路肩、中间带、沿线设施等的协调以及道路的宏观位置。实践证明,线形与景观的配合应遵循以下原则:

①应在道路的规划、选线、设计、施工的全过程中重视景观要求。尤其在规划和选线阶段,如对风景旅游区、自然保护区、名胜古迹区、文物保护区等景点和其他特殊地区,一般以绕避为主。

②尽量少破坏沿线自然景观,避免深挖高填,如沿线周围的地貌、地形、天然树林、池塘湖泊等。纵断面设计尽量减少填挖;横断面设计要使边坡造型和绿化与现有景观相适应,以弥补必要填挖对自然景观的破坏。

③应能提供视野的多样性,力求与周围的风景自然地融为一体。充分利用自然风景如孤山、湖泊、大树等,或人工建筑物如水坝、桥梁、高烟囱、农舍等,或在路旁设置一些设施,以消除单调感,并使道路与自然密切结合。

④不得已时,可采用修整、植草、种树等措施加以补救。

⑤条件允许时,适当放缓边坡或将其变坡点修整圆滑,以使边坡接近于自然地面形状,增进路容美观。

⑥应进行综合绿化处理,避免形式和内容上的单一化,将绿化视作引导视线、点缀风景以及改造环境的一种技术措施进行专门设计。

任务3.6 纵断面设计方法及纵断面图

1. 纵断面设计要点

纵断面设计的主要内容是根据道路等级、沿线自然条件和构造物控制高程等,确定路线合适的高程、各坡段的纵坡度和坡长,并设计竖曲线。基本要求是纵坡均匀平顺、起伏和缓、坡长和竖曲线长短适当、平面与纵面组合设计协调,以及填挖经济、平衡。这些要求虽在选、定线阶段有所考虑,但要在纵面设计中具体加以实现。

1)纵坡极限值的运用

根据汽车动力特性和考虑经济等因素制订的极限值,设计时不可轻易采用,应留有余地。在受限制较严,如越岭线为争取高度、缩短路线长度或避开艰巨工程等时,才可有条件地采用。好的设计应尽量考虑人的视觉、心理上的感受,使驾驶员有足够的安全感、舒适感和视觉上的美感。一般来讲,纵坡缓些为好,但为了路面和边沟排水,最小纵坡不应低于0.3%~0.5%。

2)最短坡长

坡长是指纵断面两变坡点之间的水平距离,坡长不宜过短,以不小于设计速度9 s的行程为宜。在连续起伏的路段,坡度应尽量小,坡长和竖曲线应争取到极限值的一倍或两倍以上,避免锯齿形的纵断面，以使增重与减重变化不致太频繁，从路容美观方面也应以此设计为宜。

3）各种地形条件下的纵坡设计

①平原、微丘地形的纵坡应均匀平缓，注意保证最小填土高度和最小纵坡的要求。丘陵地形应避免过分迁就地形而起伏过大，注意纵坡应顺适不产生突变。

②山岭、重丘地形的沿河线应尽量采用平缓纵坡、坡长不应超过限制长度，纵坡不宜大于6%，注意路基控制高程的要求。

③越岭线的纵坡力求均匀，尽量不采用极限或接近极限的坡度，更不宜在连续采用极限长度的陡坡之间夹短的缓和坡段。越岭路一般不应设置反坡，且应满足平均坡度的要求。

④山脊线和山腰线除结合地形不得已时采用较大纵坡外，在可能条件下纵坡应缓些。

4）竖曲线半径的选用

竖曲线以选用较大半径为宜，当受限制时可采用一般最小值，特殊困难方可用极限最小值。坡差小时，应尽量采用大的竖曲线半径。当有条件时，宜按表3.6.1的规定进行设计。

表3.6.1 视觉要求的最小竖曲线半径值

设计速度/($km \cdot h^{-1}$)	竖曲线半径/m	
	凸形	凹形
120	20 000	12 000
100	16 000	10 000
80	12 000	8 000
60	9 000	6 000
40	3 000	2 000

5）相邻竖曲线的衔接

相邻两个同向凹形或凸形竖曲线，特别是同向凹形竖曲线之间，如直坡段不长应合并为单曲线或复曲线，避免出现断背曲线，这样要求对行车是有利的，如图3.6.1(a)所示。

相邻反向竖曲线之间，为使增重与减重间和缓过渡，中间最好插入一段直坡段。若两竖曲线半径接近极限值时，这段直坡段至少应为设计速度的3 s行程。当半径比较大时，也可直接连接，如图3.6.1(b)所示。

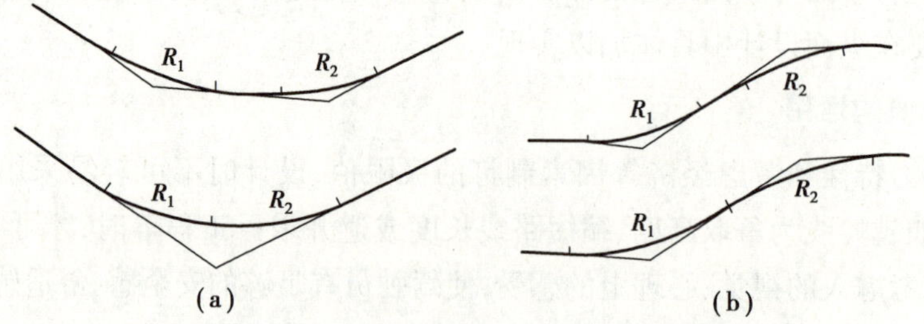

图3.6.1 相邻竖曲线的衔接

2. 纵断面设计的一般原则

进行道路纵坡设计时，一般应遵循以下原则：

①应满足纵坡及竖曲线的各项规定（最大纵坡、最小纵坡、坡长限制、坡段最小长度、竖曲线最小半径及竖曲线最小长度等）。

②纵坡应均匀平顺。纵坡尽量平缓、起伏不宜过大和频繁；变坡点尽量设置大半径竖曲线，尽量避免极限纵坡值；缓和坡段配合地形布设；垭口处纵坡尽量放缓；越岭线应尽量避免设置反坡段（升坡段中的下坡损失）。

城市道路还应考虑非机动车及自行车的行驶，纵坡宜不大于3%。

③设计高程的确定应结合沿线自然条件（如地形、土壤、水文、气候等因素）综合考虑；沿河线路线高程应在设计洪水位0.5 m以上，并计入壅水高度及浪高的影响；稻田低湿路段还应有最小填土高度的保证。

路基设计高程一般应高出表3.6.2所规定的洪水频率计算水位0.5 m以上。桥涵高程，应在桥涵设计洪水频率洪水位以上。设计洪水频率按表3.6.3确定。

表3.6.2　路基设计洪水频率

公路等级	高速公路	一级公路	二级公路	三级公路	四级公路
设计洪水频率	1/100	1/100	1/50	1/25	按具体情况确定

表3.6.3　桥涵设计洪水频率

构造物名称	公路等级				
	高速公路	一级公路	二级公路	三级公路	四级公路
特大桥	1/300	1/100	1/100	1/100	1/100
大冲桥	1/100	1/100	1/100	1/50	1/50
小桥	1/100	1/50	1/50	1/25	1/25
涵洞及小型排水构造物	1/100	1/50	1/50	1/25	不作规定

注：对于通航河流，桥梁高程应在通航水位及通航净空高度以上。

④纵断面设应与平面线形和周围地形景观相协调，应考虑人体视觉、心理上的要求。按照平竖曲线相协调及半径的均衡来确定纵断面的设计线。

⑤应争取填挖平衡，尽量移挖作填，以节省土石方量，降低工程造价。

⑥依照路线的性质，适当照顾当地民间运输工具、农业机械、农田水利等方面的要求。

⑦城市道路的纵坡及设计高程的确定，还应考虑沿线两侧街坊地坪标高及保证地下管线最小覆土厚度的要求。一般应使缘石顶面高程低于两侧街坊或建筑物的地坪标高。

除前述具体要求以外，对于高速公路，纵坡设计时还要考虑横向交通的处理措施、高路堤与高架桥的方案比较、深挖方与隧道方案的比较等关系到道路功能发挥、工程经济及环境影响诸多大的问题。

3. 纵断面设计的方法步骤和注意问题

1) 纵断面设计的方法步骤

路线纵断面设计主要是指纵坡设计和竖曲线设计，由于公路路线是一条空间带状曲线，路线的平面、纵断面和横断面相互影响,因而在纵断面设计之前的选(定)线阶段,设计人员实际上已对纵坡设计的部分内容进行过考虑。在室内进行纵断面设计时,设计人员一般要根据实地选(定)线时的意图,以及桥涵、地质等方面对路线纵断面设计的要求,综合考虑工程技术与工程经济因素,定出路线的纵坡,再选择合适的竖曲线半径,最后才计算出各桩号的设计高程和填挖值。

(1)拉坡前的准备工作

内业设计人员在熟悉有关设计标准的基础上,首先在纵断面图上点绘出每个中桩的位置、平曲线示意图(起、讫点位和半径等),写出每个中桩的地面高程,并绘出地面线。

(2)标注控制点位置

控制点是指影响路线纵坡设计的高程控制点。如路线起、讫点的接线高程,越岭哑口、大中桥涵、地质不良地段的最小填土高度和最大挖方深度,沿溪线的洪水位,隧道进、出口,路线交叉点,重要城镇通过点,以及其他路线高程必须通过的控制点位等,都应作为纵断面设计的控制依据。

此外,对于山区公路,还应根据路基填挖平衡要求来选择控制路中心处填挖的高程点,称为"经济点"。其含义是:如果纵坡设计线刚好通过该点,则在相应的横断面上将形成填挖面积大致相等的纵坡设计。

"经济点"通常可用路基断面透明模板在绘有地面线的横断面图上确定下来。图 3.6.2 所示为该自制"路基断面透明模板"的样式。"模板"可用透明描图纸胶片制成。其上按横断面测图的比例绘出路基宽度 B(挖方地段还要包括两侧边沟所占宽度)和各种不同坡度的边坡线。使用时,将"模板"扣在有关中桩的横断面上,使两者的中线重合,然后上下移动"模板",直到能使填、挖面积大致相等时,则停止移动。此时,"模板"上的路基顶面与该中桩的地面高之间的差值就是经济填、挖值,再将此差值的大小按比例点绘到纵断面图的相应中桩位置上,即为该断面经济点的位置。

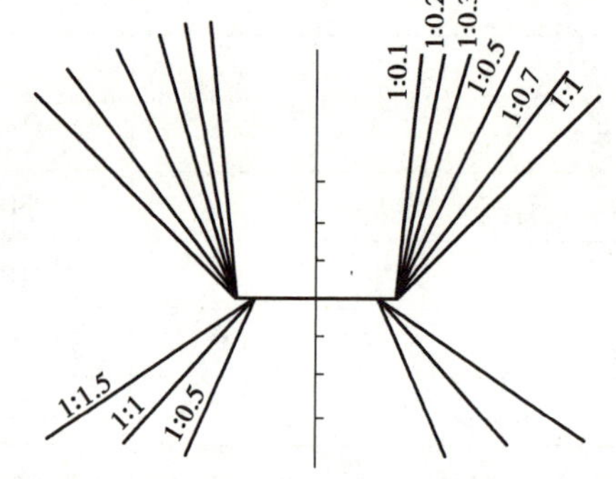

图 3.6.2　路基横断面透明模板

(3)试坡

试坡主要是在已标出"控制点"和"经济点"的纵断面图上,根据技术标准、选线意图,结合地面起伏情况,本着以"控制点"为依据,照顾多数"经济点"的原则,在这些点位间进行穿插和裁弯取直,试定出若干坡度线。经过对各种可能的坡度线方案进行反复比较,最后选出既符合技术标准,又能满足控制点要求,而且将土石方数量较少的设计线作为初定坡度线,再将前后坡度线延长交会,即可定出各变坡点的初步位置。

(4)调整

试定纵坡后,首先将所定的坡度与选(定)线时考虑的坡度进行比较,两者应基本符合。若有较大差异,则应全面分析,找出原因,然后对照《公路工程技术标准》检查设计的最大纵坡、合成坡度、坡长限制等是否超过规定限值,以及平面线形与纵面线形的配合是否适宜等。若发现有问题,应进行调整。

调整时,应以少脱离控制点、少变动填挖值为原则,以使调整后的纵坡与试定纵坡变化不太大。

(5)核对

根据调整后的坡度线,选择有控制意义的重点横断面,如高填深挖、陡峭山坡路基、挡土墙、重要桥涵等断面,在纵断面图上直接读出对应中桩的填(挖)高度,然后按该填(挖)值用“模板”在横断面图上“戴帽子”,检查是否有填挖过大、坡脚落空或挡土墙工程过大等情况。若发现有问题,应及时调整纵坡。

(6)定坡

纵坡设计在经调整核对无误后即可定坡。所谓定坡,就是逐段把坡度线的坡度值、变坡点位置(桩号)和高程确定下来。变坡点一般要调整到 10 m 整桩位上,变坡点的高程则根据坡度、坡长依次计算确定。

2)设计纵坡时应注意的问题

①在回头曲线路段,路线纵坡有特殊规定,因此应先定出回头曲线部分的纵坡,然后再从两端接坡。同时,应注意在回头曲线地段不宜设竖曲线。

②大、中桥上一般不宜设置竖曲线,桥头两端在不得已设置竖曲线时,其起、终点应设在距桥头 10 m 以外,如图 3.6.3 所示。

③小桥涵允许在斜坡路段或竖曲线上,但为了保证路线的平顺性,应尽量避免在小桥涵处出现急变的“驼峰式”纵坡,如图 3.6.4 所示。

④纵坡设计,应注意交叉口处的纵坡衔接。公路与公路平面交叉,一般宜设在较小坡段;较小坡段最小长度应不小于《公路工程技术标准》的规定,紧接较小坡段的纵坡应不大于 3%,山区工程艰巨地段应不大于 5%。

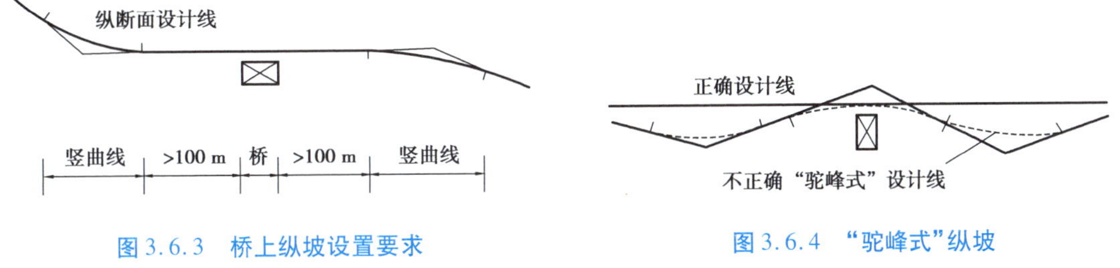

图 3.6.3　桥上纵坡设置要求

图 3.6.4　“驼峰式”纵坡

4. 纵断面图的绘制

路线纵断面图可以看成由两部分组成:一是图的上半部,二是图的下半部。上半部主要用来绘制地面线和纵坡设计线,下半部主要用来填写有关数据。

上半部纵断面图上应将下列内容在适当位置绘出:竖曲线位置及其要素;沿线桥涵及人工构造物的位置、结构类型及孔径;与公路、铁路交叉的桩号及路名;沿线跨越的河流名称、位置、现有水平及最高洪水位;水准点位置、编号和高程;断链桩位置、桩号及长短链关系等。下半部纵断面图包括的数据有:直线及平曲线;里程及桩号;地面高程;设计高程;填挖高度值;超高;坡度/坡长;土壤地质说明等内容。

公路路线纵断面如图 3.6.5 所示,公路路线平纵面缩图如图 3.6.6 所示。

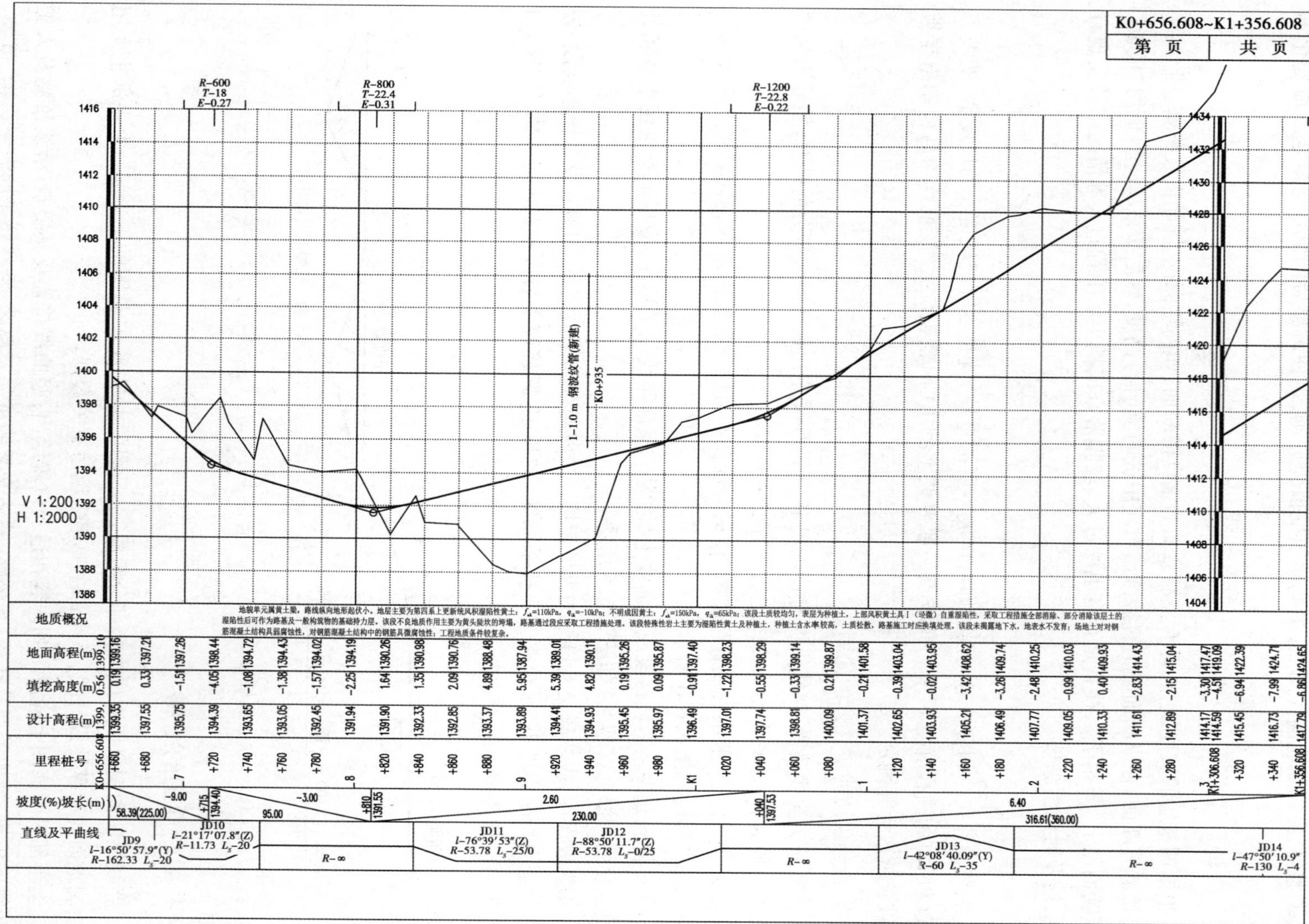

图3.6.5 公路路线纵断面图

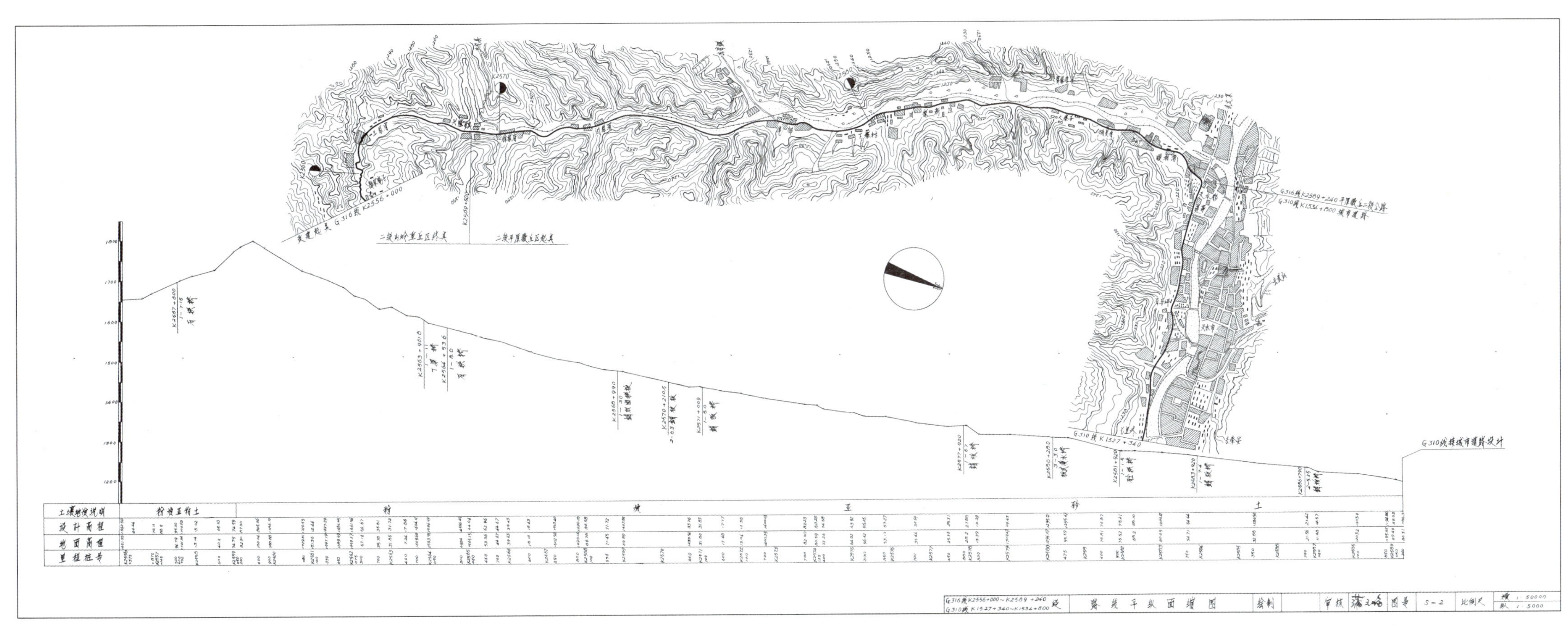

图 3.6.6　公路路线平纵面缩图

思考与练习题

3.1 “凡是陡坡都要限制其长度。”这句话对吗？为什么？

3.2 设计城市道路纵断面时，一般要考虑哪些控制高程？

3.3 某条道路变坡点桩号为K25+460.00，高程为780.72 m，$i_1=0.8\%$，$i_2=5\%$，竖曲线半径为5 000 m。

①判断凸、凹性；

②计算竖曲线要素；

③计算竖曲线起点、K25+400.00、K25+460.00、K25+500.00、终点的设计高程。

3.4 某城市Ⅰ级主干道，其纵坡分别为$i_1=-2.5\%$，$i_2=+1.5\%$，变坡点桩号为K1+520.00，高程为429.00 m，如习题3.1图所示。由于受地下管线和地形限制，曲线中点处的高程要求不低于429.30 m而不高于429.40 m，试确定竖曲线的半径，并计算K1+500.00、K1+520.00、K1+515.00的设计高程。

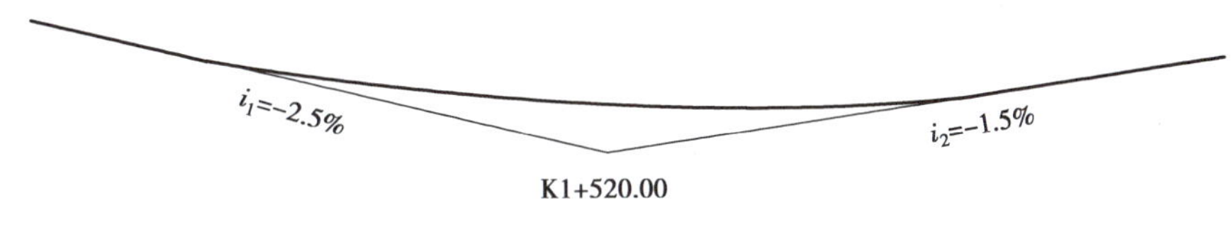

习题3.1图

3.5 某平原微丘区二级公路，设计速度为80 km/h，有一处平曲线半径为250 m，该段纵坡初定为5%，超高横坡为8%。请检查合成坡度，若不满足要求时，该曲线上允许最大纵坡度为多少？

3.6 请用所学知识，评价以下几组平、纵组合的优劣（习题图3.2）。

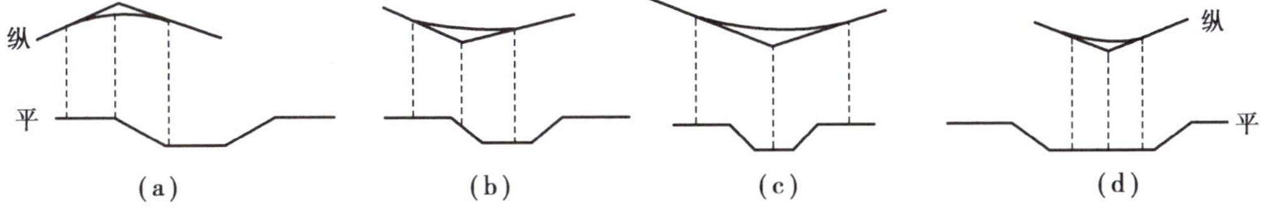

习题3.2图

项目 4　道路横断面设计

【学习目标】了解道路横断面设计的一般要求，熟悉道路横断面设计各项指标的规定及要求，掌握道路横断面设计的方法及步骤。

任务 4.1　横断面组成

1. 公路横断面组成

1）一般组成

①行车道。它是公路上各种车辆行驶部分的总称，包括快车行车道和慢车行车道。

②路肩。它位于行车道外缘至路基边缘，是具有一定宽度的带状结构部分。

③中间带。它是高速公路与一级公路用于分隔对向车辆的带状构造物，由中央分隔带和两条左侧路缘带组成。

④边坡。它是为了保证路基的稳定，设在路基两侧的具有一定坡度的坡面。

⑤边沟。它是为汇集和排除路面、路肩及边坡流水，在挖方或低填方路基两侧设置的纵向排水沟。高速公路与一级公路的横断面组成如图 4.1.1 所示，二级公路、三级公路、四级公路的横断面组成如图 4.1.2 所示。

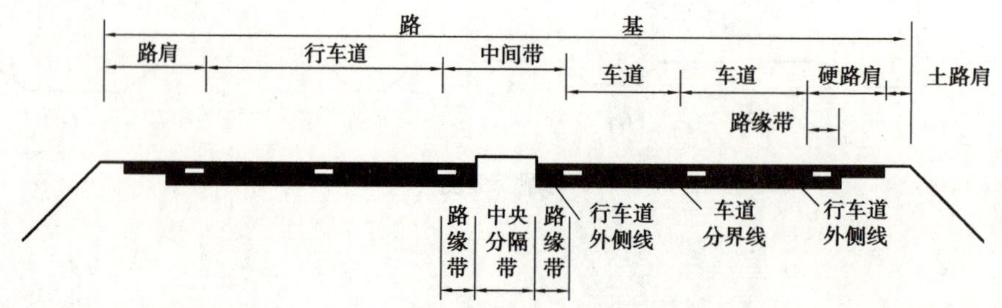

图 4.1.1　高速公路与一级公路的横断面组成

2）特殊组成

①爬坡车道。它是在高速公路、一级公路及二级公路的连续上坡路段设置的专供慢车爬坡使用的车道。

②加减速车道。它是供车辆驶入（离）高速车流之前（后）加（减）速用的车道。

③错车道。它是当四级公路采用 4.5 m 的单车道路基时，在适当的可通视距离内设置的供车辆交错避让用的一段加宽车道。其间距应不大于 300 m，相邻两错车道能相互通视。设置错车道路段的路基宽度应不小于 6.5 m，有效长度应不小于 20 m，如图 4.1.3 所示。

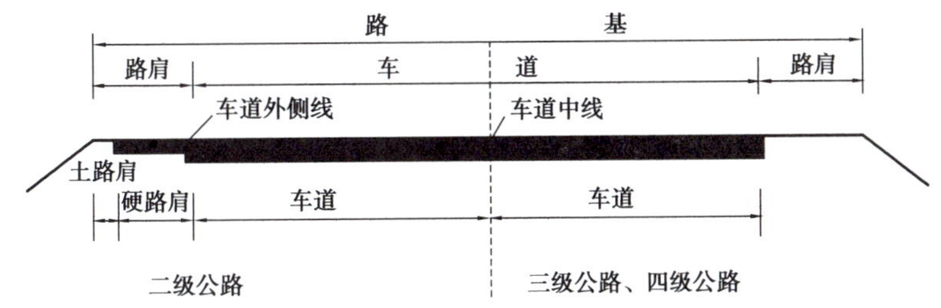

图 4.1.2　二级公路、三级公路、四级公路的横断面组成

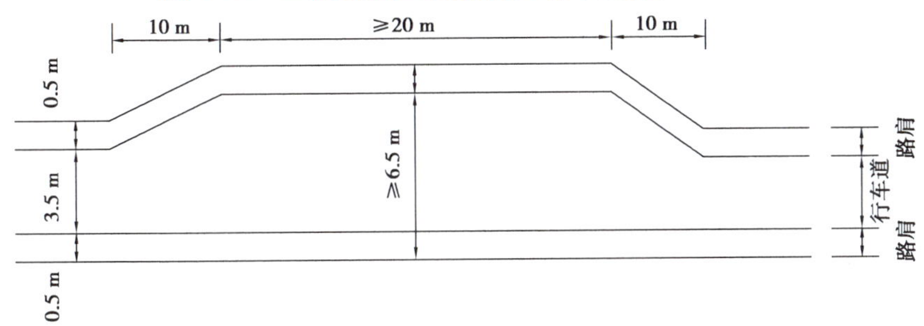

图 4.1.3　错车道布置图

④紧急停车带。它是在高速公路和一级公路上设置的供临时发生故障或因其他原因需紧急停车的车辆使用的临时停车地带。

⑤避险车道。它是设置在连续长、陡下坡路段避免车辆在行驶中速度失控而造成事故的路段，是在特殊路段设置的安全车道。

⑥护坡道。它是当路堤较高时，为保证路基边坡稳定，在取土坑与坡脚间，沿原地面纵向保留的有一定高度的平台。

⑦碎落台。它是在路堑边坡坡脚与边沟外侧边缘之间或边坡上，为防止石头等碎落物落入边沟而设置的具有一定宽度的纵向平台。

⑧截水沟。它是在地面线较陡的挖方路段，为拦截山坡流向路基的水，在路堑坡顶外设置的水沟。

公路的特殊组成仅在公路特殊路段才设置。

2. 城市道路横断面的组成、类型、适用条件

1) 城市道路的横断面组成

城市道路的横断面由车行道、人行道、绿化带、分隔带及其他部分组成，如图 4.1.4 所示。

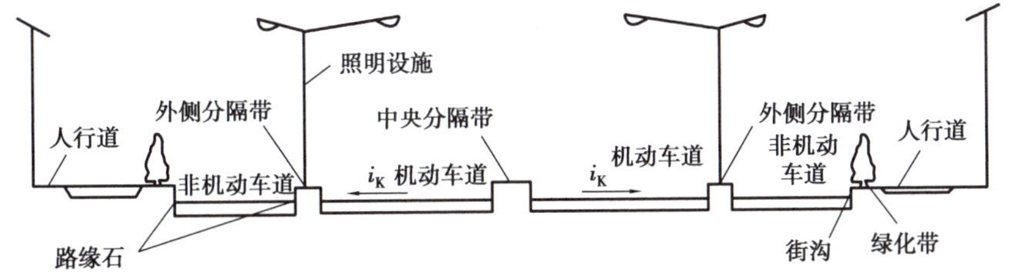

图 4.1.4　城市道路横断面布置

①车行道。它是指在城市道路上供各种车辆行驶的路面，统称车行道。供汽车、无轨电车、摩托车等机动车行驶的部分称为机动车道；供自行车、三轮车、板车、电动车等非机动车行驶的

部分称为非机动车道。车行道按车道行车方向上的不同位置，可分为内侧车道、中间车道和外侧车道；按车道的不同性质可分为变速车道、爬坡车道、停车道、错车道、会车道、专用车道等。

②人行道。它是指在城市道路上用路缘石或护栏及其他类似的设施加以分隔的专门供人行走的部分。

③绿化带。它是指在道路用地范围内提供绿化的条形地带。

④分隔带（又称分车带）。它是指沿道路纵向设置的分隔车行道的带状设施。位于路中线位置的称为中央分隔带，位于路中线两侧的称为外侧分隔带。

⑤其他组成部分。除以上组成部分以外，还有路缘石、街沟、路拱、照明等。路缘石指设置在路边的界石，简称缘石，包括平缘石和立缘石。街沟指设在路面边缘处，由立缘石与平缘石或铺装路面形成的侧沟。路拱指路面横断面的两端与中间形成的具有一定坡度的拱起形状。

2）城市道路类型和适用条件性

①单幅路。它适用于机动车交通量不大且非机动车较少的次干路、支路或用地不足和拆迁困难的旧城改建的城市道路。

②双幅路。它主要用于各向至少具有两条机动车道且非机动车较少的道路。

③三幅路。它用于机动车交通量大且非机动车多的城市道路。

④四幅路。它适用于机动车车速较高、各向两条机动车道以上且非机动车多的快速路与主干路。

3）公路路基宽度

公路路基宽度为车道宽度与路肩宽度之和。当设有中间带、紧急停车带、爬坡车道、加（减）速车道、错车道时，还应包括这些部分的宽度。

公路横断面的组成和各部分的尺寸要根据设计交通量、交通组成、设计速度、地形条件等因素确定。在保证必要的通行能力和交通安全与畅通的前提下，尽量做到用地省、投资少，使道路发挥其最大的经济效益与社会效益。

（1）各级公路横断面宽度的组成

根据各级公路的性质和功能的不同，其宽度组成如下：

高速公路、一级公路的路基横断面分为整体式和分离式两类。整体式横断面包括车道、中间带（中央分隔带及左侧路缘带）、路肩（硬路肩和土路肩）、紧急停车带、爬坡车道、加（减）速车道等组成部分。分离式横断面是一种将上、下行车道放在不同的平面上，中间带随地形变宽的横断面形式。

二级公路的路基横断面包括行车道、路肩、爬坡车道等组成部分。二级公路位于中、小城市城乡接合部、混合交通量大的连接路段，实行快、慢车道分开行驶时，可根据当地的经验设置右侧硬路肩。

三级公路、四级公路的路基横断面包括行车道、路肩以及错车道等组成部分。

（2）整体式路基宽度

各级公路整体式路基宽度规定如表 4.1.1 所示。

表 4.1.1　各级公路整体式路基宽度

公路等级		高速公路							
设计速度/(km·h^{-1})		120			100			80	
车道数		8	6	4	8	6	4	6	4
路基宽度/m	一般值	42.00	34.50	28.00	41.00	33.50	26.00	32.00	24.50
	最小值	40.00	—	25.00	38.50	—	23.50	—	21.50

公路等级		一级公路				
设计速度/(km·h^{-1})		100		80		60
车道数		6	4	6	4	4
路基宽度 H_1/m	一般值	33.50	26.00	32.00	24.50	23.00
	最小值	—	23.50	—	21.50	20.00

公路等级		二级公路		三级公路		四级公路	
设计速度/(km·h^{-1})		80	60	40	30	20	
车道数		2	2	2	2	2 或 1	
路基宽度/m	一般值	12.00	10.00	8.50	7.50	6.50 双车道	4.50 单车道
	最小值	10.00	8.50	—	—	—	

注:"一般值"为正常情况下的采用值;"最小值"为条件受限制时可采用的值。

(3)分离式路基宽度

高速公路、一级公路分离式路基宽度规定如表 4.1.2 所示。

表 4.1.2　高速公路、一级公路分离式路基宽度

公路等级		高速公路							
设计速度/(km·h^{-1})		120			100			80	
车道数		8	6	4	8	6	4	6	4
路基宽度/m	一般值	22.00	17.00	13.75	21.75	26.75	16.00	16.00	12.50
	最小值	—	—	13.25	—	—	—	—	11.25

公路等级		一级公路				
设计速度/(km·h^{-1})		100		80		60
车道数		6	4	6	4	4
路基宽度/m	一般值	16.75	13.00	16.00	12.25	11.25
	最小值	—	12.25	—	11.25	10.25

注:①八车道的内侧车道宽度如采用 3.50 m,相应路基宽度可减 0.25 m。

②表中所列"一般值"为正常情况下的采用值;"最小值"为条件受限制时可采用的值。

(4)公路路基宽度设计要求

①公路路基宽度见本任务前述内容。

②设计速度为120 km/h、100 km/h的高速公路,根据通行能力需要可设双向四车道、六车道、八车道,并采用相应的路基宽度。

③设计速度为120 km/h的四车道高速公路,宜采用28.00 m的路基宽度。当地基条件及其他特殊情况限制时,可采用26.00 m的路基宽度。

④设计速度为100 km/h、80 km/h的一级公路,根据通行能力需要可设双向四车道、六车道,并采用相应的路基宽度。

⑤设计速度为100 km/h的四车道一级公路,当预测交通量接近适应交通量高限时,宜采用26.00 m的路基宽度。

⑥具有集散功能的一级公路设置慢车道的宽度,可利用硬路肩、土路肩的宽度(若宽度不足则需加宽)作为慢车道,并应在车道与慢车道之间设置隔离设施。

⑦设计速度为80 km/h的具有集散功能的二级公路,需设置慢车道的路段,经技术经济论证其路基宽度可采用15.00 m,利用加固后的路肩作为慢车道,并应在车道与慢车道之间采用画线分隔。

⑧设计速度为60 km/h的具有集散功能的二级公路,需设置慢车道的路段,经技术经济论证其路肩宽度可采用12.00 m,利用加固后的路肩作为慢车道,并应在车道与慢车道之间采用画线分隔。

⑨四级公路宜采用6.50 m路基宽。交通量小且工程特别艰巨的路段,可采用单车道4.50 m路基宽。

⑩确定路基宽度时,其中央分隔带、路缘带、路肩等宽度的“一般值”“最小值”应同类项相加。但高速公路、一级公路的六车道、八车道的路基宽度不采用同类项相加。

任务4.2 行车道宽度

1.行车道

1)行车道宽度的确定

行车道是道路上供各种车辆行驶部分的总称,包括快车道和慢车道。在一般公路和城市道路上,还有非机动车道。行车道宽度是根据车辆宽度、设计交通量、交通组成和汽车行驶速度来确定的。而单向车道数可按下式计算:

$$单向车道数=\frac{主要方向小时交通量}{每一车道的设计通行能力} \tag{4.2.1}$$

双向车道数按式(4.2.1)计算结果取整数(即不小于且最接近计算结果的整数)的2倍。

2)公路的行车道宽度

公路的一条行车道内,一般包括两条以上的车道。高速公路和一级公路有4条以上的车道,一条中央分隔带将上、下行车辆分开或做成分离式路基,每侧再划分快车道和慢车道,一般取两者中比较具有代表性的交通情况加以分析,探讨行车道宽度的确定方法。

(1)一般双车道公路行车道宽度的确定

双车道公路有两条车道,行车道宽度包括汽车宽度和富余宽度。根据《公路工程技术标准》,设计车辆最大宽度为 2.5 m,再加错车、超车所必需的余宽来确定行车道的宽度。富余宽度是指对向行驶时两车厢之间的安全间隙、汽车轮胎至路面边缘的安全距离,如图 4.2.1 所示。

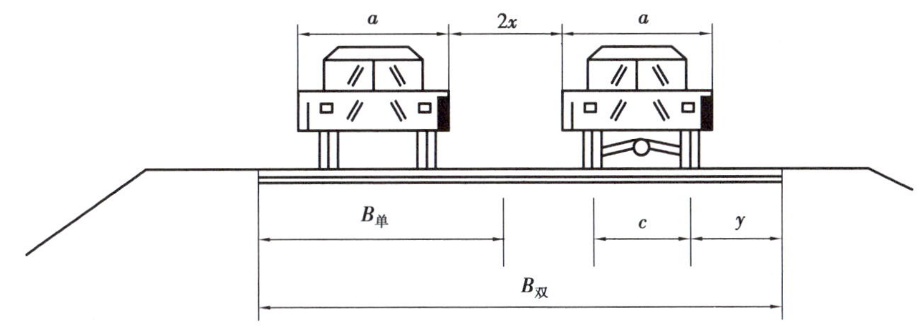

图 4.2.1　双车道公路的行车道宽度

双车道公路的一条单向行驶的车道的宽度可用下式计算:

$$B_{单}=\frac{a+c}{2}+x+y \tag{4.2.2}$$

两条车道的宽度为:

$$B_{双}=a+c+2x+2y \tag{4.2.3}$$

根据大量试验观测,得出计算 x、y 的经验公式为:

$$x=y=0.50+0.005V \tag{4.2.4}$$

式中　a——车厢宽度,m;

c——汽车轮距,m;

$2x$——两车厢安全间隙,m;

y——轮胎与路面边缘之间的安全距离,m;

V——行车速度,km/h。

(2)有中央分隔带公路行车道宽度的确定

高速公路、一级公路在平原、微丘区采用 3.75 m 的车道。设计速度为 60 km/h 时,仍采用 3.50 m。主要考虑以下因素:

①设计速度,远景交通量大,特别是我国载重汽车混入率高。

②参考德国、法国的高速汽车公路,意大利的太阳公路、日本的高速公路、东欧各国的一级公路、英国和加拿大的高速公路,其车道均为 3.75 m。

③美国各州公路工作者协会认为,各级公路合乎理想的车道宽度为 3.66 m(12 ft),不宜大于 3.97 m(13 ft)。近年来,美国有的城市将行车道度减为 3.35 m(11 ft),甚至 3.05 m(10 ft)。

对于有 4 条以上车道的高速公路、一级公路,一般都设置中央分隔带。分隔带两侧的行车道只有同向行驶的汽车,如图 4.2.2 所示。单侧行车带宽度可按下式计算:

$$B=S+D+M+a_1+a_2 \tag{4.2.5}$$

式中　S——后轮边缘与车道外侧之间的安全间隙,m;

D——两汽车后轮外缘之间的安全间隙,m;

M——后轮外缘与车道内侧之间的安全间隙,m;

a_1, a_2——汽车后轮外缘间距,m,普通车为 $a_1=a_2=1.6$ m,大型车为 $a_1=a_2=2.3$ m。

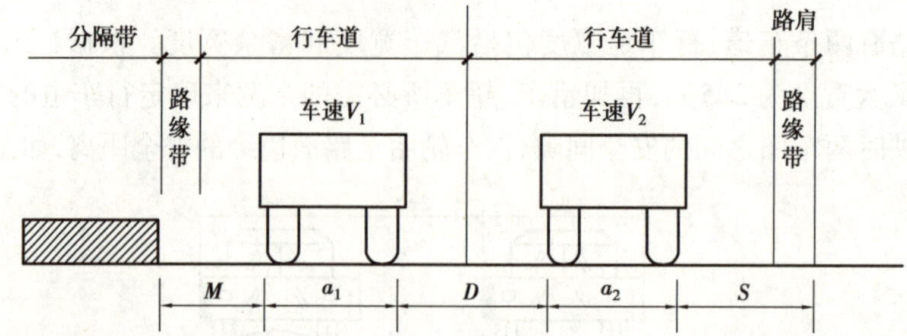

图 4.2.2 只有同向行驶的汽车

根据实地观测宽度,得出如下的关系式:

$$S=0.0103V_1+0.56 \tag{4.2.6}$$

$$D=0.000066(V_2^2-V_1^2)+1.49 \tag{4.2.7}$$

$$M=0.0103V_2+0.46 \tag{4.2.8}$$

式中 V_1——被超车的车速,km/h;

V_2——超车的车速,km/h。

根据以上计算结果得出下列结论:当设计速度 $V=120$ km/h 时,每条车道的宽度均采用 3.75 m;当 $V=100$ km/h,且交通量大和大型车混入率较高时,内侧车道应为 3.75 m,外侧车道可采用 3.75 m 或 3.50 m。

当高速公路的交通量超过 4 个车道的容量时,其车道数可以按双数增加。

3)城市道路的行车道宽度

(1)靠路边的车道宽度

①一侧靠边,另一侧为反向行驶的车道,如图 4.2.3 所示。

$$B_1=\frac{x}{2}+a_1+c \tag{4.2.9}$$

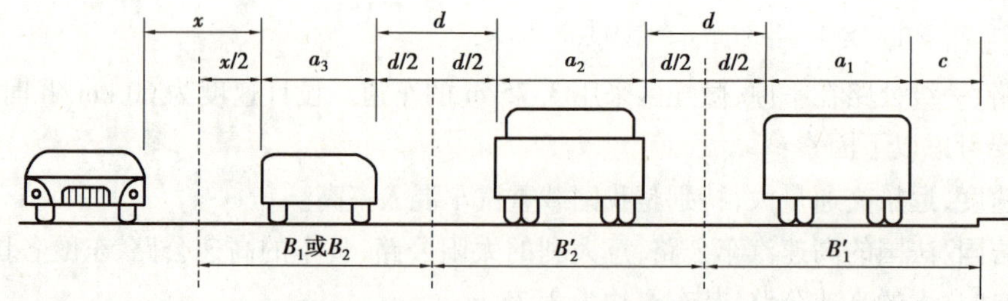

图 4.2.3 一侧靠边,另一侧为反向行驶的车道

②一侧靠边,另一侧为同向行驶的车道。

$$B_1'=\frac{a}{2}+a_1+c \tag{4.2.10}$$

(2)靠路中心线的车道宽度

$$B_2=\frac{x}{2}+a_3+\frac{d}{2} \tag{4.2.11}$$

(3)同向行驶的中间车道宽度

$$B_2'=\frac{d}{2}+a_2+\frac{d}{2} \tag{4.2.12}$$

式中 a_1, a_2, a_3——车厢全宽,m;

x——反向行驶汽车间的安全间隙,m;

d——同向行驶汽车间的安全间隙,m;

c——车身边缘与路缘石间的横向安全距离,m。

根据实验观测得出 c, x, d 与车速:

$$c=0.4+0.02V^{\frac{3}{4}}\text{(m)} \tag{4.2.13}$$

$$d=0.7+0.02V^{\frac{3}{4}}\text{(m)} \tag{4.2.14}$$

$$x=0.7+0.02(V_1+V_2)^{\frac{3}{4}}\text{(m)} \tag{4.2.15}$$

式中 V——实际车速,km/h。

以上各式表明,车道宽 B 是车速 V 的函数,依车速的变化一般在 3.40~3.80 m。考虑到城市道路上行驶的车辆各异且车道还需调剂使用,故一条车道的平均宽度取 3.50 m 即可。当车速 $V \geqslant 40$ km/h 时,可取 3.75 m。

4)行车道宽度及车道数的规定

(1)公路行车道宽度

根据设计速度规定,公路行车道宽度如表 4.2.1 所示。

表 4.2.1 公路行车道宽度

设计速度/(km·h^{-1})	120	100	80	60	40	30	20
车道宽度/m	3.75	3.75	3.75	3.50	3.50	3.25	3.00

注:①设计速度为 20 km/h 且为单车道时,车道宽度应采用 3.50 m。

②高速公路为八车道时,内侧车道宽度可采用 3.50 m。

(2)公路车道数

①高速公路、一级公路各路段的车道数应根据预测交通量、服务水平等确定,车道数为四车道以上时,应按双数增加。

②二级公路、三级公路应为双车道。

③四级公路宜采用双车道,交通量小且工程艰巨的路段可采用单车道。

(3)城市道路机动车道宽度

城市道路机动车道宽度根据汽车车型和设计速度确定,其规定值如表 4.2.2 所示。

表 4.2.2 机动车道宽度

车型及行驶状态	设计速度/(km·h^{-1})	车道宽度/m
大型汽车或大、小汽车混行	≥40	3.75
	<40	3.50

续表

车型及行驶状态	设计速度/(km · h^{-1})	车道宽度/m
小型汽车专用线	—	3.50
公交汽车停靠站	—	3.00

(4)城市道路非机动车道的宽度

非机动车道是专供自行车、三轮车、平板车及畜力车等行驶的车道。确定非机动车道时,应以自行车为主,如图4.2.4所示。

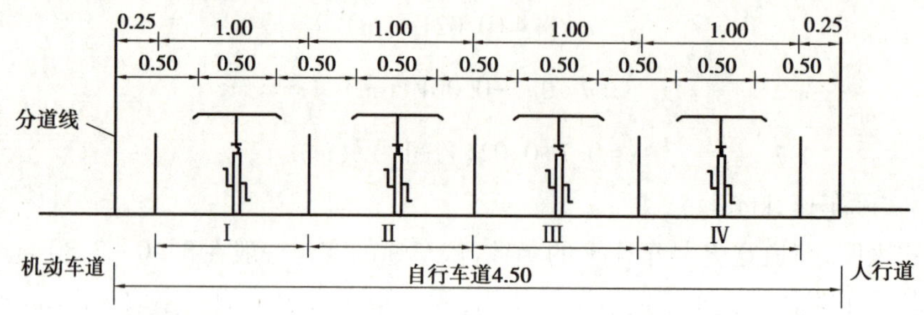

图4.2.4 非机动车道宽度确定(单位:m)

非机动车道基本宽度推荐采用5.00 m(4.50 m)、6.50 m(6.00 m)、8.00 m(7.50 m),且不得小于2.50 m。

(5)专用车道宽度

①爬坡车道、变速车道宽度为3.5 m。

②错车道路段行车道宽度不小于5.5 m。

③避险车道宽度不小于4.5 m。

④紧急停车带宽度为5.0 m。

⑤公交车站港湾式停靠站宽度为3.0 m。

2. 特殊车道

1)爬坡车道

(1)爬坡车道的功能

爬坡车道设置在上坡路段原有车道的外侧,是供慢速上坡车辆行驶的专用车道。

(2)爬坡车道的设计要求

①高速公路、一级公路以及二级公路在连续上坡路段设置爬坡车道时,其宽度应为3.5 m。

②高速公路、一级公路的爬坡车道应紧靠车道的外侧设置,可利用硬路肩宽度,爬坡车道的外侧应设置路缘带和土路肩。

③二级公路的爬坡车道应紧靠车道的外侧设置,可利用硬路肩宽度。当需要保留原来供非机动车行驶的硬路肩时,该部分应移至爬坡车道的外侧。

(3)作用

爬坡车道是丘陵地区超车车道的一种特殊形式,以保证快速车辆能越过货车和其他慢速车辆向前行驶,不仅可减少慢车压车时间,提高整个路段的平均车速和服务水平,也避免了强行超车,有利于交通安全。

2)加(减)速车道

高速公路、一级公路的互通式立体交叉、服务区、停车区、公共汽车停靠站、管理与养护设施等与主线相衔接处,应设置加速车道和减速车道。加(减)速车道宽度应为3.5 m。

3)错车道

四级公路路基宽度采用4.5 m时,应在不大于300 m的距离内选择有利地点设置错车道,并使驾驶者能看到相邻两错车道之间的车辆。设置错车道路段的路基宽度应不小于6.5 m,有效长度应不小于20 m。

4)避险车道

(1)组成

避险车道主要由引道、制动车道、服务车道及辅助设施(如路侧护栏、防撞设施、施救锚栓、呼救电话、照明)等组成。

(2)设计要求

在连续长、陡下坡路段,为减轻失控车辆的损失和保护第三方安全,宜在长、陡下坡地段右侧视距良好的适当位置设置避险车道,其宽度不应小于4.5 m。

(3)类型

避险车道主要有上坡道型、水平坡道型、下坡道型和砂堆型4种。

3. 紧急停车带

紧急停车带宽为3.5 m,有效长度不小于30 m,如图4.2.5所示。

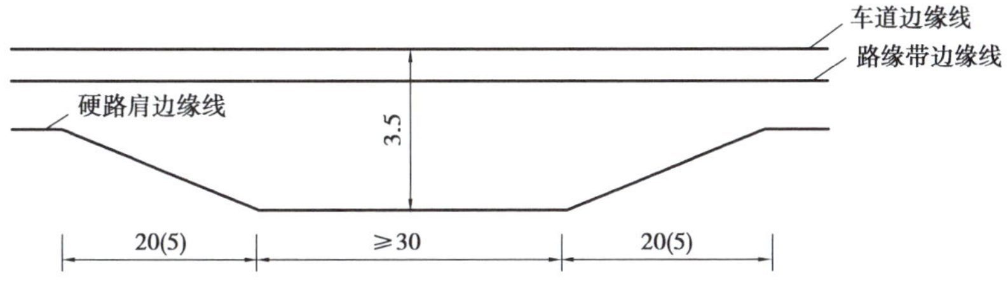

图4.2.5　紧急停车带平面图(单位:m)

二级公路为避免急需停靠的车辆占道,根据需要可设置紧急停车带,其间距不宜大于500 m。

高速公路和一级公路的特长桥梁、隧道,可根据需要设置紧急停车带,其间距为750 m左右,过渡段长度一般取20 m。工程特别艰巨时,可采用最小值为5 m。当采用最小值时,为使过渡段的外形不出现明显的折线,可用反向圆曲线连接,使之圆滑、顺畅,如图4.2.6所示。

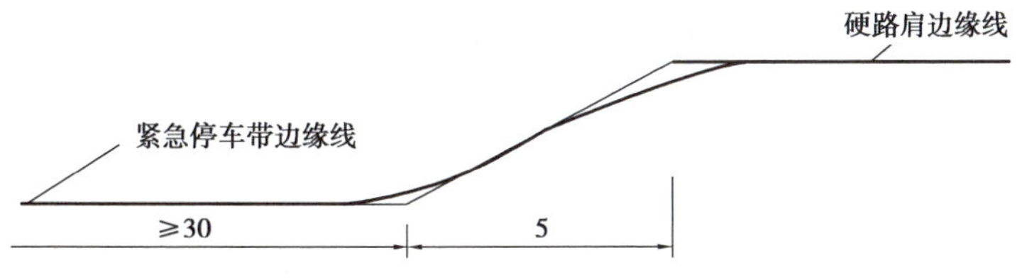

图4.2.6　隧道中的紧急停车带过渡段(单位:m)

4. 人行道

1) 作用

人行道是供行人步行的通道，应能保证行人的安全并保持通畅，满足高峰时的行人流量。同时也是种植植物和架设立杆的场地，其地下空间还可埋设管线等。

2) 人行道宽度

人行道宽度必须满足行人通行的安全与畅通，可按下式计算：

$$\omega_P = \frac{N_W}{N_{W_1}} \tag{4.2.16}$$

式中 ω_P——人行道宽度，m；

N_W——人行道高峰小时行人流量，P/h；

N_{W_1}——单位宽度人行道设计通行能力，P/(h·m)。

按式(4.2.16)可以确定人行道宽度，为保持街道各部分宽度的均衡，一般认为，街道总宽度与单侧人行道宽度之比在5∶1～7∶1最为合适。

3) 人行道坡度

人行道横坡为单向坡，一般为1.5%～2.0%，并向路缘石一侧倾斜，高出行车道0.1～0.2 m。

4) 绿化带

人行道上靠行车道一侧种植行道树，其株距一般为4～6 m，树池采用1.5 m×1.5 m的正方形或1.2 m×1.8 m的矩形。也有绿化带种植草皮和花丛的。

5) 设施带

设施带宽度包括行人护栏、照明灯柱、标志牌、信号灯等的宽度。在红线宽度较窄及条件困难时，设施带可与绿化带合并，但应避免各种设施与树木间的干扰。常见宽度：护栏为0.25～0.5 m，杆柱为1.0～1.5 m。

按上述求得的人行道宽、绿化带宽与设施带宽之和即为路侧带宽度。此外，还应考虑人行道下埋设管线所需要的宽度。

6) 路缘石

路缘石是设置在路面与其他构造物之间的标石。在分隔带与路面之间，人行道与路面之间一般都需要设置路缘石。

路缘石的形状有立式、斜式和曲线式3种类型。

城市道路的人行道及人行横道宽度范围内的路缘石宜做成低矮、平缓的，以便老人与儿童车、轮椅及残疾人通行，以采用斜式为宜。在分隔带的端头和交叉口处，路缘石以采用曲线式为宜。

任务4.3　路肩、中间带、边坡、边沟

1. 路肩的作用及其宽度

位于行车道外缘至路基边缘具有一定宽度的带状部分称为路肩。各级公路都要设置路肩，

其作用如下：

①保护及支撑路面结构；

②供临时停车之用；

③作为侧向余宽的一部分，能增加驾驶的安全和舒适感，尤其在挖方路段，可增加弯道视距，减少行车事故；

④提供道路养护作业、埋设地下管线的场地；

⑤对未设人行道的道路，可供行人及非机动车使用。

路肩从构造上可分为硬路肩、土路肩。硬路肩是指进行了铺装的路肩，可以承受汽车荷载的作用力，在混合交通的公路上便于非机动车、行人通行。在填方路段，如采用集中排水方式，为使路肩能汇集路面积水，在路肩边缘应设缘石。土路肩是指不加铺装的土质路肩，起保护路面和路基的作用，并提供侧向余宽。

道路一般应设右路肩。对于高速公路、一级公路，当采用分离式断面时，行车道左侧应设左路肩。高速公路、一级公路有条件时，宜采用大于或等于2.50 m的右侧硬路肩。当右侧硬路肩的宽度小于2.50 m时，应设紧急停车带。紧急停车带的设置间距不宜大于2 km，宽度包括硬路肩在内为5.00 m，有效长度大于或等于50 m。从正线进入和驶出紧急停车带应设过渡段，其长度分别为100 m和150 m。

城市道路一般采用地下管渠排水，行车道两侧设路缘石和人行道。如采用边沟排水则应在路面外侧设路肩，分为硬路肩和保护性路肩。城市道路的设计速度大于或等于40 km/h时，应设硬路肩。保护性路肩一般为土质或简易铺装，其作用是为城市道路的某些交通设施，如护栏、栏杆、交通标志牌等的设置提供场地，最小宽度为0.5 m。双幅路或四幅路中间带设有排水沟时，应设左侧路肩。其他各级公路和城市道路的路肩宽度根据条件，可采用2.25 m、2.0 m、1.75 m、1.50 m、1.00 m、0.75 m、0.50 m。

2. 中间带

1）中间带的作用

4条及4条以上车道的道路应设置中间带。中间带由两条左侧路缘带和中央分隔带组成。中间带的作用如下：

①分隔上、下行车流，防止车辆驶入对向车道，减少道路交通干扰，提高通行能力和行车安全。

②可作为设置道路标志及其他交通管理设施的场地，也可作行人过街的安全岛。

③一定宽度的中间带并种植花草灌木或设防眩网，可防对向车灯眩目，还可起到美化路容和环境的作用。

④设于中央分隔带两侧的路缘带，有一定宽度且颜色醒目，能引导驾驶员视线，增加行车侧向余宽，提高行车的安全性和舒适性。

2）中间带的宽度

中间带的宽度根据行车道外侧向余宽、护栏、种植、防眩网、桥墩等所需设施带宽度确定。其越宽，作用越明显，但对用地紧缺的地区采用宽中间带是困难的，我国采用窄的中间带。《公路工程技术标准》规定的最小中间带宽度随公路等级、地形条件在2.00～4.50 m，城市道路规定与公路基本相同。左侧路缘带常用宽度为0.50 m或0.75 m。

中间带的宽度一般应保持等宽。若需变宽时,宽度变化地点应设过渡段。过渡段以设在回旋线内为宜,其长度应与回旋线长度相等。宽度大于4.50 m的中间带过渡段以设在半径较大的平曲线路段为宜。图4.3.1所示为几种变宽过渡设计。

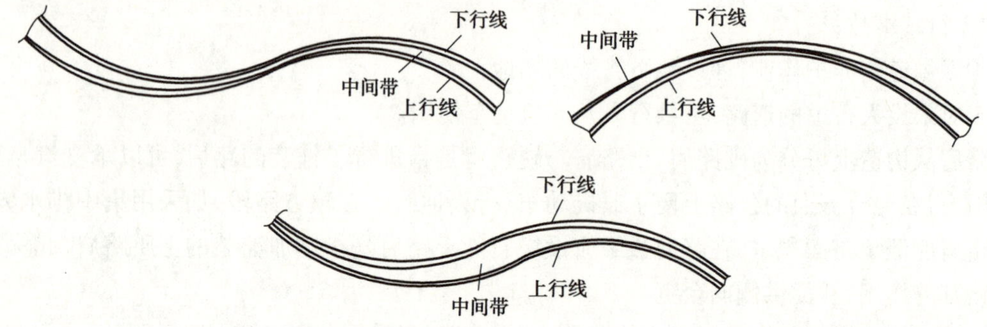

图4.3.1 宽度大于4.5 m的中间带变宽过渡

3)中间带的开口

为便于养护作业、临时调整行车方向和某些车辆必要时掉头,中央分隔带应按一定距离设置开口部。开口部一般以每2 km的间距设置为宜,太密会造成交通紊乱。城市道路可根据横向交通(车辆和行人)的需要设置。

中央分隔带开口应设在通视良好的路段,若在平曲线上开口,其圆曲线半径宜大于700 m。

在互通式立体交叉、隧道、特大桥、服务区等设施的前后须设开口。分离式路基应在适当位置设横向连接道,以供维修或抢险时使用。

开口端的形状,常用半圆形和弹头形两种。对窄的中央分隔带($M<3.0$ m)可用半圆形,宽的($M\geqslant3.0$ m)可用弹头形。弹头形如图4.3.2所示,图中R、R_1和R_2为控制设计半径。R和R_1足够大时,才能保证汽车以容许速度驶离主车道进行左转弯。R_1一般采用25~120 m。R切于开口中心线,其值取决于开口的大小。为避免过大的开口且方便行车,一般采用R的最小值为15 m。弹头尖端圆弧半径R_2可采用分隔带宽度的1/5,外观比较悦目。

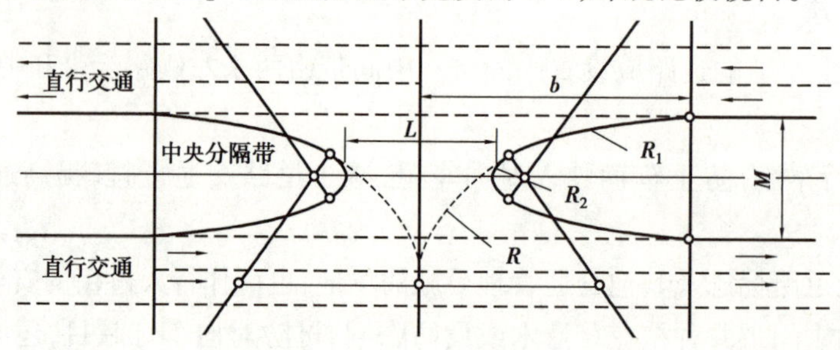

图4.3.2 中间带开口

4)中间带的表面形式

中间带的表面形式有凹形和凸形两种,凹形用于宽度大于4.5 m的中间带,凸形用于宽度小于或等于4.5 m的中间带。宽度大于4.5 m的中间带,一般可植草皮、栽灌木;宽度小于或等于4.5 m的,可植矮灌木或铺面封闭。

凸形中间带中设于护栏前端的路缘石对安全行车不利,主要存在以下问题:

①超车时,驾驶员为避让左侧路缘石和右侧被超车辆,处于车辆高速、心理高度紧张的状

态，容易导致操作失误。

②护栏上有反光标志，路缘石上没有，夜间行车视线不良时，易撞击凸起的路缘石，发生侧倾或翻滚事故。

③研究表明，车辆碰撞路缘石不能改变其运动方向，易发生车辆弹跳而碰撞护栏。

④车辆碰撞路缘石时，易发生前胎爆胎事故，易使撞击作用点升高。

因此，道路宜采用无凸起路缘石的中间带，或采用低矮光滑的斜式或平式路缘石；路缘石最高点小于 12 cm 且位于护栏之后。

5) 中间带的侧向净距

中间带组成如图 4.3.3 所示。设车辆在车道中间行驶，图中侧向净距 J 是指路缘带与车道边线到护栏面的间距，内侧净距 C 是右后轮外侧面到护栏面的间距。侧向净距 J、内侧净距 C、车道宽度 B 及后轮总宽 a 满足式(4.3.1)。

$$J=C-(B-a)/2 \tag{4.3.1}$$

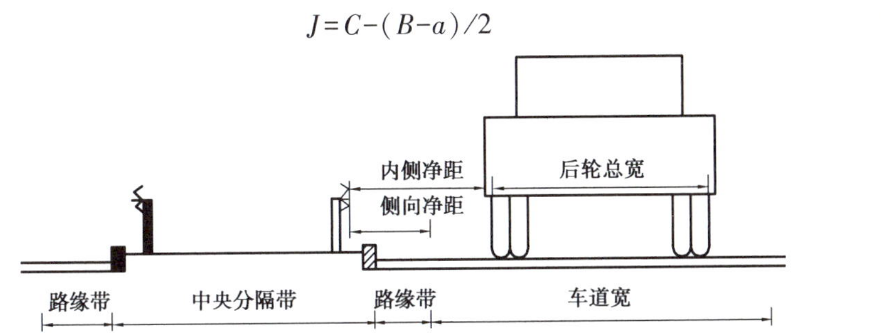

图 4.3.3　中间带组成

根据实测，内侧净距与车型和速度有关。各种车型行驶时，内侧净距与行驶速度的关系模型如下：

$$小型车:C=0.010\ 1v+1.03 \tag{4.3.2}$$

$$中型车:C=0.009\ 5v+1.05 \tag{4.3.3}$$

$$大型车:C=0.008\ 1v+0.94 \tag{4.3.4}$$

式中　C——内侧净距，m；

　　v——行驶速度，km/h。

根据设计速度和中间带路缘石形式，道路中间带安全侧向净距推荐值如表 4.3.1 所示。

表 4.3.1　道路中间带安全侧向净距推荐值

设计速度/(km·h^{-1})	路缘石凸起，位于护栏外侧		路缘石与路面齐平	
	一般值/m	最小值/m	一般值/m	最小值/m
120	1.35	1.10	1.15	1.00
100	1.15	0.95	1.00	0.90
80	0.95	0.80	0.85	0.80
60	0.90	0.65	0.80	0.70

3. 路基边坡

路基边坡即路肩的外边缘与坡脚（路堑则为边沟外侧沟底与坡顶）所构成的坡面，是支撑路基主体的重要组成部分。路基边坡的坡度,习惯上用边坡的高度与宽度的比值来表示,如1:0.5、1:1、1:1.5、1:1.75等。

路基边坡坡度的大小,直接影响路基的稳定性和工程数量。坡度大,稳定性差,但工程数量少,坡度过大,则边坡易产生滑塌等病害;坡度小,稳定性好,但工程数量大。因此,正确合理地确定边坡坡度,是公路横断面设计的主要内容之一。

路基边坡坡度的大小,取决于边坡的高度和土壤的性质,且与当地的气候、水文地质等自然因素有关。选择时,必须全面考虑,力求合理。

1)路堤边坡

路堤的边坡坡度,应根据填料的物理力学性质、气候条件、边坡高度以及基底的工程地质和水文地质条件进行合理的选定。

(1)填土路堤边坡

当地质条件良好、边坡高度不大于20 m时,其边坡坡度不宜陡于表4.3.2的规定值。对边坡高度大于20 m的路堤,边坡形式宜采用阶梯形。边坡坡度必须进行稳定性分析计算确定,部分边坡应进行单独设计。

表4.3.2　填土路堤边坡坡度

填料类别	边坡坡度	
	上部高度($H\leqslant 8$ m)	下部高度($H\leqslant 12$ m)
细粒土	1:1.5	1:1.75
粗粒土	1:1.5	1:1.75
巨粒土	1:1.3	1:1.5

浸水路堤在设计水位以下部分的边坡坡度,不宜陡于1:1.75。

必要时,为了便于汽车驶下公路进行疏散,在平原微丘区高度不超过1.0 m的路堤,如用地条件许可,可采用不陡于1:3的边坡。

(2)砌石路基边坡

砌石路基应选用当地不易风化的片、块石砌筑,内侧填石;岩石风化严重或软质岩石路段不宜采用砌石路基。砌石顶宽不小于0.8 m,基底面向内倾斜,砌石高度不宜超过15 m。砌石路基内、外坡坡度不宜大于表4.3.3的规定值。

表4.3.3　砌石路基边坡坡度

砌石高度/m	内边坡度	外坡坡度
≤5	1:0.3	1:0.5
≤10	1:0.5	1:0.67
≤15	1:0.6	1:0.75

2)路堑边坡

(1)土质路堑边坡

土质路堑边坡形式及坡度应根据工程地质条件、边坡高度、排水措施、施工方法,并结合自然稳定和人工边坡的调查及力学分析综合确定。边坡高度不大于 20 m 时,边坡坡度不宜大于表 4.3.4 的规定值。边坡高度大于 20 m 时,部分边坡应进行单独勘察设计。

表 4.3.4 土质路堑边坡坡度

土的类别		边坡坡度
黏土、粉质黏土、塑性指数大于 3 的粉土		1 : 1
中密以上的中砂、粗砂、砾砂		1 : 1.5
卵石土、碎石土、圆砾土、角砾土	胶结和密实	1 : 0.75
	中密	1 : 1

注:黄土、红黏土、高液限土、膨胀土等特殊土质挖方边坡形式及坡度应按有关规定确定。

(2)岩质路堑边坡

岩质路堑边坡形式及坡度应根据工程地质与水文地质条件、边坡高度、施工方法,并结合自然稳定和人工边坡的调查综合确定。必要时,可采用稳定性分析方法予以检算。边坡坡度不大于 30 m 时,无外倾软弱结构面的边坡坡度按表 4.3.5 确定。

表 4.3.5 岩质路堑边坡坡度

边坡岩体类型	风化程度	边坡坡度	
		$H<20$ m	15 m$\leqslant H<30$ m
Ⅰ类	未风化、微风化	1 : 0.1 ~ 1 : 0.3	1 : 0.1 ~ 1 : 0.3
	弱风化	1 : 0.1 ~ 1 : 0.3	1 : 0.3 ~ 1 : 0.5
Ⅱ类	未风化、微风化	1 : 0.1 ~ 1 : 0.3	1 : 0.3 ~ 1 : 0.5
	弱风化	1 : 0.3 ~ 1 : 0.5	1 : 0.5 ~ 1 : 0.75
Ⅲ类	未风化、微风化	1 : 0.3 ~ 1 : 0.5	—
	弱风化	1 : 0.5 ~ 1 : 0.75	—
Ⅳ类	弱风化	1 : 0.5 ~ 1 : 1	—
	弱风化	1 : 0.75 ~ 1 : 1	—

注:①有可靠的资料和经验时,可不受本表限制。
②Ⅳ类强风化包括各类风化程度的极软岩。

对于有外倾软弱结构面的岩质边坡、坡顶边缘附近有较大荷载的边坡、边坡高度超过表 4.3.5 规定范围的边坡,边坡坡度应通过稳定性分析计算确定。硬质岩石挖方路基宜采用光面、顶裂爆破技术。边坡高度大于 20 m 的软弱松散岩质路堑,宜采用分层开挖、分层防护和坡脚预加固技术。岩石挖方边坡高度大于 30 m 时,部分边坡应进行高边坡单独处理设计。

3)护坡道

护坡道的作用是减缓路堤边坡的平均坡度,是保证路堤稳定的措施之一。一般情况下,当路堤填土高度小于或等于 2 m 时,可不设护坡道;当路堤填土高度大于 2 m 时,应设置宽度为 1 m 的护坡道;当路堤填土高度大于 6 m 时,应设置宽度为 2 m 的护坡道。为利于排水,护坡道表面应做成向外侧倾斜 2% 的横坡。

4. 路基边沟及其组成

边沟是指设置在挖方路基路肩外侧及低填方路基地脚外侧的纵向人工沟渠,用以收集路面的地面水,排除路基拦截道路上方边坡的坡面水,迅速汇集并把它们引入顺畅的排水通道中,通过桥涵等将其泄放到道路的下方。

1) 边沟的作用

边沟是为汇集和排除路面、路肩及边坡的降水,在道路两侧设置的纵向水沟,是道路路界地表排水设施的组成部分,是坡面排水的设施之一,是道路排水系统不可缺少的一部分。

边沟是连接路基边坡与路外侧部分的枢纽,充当沟通的“桥梁”,在多方面都起到较为重要的作用。首先,边沟排出了来自路面、坡面的降水,起到维持路基稳定性的作用,这是至关重要的。其次,边沟的存在使路基、路侧的衔接更加完善,而且美观的边沟还能大大增加道路的景观效果,起着丰富地形的作用。

2) 常见的边沟类型

根据边沟的施工工艺及其应用形式,一般有弧形边沟、梯形边沟、浆砌片石边沟、矩形(盖板)边沟、暗埋式边沟、土质边沟、草皮边沟、生态边沟。不同形式的边沟有各自的特点,使用时有各自的优缺点。各种类型边沟的特点如下:

①弧形边沟:总体感觉比较流畅,排水性较好且能很好防止水土流失,但其总体施工成本较高,且与周围景观的融合度低,对总体景观效果有一定影响。

②梯形边沟:外观上较为板直,没有一定的流线形,但在排水及水土保持方面与弧形边沟具有同样的效果,经济成本也较高,不能与周围的环境进行较好的协调,对总体的观赏效果有一定破坏作用。

③浆砌片石边沟:采用石块堆砌而成,在边坡的稳定性及水土保持方面有较好的效果,但总体施工成本太高,且施工工艺较为复杂,不能与周围的自然环境形成和谐景观。

④矩形(盖板)边沟:在维持路基及边坡稳定方面有较好的效果,且排水顺畅、流量大,由于其复杂的工艺及较高的施工成本不宜大量应用,主要应用于地形复杂且不稳定地段。

⑤暗埋式边沟:与周围的环境极易搭配协调,由于盖板较低,绿化植物很容易将其遮挡,从而形成良好的景观效果;排水也极为顺畅,良好的植被覆盖也有效保持了水土。

⑥土质边沟:没有植被的覆盖,很容易产生水土流失,并使沟底沉积淤泥,但此类边沟造价低,且施工极为简单,在要求不高且地形平缓的地段可以应用。

⑦草皮边沟:完整的植被覆盖保证了边沟土壤的完整性,有效降低了水土的流失,与周围的环境完全融为一体,形成具有一定弧度的自然景观。此类边沟具有很广泛的应用前景。

⑧生态边沟:边沟中植物的类型多样,如水生植物、野生地被、乔灌木等也有种植。多层次结构的植物种植使得边沟在保持水土及营造景观效果方面更胜一筹,形成了更为自然、生态的效果。

任务4.4 路拱、超高及加宽

1. 路拱

为了利于路面横向排水，将路面做成由中央向两侧倾斜的拱形，称为路拱。其倾斜的大小以百分率表示。

路拱对排水有利但对行车不利。路拱坡度所产生的水平分力增加了行车的不平稳性，同时也给乘客以不舒适的感觉。当车辆在有水或潮湿的路面上制动时，还会增加侧向滑移的危险。为此，对路拱大小的采用及形状的设计应兼顾两方面的影响。对于不同类型的路面，由于其表面的平整度和透水性不同，再考虑当地的自然条件可选用不同的路拱坡度，如表4.4.1所示。

表4.4.1 路拱横坡坡度

路面类型	路拱横坡度/%
水泥混凝土路面、沥青混凝土路面	1.0~2.0
其他黑色路面、整齐石块	1.5~2.5
半整齐石块、不整齐石块	2.0~3.0
碎、砾石等粒料路面	2.5~3.5
低级路面	3.0~4.0

高速公路和一级公路由于路面较宽，迅速排除路面降水尤为重要。所以，此类公路处于降雨强度较大的地区时，应采用高值。

对于分离式路基，每侧行车道可设置双向路拱，这样对排除路面积水有利。在降水量不大的地区也可采用单向横坡，并向路基外侧倾斜。但在积雪冻融地区，应设置双向路拱。

路拱的形式有抛物线形、直线接抛物线形、折线形等。可根据路面宽度及路面类型采用，低等级公路可采用抛物线形路拱，高等级公路一般采用直线接抛物线形路拱，多车道的水泥混凝土路面可采用折线形路拱。

土路肩的排水性能远低于路面，其横坡度较路面宜增大1.0%~2.0%。硬路肩视具体情况（材料、宽度）可与路面采用同一横坡，也可稍大于路面。非机动车道路拱坡度可根据路面面层类型参考表4.4.1选用。

人行道横坡宜采用单面坡，坡度为1%~2%。路缘带横坡与路面相同。

2. 超高

1）定义

在弯道上，当汽车在双向横坡的车道外侧行驶时，车重的水平分力将增大横向侧滑力。所以，当采用的圆曲线半径小于不设超高的最小半径时，为抵消车辆在曲线路段上面行驶时所产生的离心力，将曲线段的外侧路面横坡做成与内侧路面同坡度的单坡横断面，这样的设置称为超高。超高布置如图4.4.1所示。

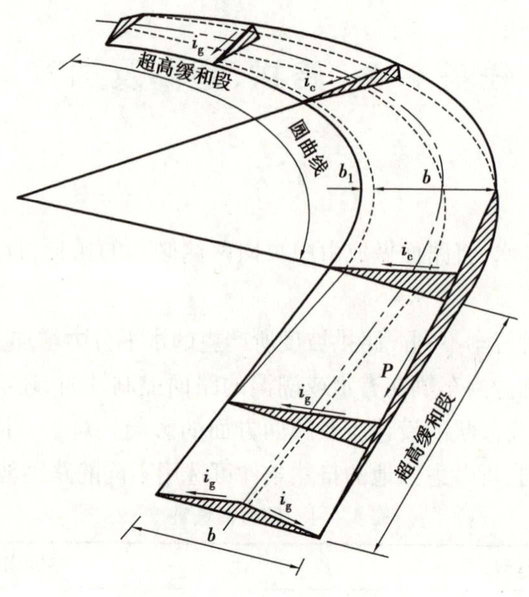

图4.4.1　超高布置

2)超高坡度

(1)最大超高坡度

由水平曲线半径可以得超高坡度的计算公式为:

$$i_c=\frac{u^2}{127R}-\mu \tag{4.4.1}$$

式中　i_c——超高坡度;

u——行车速度,km/h;

R——平曲线半径,m;

μ——摩擦系数。

当采用极限最小半径时,即得计算最大超高坡度公式:

$$i_{c,\max}=\frac{u^2}{127R}-\mu \tag{4.4.2}$$

最大超高坡度的限值与气候条件、地形、地区、汽车以低速行驶的频率、路面施工的难易程度等因素有关。从保证汽车转弯时有较高速度和乘客舒适性来看,要求超高横坡应尽量大一些,但考虑车辆的组成不同车速不一,特别是在弯道上停车($\mu=0$)时,有可能产生向弯道内侧滑移的危险。另外,在冰雪状态下,过大的超高对车辆启动及刹车不利。

当$\mu=0$产生滑移的极限状态时:

$$i_{c,\max}=\frac{u^2}{127R} \tag{4.4.3}$$

故横向滑移限制条件为:

$$i_{c,\max}\leqslant\varphi_h \tag{4.4.4}$$

式中　φ_h——横向附着系数。

各级道路圆曲线部分最大超高值规定如表4.4.2和表4.4.3所示。

二级公路、三级公路、四级公路混合交通量较大且接近城镇的路段,或通过城镇作为连接街道使用的路段，当车速受到限制，按规定设置超高有困难时，可根据行车速度，查相关规范设置超高。

表4.4.2　公路最大超高坡度

公路等级	高速公路	一级公路	二级公路	三级公路	四级公路
一般地区最大超高坡度/%	10		8		
积雪、严寒地区最大超高坡度/%	6				

表4.4.3　城市道路最大超高坡度

设计速度/($km \cdot h^{-1}$)	100	80	60	50	40	30	20
最大超高坡度/%	6		4		2		

(2)超高坡度的确定

超高坡度的确定按设计速度、半径大小计算，并结合路面类型、当地自然条件等最后确定。当超高横坡的计算值小于路拱横坡时，应设置等于路拱坡度的超高。

3)超高过渡方式

(1)公路的超高过渡方式

公路的超高过渡方式根据超高旋转轴在公路横断面上的位置，分为以下3种。

①无中间带道路的超高过渡。若超高横坡度等于路拱坡度，路面由直线上双向倾斜路拱形式过渡到曲线上具有超高的单向倾斜形式，只需要行车道外侧绕中线逐渐抬高，直至与内侧横坡相等为止，如图4.4.2所示。

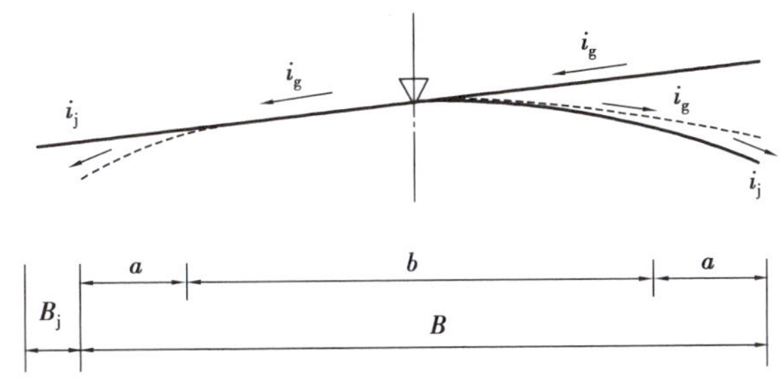

图4.4.2　超高值等于路拱时的过渡

当超高坡度大于路拱坡度时，可分别采用以下3种过渡方式：

a.绕内边线旋转。先将外侧车道绕路中线旋转，待达到与内侧车道构成单向横坡之后，整个断面再绕着未加宽前的内侧车道边线旋转，直至达到超高横坡值，如图4.4.3(a)所示。

b.绕中线旋转。先将外侧车道绕路中线旋转，待达到与内侧车道构成单向横坡后，整个断面再绕着中线旋转，直至达到超高横坡度值，如图4.4.3(b)所示。

c.绕外边线旋转。先将外侧车道绕着外边线旋转，与此同时，内侧车道随中线的降低而相应降低，待达到单向横坡后，整个断面仍绕外侧车道边线旋转，直至达到超过横坡度值，如图4.4.3(c)所示。

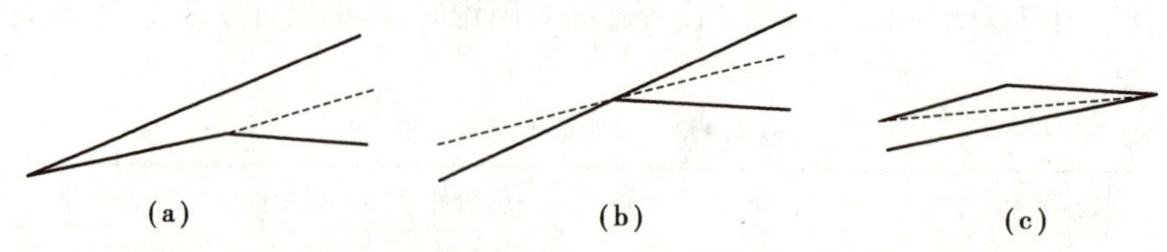

图 4.4.3　无中间带道路超高的过渡方式

前述各种方法中，绕内边线旋转由于行车道内侧坡度不降低，有利于路基纵向排水，一般新建工程多用此法。绕中线旋转可保持中线标高不变，且在超高坡度一定的情况下，外侧边缘抬高的值较小，多用于旧路改建工程。绕外侧边线旋转是一种比较特殊的设计，仅用于某些改善路容的地点。

②有中间带公路的超高过渡：

a. 绕着中间带的中心线旋转。先将外侧行车道绕着中央分隔带边缘旋转，待达到与内侧行车道构成单向横坡后，整个断面一同绕着中心线旋转，直至超高横坡度值，此时中央分隔带呈倾斜状，如图 4.4.4(a)所示。

b. 绕着中央分隔带边缘旋转。将两侧行车道分别绕中央分隔带边缘旋转，使之各自成为独立的单向超高横断面，此时中央分隔带维持原水平状态，如图 4.4.4(b)所示。

c. 绕着各自行车道中线旋转。将两侧行车道分别绕着各自的中心线旋转，使之各自成为独立的单向超高断面，此时中央分隔带两边缘分别升高和降低而成为倾斜断面，如图 4.4.4(c)所示。

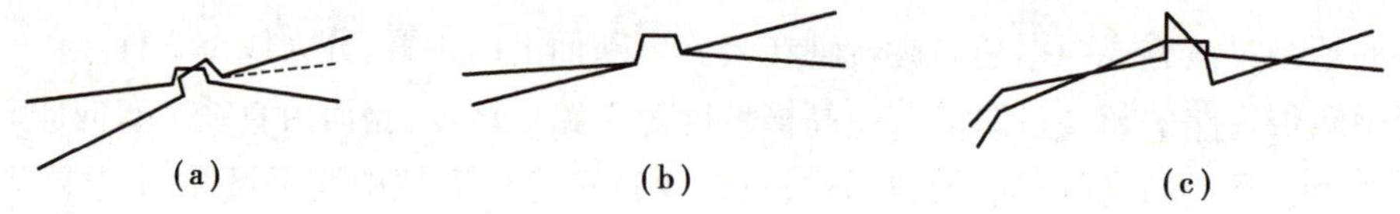

图 4.4.4　有中间带道路的超高过渡方式

③分离式公路的超高过渡。公路分离式断面的超高过渡可视为两条无中间带的公路分别予以处理。

(2) 城市道路的超高方式

城市道路的超高方式应根据地形状况、车道数、超高横坡度值、横断面形式、便于排水、路容美观等因素确定。单幅路面宽度及三幅机动车道路面宽度宜绕着中线旋转；双幅路面宽度及四幅机动车道路面宽度宜绕着中央分隔带边缘旋转，使两侧行车道各自成为独立的超高横断面。

4) 超高缓和段

为使行车舒适、路容的美观和排水的通畅，必须设置一定长度的超高过渡段，超高的过渡在超高过渡段全长范围内进行。双车道公路最小超高过渡段长度可按下式计算：

$$L_c = \frac{B'\Delta_i}{p} \tag{4.4.5}$$

式中　L_c——超高缓和段长度，m；

B——旋转轴至行车道（设路缘带时为路缘带）外侧边缘的宽度，m；

Δ_i——超高坡度与路拱坡度的代数差，%；

p——超高渐变率，即旋转轴线与行车道（设路缘带时为路缘带）外侧边缘线之间相对升降的比率，其规定值如表 4.4.4 和表 4.4.5 所示。

表 4.4.4 公路超高渐变率

设计速度/(km·h^{-1})	超高旋转轴位置		设计速度/(km·h^{-1})	超高旋转轴位置	
	绕中线旋转	绕边线旋转		绕中线旋转	绕边线旋转
120	1/250	1/200	40	1/150	1/100
100	1/225	1/175	30	1/125	1/75
80	1/200	1/150	20	1/100	1/50
60	1/175	1/125	—	—	—

表 4.4.5 城市道路超高渐变率

设计速度/(km·h^{-1})	超高渐变率	设计速度/(km·h^{-1})	超高渐变率
80	1/150	40	1/100
60	1/125	30	1/75
50	1/115	20	1/50

绕中线旋转时,式(4.4.5)可写为:

$$L_c=\frac{\frac{b}{2}(i_c+i_g)}{p} \tag{4.4.6}$$

绕边线旋转时,式(4.4.5)可写为:

$$L_c=\frac{bi_c}{p} \tag{4.4.7}$$

式中 b——路面宽度,m;

i_c——最大的超高横坡度,%;

i_g——路拱坡度,%。

多车道公路的超高缓和段长度视车道数,按上式计算之值乘以下列系数:

①行车道边缘到旋转轴距离为1.5车道时,乘以1.2;

②行车道边缘到旋转轴距离为2车道时,乘以1.5;

③行车道边缘到旋转轴距离为3车道时,乘以2.0。

超高缓和段长度应采用5的倍数,且不小于10 m;四级公路超高的过渡应在超高过渡段的全长范围内进行。

对线形设计有一定要求的公路,应在超高缓和段的起、终点插入一段二次抛物线,使之连接圆滑、顺适。

超高的过渡应在回旋线全长范围内进行。当回旋线较长时,应采取以下措施予以处理:

①超高过渡段设在回旋线的某一区段内,其超高起点宜设在曲率半径大于不设超高半径处,其超高断面宜设在缓圆点和圆缓点处。

②超高过渡段的纵向渐变率不得小于1/330。

③六车道以上的公路宜增设路拱线。

5)横断面上超高值的计算

(1)无中间带时的计算

平曲线上设置超高以后,道路中线和内、外侧边线与原中线上的设计标高之高差应予以计算并列于“路基设计表”中，以便施工。如图4.4.5和图4.4.6所示，此超高值的计算公式如表4.4.6和表4.4.7所示。

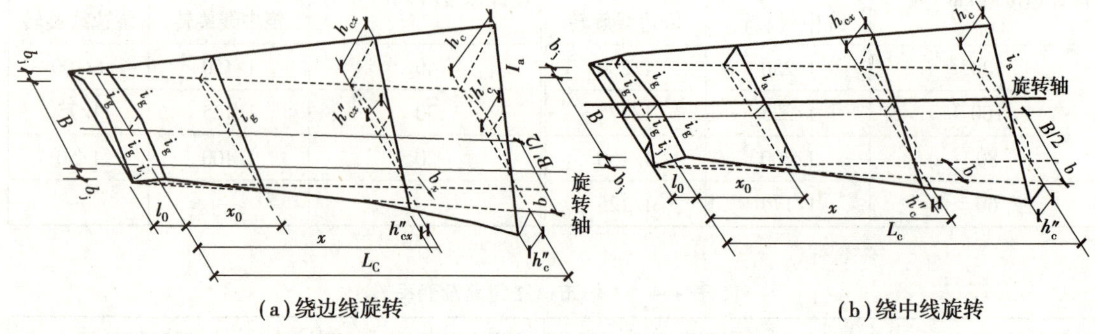

(a)绕边线旋转　　(b)绕中线旋转

图4.4.5　超高过渡方式

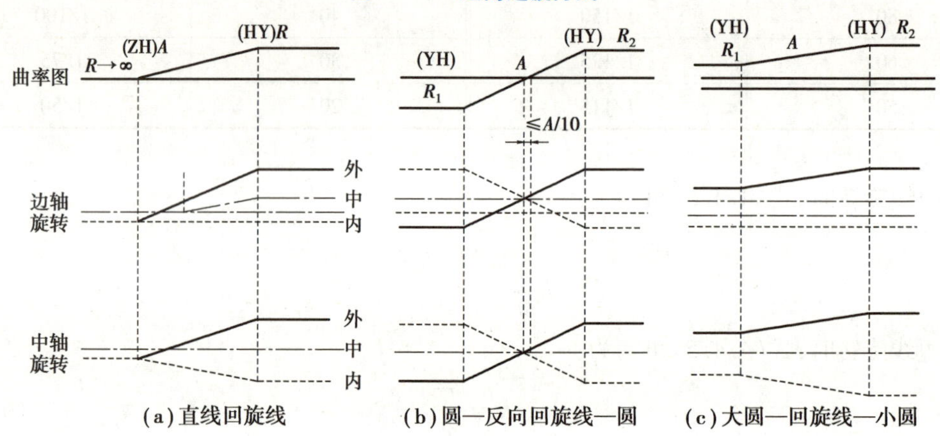

(a)直线回旋线　　(b)圆—反向回旋线—圆　　(c)大圆—回旋线—小圆

图4.4.6　超高设计图

表4.4.6　绕边线旋转超高值计算公式

超高位置		计算公式	
		$x\leqslant x_0$	$x>0$
圆曲线上	外缘 h_c	$b_j i_j+(b_j+B)i_h$	
	中线 h'_c	$b_j i_j+\frac{B}{2}i_h$	
	内缘 h''_c	$b_j i_j+(b_j+b)i_h$	
过渡线上	外缘 h_{cx}	$b_j(i_j+i_g)+[b_j i_g+(b_j+B)i_h]\frac{x}{L_c}$	
	中线 h'_{cx}	$b_j i_j+\frac{B}{2}i_g$	$b_j i_j+\frac{B}{2}\frac{x}{L_c}i_h$
	内缘 h''_{cx}	$b_j i_j-(b_j+b_x)i_g$	$b_j i_j-(b_j+b_x)\frac{x}{L_c}i_h$

注：①计算结果均为设计高之高差。

②临界断面距缓和段起点：$x_0=\frac{i_g}{i_h}L_c$。

③x 距离处的加宽值为：$b_x=\frac{x}{L_c}b$。

表 4.4.7　绕中线旋转超高值计算公式

超高位置		计算公式	
		$x \leqslant x_0$	$x>0$
圆曲线上	外缘 h_c	$b_j(i_j-i_g)+\left(b_j+\frac{B}{2}\right)(i_g+i_h)$	
	中线 h'_c	$b_j i_j+\frac{B}{2}i_g$	
	内缘 h''_c	$b_j i_j+\frac{B}{2}i_g-\left(b_j+\frac{B}{2}+b\right)i_h$	
过渡线上	外缘 h_{cx}	$b_j(i_j-i_g)+\left(b_j+\frac{B}{2}\right)(i_g+i_h)\frac{x}{L_c}$	
	中线 h'_{cx}	$b_j i_j+\frac{B}{2}i_g$(定值)	
	内缘 h''_{cx}	$b_j i_j-(b_j+b_x)i_g$	$b_j i_j+\frac{B}{2}i_g-\left(b_j+\frac{B}{2}+b_x\right)\frac{x}{L_c}i_h$

注:①计算结果均为设计高之高差。

②临界断面距缓和段起点:$x_0=\frac{2i_g}{i_g+i_h}L_c$。

③x 距离处的加宽值为:$b_x=\frac{x}{L_c}b$。

表 4.4.6 和表 4.4.7 中公式符号含义如下:B—路面宽度,m;b_j—路肩宽度,m;i_g—路拱坡度,%;i_j—路肩坡度,%;i_h—超高横坡度,%;L_c—超高缓和段长度(或缓和曲线长度),m;l_0—路肩坡度由 i_j 变为 i_g 所需要的距离,一般可取为 1~2 m;x_0—与路拱同坡度的单向超高点至超高缓和段起点的距离,m;x—超高缓和段中任一点至起点的距离,m;h_c—路肩外缘最大抬高值,m;h'_c—路中线最大抬高值,m;h''_c—路基内缘最大降低值,m;h_{cx}—x 距离处路基外缘抬高值,m;h'_{cx}—x 距离处路中线抬高值,m;h''_{cx}—x 距离处路基内缘降低值,m;b—路基加宽值,m;b_x—x 距离处路基加宽值,m。

前述弯道的超高设计都是对一个弯道而言。对于两个或者两个以上的弯道,其间距离又不太长,除考虑单一弯道的超高设计外,还需要研究两个弯道间的超高过渡问题。解决这个问题,需要"超高设计图"。

(2)有中间带时的计算

如图 4.4.7 所示,其计算公式列于表 4.4.8 和表 4.4.9 中。

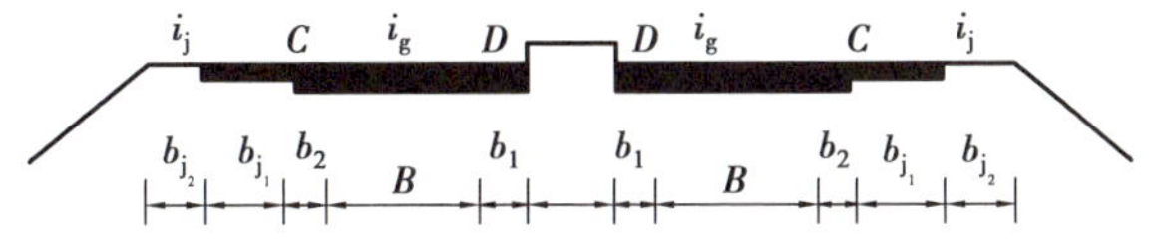

图 4.4.7　超高计算点的位置

表 4.4.8　绕中央分隔带边缘超高值计算方式

超高位置		计算公式	x 距离处行车道横坡值
外侧	C	$(b_x+B+b_2)i_x$	$i_x=\frac{i_h-i_g}{L_c}x-i_g$
	D	0	
内侧	D	0	$i_x=\frac{i_h-i_g}{L_c}x+i_g$
	C	$-(b_1+B+b_x+b_2)i_x$	

注:①计算结果为与设计高之高差。

②设计高程为中央分隔带外侧边缘的高程。

③加宽值 b_x 按加宽计算公式计算。

④当 $x=L_c$ 时,为圆曲线上的超高值。

表 4.4.9　绕各自行车道中心旋转超高值计算方式

超高位置		计算公式	x 距离处行车道横坡值
外侧	C	$\left(\frac{B}{2}+b_2\right)-\left(\frac{B}{2}+b_1\right)i_g$	$i_x=\frac{i_h-i_g}{L_c}x-i_g$
	D	$-\left(\frac{B}{2}+b_1\right)(i_x+i_g)$	
内侧	D	$\left(\frac{B}{2}+b_1\right)(i_x-i_g)$	$i_x=\frac{i_h-i_g}{L_c}x+i_g$
	C	$-\left(\frac{B}{2}+b_x+b_2\right)i_x-\left(\frac{B}{2}+b_1\right)x$	

注:①计算结果为与设计高之高差。

②设计高程为中央分隔带外侧边缘的高程。

③加宽值 b_x 按加宽计算公式计算。

④当 $x=L_c$ 时,为圆曲线上的超高值。

表 4.4.8 和表 4.4.9 中公式符号含义如下:B—左侧(或右侧)行车道宽度,m;b_1—左侧路缘带宽度,m;b_2—右侧路缘带宽度,m;b_x—x 距离处路基加宽值,m;i_h—超高横坡度,%;i_g—路拱横坡度,%;x—超高缓和段中任意一点至超高缓和段起点的距离,m;L_c—超高缓和段长度,m。

表 4.4.8 和表 4.4.9 仅列出了行车道外侧边缘和中央分隔带边缘的超高计算值,硬路肩外侧边缘、路基边缘的超高可根据路肩横坡和路肩宽度从车道外侧边缘推算。

3. 加宽

1) 加宽值的计算

汽车行驶在曲线上,各轮迹半径不同,其中后内轮轨迹半径最小,且偏向曲线内侧,故曲线内侧应增加路面宽度,以确保曲线上行车的顺适与安全。

①普通汽车的加宽值可由图 4.4.8 所示的几何关系求得:

$$b=R-(R_1+B)$$

而
$$R_1+B=\sqrt{R^2-A^2}=R-\frac{A^2}{2R}-\frac{A^4}{8R^3}-\cdots$$

故
$$b=\frac{A^2}{2R}+\frac{A^4}{8R^3}+\cdots$$

上式第二项以后的数值极小,可省略不计,故一条车道的加宽为:

$$b_{单}=\frac{A^2}{2R} \tag{4.4.8}$$

式中　A——汽车后轴至前保险杠的距离;

R——圆曲线半径。

对于有 N 个车道的行车道,加宽值为:

$$b=\frac{NA^2}{2R} \tag{4.4.9}$$

②半挂车的加宽值由图 4.4.9 的几何关系求得:

$$b_1=\frac{A_1^2}{2R},b_2=\frac{A_2^2}{2R'}$$

式中　b_1——牵引车的加宽值;

b_2——拖车的加宽值;

A_1——牵引车保险杠至第二轴的距离;

A_2——第二轴至拖车最后轴的距离。

其余符号如图 4.4.9 所示。

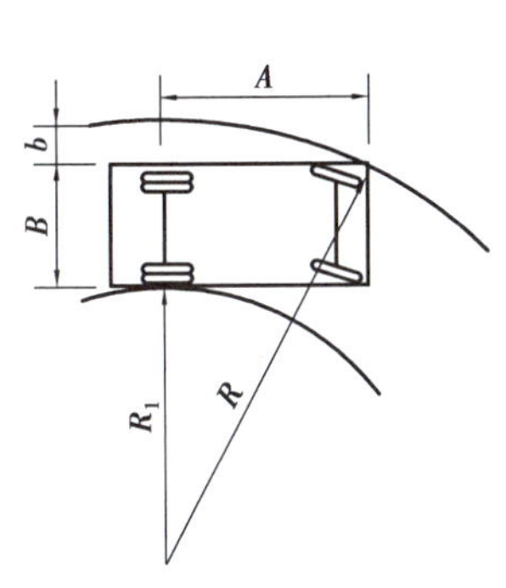

图 4.4.8　普通汽车的加宽

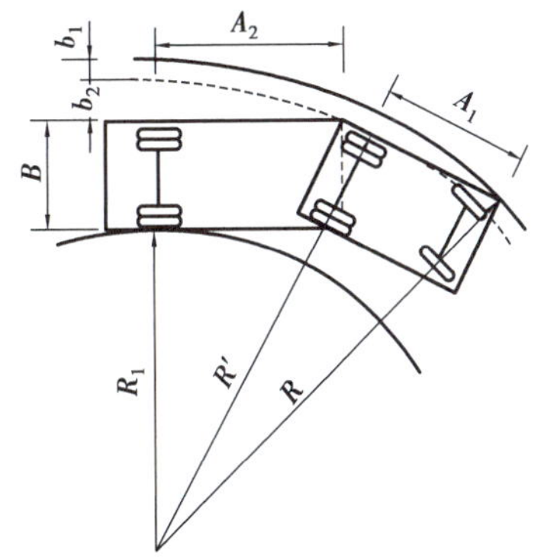

图 4.4.9　半挂车的加宽

由于 $R'=R-b_1$,而 b_1 与 R 相比甚微,可取 $R'\approx R$,于是半挂车的加宽值为:

$$b=b_1+b_2=\frac{A_1^2+A_2^2}{2R} \tag{4.4.10}$$

令 $A_1^2+A_2^2=A^2$,式(4.4.10)仍归纳成为式(4.4.11):

$$b=\frac{2R}{NA^2} \tag{4.4.11}$$

据实测,汽车转弯加宽还与车速有关,一个车道摆动加宽值计算的经验公式为:

$$b'=\frac{0.05V}{\sqrt{R}} \tag{4.4.12}$$

式中　V——汽车转弯时的车速。

考虑车速的影响，曲线上路面的加宽值按下式计算：

$$b=N\left(\frac{A^2}{2R}+\frac{0.05V}{\sqrt{R}}\right) \tag{4.4.13}$$

根据3种标准车型轴距的不同，其轴距加前悬的长度分别为5 m、8 m和5.2 m+8.8 m，分别计算并对结果进行整理，可得出不同半径所对应的三类加宽值。《公路工程技术标准》规定：双车道路面加宽值如表4.4.10所示，城市道路圆曲线每条车道的加宽值如表4.4.11所示。

表4.4.10　双车道公路平曲线加宽值

加宽类型	加宽值/m 汽车轴距加前悬/m	平曲线半径/m								
		250～200	200～150	150～100	100～70	70～50	50～30	30～25	25～20	20～15
1	5	0.4	0.6	0.8	1.0	1.2	1.4	1.8	2.2	2.5
2	8	0.6	0.7	0.9	1.2	1.5	2.0			
3	5.2+8.8	0.8	1.0	1.5	2.0	2.5				

表4.4.11　城市道路圆曲线每条车道的加宽值

加宽值/m 车型	圆曲线半径/m								
	200<R≤250	150<R≤200	100<R≤150	60<R≤100	50<R≤60	40<R≤50	30<R≤40	20<R≤30	15<R≤20
小型汽车	0.28	0.30	0.32	0.35	0.39	0.40	0.45	0.60	0.70
普通汽车	0.40	0.45	0.60	0.70	0.90	1.00	1.30	1.80	2.40
铰接车	0.45	0.55	0.75	0.95	1.25	1.50	1.90	2.80	3.50

四级公路和设计速度为30 km/h的三级公路采用第一类加宽值：其余各级公路采用第3类加宽值。对于不经常通行半挂车集装箱运输的公路，可采用第2类加宽值。

对于$R>250$ m的圆曲线，由于其加宽值甚小，可以不加宽。由3条以上车道构成的行车道，其加宽值应另行计算。各级公路的路面加宽后，路基也应相应加宽。四级公路路基采用6.5 m以上宽度时，当路面加宽后剩余的路肩宽度不小于0.5 m时，则路基可不予加宽；小于0.5 m时，则应加宽路基以保证路肩宽度不小于0.5 m。

对于分道行驶的公路，当圆曲线半径较小时，其内侧车道的加宽值应大于外侧车道的加宽值。设计时，应通过计算确定其差值。

2）加宽的过渡

为使路面由直线上的正常宽度过渡到圆曲线上，设置加宽的宽度，需设置加宽过渡段。在加宽过渡段上，路面具有逐渐变化的宽度。加宽过渡的设置根据道路性质和等级可采用不同的方法。

(1)比例过渡

在加宽过渡段全长范围内按其长度成比例逐渐加宽,如图4.4.10所示。加宽过渡段内任意点的加宽值为:

$$b_x = \frac{L_x}{L} b \tag{4.4.14}$$

式中 L_x——任意点距过渡段起点的距离;

L——加宽过渡段长;

b——圆曲线上的全加宽。

比例过渡简单易操作,但经加宽以后的路面内侧与行车轨道不符,过渡段的起终点出现破折,路容也不美观。这种方法可用于二、三、四级公路。

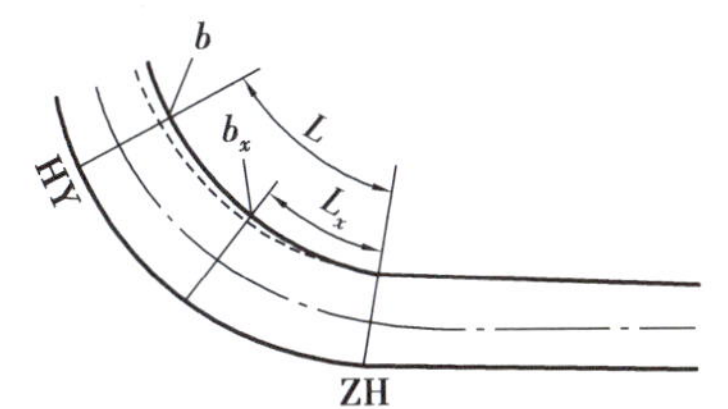

(a)设缓和曲线的弯道比例过渡

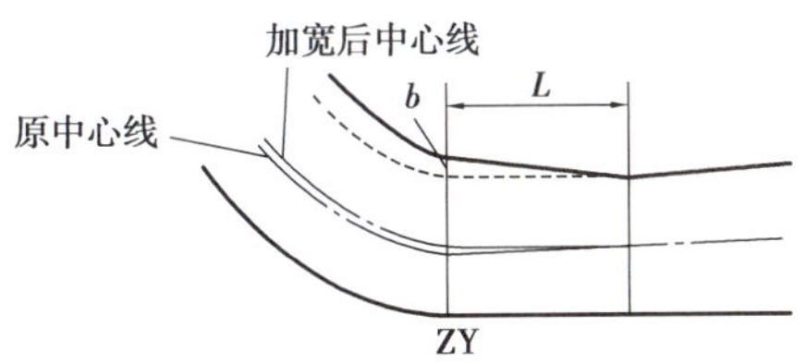

(b)不设缓和曲线的弯道比例过渡

图4.4.10 加宽的过渡

(2)高次抛物线过渡

在加宽过渡段上插入一条高次抛物线,抛物线上任意点的加宽值为:

$$b_x = (4k^3 - 3k^4) b \tag{4.4.15}$$

式中,$k = \frac{L_x}{L}$。

用这种方法处理以后的路面内侧边缘圆滑、美观,适用于对路容有一定要求的高速公路和一级公路。

(3)回旋线过渡

在过渡段上插入回旋线,这样不但中线上有回旋线,而且加宽以后的路面边线也是回旋线,与行车轨迹相符,保证行车的顺适与线形的美观。这种方法适用于高速公路和一、二级公路的下列路段:

①位于大城市近郊的路段;

②桥梁、高架桥、挡土墙、隧道等构造物处;

③设置各种安全防护设施的路段;

④直线与圆弧相切过渡。

四级公路不设缓和曲线,其加宽过渡在直线上进行。在人工构造物处,因设置加宽过渡段而在圆曲线起、终点内侧边缘产生明显转折时,可采用路面加宽边缘线与圆曲线上路面加宽后的边缘线圆弧相切的方法予以消除,如图4.4.11所示。

其近似公式为:

$$\alpha = \frac{-L + \sqrt{L^2 + 2(R-B)b}}{R-B}$$

$$L_i = R\alpha$$

$$b_i = L\tan\alpha$$

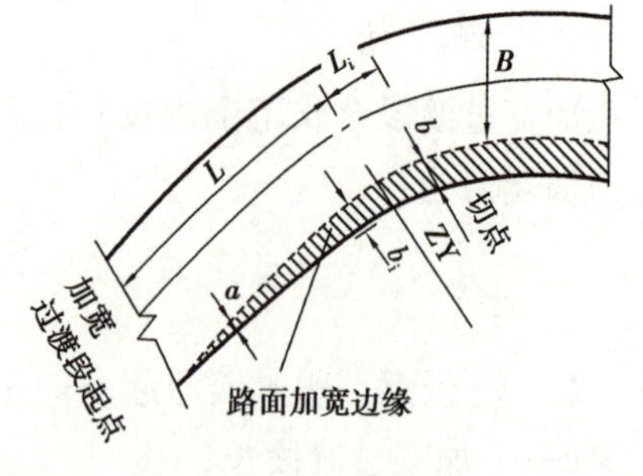

图 4.4.11　加宽过渡段内侧边缘转折的消除

式中　L_i——圆曲线起、终点至切点的距离；

b_i——修正后圆曲线起、终点处路面加宽值；

R——圆曲线半径；

L——加宽过渡段长度；

B——未加宽前路面宽度；

b——圆曲线段路面加宽值；

α——路面加宽边缘线与未加宽路面边缘线的夹角，rad。

前述诸多方法中，有的对线形顺滑美观有利，但计算和测设比较烦琐，而另外一些则相反。强调高等级公路和人工构造物的地段，应尽量采用于线形有利的方法，因为这些地方即使增加计算的工作量也是值得的。尤其是计算机和光电类测量仪器普遍使用，使测设计算变得容易，不但在高等级公路上，即使在一般公路上都宜优先考虑采用有利于线形的加宽过渡方法。

3）加宽过渡段的长度

对于设置有缓和曲线的平曲线，加宽过渡段应采用与缓和曲线相同的长度。对于不设缓和曲线，但设置有超高过渡段的平曲线，可采用与超高过渡段相同的长度。对于既不设缓和曲线，又不设超高的平曲线，加宽过渡段应按渐变率为 1∶15 且长度不小于 10 m 的要求设置。对于复曲线的大圆和小圆之间设有缓和曲线的加宽过渡段，均可以按前述方法处理。

任务 4.5　爬坡车道、避险车道

1. 爬坡车道

1）设置爬坡车道的条件

为了在长陡的路段上，将大型车、慢速车从主线车流中分离出去，从而提高主线车辆的行驶自由程度，以增加该路段的通行能力而设置的附加车道，称为爬坡车道。

《公路路线设计规范》规定，四车道高速公路、四车道一级公路以及二级公路连续上坡路段，符合下列情况之一者，宜在上坡方向行车道右侧设置爬坡车道：

①沿连续上坡方向载重汽车的运行速度降低到表 4.5.1 所列的容许最低速度以下时。

②上坡路段的设计通行能力小于设计小时交通量时。

③经设置爬坡车道与改善主线纵坡不设爬坡车道技术经济比较论证，设置爬坡车道的效益费用比、行车安全性较优时。

表 4.5.1　上坡防线容许最低速度

设计速度/($km \cdot h^{-1}$)	120	100	80	60	40
容许最低速度/($km \cdot h^{-1}$)	60	55	50	40	35

2)爬坡车道的设计

(1)横断面组成

爬坡车道设于主线道路上坡方向行车道右侧,如图 4.5.1 所示。爬坡车道的宽度一般为 3.5 m,包括设在其左侧路缘带的宽度 0.5 m。

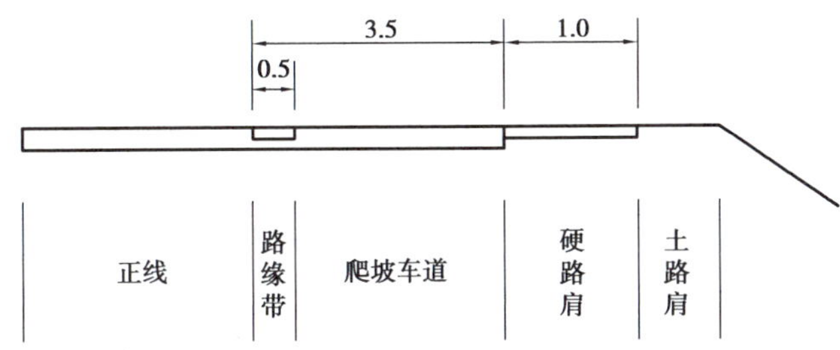

图 4.5.1 爬坡车道横断面组成(单位:m)

爬坡车道的路肩和主线一样,仍然由硬路肩和土路肩组成。但由于爬坡车道上行驶速度较低,其硬路肩宽度可以不按主线的安全标准要求设计,一般为 1.0 m。土路肩宽度以按主线要求设计为宜。

窄路肩不能提供停车使用,在长而连续的爬坡车道上,其右侧应按规定,间隔一定的距离设置一紧急停车带。

(2)横坡度

如前所述,因为爬坡车道的行车速度比主线小,为行车安全起见,高速公路主线超高坡度与爬坡车道的超高坡度之间的对应关系如表 4.5.2 所示。

表 4.5.2 爬坡车道超高值

主线的超高坡度/%	10	9	8	7	6	5	4	3	2
爬坡车道超高坡度/%	5		4					3	2

超高坡度的旋转轴为爬坡车道内侧边缘线。若爬坡车道位于直线路段时,其横坡度的大小同主线路拱坡度,采用直线式横坡,坡向向外。另外,爬坡车道右侧路肩的横坡度大小和坡向参照主线与右侧路肩之间关系的有关规定确定。

(3)布置与长度

进行爬坡车道设计时,应综合考虑它与线形设计的关系。其起、终点应设置在通视良好、便于辨认和过渡顺适的位置。爬坡车道的长度应与主线相应纵坡长度一致。

爬坡车道的起点,应设于陡坡路段上载重汽车运行速度降低至表 4.5.1“容许最低速度”处。

爬坡车道的终点,应设于载重汽车爬经陡坡路段后恢复至“容许最低速度”处,或陡坡路段后延伸的附加长度的端部。该陡坡路段后延伸的附加长度规定如表 4.5.3 所示。

爬坡车道起点、终点处应按规定设置分流、汇流渐变段,其长度如表 4.5.4 所示。

表 4.5.3　陡坡路段延伸的附加长度

附加路段的纵坡/%	下坡	平坡	上坡			
			0.5	1.0	1.5	2.0
附加长度/m	100	150	200	250	300	350

表 4.5.4　爬坡车道分流、汇流渐变段长度

公路等级	分流渐变段长度/m	汇流渐变段长度/m
高速公路、一级公路	100	150～200
二级公路	50	90

爬坡车道的起点、终点规定所确定的爬坡车道长度(不含爬坡车道分流、汇流渐变段长度)小于 250 m 时,可不设爬坡车道。相邻两爬坡车道相距较近时,宜将两爬坡车道直接连接。

爬坡车道在纵断面上的布设形式如图 4.5.2 所示。

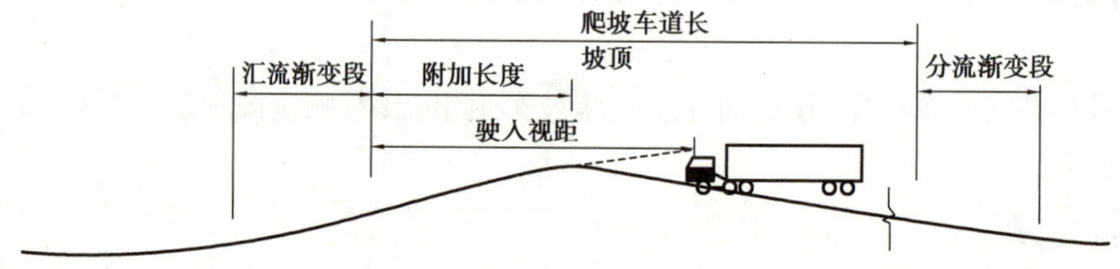

图 4.5.2　典型爬坡车道

2. 避险车道

1) 避险车道的作用及组成

(1) 避险车道的作用

避险车道是指在长陡下坡路段行车道外侧增设的供速度失控车辆驶离正线安全减速的专用车道。

在连续长陡下坡路段,汽车下坡行驶时速度增加较快,使制动次数增加,汽车制动器温度上升较快、较高,易发生制动失效而引起速度失控;另外,在长下坡路段较小半径平曲线前,重型载重车会因速度过高导致减速不及而使速度失控。长陡下坡行驶速度失控,易发生侧翻、冲出路基、撞击前方车辆的恶性交通事故,甚至造成车毁人亡。若在长陡下坡路段适当位置设置避险车道,供速度失控车辆驶入,利用制动坡床的滚动阻力和坡度阻力迫使汽车减速停车,可避免或减轻车辆和人员损伤。

(2) 避险车道的组成

避险车道主要由引道、制动车道、服务车道及辅助设施(路侧护栏、防撞设施、施救锚栓、呼救电话、照明等)组成,如图 4.5.3 所示。

2) 避险车道的类型

避险车道主要有上坡道型、水平坡道型、下坡道型和砂堆型 4 种,如图 4.5.4 所示。

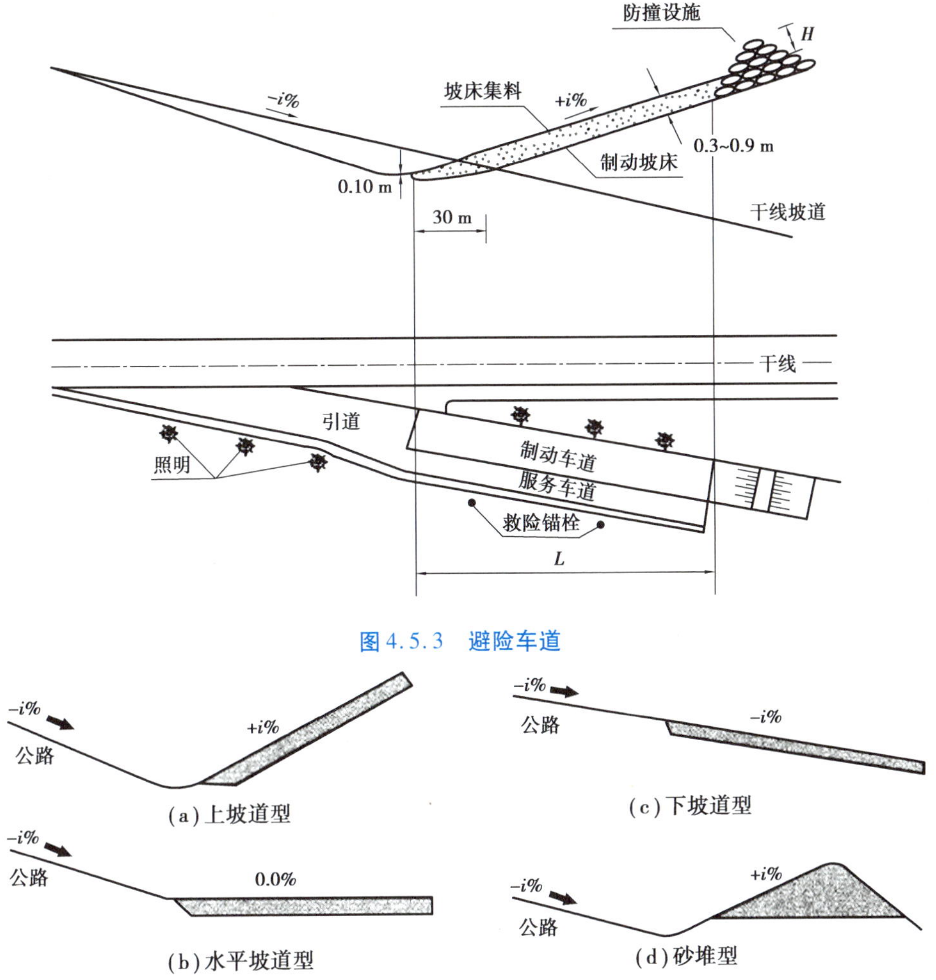

图 4.5.3　避险车道

图 4.5.4　避险车道基本类型

上坡道型车辆的停止，是通过坡床材料与轮胎间的滚动阻力和坡床面的坡度阻力共同作用实现，所需长度短，为常用形式[图 4.5.4(a)]。

水平坡道型车辆的停止，全靠坡床材料与轮胎间的滚动阻力实现，所需长度较长，特殊情况下可采用[图 4.5.4(b)]。

下坡道型车辆的停止，仅凭坡床材料与轮胎间滚动阻力实现，且坡度阻力助推汽车向前滑行，所需长度更长，在不得已情况下论证采用[图 4.5.4(c)]。

砂堆型车辆的停止，其原理与上坡道型相似，区别是坡床砂堆厚度和滚动阻力系数渐变增大，且所需长度更短，但因砂堆减速过于强烈，易发生二次事故，故较少采用[图 4.5.4(d)]。

3) 避险车道的设置

避险车道的位置主要应根据制动器温度、正线线形及地形条件等因素确定，其中制动器温度是必要条件，而正线线形和地形是限制条件。

(1) 制动器温度

在长陡下坡路段，对无辅助制动装置的汽车必须频繁制动，使制动器温度上升较快，当达到制动效能衰退温度后，可能引起车辆制动失效而发生事故。由坡顶下坡行驶，当制动器温度超过衰退温度的位置后，应设置避险车道。该行程的距离与汽车质量、平均纵坡、制动失效温度标准及环境温度等有关。

根据制动器温度预测模型，可计算出制动器温度达到某一温度时，其距坡顶的距离可参考下式计算：

$$L_0=\frac{-3.267+\sqrt{10.673+0.64(T-T_{\mathrm{H}})}}{3.2\times10^{-6}mi} \tag{4.5.1}$$

式中 L_0——距坡顶的距离，m；

T——制动器的失效温度，℃，一般取 200 ℃；

T_{H}——环境温度，℃，一般取年平均最高气温；

m——车辆总质量，kg；

i——平均纵坡，%。

避险车道的设置条件目前暂无规定，尚需深入研究。相关研究表明，当长陡下坡平均纵坡和路段长度达到或超过前述参考值时，在危及行车安全处应设置避险车道。

(2) 正线线形

避险车道的具体位置要受正线线形条件的限制，一般应设置在正线的直线路段上，要求视距良好，便于驾驶员准确驶入避险车道；若为平曲线路段，应设置在失控车辆不能安全转弯的平曲线之前或从该曲线切线方向切出，确保安全、顺适驶出正线，避免急转向引起侧翻或从避险车道侧向冲出。其应避免设在避险车道端头和两侧下方人口稠密区，以防伤及路外居民；尽量远离正线上的桥梁和隧道等构造物，以免失控车辆对其产生破坏。

(3) 沿线地形

避险车道的位置还要受正线右侧地形条件的限制。右侧地形最好是高出路基边缘的山包、山坡、台地等，且容易开挖修筑；低于路基边缘的浅沟或平地等，且容易填筑，也可设置；右侧为深沟、低于路基边缘的山坡等地形不宜设置。

在平均纵坡一定的情况下，限制条件是可变的，对局部平面线位横向微调，如直线旋转或平移、改变圆曲线半径，就可改变正线右侧地形；对局部纵断面的纵坡下压，就可降低路基边缘的高度。根据控制点之间平均纵坡的大小及长度，在选定线阶段就应考虑设置避险车道的可能性及位置要求，在平、纵面设计中具体实现。

4) 避险车道的设计

(1) 平、纵面设计

避险车道的平面线形宜为直线。正线为直线时，流出角宜为3°~5°；正线为曲线时，宜为其切线方向。避险车道的平面如图 4.5.5 所示。

制动车道纵断面宜为直坡线。制动车道宜设为上坡，纵坡大小依地形条件、制动车道长度和坡床材料等综合确定，一般采用纵坡 8%~20%。引道分岔段纵坡宜与正线相同。引道分岔段为下坡，制动车道为上坡，凹形竖曲线宜设置在制动车道前的引道上，不得已时可设置在制动车道和引道上。

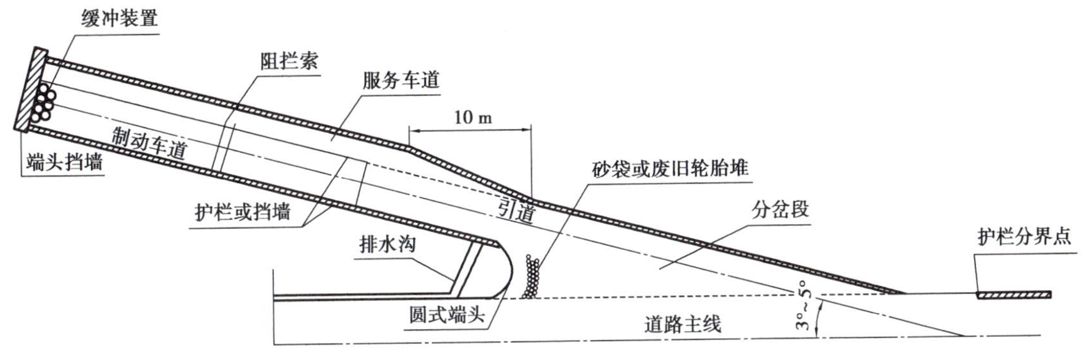

图4.5.5　避险车道平面示意图

(2)避险车道的宽度

在右侧地形条件允许情况下,避险车道宽一些为宜,一般以满足一辆车使用。因汽车制动失效时驾驶员心理高度紧张,为保安全控制汽车大致驶入制动车道中间部分,一般不会想到靠左侧或靠右侧,有意留出一条车道供其他失控车辆使用。因此,制动车道宜按一辆车使用设计,其宽度不小于4.5 m。服务车道宜设置在制动车道右侧,宽度不小于3.5 m,用于施救遇险车辆和制动车道的维修养护。避险车道横断面总宽度应不小于9.0 m,如图4.5.6所示。

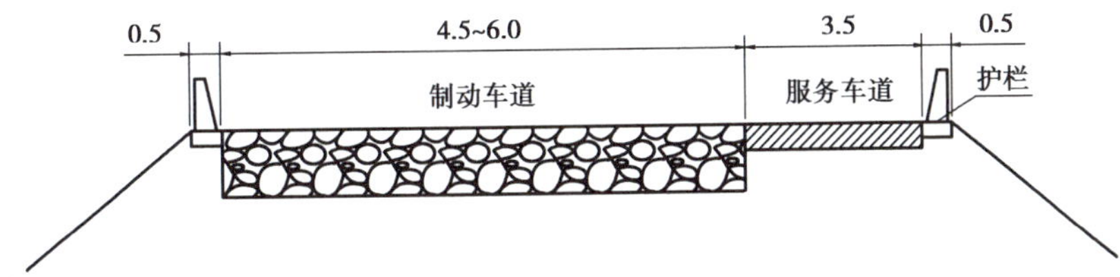

图4.5.6　避险车道横断面示意图(单位:m)

(3)避险车道长度

制动车道上车辆减速至停车,是轮胎与坡床材料间滚动阻力和车重分力共同作用的结果。

根据能量守恒原理,得:

$$\frac{1}{2}mv^2=mgLf+mgLi$$

$$L=\frac{v^2}{254(f+i)} \tag{4.5.2}$$

式中　L——制动车道长度,m;

v——进入制动车道的入口速度,km/h;

i——制动车道纵坡,%;

f——坡床材料滚动阻力系数;

g——重力加速度。

对于不同的入口速度,避险车道长度计算值如表4.5.5所示。

表 4.5.5　避险车道长度

制动车道纵坡/%	坡床材料滚动阻力系数	入口速度/(km·h⁻¹)							
		90		100		110		120	
		坡床长度 L/m	强制减弱装置堆砌高度/m	坡床长度 L/m	强制减弱装置堆砌高度/m	坡床长度 L/m	强制减弱装置堆砌高度/m	坡床长度 L/m	强制减弱装置堆砌高度/m
8	碎砾石 $f=0.05$	245	1.5	303	1.5	366	1.5	436	1.5
	砾石 $f=0.10$	177	1.5	219	1.5	265	1.5	315	1.5
	砂 $f=0.15$	139	1.5	171	1.5	207	1.5	246	1.5
	豆砾石 $f=0.25$	97	1.5	119	1.5	144	1.5	172	1.5
10	碎砾石 $f=0.05$	213	1.2	262	1.2	318	1.2	378	1.2
	砾石 $f=0.10$	159	1.2	197	1.2	238	1.2	283	1.2
	砂 $f=0.15$	128	1.2	157	1.2	191	1.2	227	1.2
	豆砾石 $f=0.25$	91	1.2	112	1.2	136	1.2	162	1.2
12	碎砾石 $f=0.05$	188	1.2	232	1.2	280	1.2	333	1.2
	砾石 $f=0.10$	145	1.2	179	1.2	217	1.2	258	1.2
	砂 $f=0.15$	118	1.2	146	1.2	176	1.2	210	1.2
	豆砾石 $f=0.25$	86	1.2	106	1.2	129	1.2	153	1.2
15	碎砾石 $f=0.05$	159	1.2	197	1.2	238	1.2	283	1.2
	砾石 $f=0.10$	128	1.2	157	1.2	191	1.2	227	1.2
	砂 $f=0.15$	106	1.2	131	1.2	159	1.2	189	1.2
	豆砾石 $f=0.25$	80	1.2	98	1.2	119	1.2	142	1.2
20	碎砾石 $f=0.05$	128	1.2	157	1.2	191	1.2	227	1.2
	砾石 $f=0.10$	106	1.2	131	1.2	159	1.2	189	1.2
	砂 $f=0.15$	91	1.2	112	1.2	136	1.2	162	1.2
	豆砾石 $f=0.25$	71	1.2	87	1.2	106	1.2	126	1.2

(4)制动车道的引道

引道设置在正线与制动车道之间,起连接作用,能给失控车辆驾驶员提供反应时间和足够空间沿引道安全驶入制动车道。

引道的设置应能使失控车辆驾驶员,在引道起点清晰看到制动车道全貌。在进入引道前的正线上应有 3 s 以上的行程距离,能使驾驶员看清引道,以免错过岔口。由正线驶出进入引道的线形应顺适,避免高速右转产生侧翻。引道的最小长度应满足失控车辆以入口速度 3 s 的行程。

引道路面结构应与正线相同,引道终点边线应与制动车道中线垂直,保证失控车辆前轮能同时进入制动车道坡床,防止受力不均而发生侧偏或侧翻。

(5)坡床材料和厚度

①材料。坡床材料宜选择具有较高滚动阻力系数、陷落小、不板结和不被雨水冲刷的非级配卵(砾)石材料,且无杂质;不用有尖锐棱角的材料,如机制碎石等,此类材料对车辆轮胎有损伤,在车轮碾压下,易破碎产生细小颗粒,使坡床材料致密且影响坡床底排水。材料采用粒径2 ~5 cm 的圆形或椭圆形为宜。

坡床材料在车轮的反复碾压下,会有破碎的细集料沉积到坡床底部,每隔一段时间应对坡床材料进行检查。如细集料沉积厚度达到1.0 ~2.0 cm 时,应清除沉积或更换坡床填充材料。滚动阻力系数如表4.5.6 所示。

表4.5.6 不同材料的滚动阻力系数

材料	滚动阻力系数	材料	滚动阻力系数
水泥混凝土	0.010	松散砂砾或压碎的碎石	0.050
沥青混凝土	0.012	松散砂砾或没有压碎的碎石	0.100
密实砾砂层	0.015	砂	0.150
松质砂土	0.037	豆砂石	0.250

②厚度。制动坡床铺筑厚度一般为0.5 ~1.0 m,制动车道入口处铺筑厚度为0.1 m,采用5 ~10 m 长的渐变段逐渐过渡到正常坡床厚度。

(6)避险车道的其他设施

①缓冲装置。当设置的制动车道长度和纵坡满足规定时,为防止个别车辆冲到(或冲出)制动车道端部,应在末端设置强制减弱装置,可用沙袋(桶)、废轮胎等堆砌,高度为1.2 ~1.5 m。当设置的制动车道长度不足时,除设置强制减弱装置外,必须修筑端头挡墙,应在制动车道中部偏始端位置增设2 道以上阻拦索,或堆筑坡度为1.5 : 1 的与坡床材料相同的凸起堆体。

在正线与引道分岔的鼻端部位堆置沙袋或废轮胎缓冲装置。在制动车道两侧应设置护栏。

②避险车道排水。在寒冷季节,冰冻会破坏制动车道,不通畅的排水会导致细粒土堆积以至填充、污染材料缝隙。制动车道周围应做好排水沟,防止车道外侧水进入。

一般应将制动车道底部设置成向一侧倾斜的横坡,横坡采用0.5% ~1%。低侧设置盲沟,将水横向排到盲沟,再由盲沟纵向将水排出。

在盲沟顶部设置盖板,并用土工织物将盲沟顶部盖板进行覆盖,覆盖范围比盖板顶宽出1 ~1.5 m。盲沟内用大颗粒的集料(粒径宜大于7.5 cm),并用土工织物将其内部的集料进行包裹,以免细集料堵塞孔隙,影响排水效果。

③标志。正线上必须设置明显标志,禁止正常行驶车辆临时使用避险车道停车,保证速度失控车辆随时使用。在避险车道前的正线上,设置明显的指示标志,提醒驾驶员前方设有避险车道,引导驾驶员顺利驶入。

④锚栓。为施救驶入制动车道的车辆,应在服务车道右侧每隔50 m 设置一处锚栓,用以固定钢索等施救设备。

⑤监控系统及呼救电话。制动车道一般都设在山区,在崇山峻岭中,手机的信号微弱甚至不能使用,为便于驾乘人员及时与道路管理部门联系,尽快将制动车道中的车辆拖出,应在制动

车道附近不超过 50 m 范围内,设置求救电话和监控系统。

⑥中央分隔带开口。在设制动车道的正线上,道路视线良好路段的中央分隔带应开口,以供施救车辆通行。

⑦照明。为在夜间、不良气候条件下,便于驾驶员看清制动车道和施救人员的救助,应在制动车道范围内设置足够的照明设施。

任务 4.6　横断面设计

1. 横断面设计的基本要求

横断面设计应使道路横断面布置及几何尺寸满足交通环境、用地经济、城市面貌等要求。路基是支承路面、形成连续行车道的带状土、石结构物,它既要承受路面传来的车辆荷载,又要承受大自然因素的作用。因此,路基横断面设计必须满足以下基本要求:

①路基的结构设计应根据使用要求和当地自然条件(包括地质、水文和材料情况),并结合施工条件进行设计,既应有足够的强度和稳定性,又要经济合理。

山岭、重丘地区的路基设计,应根据当地自然条件,特别是地形及工程地质条件,选择适当的路基横断面形式和边坡坡度。在地形陡峻和不良地质地段,不宜破坏天然植被和山体平衡;在狭窄的河谷地段,不宜侵占河床,可视具体情况设置其他结构物和防护工程。陡坡上的半填半挖路基,可根据地形、地质条件,采用护肩、砌石或挡土墙;当山坡高陡或稳定性差不宜多挖时,可采用旱桥、悬出露台等构造物;在悬崖陡壁地段,如山体岩石整体性好,可采用半山洞。

在平原、微丘地区,应注意最小填土高度,并设置必要的排水设施。沿河路基应根据冲刷情况,设置必要的防护措施。

②路基的横断面形式和尺寸应根据道路的等级、设计标准和设计任务书的规定以及道路的使用要求,结合具体的条件确定。一般路基可参照典型横断面设计;特殊路基则应进行单独计算然后设计。

③路基设计应兼顾当地农田基本建设的需要,在取土、弃土、取土坑设置、排水设计等方面与农田改土、农田水利、灌溉沟渠等配合,尽量减少废土占地,防止水土流失和阻塞河道。

2. 道路横断面布置

1)公路横断面布置

公路横断面的布置一般不做单独计算,其断面形式可结合当地地形、地质、水文、填挖等情况,参照如图 4.6.1 所示的典型横断面进行布置,而路幅的宽度和路幅内各部分尺寸应根据公路等级、交通量、技术标准和具体情况,按图 4.6.1 中的规定进行布置。

(1)一般路堤

它是指填土高度小于 20 m 的路堤,如图 4.6.1(a)所示。当填土高度小于 0.5 m 时,为满足最小填土高度和路面、路肩和边坡地面排水的需要,应设置边沟;当填土高度大于 2 m 时,可将边沟扩大成取土坑以满足填土需要,但为保证边坡的稳定,应在坡脚与取土坑间设置宽度不小于 1 m 的护坡道;当填土高度较大时,为保证边坡稳定,应采用折线形边坡。

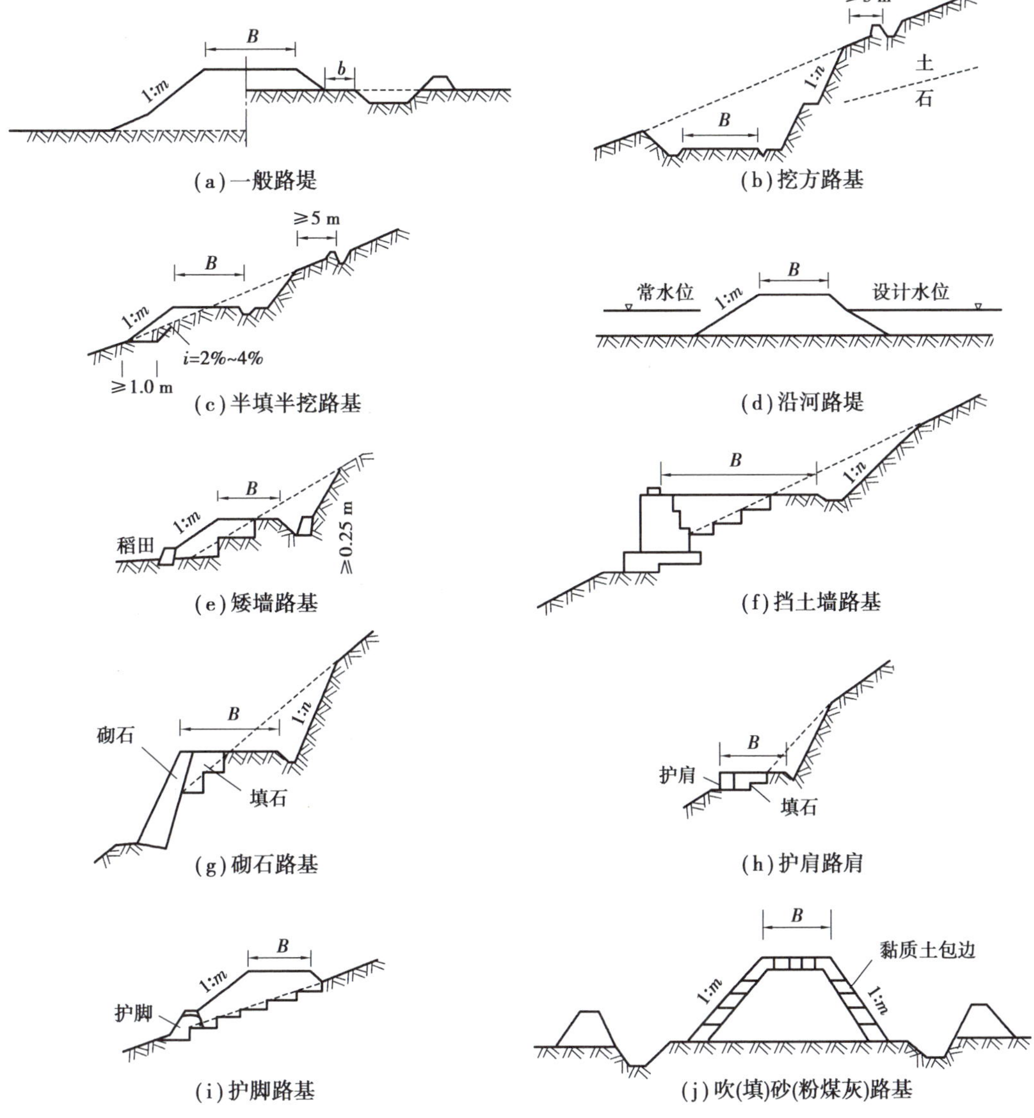

图 4.6.1　典型横断面

(2)挖方路基

它是指挖方深度小于 30 m、一般地质下的路堑,如图 4.6.1(b)所示。路堑路段均设置边沟;为拦截和排除上侧地面水以保证边坡的稳定,应在坡顶 5 m 处设置截水沟;开挖路堑所废弃的土石方,应弃之于下侧坡顶外并做成规则形状的弃土堆;当挖方高度较大或处于土质变化处,边坡应随之做成折线形或台阶式边坡以保证稳定。

(3)半挖半填路基

它是指一般山坡路段的路基,如图 4.6.1(c)所示。当地面横坡大于 1/5 时(包括一般路堤在内),为保证边坡稳定,应将原地面挖成台阶。台阶的高度应视填料性质和施工方法而定;挖方部分与一般路堑相同。

(4)陡坡路基

它是指山区陡坡路段的路基形式,如图 4.6.1(e)至(i)所示。填土高度虽不大,但地面横坡较陡,坡脚不远且不易填筑时,可采用如图4.6.1(h)所示的护肩路基。填土高度较大难以填筑,或地面横坡太陡以致坡脚落空不能填筑时,可采用如图4.6.1(g)所示的砌石路基或如图4.6.1(f)所示的挡土墙路基;前者是干砌或浆砌片石,能支持填方的稳定,片石与路基为一个整体,而挡土墙是不依靠路基也能独立稳定的支挡结构物。当挖方坡脚太远,为避免多占用耕地或拆迁其他建筑时,可采用如图4.6.1(i)所示的护脚路基。当挖方边坡土质松软易碎落时,可采用如图4.6.1(e)所示的矮墙路基;对水田地段的路堤,填方坡脚可依据实地情况设置矮墙或护坡,矮墙可用浆砌片石,高度不宜超过1.5 m。当挖方地质不良可能产生滑坍时,可采用如图4.6.1(f)所示的挡土墙路基。

(5)沿河路堤

它是指桥头引道和河滩路堤,如图4.6.1(d)所示。路堤浸水部分边坡,除应采用较缓和坡度外,还应视水流情况采用相应的加固保护措施。

(6)吹(填)砂(粉煤灰)路基

为保护边坡的稳定和有利植物的生长,边坡表层1 ~2 m处应用黏质土填筑,路床顶面可采用0.3 ~0.5 m粗粒土封闭,如图4.6.1(j)所示。

2)城市道路横断面布置

(1)布置原则

①横断面应与路上交通性质与组成协调。城市道路具有多功能性,但它的主要功能就是要为城市交通创造良好的服务条件。因此,应保证车辆与行人的交通安全和畅通。

②应与道路的性质和特点相配合。对于不同的道路性质,各自的特点和要求是不一样的。因此,在横断面综合布置上也应有所不同,不同功能的道路应有不同的横断面布置。

③应与沿线自然景观和建筑物相互协调。对城市的天然湖泊、河流、海面应充分利用,设计成风景优美的海滨或湖滨道路,沿线大型建筑物的高度与路宽应有适当的比例,使之协调美观。

④应充分发挥绿化带的作用。植树造林和布置绿化带最能美化城市,美化街道,同时又能起到保持卫生和安全的作用。它既可与分隔带结合,又可与人行道结合;既可作不同平面上横断面的衔接部分,又可作横断面的备用地带。

⑤应有利于排水。在选择路拱形式和横坡坡度时,应确保雨水(雪化水)的迅速排除,同时,还要注意与街道内部的排水系统相协调。

⑥应满足地上与地下管线的埋设和人防工程的要求。道路的总宽度应满足地下管线安排,如上海金山纬一路的总宽度为70 m就是根据管线要求而确定的。

⑦应考虑近、远期结合。城市道路设计中,应注意节约工程费用,节省城市用地,各组成部分的布置既要紧凑,又要留有余地。在城市的发展初期,交通量不大,可先开辟公路形式的断面,以后逐步过渡到城市道路形式的断面。为避免或减少道路构造物的搬迁以及绿化的搬迁,必须要处理好近期横断面向远期过渡的问题。

常见的横断面形式都是对称布置的,若受到地形、河流或建筑物等限制时,也可做成不对称布置。在同一道路上,一般采用同一种断面形式。

(2)基本布置形式

城市道路交通主要是由行人交通和车辆交通两部分组成,在设计中必须合理解决行人与车辆、机动车与非机动车的交通矛盾。通常利用侧平石和绿化带把人行道和车行道布置在不同的位置和高度上,以分隔行人和车辆,保证交通安全。但机动车和非机动车的交通组织是分隔还是混行,则应根据道路和交通的具体情况作具体分析;不同的交通组织,它的机动车道和非机动车道在横断面上的布置形式也相应不同。

根据机动车道和非机动车道不同的布置形式,城市道路横断面的布置有以下 4 种基本形式,如图 4.6.2 所示。

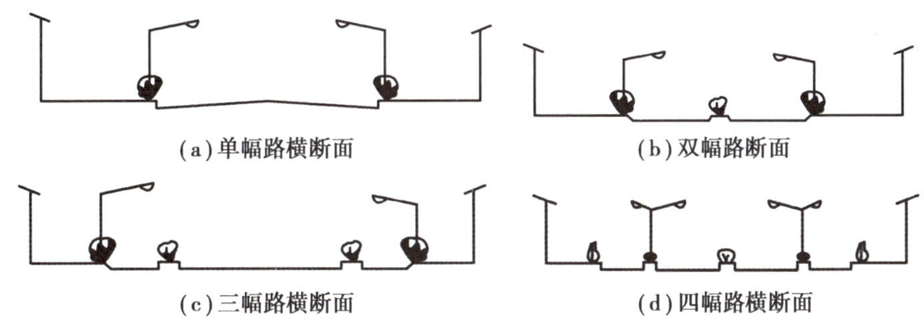

图 4.6.2　城市通路横断面的布置形式

①单幅路横断面(“一块板”)[图 4.6.2(a)]。单幅路横断面把所有车辆都组织在同一个车道上混合行驶,车行道布置在道路中。在画有快(机动车)、慢(非机动车)两种车道线的街道上,机动车在快车道上行驶,非机动车在慢车道上行驶,在不影响交通安全的情况下,它们的车道允许相互临时调剂使用。即允许车辆临时超越分道线;在快、慢车道不分的街道上,机动车在中央行驶,非机动车在靠右侧行驶;在特殊情况下,也可把单幅路的车行道专供某种车辆行驶。如北京市的王府井大街、上海市的南京路、天津市的和平路等在规定的时间内限制非机动车和载货汽车行驶,仅允许小型汽车和公共交通车辆通行。

②双幅路横断面(“两块板”)[图 4.6.2(b)]。双幅路横断面利用分隔带(或分隔墩)把单幅路车行道一分为二,在交通组织上起分流渠化作用,分向行驶。在两条对向行驶的车道上,可划分快、慢车道线分流行驶,也可不划分车道线,快、慢车混合行驶。

③三幅路横断面(“三块板”)[图 4.6.2(c)]。三幅路横断面利用分隔带(或分隔墩)把车行道分隔为三幅,中央的为双向行驶机动车车行道,两侧均为单向行驶(彼此方向相反)的非机动车车行道。

④四幅路横断面(“四块板”)[图 4.6.2(d)]。四幅路横断在三幅路横断面形式的基础上,再用分隔带把中央的机动车行道分隔成两幅,分向行驶。

前述 4 种形式的特点及适用情况分析如下:

①交通安全。三幅路及四幅路比单、双幅路都安全,因为排除了机动车和非机动车的相互干扰,同时分隔带起保护行人过街安全的作用。但在三、四幅路公交车辆停靠站后上、下车的乘客穿越非机动车道较为不便。单幅式由于机动车和非机动车混合行驶,事故较多,已较少使用。

②行车速度。单、双幅路由于机动车和非机动车的混合行驶、相互干扰,所以车速较低。三、四幅路车速一般较高,而四幅路分隔对向车流,能保证车辆按要求的车速行驶。

③照明。三幅路比单幅路容易布置,能较好地处理绿化与照明的矛盾,且照度均匀,可提高夜间行车速度,并减少因照明不良引起的事故。

④绿化遮阴。三幅路设置多排绿化带,遮阴效果好,有利于夏季行车和行人通行。

⑤噪声减少。三幅路的机动车道在中间,两侧绿化带能起到隔音作用,噪声对行人和沿街居民干扰较小。

⑥工程造价。单幅路占地小、投资少,各类城市道路都可采用。三、四幅路用地多、造价高,但有利于地下管线分期敷设且非机动车道可采用较薄的路面。此外,三幅路便于分期修建,即近期做成单幅式,交通量较大时再扩建为三幅路。

综上所述,可知三幅路优点较多,在具备条件的城市,道路宜优先考虑采用三幅路断面。如北京市道路已采用快慢分行的三幅路断面,提高了通行能力,有利于交通安全和美化城市。四幅路造价高,一般只是在交通量较大的快速干道或主干道条件允许时才采用。

(3)布置实例

图4.6.3所示为一些城市道路的横断面布置实例,可作设计参考。

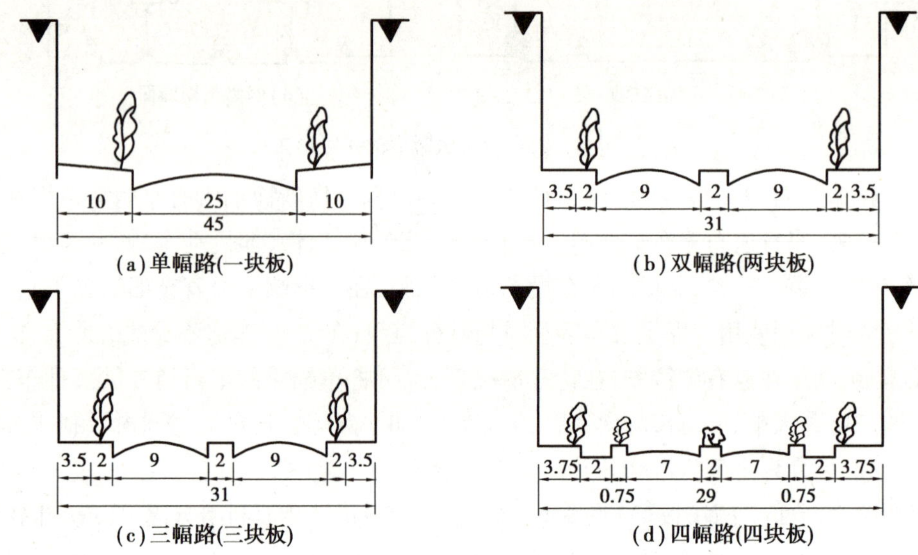

图4.6.3　城市通路横断面布置实例(单位:m)

3)横断面设计步骤及主要成果

(1)横断面设计步骤

道路横断面的布置及几何尺寸,应能满足交通、环境、用地经济、城市面貌等要求,并应保证路基的稳定性。其设计步骤如下:

①点绘各横断面的横向地面线。

②根据《公路工程技术标准》的规定,确定路基宽度。

③按照土质、水文条件拟定路基边坡坡度。

④按照排水要求拟定边沟、截水沟等尺寸。

⑤按弯道半径大小分别拟定超高加宽值。

⑥根据纵断面设计资料,按设计标高在路基设计表上逐桩进行计算,完成路基设计表。

⑦按路基设计表数据绘出横断面设计线。陡峻山坡需设挡土墙时,应绘于横断面图上,并将挡土墙设计成果另行绘图。

⑧检查弯道路段横断面内侧视距是否足够,是否需要清除障碍及设置视距台。横断面的绘制,一般在方格纸上按桩号由上向下绘制并在每个横断面上注明必要的数据(包括加宽、超高、

土石分界等)。

(2)设计成果

根据《公路工程基本建设项目设计文件编制办法》(交公路发〔2007〕358 号)规定,公路路基设计的主要成果及要求如下:

①路基设计表。列出平曲线要素、纵坡(坡度、坡长、变坡点桩号及高程)、竖曲线要素、桩号、地面高程、设计高程、填挖高度、路基宽度(原宽、加宽、加宽后总宽)、缓和长度、超高值(左、右)、路基边缘与设计高程之差(左、右)等。边沟(排水沟)需特殊设计时,还应列出沟底纵坡设计资料、形状及尺寸、沟底高程(左、右)。

高速公路、一级公路应列出平曲线要素、纵坡(坡度、坡长变坡点桩号及高程)、竖曲线要素、桩号、地面高程、设计高程、填挖高度、路基宽度(中央分隔带,左、右幅分别按行车带及路缘带、硬路带、土路肩计列)、各点与设计高程之差(左、右幅分别按左侧路缘外缘、硬路肩外缘、土路肩外缘各点填列),并说明加宽、超高情况。

②边沟(排水沟)设计表。列出桩号、地面高程、设计高程,按左、右侧分别列出边沟或排水沟形式及尺寸、沟中心至中桩距离及沟底纵坡(设计资料、沟底高程、说明等)。

③路基标准横断面图。示出路中心线、行车道、拦水缘石、土路肩、路拱横坡、边坡、护坡道、边沟、碎落石、截水沟、用地界碑等各部分组成及其尺寸、路面宽度和概略厚度。高速公路、一级公路按整体式、分离式路基分别绘制,还应示出中央分隔带、缘石、左侧路缘带、硬路肩(含右侧路缘带)、护栏、隔离栅、预埋管道等设置的位置。比例尺采用 1∶100～1∶200。

④路基一般设计图。绘出一般路堤、路堑、半填半挖路基、高填方路堤、深挖路基、水田内路堤及沿河(江)和水塘(库)等不同形式的代表性路基设计图,并应分别示出路基、边沟、碎落台、截水沟、护坡道、排水沟、边坡率、护脚墙、护肩、护坡、挡土墙等防护加固结构形式和标注主要尺寸。比例尺采用 1∶200。

⑤路基横断面设计图。绘出所有整桩、加柱的横断面图示出加宽、超高、边坡、边沟、截水沟、碎落台、护坡道、路侧取土坑、开挖台阶及视距台等,注明用地界。挡土墙、护面墙、护脚、护肩、护岸、边坡加固、边沟(排水沟)及截水沟加固等均绘在本图上,并注明起讫桩号、圬工种类及断面尺寸(另绘有防护工程设计图的只绘出示意图,注明起讫桩号和设计图编号)。高速公路、一级公路还应标出设计高程、路基边缘高程、边沟(排水沟)底设计高程。比例尺采用 1∶200。

⑥超高方式图。分类型绘出超高纵断面、缓和段代表性超高横断面标注出主要尺寸、超高渐变率、横坡及超高值。

⑦特殊路基设计工程数量表。分别列出软土地基等不良地质和病害地段路基起讫桩号、位置、长度、宽度、地质说明、处理方式或措施、工程及材料数量等。

⑧特殊路基设计图。绘出软土地基等不良地质和病害地段的处理设计图(平面、立面、断面)、加固及构造物等结构设计图,说明工程地质情况。比例尺采用 1∶50～1∶200。列出每延米或每处(段)工程及材料数量表,软土地基处理应列出地基处理、填土、预压设计表。必要时,应绘出工程地质平、纵面图,比例尺根据情况确定。

⑨中间带设计图。绘出中央分隔带平面、断面设计图及路缘石大样图,示出预埋管道及轮廓尺寸等,列出每延米工程及材料数量表。比例尺根据情况确定。

⑩中央分隔带开口设计图。按类型分绘出平面布置图、中央分隔带渐变段断面图、开口处路面结构图、缘石大样图。比例尺采用 1∶20～1∶200。列出中央分隔带开口一览表、一个开口工程及材料数量表。

⑪路基土石方数量表。列出桩号、断面积、平均断面积、挖方(总体积、土类、石类)、填方(总体积)、填土及填石(分压实方和自然方)、本桩利用方、余方、欠方、远运利用方、调配示意、运量、借方(分土类、石类、运距、运量)、弃方(土、石、运距、运量)等。

⑫路基每公里土石方数量表。列出起讫桩号、长度、挖方(总体积、土类、石类)、填方(总体积)、填土及填石(分压实方和自然方)、本桩利用方、远运利用方、借方、弃方、总运量、计价土石方总数量。

⑬路基土石方运量统计表。列出起讫桩号施工方法(人工施工土方、推土机施工土方、铲运机施工土方、挖土机配自卸汽车施工土方、人工施工石方、机械施工石方(人工清运)、机械施工石方(机械清运等)、数量、平均运距。

⑭取土坑(场)、弃土堆(场)一览表。列出取土或弃土地段起讫桩号、取土或弃土位置(上下路桩号、支线长度、运距)、取土坑(范围、土量、土类最大挖深、可取量、计划用量)、占用土地(永久或临时)、开挖方式及运输条件、弃土堆(土石方数量、运距)、临时工程(便道、便桥等)。

⑮弃土堆(场)设计图。大型取土坑(场)应绘制本图,绘出取土坑(场)或弃土堆(场)平面布置图(示出地形、地物、道路等,沿线取土坑和弃土堆可绘在路线平面总体设计图上)、纵横断面及排水系统、绿化等设计图,并说明施工注意事项。比例尺根据需要确定。

⑯路基防护工程数量表。列出起讫桩号、工程名称、主要尺寸及说明、单位、数量(左、右)、工程及材料数量等(包括挡土墙、护墙、护脚、护肩、边坡加固、驳岸、护岸、防水堤坝等)。

⑰路基防护工程设计图。绘出各项防护工程立面、平面、断面及结构设计图、比例尺采用 1∶50～1∶500。按不同情况,列出每延米或每处工程及材料数量表。

(3)城市道路横断面图绘制

①绘制各个路段上的远期规划横断面和近期设计横断面图,即远期和近期的标准断面图。一般采用 1∶100 或 1∶200 的比例尺。在图上应绘制红线宽度、车行道、人行道、绿化带、照明、新建或改建的地下管道各组成部分的位置和宽度,以及排水方向、横坡等。

②绘制各个中线桩处的现状横断面图。图中包括横向地形、地物、中心桩地面高程、路基路面、横坡、车行道、人行道、边沟等。一般采用 1∶100 或 1∶200 的比例尺,直接在米厘纸上绘制,横距表示水平距离,纵距表示高程。纵、横坐标通常都采用相同的比例尺,这给绘制横断面图和计算土石方数量带来方便。但在某些情况下,如横断面很宽、地面又较平坦时,若水平距离和高程仍采用相同的比例尺,则显示不出地形的变化。此时,应根据高程的变化的程度,选用不同的横断面图纵、横坐标比例尺,以能显示出地形的起伏变化为原则。先在米厘纸上定出中心线的位置,然后将中心桩的地面高程和中心桩左右各地形的高程点出来,连接各点即得现状横断面的地面线,注明桩号和高程。在一张米厘纸上,可以绘制若干个地面,一般是依桩号为序自上而下或自左而右地布置。

③在绘制的各个桩号的现状横断面图上,点出中心线的设计标高,以相同的比例尺,把设计横断面图(即标准横断面图)画上去。土石方工程的计算和施工放样,就是以此图作为依据,故称为施工横断面图。

任务4.7　路基土石方的计算与调配

路基土石方工程是公路工程的主体工程之一，在公路工程量中占有很大比重。土石方工程数量也是公路方案评价和比选的主要技术经济指标之一。

土石方计算与调配的主要任务是计算路基土石方工程数量，合理地进行土石方调配，并计算土石方的运量，为编制公路概（预）算、公路施工组织、施工计量支付提供依据。

1.基本公式

路基土石方计算工作量较大，加之路基填挖变化的不规则性，要精确计算土石方体积是十分困难的。在工程中通常采用近似计算。由此可知，平均断面的计算结果是偏大的。假定两相邻断面为一棱柱体，按平均断面法计算，其公式为：

$$V=\frac{1}{2}(A_1+A_2)L \tag{4.7.1}$$

式中　A_1, A_2——两相邻断面的断面面积，m^2；

L——两相邻断面的间距，即两相邻断面的桩号差，m。

平均断面法计算简便、实用，是公路工程上目前常采用的方法。但其精度较差，该法只有当两相邻断面面积相差不大时才较准确。当相差较大时，用棱台体公式则更为接近，其公式如下：

$$V=\frac{1}{3}(A_1+A_2)L\left(1+\frac{\sqrt{m}}{1+m}\right) \tag{4.7.2}$$

式中　m——两相邻断面面积之比，$m=\frac{A_1}{A_2}$，其中 $A_2>A_1$。

由式(4.7.2)可知，当 $A_1=A_2$ 时，$V=\frac{1}{2}(A_1+A_2)L$；若 $A_1=0$，则 $V=\frac{1}{3}A_2L$。

2.断面积计算

路基横断面面积为不规则的几何图形，计算方法有积距法、几何图形法、坐标法、方格法等多种方法。一般常用积距法和坐标法。

1)积距法

积距法的原理是：按单位宽度为 b，把断面积切割成若干梯形与三角形条块，则每一小块面积为其平均高度单位宽度 h_i 与 b 的乘积。

$$A_1=bh_2, A_2=bh_2, \cdots, A_n=bh_2$$

总面积为：

$$A=A_1+A_2+\cdots+A_n=bh_1+bh_2+\cdots+bh_n=b\sum_{i=1}^{n}h_i \tag{4.7.3}$$

通常，横断面图都是绘在方格米厘纸上的，直接可以用米厘格子5 mm宽（等于1 m）来划分横面。平均高度总和 $\sum_{i=1}^{n}h_i$，用卡规法或用纸条法来求积距。其中，纸条法多适用于求最大面积的积距。

2）坐标法

由解析几何公式很容易推出面积计算公式如下：

$$A=\frac{1}{2}\sum_{i=1}^{n}(x_i y_{i+1}-x_{i+1}y_i) \tag{4.7.4}$$

式中　x,y——分别为设计线和地面线围成面积的各折点的坐标，m。

坐标法计算面积精度较高，但方法较繁琐，适用于计算机计算。路基土石方多采用表格计算。

3. 土石方的调配

土石方调配是指路基挖方合理移用填筑路基，以及适当地布置取土坑及弃土堆的土石方调运量计算的工作。通过土石方调配，合理地解决各种路段土石方平衡与利用问题，达到填土有所“用”，挖方有所“用”，避免不必要的路外借土和弃土，尽量减少占用耕地。

（1）调配要求

①土石方调配应按先横向后纵向的次序进行。横向调运是指将本桩位内的挖方直接横向调运至本桩填方，达到横向平衡。纵向调运则是将本桩多余的挖方（称挖余）纵向运至其他桩号填筑或将其他桩号的挖余土石方运至本桩不足的填方（称填缺）进行填筑。由于横向调运就近填挖，运量小，先横向后纵向调运可减少总的运输量。

②纵向调运的最远距离一般应小于经济运距。路基填方的土石方来源，一是路上的纵向调运，二是就近在路基外借土。一般情况下，距离较近时纵向调运是比较经济的，但是如果调运的距离过长，以至于运价超过了在附近借土的费用时，纵向移挖做填就不如借方经济。因此，是“调”还是“借”有一个限度问题，按费用经济计算的纵向调运的最大限度距离称为经济运距。计算的公式如下：

$$L_i=\frac{C}{C'}+L_m \tag{4.7.5}$$

式中　C——借方单价，元；

C'——远运运费单价，元；

L_m——免费运距，m。

根据定额规定，土石方作业包括挖、装、运、卸4项工序，在规定的距离内（一般人工运输为20 m，轻轨运输为50 m，汽车运输为1 000 m）只按方量计价，不另计运费。这一规定不单独计价的基本运距称为免费运距。在纵向调运计算运距时，应扣除免费运距。

在调运时，应综合考虑不同的施工方法，运输条件、施工机械化程度及地形情况，选择合理的经济运距。在取土和弃土不受限制的路段，纵向调运运距应小于经济运距。

③土石方调运的方向应考虑桥涵位置和路线纵坡对施工运输的影响。一般情况下，不跨越深沟和少做上坡调运。

④借方、弃土方应与借方还田、整地建田相结合。尽量少占田地，减少对农业的影响。对于取土和弃土地点，应事先同地方商量。

⑤不同性质的土方分别调运。调运时，可以以石代土，但不可以以土代石，以保证路基填方的质量。调运时，还要注意与人工构造物材料结合起来。

⑥回头曲线路段的土石调运，要优先考虑上、下线的竖向调运。

(2)调配方法

土石调配应明确填挖情况、桥涵位置、纵坡、附近地形、施工方法及可借方和弃方的地点等。

调配可在土石方数量表上进行。首先进行横向调配，满足本桩号利用方的需要，然后计算挖余和填缺的数量。

根据挖余和填方分布情况，可以大致看出调运的方向和数量，结合纵坡情况和经济运距对利用方进行纵向调配。而后填方若有不足或挖方未尽利用，再选定借土或弃土的合适地点，确定借方或弃方数量。调配一般在本公里范围内进行，必要时也可跨公里调配，但需将数量和方向分别注明。

调配的结果示于土石方数量表上，并可按下式复核：

$$\text{横向调运}+\text{纵向调运}+\text{借方}=\text{填方} \tag{4.7.6}$$

$$\text{横向调运}+\text{纵向调运}+\text{弃方}=\text{挖方} \tag{4.7.7}$$

$$\text{挖方}+\text{借方}=\text{填方}+\text{弃方} \tag{4.7.8}$$

最后计算得计价土石方数量：

$$\text{计价土石方数量}=\text{挖方数量}+\text{借方数量} \tag{4.7.9}$$

思考与练习题

4.1　简述路基标准横断面的组成。

4.2　简述车行道宽度确定的基本原理。

4.3　公路路肩和城市道路人行道的组成及作用分别是什么？

4.4　路拱的作用是什么？有哪些基本形式？

4.5　什么是路缘带？其作用是什么？在什么情况下，公路需设置路缘带？

4.6　城市道路横断面布置有哪些基本形式？综述各基本形式的特点及适用情况。

4.7　公路的超高设置有哪些方式？简述城市道路与公路的超高方式的不同点。

4.8　道路设置加宽的作用是什么？怎样设置？制定加宽值标准的原理是什么？

4.9　简述道路土石方计算的基本原理和方法。怎样对土石方计算进行校核？

4.10　城市道路人行道宽度确定的基本依据是什么？有哪些布置形式？其适用条件是什么？

4.11　简述中间带的作用及宽度构成。

4.12　路基边坡对路基稳定性和工程数量有什么影响？路基边坡如何确定？

4.13　什么是平均运距、免费运距、经济运距？经济运距在土石方调配中有何作用？

4.14　掌握“土石方计算与调配表”的计算与填写方法。

项目5　道路选线与定线

【学习目标】了解各设计阶段选线的工作内容，了解如何确定公路标准、设计速度、路基宽度，了解路线方案比选，掌握道路选线和定线的方法。

道路选线与定线是在路线起终点之间的大地表面上，根据设计任务书规定的功能和性质，结合当地自然条件，确定路线基本走向、路线走廊带、路线方案、选定线位的全过程。选线是道路线形设计的重要环节，选线的质量直接影响到整条道路的使用质量和工程造价。选线需要考虑自然环境和社会经济条件、线形技术指标等各方面的因素。因此，选线是一项涉及面广、影响因素多、政策性和技术性都很强的工作。公路选线工作从总体设计开始应贯穿于公路工程初步设计、技术设计和施工图设计各个阶段，并随着设计阶段的进展由面到带、由带到线、由线到点、逐步加深。

任务5.1　道路总体设计

1. 总体设计的主要内容

1）可行性研究阶段总体设计的主要工作内容

①根据总体设计应考虑的主要因素，结合项目建设条件和特点，提出总体设计指导思想，有针对性地制订项目总体设计原则。

②根据预测交通量和建设条件综合确定项目的技术标准、道路等级及建设规模。

③根据项目区域的地形、地质、水文、气象等自然条件，确定路线走向和走廊带方案，拟订重大工程方案。

④根据公路在区域路网中的作用，确定路线起终点、主要控制点及与其他相交公路的连接关系。

⑤提出设计阶段应进一步深化研究的总体设计问题。

2）设计阶段总体设计的主要工作内容

①在充分研究可行性研究报告批复意见的基础上，根据总体设计的主要影响因素，结合项目建设条件和特点，有针对性地制订总体设计原则；分析项目的重点、难点，提出相应的可行性对策。

②路线起、终点及与其他公路（含规划公路）的衔接方式应符合路网规划的要求，起、终点位置及建设方案应考虑为后续项目接线和具体工程实施预留足够的长度，至少应延伸至路线两

个平曲线，并达到初步设计的工作深度。

③应根据公路功能、设计交通量、沿线地形、地质条件等论证确定公路等级、设计速度和设计路段；不同设计路段的衔接位置应适应衔接路段的过渡及前后一定长度范围内的线形设计；不同设计路段的衔接点宜选择在平面交叉或互通式立交的交通量变化处，也可选择在平纵线形良好、视野开阔的路段；高速公路、一级公路应分别对左、右路幅进行线形设计，通过渐变中央分隔带宽度完成过渡。

3）总体设计应对路线方案进行综合比选

不同地形条件路线方案比选要点如下：

①平原微丘区路线方案比选，应考虑项目与区域路网的关系，路线控制点应以交通源及交通枢纽为基础，路线宜尽可能近捷，同时应考虑占地、拆迁、噪声及景观等因素。

②山岭重丘区路线方案比选，应考虑路线与地形、地质、水文、生态水资源等自然条件的关系，路线控制点的选择应以安全和环境保护为原则，对整体式与分离式路基、高路堤与高架桥、深路堑与隧道等典型工程方案，根据其特点、适用性和内在联系，以及其对路线方案和平纵面布置、路基土石方数量、环境保护、道路景观、工程可靠度、工程造价等的影响，从定性、定量两个方面综合比选。

2. 公路功能和技术标准的确定

根据国家和地区路网结构与规划、地区特点、交通特性和建设目标等综合分析公路在公路网中的地位和作用，论证确定公路功能。根据公路功能，结合交通量及建设条件综合论证确定公路的技术等级。同一公路项目可根据功能和交通量变化，论证分段采用不同的技术等级。根据公路功能、交通组成、车型比例，确定设计车辆。高速公路和一级公路应根据公路功能、设计交通量，确定公路基本路段的车道数，车道数增加时应按双数增加。

各级公路可根据项目沿线地形、地质与自然条件变化，分段选用设计速度，并应符合下列规定：

①同一设计速度的路段长度不宜过短，同一公路中不同设计速度的变化不应频繁。

②不同技术等级、不同设计速度路段相互衔接的位置或地点，应选择在大型构造物、互通式立体交叉、平面交叉、沿线主要村镇节点的前后，或路侧环境条件明显变化处。

根据路段设计速度、沿线地形、地质、环境和交通需求等因素，合理确定路线平纵面、视距、超高、加宽等主要控制指标。根据公路技术等级、设计交通量、沿线环境和横断面各组成部分的功能，综合确定公路路基横断面组成及宽度。改扩建公路应采用改扩建后的公路技术标准和指标，对于利用原有公路的路段，因提高设计速度可能诱发工程地质病害、增加工程造价或对环境保护、文物有不利影响时，经论证该局部路段可维持原设计速度和指标，其长度高速公路不宜大于15 km，一级、二级公路不宜大于10 km，但不应降低技术等级。

3. 建设规模与建设方案确定

根据公路网规划和公路功能，综合考虑路线走廊带范围的铁路、水路、航空、管道等综合交通运输体系的布局与规划，城市、工矿企业的现状与发展规划，自然资源开发利用状况等，研究确定路线起终点、主要控制点、路线长度、交叉数量、管理与服务设施配置等，确定建设规模。

根据项目的总体建设规模、控制性工程施工条件、交通量发展需求和项目资金筹措情况等相关因素，论证确定项目的建设方式。采用分期修建方式时，应符合下列要求：

①必须在综合分析论证的基础上作出总体设计和分期实施计划，分期修建的项目应使前期工程在后期仍能充分利用，并为后期工程的修建留有余地和创造有利条件。

②在论证采用分期建设方式时，除考虑交通量发展需求和项目资金条件外，还应充分考虑整个施工期内，项目建设对周边环境沿线群众交通出行、交通组织、安全等的影响。

③高速公路根据路网规划、交通量等因素，可采用纵向分段或按工程项目分期修建的方式。高速公路整体式路基路段，不得采用分期分幅的建设方式；高速公路和一级公路分离式路基路段经论证可采用分期分幅的建设方式，先期建成的一幅按双向交通通行时，应按二级公路通车条件进行管理，且限制速度不应超过 80 km/h。

④路线方案应由面到带、由带到线考虑各类影响因素，通过综合论证确定，应查明沿线地质、水文情况，重大自然灾害、地质病害的分布、范围、状态及其对工程的影响程度。对路线方案选择有重大影响的地质灾害，应进行综合评估，并对绕避、穿越及处治方案进行比选论证。应研究特大桥、特长隧道等布置方案对路线走廊带及线位布局的影响，并进行方案比选论证。对于一般桥梁和隧道，其布设宜服从路线总体走向和几何线形设计等要求。对于公路路基高填深挖的路段，应进行高填路基与桥梁、深挖路堑与隧道方案的综合比选论证。

⑤改扩建公路应遵循利用与改造相结合的原则，应在原有公路交通安全性评价，以及原有路基、桥梁、隧道检测与评价的基础上，综合论证对既有路线和构造物等的利用原则和利用方案，合理、充分地利用原有工程。对于改扩建期间维持交通的项目，应基于相关路网条件，分析提出项目建设期间交通流组织与疏导方案，最大限度减少项目施工对既有交通出行的影响，保证交通安全。对于高速公路改扩建项目维持通车路段，其服务水平可降低一级，设计速度不宜低于 60 km/h。沙漠、戈壁、草原等小交通量地区的高速公路分离式断面路段利用现有二级公路改建为一幅时，其设计洪水频率可维持原标准不变，并应根据需要设置区域交通出行的辅道。公路改扩建项目应充分利用公路废旧材料，节约工程建设资源。

4. 环境保护与资源节约

环境保护与资源节约坚持保护优先、以防为主、以治为辅、综合治理的原则，严格执行工程建设项目环境影响评价、水土保持方案编制和环境保护“三同时”制度，在总体设计中落实环境保护相关措施和意见，结合项目实际协调好公路建设与环境的关系，减少对环境的不利影响。

加强路线走廊带、路线方案的综合比选，将土地压占、矿产压覆等资源占用和高边坡开挖、压占河道等环境影响作为方案选择的重要指标，优先选择资源占用少、环境影响小的方案。合理设置取土场，路侧取土不宜距离路基过近，取土场避免直接开挖路侧山坡坡体。当路基、隧道弃方或弃渣量大时，应结合项目施工组织设计最大限度利用弃方和弃渣；难以利用时，应合理设置弃土、弃渣场地，做好专项设计，保证其稳定，防止水土流失。加强对路域施工范围及取弃土场地的表土收集与利用，做好对取弃土场、施工便道等临时用地的植被保护与恢复。加强服务区、停车区等公路附属设施生产、生活污水处理能力，采用先进工艺保证污水达标回用或集中收集存放，达到水资源循环利用；在公路运营、管理与服务设施设计中，应合理利用风能、太阳能、地热能等可再生能源。加强对钢材、复合材料等的循环利用；推进粉煤灰、建筑废料等在公路路基填筑及混凝土浇筑中的综合利用；倡导对沥青、水泥混凝土路面及结构物拆除构件等的再生利用。

5. 设计检验与安全评价

公路设计应运用运行速度方法，对路线设计、几何指标和线形组合设计进行分析检验，检验运行速度的协调性和一致性。

高速公路、一级公路和二级干线公路应在设计时进行交通安全性评价，其他公路在有条件时也可进行交通安全性评价。应根据交通安全性评价结论，对线形设计、几何指标取用等进行调整优化，对交通安全设施及管理措施进行检查完善，并应符合下列要求：

①对连续长陡纵坡路段的上坡方向，应重点依据交通量、车型组成和运行速度变化，分析评价其上坡路段的通行能力和服务水平，提出交通组织与管理措施方案，必要时论证增设爬坡车道。

②对连续长陡纵坡路段的下坡方向，应重点依据交通量、车型组成和主要货车车型的综合性能条件，分析评价车辆连续下坡的交通安全性，对应完善和加强路段交通工程和路侧安全设施，提出路段交通组织管理、速度控制措施方案，必要时论证增设避险车道。

③对路侧临水、临崖、高填方等路段，应结合项目功能、设计速度和交通量等因素，根据安全设施设置方案分析路侧安全风险，完善路侧安全防护设计。必要时，应提出交通安全管理措施或提高路侧安全防护等级。

6. 路线方案比选

1) 路线方案比选的基本方法

方案比选是总体设计的主要任务，是选线中确定路线总体布局的有效方法。在可能布局的多种方案中，通过方案比较决定取舍，选择出技术合理、费用经济、切实可行的最优方案。路线方案的取舍是路线设计中的重要问题。方案是否合理，不仅直接关系到道路本身的工程投资和运输效率，更重要的是影响到路线在道路网中的作用，直接关系到是否满足国家政治、经济及国防的要求和长远利益。

根据方案比较的深度不同，可分为原则性的方案比较和详细的方案比较两种。

(1) 原则性的方案比较

从形式上看，方案比较可分为质和量的比较。对于原则性的方案比较，主要是质的比较，多采用综合评价的方法。这种方法不是通过详细计算经济和技术指标进行比较，而是综合各方面因素进行评比，所要综合评比的因素包括以下内容：

①路线在政治、经济、国防上的意义，国家或地方建设对路线使用任务、性质的要求，以及战备、支农、综合利用等重要方针的贯彻和体现程度。

②路线在铁路、公路、航道等网系中的作用，与沿线工矿、城镇等规划关系以及与沿线农田水利建设的配合及用地情况。

③沿线地形、地质、水文、气象、地震等自然条件对道路的影响，要求的路线等级与实际可能达到的技术标准及其对路线使用任务、性质的影响，路线长度、筑路材料来源、施工条件以及工程量、三材（钢材、木材、水泥）用量、造价、工期、劳动力等情况及其对运营、施工、养护的影响，以及施工期限长短等。

④工程费用和技术标准情况。

⑤其他。如与沿线历史文物、革命史迹、旅游风景区的联系。

影响路线方案选择的因素是多方面的,而各种因素又多是互相联系和互相影响的。比选时,应在满足使用任务和性质要求的前提下,综合考虑自然条件、技术标准和技术指标、工程投资、施工期限和施工设备等因素,精心选择,反复比较,才能提出合理的推荐方案。

原则性的方案比较,主要通过定性分析来进行比选,一般多用于区域性的大的走廊带的主要论证和比选。

(2)详细的方案比较

详细的方案比较是在原则性的方案比较之后进行的量的比较,它包括技术和经济指标的详细计算,一般多用于作业路段的方案分析比较。详细的方案比较应是同精度的,且选择的方案应是具有可比性的。

2)路线方案的拟定

一条路线的起、终点及中间必须经过的重要城镇或地点,通常是由公路网规划所规定或领导机关根据国家或地方经济建设需要指定的。这些指定的点称为据点,把据点连接成线,就是路线的总方向(或称大走向)。两个据点之间常有若干可供选择的不同走向。路线方案的选择,要从大面着手。

3)路线方案选择的步骤和做法

(1)收集资料

为做好公路选线工作,必须尽可能收集现有资料,以减少勘测调查的工作量。要收集的主要资料包括以下内容:

①各种比例尺的地形图、卫星相片、航摄相片和以往的勘测设计、规划等有关资料;

②交通量及交通组成等交通调查资料;

③相邻道路的主要技术标准、平面与纵断面图、交通量以及设计、施工和运营资料;

④路线行经地区的地质、水文、气候等自然条件方面的有关资料;

⑤路线行经地区的城镇、工矿、铁路、航空、水利建设和规划资料;

⑥与路线方案有关的统计资料。

(2)研究线路走向

根据确定的路线总方向和公路等级,先在小比例尺(1∶50 000或1∶100 000)的地形图上,结合收集的资料,初步研究各种可能的路线走向。研究重点应放在地形、地质、地物复杂、外界干扰多和牵涉面大的段落。例如,可能沿哪些溪沟、越哪些垭口、路线经城镇或工矿区时,是穿过、靠近还是避开而以支线连接等,要进行多种方案的比选,提出哪些方案应进行实地踏勘。

(3)野外调查

按室内初步研究提出的方案进行实地调查,连同野外调查中发现的新方案,都必须坚持跑到、看到、调查到,不遗漏一个可能的方案。野外调查要求做到以下6点:

①初步落实各据点的具体位置,路网规划所指定的控制点如确因干扰或技术上有很大困难或发现不合理必须变动,应及时反映,并经过分析论证提出变动的理由,报有关部门审定。

②对路线、大桥、隧道均应提出推荐方案。对于确因限于调查条件不能肯定取舍的比较方

案，应提出进一步勘测比较的范围和方法。

③分段提出采用技术标准和主要技术指标的意见。

④在深入调查的基础上，通过比较，选定路线必经的控制点，如越岭的垭口、跨较大河流的桥位、与铁路或其他公路交叉地点，以及应绕避的城镇及大型的不良地质地段等。对于地形、地质、地物情况复杂的地区，应提出路线具体布局的意见。

⑤分段估算各种工程量，如路基土石方数量、路面工程量，以及桥梁、涵洞、隧道、挡土墙等的长度、类型、式样和工程数量等。

⑥筑路材料调查。调查当地出产材料（如砂石材料、石灰等）和外购材料（如钢筋、水泥、木材等）的规格、价格、运距、运输方式、供应数量等情况。

(4)确定推荐方案

对各种方案进行技术指标和经济指标计算，最后经过指标对比及综合评价确定推荐方案。

4)路线方案比选示例

图5.1.1为某旧路改建工程K8+700～K13+000段，路基宽度严重不足、现有公路病害严重，改建拆迁量大。考虑到道路的远景发展和经济实用性，提出了绕村新建方案，并对路线方案比选。方案A为新建路段，起点位于K8+820处，路线避开村庄沿河堤布线，终点至于K12+800处。方案B为旧路利用，路线途经川王阳山村、韩头川村、铁洼村、石峡口村等村庄，终点至于K12+800处。

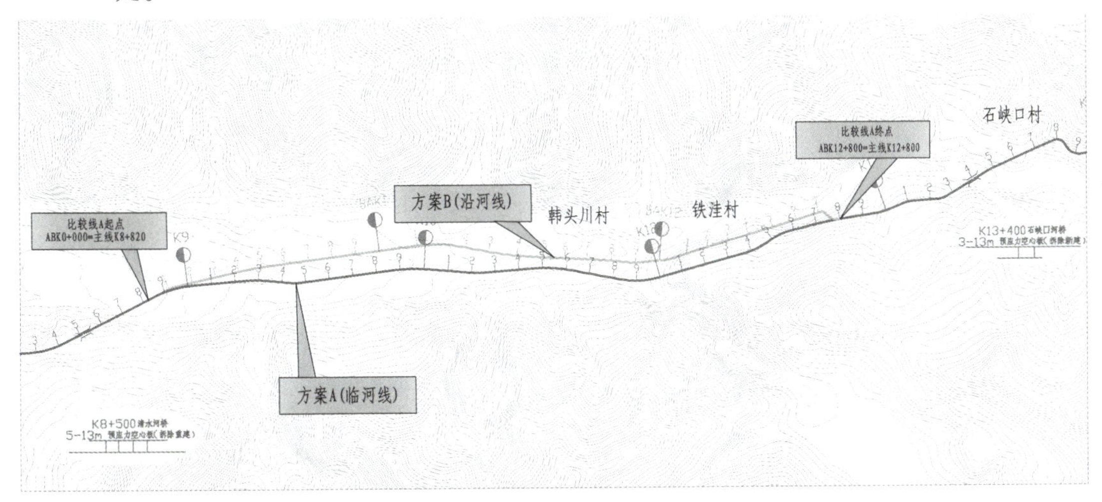

图5.1.1　路线比较方案图

从表5.1.1可以看出，方案A总造价为1 452.047 2万元，方案B总造价为759.122 9万元，方案A总造价高于方案B，在资金投资方面方案B具有优势。。

结合以上两种方案各种因素对比分析，虽然方案B的实施可减少投资，但是方案B房屋拆迁大，并且该方案后期运营过程中交通安全隐患大，涉及弱势群体、拆迁安置等问题，影响施工进度；方案A路线平曲线相对平顺、提高行车的舒适性，缩短了路线总里程，可有效解决原有路线行车对村民造成威胁，也避免了大量拆迁，达到了筑路与造田护田结合、路堤结合和便捷农业目的，改建经济效益明显。因此，选定方案A为推荐路线。

表 5.1.1　方案比较表

方　案	方案 A		方案 B	
桩号范围	K8+720 ~ K13+000		BK8+700 ~ BK13+000	
长度/km	4.28		4.3	
项　目	工程数量	金额/万元	工程数量	金额/万元
挖方/m^3	9 142	7.039 3	1 252	0.964 0
填方/m^3	103 212	44.071 5	7 392	8.855 6
路面面层+基层+垫层/m^3	120.01	290.413 0	83.85	259.459 9
挖除旧路面/m^2	0	0	27.82	87.883 4
防护/m^3	17 315.3	740.523 4	0	0
占用耕地/亩	63	201.6	21	67.2
拆迁房屋/m^2	855	68.4	4 172	333.76
坟/座	0	0	5	1.0
蔬菜大棚/亩	20	100.0	0	0
方案总投资/万元	1 452.047 2		759.122 9	
资金比较/万元	方案 A−方案 B=1 452.047 2−759.122 9=692.924 3(万元)			
优　点	①沿清水河北岸布设路线，巩固了沿河河堤，保护了沿河两岸居民的生命财产； ②路线选取减少了大面积农户集体性拆迁因素，降低了施工前期沟通与准备工作难度，避免工期延误； ③线形顺畅； ④该路段通过改线达到公路近村而不扰村的原则，可有效解决原有路线行车对村民造成的安全隐患问题； ⑤该路段左侧为该乡镇蔬菜大棚种植基地，方便了蔬菜外运； ⑥该路线避开了从村庄路段，有利于车辆行车安全、快速过境		可充分利用旧路、减少投资，节约成本	
缺　点	①该段沿河布线，需加固补修原有河堤，增加修建费用； ②需占用部分农民田地		①公路病害严重，道路两侧均为民房，路基宽度严重不足，达不到此次改建公路等级技术标准，加之拆迁难度极大； ②路线经过村庄，交通事故频发； ③平面线形较差，铁洼村 K12+700 ~ K12+800 路段平面半径小于 15 m，前后视线受阻，为事故易发点	

注：1 亩≈666.67 m^2。

任务5.2 选 线

选线应包括确定路线基本走向、路线走廊带、路线方案至选定线位的全过程。公路选线应在广泛搜集与路线方案有关的规划、计划、统计资料，相关部门的各种地形图、地质、气象等资料的基础上，深入调查、勘察，并运用遥感、航测、卫星定位、数字技术等技术，确保其勘察工作的广度、深度和质量，避免遗漏有价值的路线方案。

1.选线目的与任务、原则、要求

1)选线的目的

道路选线的目的就是根据道路的性质、任务、等级和标准，结合地形、地质沿线条件，综合平、纵、横三方面因素，在实地或纸上选定道路中线的平面位置。

2)选线的任务

道路选线的主要任务是确定道路的走向和总体布局，具体确定道路的交点位置、选定道路曲线的几何要素，通过纸上或实地选线，把路线的平面位置确定下来。

3)选线的原则

公路选线应考虑的因素很多，且变化很大。同一条件下，往往随设计人员的经验、水平与手法不同，选线成果差异很大，根据经验的总结，拟订选线遵循的一般规律，作为选线原则。

①确定路线走廊带应考虑走廊带内各种运输体系及不同层次路网间的分工与配合，按照其功能统筹规划，近远期结合，合理布局。

②必须由面到带、由带到线，由浅入深、由轮廓到具体，在对地形地貌、地质水文、气候气象、环境敏感区等详细调查与勘察的基础上反复比较论证、确定路线方案。同一起、终点的路段内有多个可行路线方案时，应对各设计方案进行综合比选。

③应考虑同农田与水利建设、矿产资源开发和城市发展等规划的配合。

④应充分利用建设用地，严格保护农用耕地；应保护生态环境，并同当地景观相协调。

根据《中华人民共和国土地管理法》，国家实行土地用途管制制度，将土地分为农用地、建设用地和未利用地。严格限制农用地转为建设用地，控制建设用地总量，对耕地实行特殊保护。建设用地是指建造建筑物、构筑物的土地，包括城乡住宅和公共设施用地、工矿用地、交通水利设施用地、旅游用地和军事设施用地等。

⑤应尽可能避让不可移动文物、水源地和自然保护区。

根据《中华人民共和国文物保护法》，古文化遗址、古墓葬、古建筑、石窟寺、石刻、壁画、近代现代重要史迹和代表性建筑等为“不可移动文物”，根据其历史、艺术、科学价值，可以分别确定为全国重点文物保护单位，省级文物保护单位，市、县级文物保护单位，并予以保护。鉴于古文化遗址、古墓葬等未发掘前很难判断其准确位置，故应根据文物保护单位的等级，认真调查，尽可能地予以避开。同时，路线选定时应注意保护水源地，并远离危险源。

⑥应保持与易燃、易爆等危险源及污染源间的安全距离。

⑦公路改扩建工程应注重节约资源，坚持利用与改扩建相结合的原则，合理、充分利用原有工程。

利用原有道路资源进行改扩建,节约土地、集中高效、环保的优点是明显的,造价一般也更低,故鼓励改扩建在充分研究的基础上,发挥技术创新优势,尽可能利用原有道路资源,将利用与改扩建有机地结合。

4)公路选线要求

公路选线应符合以下要求:

①对路线所经区域、走廊带及其沿线的工程地质和水文地质应进行深入调查、勘察,查清其对公路工程的影响程度。遇有不良工程地质的地段应视其对路线的影响程度,分别对绕、避、穿等方案进行比选论证。注重工程地质调查、勘察,查清对公路工程的影响程度。遇有活动断裂带、滑坡、崩塌、岩堆、泥石流、岩溶、采空区、软土、泥沼等不良工程地质的地段应慎重对待。高速公路、一级公路和承担干线功能的二级公路,一般选择绕避。当必须穿过时,应选择合适的位置,缩小穿越范围,并采取切实可行的工程措施。其他等级公路在工程规模和造价增加有限时,宜优先采用绕避方案。

②调查沿线各类敏感点及矿产资源,并研究其对路线方案的影响,合理选择线位。应注重对沿线学校、医院、养老院、城乡居民聚居区等各类敏感点的调查,尽可能减少对其产生影响;资源是人类生存发展的物质基础,矿产资源属于非可再生资源,应尽可能减少压覆。

③高速公路和一级公路与沿线主要交通资源衔接,应利用区域路网或新建连接道路。二级公路、三级公路在遵循项目总体功能和走向的基础上,应尽量避免穿越城镇。结合公路自身功能、定位和作用,协调同路线控制点的衔接,与港口、机场、车站、城镇、枢纽场站等交通源相衔接时,宜利用城市环线或设置连接线,与城镇发展规划相协调。

④应协调桥梁、隧道、互通式立体交叉、服务区等构造物的位置和高程等关系。随着我国公路基础建设的快速发展,越来越多的公路修建于崇山峻岭地区,选线要综合考虑桥梁、隧道、互通式立体交叉、服务区等构造物布设的位置和高程条件,协调相互关系。

⑤应综合考虑与相关公路、铁路、输电线路、油气管道等的平行或交叉关系,合理利用走廊带资源,节约占地。处理好与公路、铁路、输电线路、输油管道、输气管道等的关系,尽量节约资源是选线的重要任务之一。

⑥平原区选线宜采用较高的技术指标,尽量避免采用长直线或小偏角平曲线。

⑦山岭区选线应充分利用地形条件,合理确定垭口位置,应尽量避免高填深挖等现象。垭口位置和高程通常是山岭区路线展线的控制要素之一,因此,山岭区选线应综合考虑地形、地质、水文、气象、气候等自然条件,合理利用垭口。

⑧沿河(溪)线选线时,应根据设计洪水位,结合地形、地质合理确定线位高程,必要时应视需要对顺水桥梁方案与路基方案进行比选论证。

2. 选线的步骤

一条道路路线的选定是经过由浅入深、由轮廓到局部、由总体到具体、由面到带进而到线的过程来实现的。一般要经过全面布局、逐段安排、具体定线 3 个步骤。

1)全面布局

全面布局是解决路线基本走向的全局性工作,就是在起讫点及中间必须通过的据点间寻找可能通行的路线带,并确定一些大的控制点,连接起来即形成路线的基本走向。全面布局主要包括路线走向和走廊带的选择两个内容。

(1)路线走向选择

路线走向选择主要是解决起、终点间路线基本走向问题。此项工作通常是先在小比例尺(1∶10 000～1∶50 000)地形图上或通过航空观察或用遥感与航摄资料从较大面积范围内找出各种可能的方案，收集各可能走向方案的有关资料，进行初步评选，确定几条有进一步比较价值的方案，然后进行现场勘察，通过多方案的比选得出一个最佳走向。

路线走向及主要控制点的选定应符合下列规定：

①路线起、终点必须连接的城镇、重要园区、工矿企业、综合交通枢纽，以及特定的特大桥、特长隧道等的位置，应为路线基本走向的控制点。

②特大桥、大桥、特长隧道、长隧道、互通式立体交叉、铁路交叉等的位置，应为路线走向控制点，原则上应服从路线基本走向。

③中、小桥涵，中、短隧道，以及一般构造物的位置应服从路线走向。

(2)路线走廊带选择

在路线基本方向选定的基础上，按地形、地质、水文等自然条件选定出一些细部控制点，连接这些控制点，即构成路线走廊带。

路线布局是关系到公路"命运"的根本问题。总体布局如果不当，即使局部路线选得再好，技术指标确定得再恰当，仍然是一条质量很差的路线。因此，在选线中，首先应着眼于总体布局工作，解决好基本走向问题。全面布局是通过路线视察，经过方案比较来解决的。

2)逐段安排

逐段安排是在路线基本走向已经确定的基础上，进一步加密控制点，解决路线局部方案的工作。即在大控制点间，结合地形、地质、水文、气候等条件，逐段定出小控制点。

3)具体定线

具体定线是在逐段安排的小控制点间，根据技术标准结合自然条件，综合考虑平、纵、横三方面因素，反复穿一插点，具体定出路线位置的工作。这一步工作更深入、更细致、更具体，具体定线由详测时的选线人员来完成。

3.选线的主要内容及工作方法

公路选线工作应贯穿于公路工程初步设计、技术设计和施工图设计各个阶段，并随着设计阶段的进展由面到带、由带到线、由线到点，逐步加深。不同的设计阶段，选线工作内容应各有侧重，后一阶段应复查并优化前一阶段的路线方案，使路线线位更加完善。

1)初步设计阶段

应根据批复的可行性研究报告、测设合同的要求，收集有关基础资料，拟订选线原则，确定路线设计方案。

①需收集的基础资料如下：

a.各种比例尺的地形图、卫星相片、航摄相片及已有勘测设计资料；

b.工程可行性研究阶段的地质、环境等评估报告；

c.路线经过地区的地质、水文、气候等有关资料；

d. 路线经过地区的城镇、工矿、公路、铁路、航空、水利建设和规划资料；

e. 村镇、建筑、管线等分布资料；

f. 环境分区和环境敏感区(点)及动、植物保护区的分布资料；

g. 动物迁徙路径和日常穿行的通道资料；

h. 文化、文物遗迹资料；

i. 土地资源及自然风景点分布资料；

j. 料场分布资料。

②对工程可行性研究阶段的推荐走廊带进行研究，提出推荐的路线方案。

③基本确定路线起、终点的平面位置和纵断面衔接关系。

④基本确定一般路段的平面和纵断面设计方案。

⑤基本确定特殊路段的平面和纵断面设计方案。

⑥基本确定大型构造物路段的路线平面和纵断面设计方案。

2)技术设计阶段

在技术设计阶段，应根据初步设计批复意见、测设合同的要求，进一步修改完善选线原则，重点解决初步设计中未解决的重大、复杂技术问题，并完成以下工作内容：

①根据路线方案分析比较结果，对初步设计推荐的路线方案进行优化调整，确定路线方案。

②对于关系到路线方案的重大技术问题路段，应反复比较，按照施工图要求的深度进行放线，确定路线的具体位置。

3)施工图设计阶段

在施工图设计阶段，应根据初步设计或技术设计的批复意见、测设合同的要求，审定选线原则，确定路线方案。

①对初步设计阶段或技术设计阶段推荐的路线方案进行核查、审定，确定路线方案，并对局部路段进行优化。

②确定路线起、终点的平面位置和纵断面衔接关系。

③完成一般路段的平面和纵断面设计。

④完成特殊路段的平面和纵断面设计。

⑤完成大型构造物路段平面和纵断面设计。

4)各阶段采用的工作方法

①在初步设计阶段，应将所收集资料进行归纳整理，展布在选线所需的不同比例尺地形图上，并根据公路等级选用现场定线、纸上定线或三维互动定线。

a. 二级、三级、四级公路，一般可采用现场定线，有条件时宜采用纸上定线，地形受限时应采用现场定线与纸上移线、现场核查相结合的方法。

b. 高速公路、一级公路应采用纸上定线与现场核查相结合的方法。

c. 高速公路、一级公路及景观要求高的公路，宜采用计算机三维互动定线并现场进行核查。

②在技术设计阶段，应在初步设计收集资料的基础上补充收集技术设计所需的基础资料，测量影响路线线位控制点和控制断面，采用纸上定线并进行现场核对。

③在施工图设计阶段，应进一步补充收集基础资料，测量影响路线线位的控制点和控制断面，根据控制要素进行纸上定线并现场核对、测量放线并根据需要进行动态调整。

4. 不同地形路线走向选择

1) 平原区选线要点

(1) 合理运用技术标准

在平原河网地区选线应注意尽量避开软土地基，根据干、支河流及通航情况，选择适当的地点用较高的技术指标通过，尽量使路线跨干、支流交角适当，平、纵线形组合良好，跨河构造物最少。

选线时，首先在起讫点间把经过的城镇、厂矿、村庄及风景文物点作为大地控制点，在控制点间通过实地视察进一步根据地形条件和水文条件选择中间控制点，一般较大的建筑群、水电设施、跨河桥位、洪水泛滥线范围以及其他必须绕过的障碍物均可作为中间控制点。在中间控制点之间，无充分理由一般不设转角点。在安排平面线形时，既要考虑路线顺直，又要注意避免过长的直线，尽量多采用转角小、半径大的长缓平曲线线形。纵面线形应综合考虑桥涵、通道、交叉等结构物的要求，合理确定路基设计高度，避免纵坡起伏过于频繁，但也不应过于平缓，而造成排水不良。

(2) 正确处理路线与农业的关系

平原区农田成片，渠道纵横交错，选线应从支援农业着眼，处理好以下问题：

①占用田地要与路线的性质、等级、作用以及对支农运输的效果、工程数量及造价、运营费用等因素全面分析比较确定。尽量做到少占和不占高产田，在造价允许的前提下优先考虑桥梁。

②处理好路线与农田水利的关系。线路布置要尽可能与农业灌溉系统配合，除特殊情况外，一般不要破坏灌溉系统。布线要注意尽量与干渠平行，减少路线与渠道相交，最好把路线布置在渠道的非灌溉区一侧或渠道的尾部。当路线与渠道方向基本一致时，应考虑沿渠道布线，注意堤路结合、桥闸结合，以减少占田和便利灌溉。

③注意筑路与造田、护田结合。布线要有利于造田、护田。路线通过河曲地带，当水文条件许可时，可考虑路线直穿，将河道裁弯取直，改河造田，缩短路线里程（或减少桥涵数量），如图5.2.1所示的河曲地带改河造田的布线方式。

当路线靠近河边低洼村庄或从农田通过时，可考虑靠河岸布线，围滩造田、护村，如图5.2.2所示为采用沿河布置路线，填筑路堤，使河滩地变为良田，并保护了村庄。

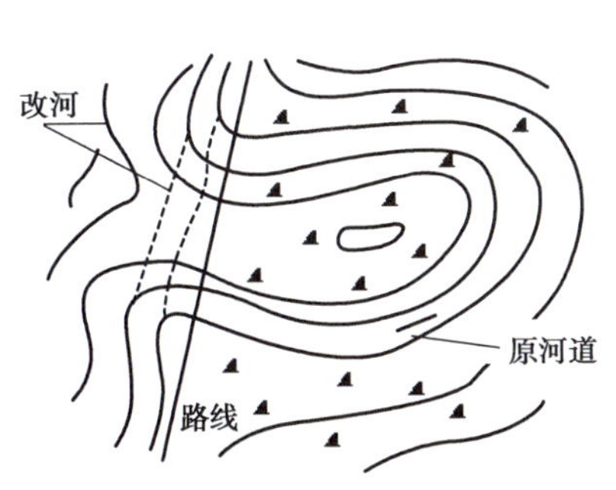

图5.2.1　河曲地带改河造

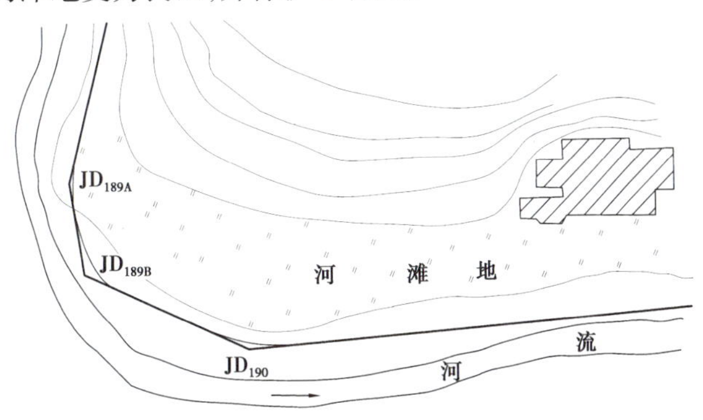

图5.2.2　围滩筑路造田

④路线布置要尽可能考虑为农业服务。布线时，结合当地政府土地规划，注意与农村公路和机耕道的连接，以方便群众，支援农业。

(3)处理好公路与城镇的关系

平原区有较多的城镇、村庄、工业区及其他公用设施，路线布置应正确处理好服务与干扰、穿越与绕避、拆迁与保留的关系问题。

①国防公路和高等级干线公路，应尽量避免直穿城镇、工矿区和居民密集区，以减少相互干扰。但考虑到公路对这些地区的服务性能，路线又不宜相离太远，可考虑支线连接。做到近村不进村，利民不扰民，既方便运输，又保证安全。布线时，还要注意与地区规划相结合。

②一般联结县、区、村直接为农业运输服务的公路，经地方同意可穿越城镇，但要注意有足够的视距和行车道宽度(应考虑行人的需要)及必要的安全防护设施，以保证行人和行车的安全。

③路线布设应尽量避开重要电力、通信及其他重要的管线设施。当必须靠近或交叉时，应遵守有关净空和安全距离的规定，尽量少拆或不拆各种电力、通信和建筑设施。

④注意与铁路、航道、机场、港口、已有公路等交通运输设施配合，以发挥交通运输的综合效益。

(4)处理好路线和桥位的关系

①大中桥位往往是路线的控制点，应在服从路线总方向的原则下，路、桥综合考虑，选择有利桥位，布设路线。既要防止只顾路线顺直，而不管桥位条件，使桥跨困难，又要防止片面强调桥位，使路线绕线过长，标准过低。一般情况下，桥位中线应尽可能与洪水主流向正交，桥梁和引道在直线上。桥位应选在水文、地质及跨河条件较好的河段。

②小桥涵位置原则上应服从路线走向，但遇到斜交过大(夹角小于45°)或河沟过于弯曲时，可考虑采取改沟或改移路线的办法，调整交角，应选多种方案比选确定。

③路线采用渡口跨河时，应在路线基本走向确定后选定渡口位置，渡口位置要注意避开浅滩、暗礁等不良河段，两岸地形要适于修建码头。

(5)注意土壤水文条件，确保路基稳定

①在低洼地区布线时，应尽可能在接近分水岭地势较高处布线，以使路基具有较好的水文条件。

②路线通过排水不良的低洼地带，布线时要注意保证路基最小填土高度，低填及个别挖方地段要注意排水处理。

③路线要避免穿过较大湖塘、水库、泥沼地带，不得已时应选择最窄、最浅和基底坡面较平缓的地方通过，并采取保证路基稳定的措施。

④沿河布线时，应注意洪水泛滥对路线的影响，一般应布线于洪水泛滥线以外。必须通过泛滥区时，桥梁、路基应有足够的高度，以免洪水淹没，并应对路基边坡进行防护加固，避免冲毁。

(6)注意路基用土与就地取材

平原地区一般缺乏砂石建筑材料，路线应尽可能靠近建筑材料产地，以减少施工、养护材料运输费用。

路基取土不能乱挖乱取，破坏农田，造成路基两边积水。取土时，应根据取土数量，用地范

围及运距长短，进行全面规划，可采用大面积集中取土的方法，使梯田取土变平田，平田取土不废田。取土时，还结合农田水利需要，采用在附近修渠道取土填筑路堤的办法，如需设置取土坑，则应设置在路基一侧或路基两侧断续设置。

2)山岭区选线要点

(1)沿溪线

沿溪线布局的决定因素是水的问题。由于路线与河流紧密，因此，解决好路线与水的关系是沿溪线布局的关键。主要解决择岸选择、高度选择和桥位选择3个问题。

①河岸选择。择岸主要是解决路线是否跨河(即一岸布线还是两岸布线)的跨河问题和选择走哪一岸的择岸问题。河岸的选择一般应根据地形、地质、地物等因素经过技术经济比较确定。路线应选在地形宽坦、有台地可利用、支沟较少较小、水文及地质条件良好的一岸。积雪和冰冻地区的阳坡和阴坡，迎风面和背风面的气候差异很大，在不影响路线整体布局的前提下，尽可能选择阳坡和迎风的一岸，以减少积雪、涎流冰等病害。有时，即使阳坡工程大些，也应当从增长通车时间和保证行车安全着眼，选择阳坡方案。考虑城镇及居民点的分布除国防公路外，一般路线应尽可能选择村镇较多、人口较密的一岸。其他如对革命史迹、历史文物、风景区等要创造便于联系的条件。

②高度选择。线位高低是路线纵面线形布局的问题。路线沿岸走多高，首先应考虑洪水的威胁。不管是高线位还是低线位，均应在设计洪水位(h)以上一定安全高度($0.5+h$)。安全预留高度应包括河道砂石淤积高度、急弯处水位由于离心作用的抬升高度等。在选线中，应认真做好洪水位调查工作，以确保路线必需的最低线位高度。

高线位一般害多利少，在洪水允许的条件下，无特殊问题时，一般以低线位为主，结合路线具体条件，局部路段采用高线位。

③桥位选择。按路线与河流的关系，有跨支流和跨主流两类桥位。跨支流的桥位选择，一般属于局部方案问题，而跨主河的桥位选择多属于路线布局的问题。跨主河的桥位往往是确定路线走向的控制点，它与河岸选择相互依存，互相影响。当路线由于地形、地质原因需要换岸布线时，如果桥位选择不好，勉强跨河，不是造成桥头线形差，就是增大桥梁工程量。路线跨越主河，由于路线与河流接近平行，桥头布线一般比较困难。因此，在选择桥位时，除应考虑桥位本身水文、地质条件外，还要注意桥头路线的舒顺，处理好桥位与路线的关系。

路线跨支流的桥位，有从支河(沟)口直跨和绕进支沟上游跨越两种方案。采用哪种方案，要根据、地形条件，经技术经济比较确定。

④各种河谷段的布线。

a.开阔河谷段布线。这种河谷谷底地形简单、平缓，河岸与山坡之间有较宽的台地，且多为农田。这类地形的路线有沿河岸、靠山脚、直穿田间3种走法：沿河岸布线；靠山脚布线，坡度均匀平缓，线形好，临河一侧受洪水威胁，须做防护工程；直穿田间布线，线形标准高，但占田最多，在稻田地区，为使路基稳定，有时还需换土，一般不宜采用。

b.河道弯曲、狭窄的河谷段布线。这种河谷一般凹岸陡峭，而凸岸则多有一定宽度的浅滩，有时也有突出的山嘴，间或出现迂回的深切河曲。河曲段主要有沿河岸自然地形绕山嘴、河弯布线和取直路线两种布线方式。遇河湾，则两次跨河或改移河道，如图5.2.3所示。遇山嘴，采用隧道或深路堑通过。究竟采用哪种方案，应通过技术经济比较确定。对于个别有宽浅河滩的大河湾，为提高路线标准，可在河滩布线。对于个别突出的山嘴，可用切嘴填湾的办法处理，同时应注意纵向填挖平衡，不要使大量废方弃置河中，堵塞河道，如图 5.2.4 所示。

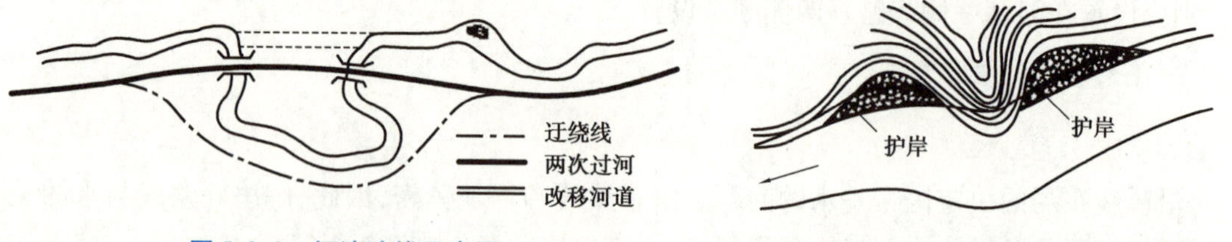

图 5.2.3　河湾路线示意图

图 5.2.4　切山嘴填河湾的路线布置

c. 陡崖峭壁河段选线。山区河谷常有陡崖峭壁错综地交替出现，两岸都是陡崖峭壁的河段，即为峡谷。峡谷一般河床狭窄，水流湍急。路线通过这种地段有绕避和穿过两种方案。应根据峡谷的水文、地质条件和路线性质任务、路线标准、工程大小、施工条件等因素通过比较确定。

绕避的方法有两种：一是翻上峡谷陡崖顶部择有利地带通过；二是另找越岭路线。崖顶过高，就不宜翻崖顶绕避；峡谷不长，只要不是无法通过，两种绕避方法（翻越崖顶和越岭绕避）均不宜采用。但当峡谷较长，且地形困难，工程艰巨，有条件绕避时，则应予考虑。如图 5.2.5 所示，河谷曲折迂回，且有较长一段的陡崖，布线困难；而越岭线的垭口，方向很顺，且两侧地形、地质条件较好，越岭绕避则是可取的方案。

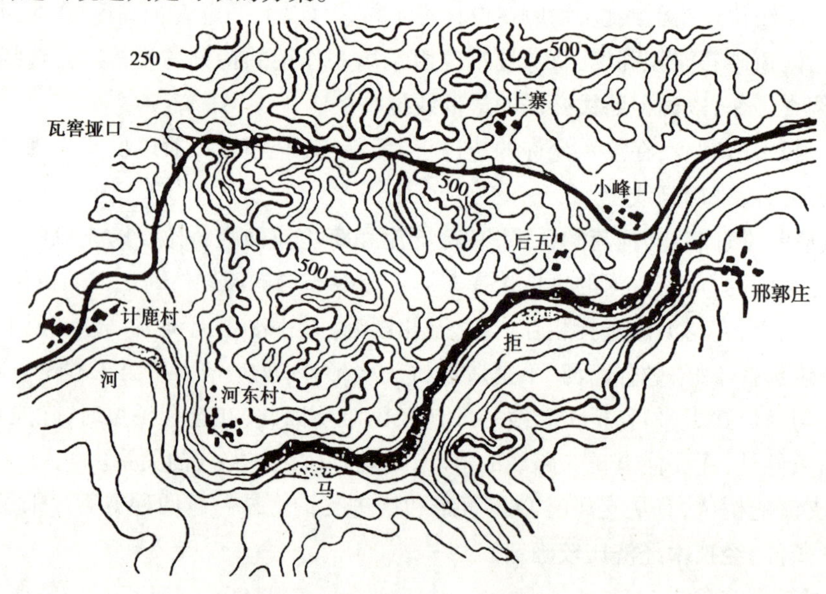

图 5.2.5　越岭绕避峡谷的路线

直穿陡崖峭壁河段和峡谷的路线，其平、纵面受岸壁形状和洪水位限制，活动余地不大。路线的线位主要根据河床泄洪情况而拟订的合理的横断面确定。路线一般以底线为宜，如洪水位过高或有严重积雪的情况，则不宜采用这种方案。

直穿峡谷的路线，可根据河床宽窄、水文状况、岸壁陡缓等不同因素，采用以下方法通过：

当河床较宽水流不深，压缩部分河床不致引起洪水位抬高过多时，路线可在崖脚下按底线设计通过。当河床宽阔，压缩后洪水位抬高不多，路基可全部或大部分设在紧靠崖脚的水中或滩地上，借石或开小部分石崖填筑，路基临水一侧应做防护工程。当河床狭窄，压缩后，将使洪水位有较大的抬高时,采取筑路与沿河相结合的办法,路基也可部分占用河床,开和砌结合,以砌为主。砌的材料主要取自清理河床的漂石及削除对岸突出山嘴。这样就使路基占用河床的泄水面积能从清理河床中得到补偿,如图5.2.6所示。

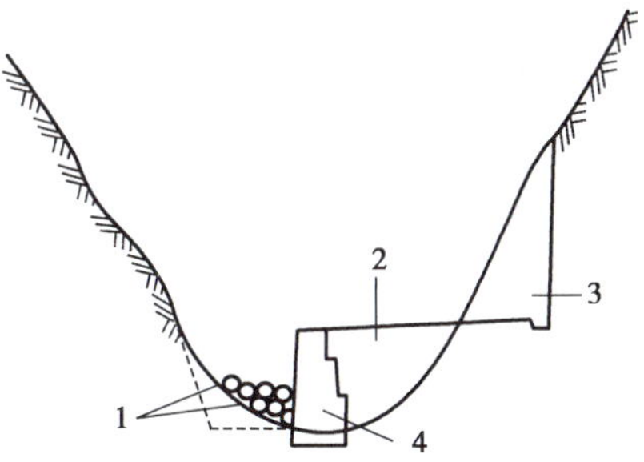

图5.2.6 路基部分占用河

1—清理沙床;2—填筑路基;3—开挖石崖;4—临水路基防护

当两岸峭壁逼近,河床很窄,不能容纳并行的河与路时,可硬开石壁通过,在石壁上硬开路基,造成的大量废方对水位的影响,适当提高线位。

岸壁石质良好,可开凿半隧道,以减少石方和废方,如图5.2.7(a)所示。硬开石壁的路基,对个别缺口或短段不够宽的路段,可用悬出路台或半山桥处理,如图5.2.7(c)、(d)所示。当两岸石壁十分逼近(有时仅几米宽),不宜硬开路基时,可建顺水桥通过。当两岩石壁十分陡峻,无法硬开时,可用隧道通过如图5.2.7(b)所示。

d.河床纵坡陡峻河段的布线。急流、跌水河段河床纵断面在短距离内突然下落几米以至几十米,形成急流或跌水。路线由急流、跌水的上游延伸到其下游时,线位就高出谷底很多,为尽快降低线位,避免继续走陡峻的山腰线,可利用急流、跌水下游支沟或平缓的山坡展线下降。

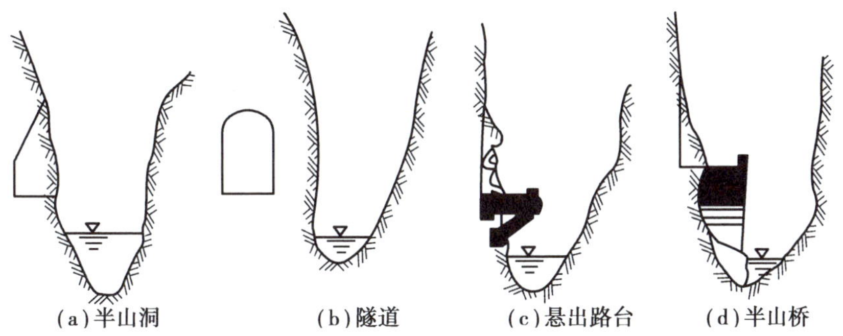

图5.2.7 石壁上硬开路基或设构造物

(2)越岭线

越岭线指翻越山岭布设的路线,特点是克服高差。因此,在布线时,应以纵面为主导安排路线,结合平面线形和路基的横向布置进行。越岭线布线要点有垭口选择、过岭高程、穿岭隧道和展线布局4个问题。

①垭口选择。垭口是分水岭山脊上的凹形地带(又称鞍部),由于高程低,常常是越岭线的重要控制点。垭口选择应在符合路线总方向的前提下,综合各方面因素,从可能通过的垭口中根据其高程、位置、两侧地形、地质条件及气候条件反复比较确定。

垭口的高低及其与山下控制点的高差,直接影响路线展线长度、工程数量大小和营运条件。在展线条件相同时,垭口降低的高度 Δh 和缩短的里程 ΔL 有如下的关系:

$$\Delta L = 2\Delta h \frac{1}{i_p}$$

式中 i_p——展线的平均坡度,一般为5%~5.5%。

由上式可知,若垭口低50 m,可缩短里程2 km(采用5%)。在地形困难的山区,减少2 km公路节省的造价是可观的,同时,运营费用也得以减少。

另外,有时为获得较好的行车和养护条件,即使路线较偏,也可能绕线从低垭口通过。

选择垭口不仅要低,而且垭口的位置要符合路线的基本走向。

山坡线是越岭线的重要组成部分,而山坡坡面的曲折与陡缓、地质的好坏等情况,直接关系到路线的标准和工程数量的大小。因此,垭口的选择要与侧坡展线条件结合考虑。选择时,遇有地质稳定及地形平缓有利于展线的侧坡,即使垭口位置略偏或垭口较高,也应进行方案比较,不要轻易放弃。

垭口的地质病害往往会在运营的过程中形成车辆通过的“盲肠”,选择垭口时要重视垭口的地质问题。垭口地质构造一般较薄弱,地质条件较复杂,常有不良地质存在。选择时,应深入调查研究其地层构造、性质和对公路的影响,如图 5.2.8 所示。对软弱层型、构造型和松软土侵蚀型的垭口,只要注意到岩层产状及水的影响,路线通过一般问题不大。对断层破碎带型及断层陷落型垭口,一般应尽量避开;必须通过时,应查清破碎带的大小及程度,选择有利部位通过,并采取可靠工程措施以保证路基稳定。对于地质条件恶劣的垭口,局部移动路线或采取工程措施亦不解决问题时,应予以放弃。

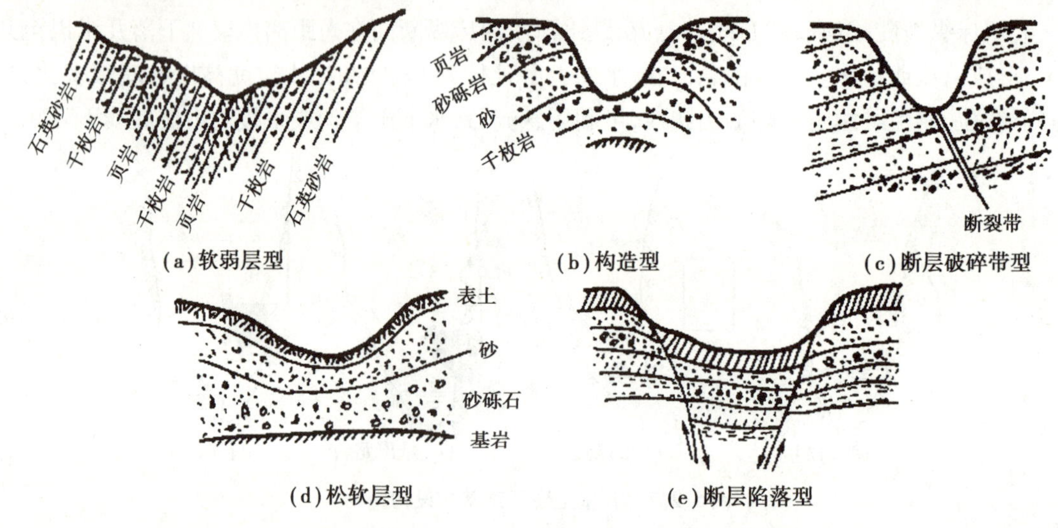

图 5.2.8　垭口的地层构造

②过岭高程。路线过岭,不外采用路堑或隧道通过。过岭高程越低,路线就越短,但路堑或隧道就越深、越长,工程量也越大。因此,过岭高程应结合路线等级、越岭地段的地形、地质以及两侧展线方案、过岭方式等因素经过技术经济比较来选定。这些因素是互相影响的,必须全面分析研究各种可能的比较方案,做出合理的选择。主要有浅挖低填、深挖垭口两种过岭方式。

遇到过岭地段山坡平缓,垭口宽而厚(有的达到 1 ~ 2 km,有的还有沼泽出现)的地形,展线容易,只宜采用浅挖低填的方式过岭,过岭高程基本上就是垭口高程。

当垭口比较瘦削时,常用深挖的方式过岭。深挖垭口,虽土石方工程较集中,但由于降低了过岭高程,相应缩短了展线长度,总工程量并不一定增加。即使有所增加,也可从改善行车条件、节约运营费中得到补偿。至于深挖程度,应视地形、地质、气象条件以及展线对垭口高程的要求等因素而定。根据现有资料,一般挖深在 20 m 以内,地质情况良好时,还可以深些。垭口越瘦,越宜深挖。但垭口通常地质条件较差,挖深应以不致危及路基稳定为度。否则应采取有效措施,以防止遗留病害。为加强环境保护,减少自然地面的破坏,一般垭口深挖不宜超过 20 m。挖深超高 20 m 时,应与隧道方案进行比较。

③穿岭隧道。采用隧道穿越山脊，可以减少爬升高度，缩短路线长度，提高路线指标。但修建隧道要求地质条件好，且工期长，施工技术亦较复杂。因此，采用隧道时，应与明线方案进行比较。一般来说，隧道路线应尽可能选择在稳固的岩层中。尽量避开断层、崩塌、流沙、溶洞、陷穴、有害气体、地下水发育等不良地带。当绕避有困难时，采取必要的工程措施。隧道穿过山嘴时，应将隧道放在稳定的岩层里，外侧要有足够的覆盖厚度，使隧道结构免受不对称的山体压力的作用。最小覆盖厚度按围岩类别而定，其值可参考有关规定。

④展线布局。展线就是采用延长路线的办法，逐渐升坡克服高差。展线有自然展线、回头展线和螺旋展线 3 种基本形式，如图 5.2.9 所示。

自然展线如 5.2.9 中 Ⅰ 方案所示。当山坡平缓、地质稳定时，路线利用有利地形以小于或等于平均纵坡均匀升坡展线至垭口。这种方式的特点是：平面线形较好，里程短，纵坡均匀，但路线避让艰巨工程和不良地质的自由度不大。

回头展线如图 5.2.9 中 Ⅱ 方案所示。路线沿溪至岭脚，然后利用平缓山坡用回头曲线展线升坡至垭口。其特点是：平曲线半径小，同一坡面上下线重叠，对施工、行车和养护都不利，但能在短距离内克服较大的高差，且回头曲线布线灵活，利用有利地形避让艰巨工程和地质不良地段比较容易。

螺旋展线如图 5.2.9 中 Ⅲ 方案所示。这种展线实际就是一种路线转角大于 360° 的回头展线形式。其特点是：路线利用有利的山包或山谷，在很短的平面距离内就能克服较大的高差；它虽比回头曲线有较好的线形，但因需要桥或隧道，将使工程造价增大。螺旋展线的关键在于适应地形特征，使上、下线在交叉处有足够的高差，具有建桥或修隧道的条件。适合螺旋展线的有利地形一般有平缓的山包、山脊、山谷和利用山体隧道展线。

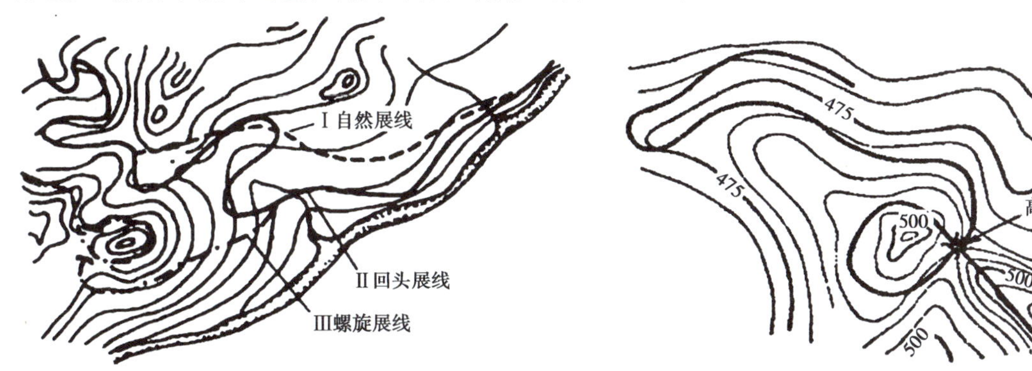

图 5.2.9　越岭展线形式

图 5.2.10　山包螺旋展线

a. 利用山包螺旋展线。直径较大、横坡较缓、相邻有较低鞍部的山包是螺旋展线的有利地形。图 5.2.10 所示为上线架桥通过垭口，绕山包转一圈后在桥下通过，继续展线降坡。

山包螺旋展线的上、下线之间通过高架桥交叉，利用平缓而宽大的山包修筑路基，可以大大减少工程数量，上下线也没有重叠。如果山包的直径较大，曲线的半径可相应增大。主曲线段视距可能存在不良，所以绕山包时最好设计成较浅的路堑。

b. 利用山脊螺旋展线。山脊头部直径较大、横坡较缓、有较瘦腰部的山脊是螺旋展线的有利地形，如图 5.2.11 所示。上线走山脊，绕过宽阔的山脊头部以后，下线选择较瘦的山脊腰部以隧道穿越，继续展线降坡。

山脊螺旋展线的上下线之间是通过隧道交叉，为缩短隧道长度，隧道位置应选择在山脊腰部较瘦的地方通过。如果山脊头部的直径较大,曲线的半径可相应增大。为避免主曲线段视距不良,路基最好设计成较浅的路堑。

c. 利用山谷螺旋展线。入口较窄、腹地宽大、沟内横坡较缓的山谷是螺旋展线的有利地形,如图 5.2.12 所示。上线从山脊降坡至狭窄的谷口后,以跨线桥通过谷口,顺山逆水而行,至沟底后盘旋至山谷另一面山坡顺水而下,下线穿过谷口,继续展线降坡。

山谷螺旋展线的上下线之间是通过跨线桥交叉,主曲线直径受山谷形状的影响较大,但大部分平曲线均为明弯,视距较好。

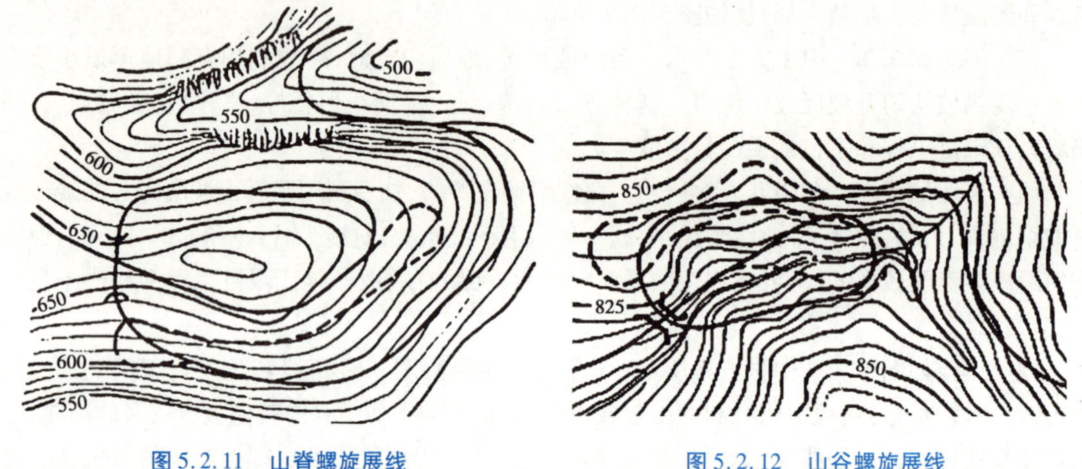

图 5.2.11　山脊螺旋展线　　　　图 5.2.12　山谷螺旋展线

d. 利用山体隧道展线。当山体地质条件好,且符合路线大致走向,可考虑利用山体隧道进行展线。

以上 3 种展线形式中,一般应首先考虑采用自然展线,不得已时采用回头展线。当地形十分困难,又有适宜的山谷或山包时,为在短距离内克服较大的高差,可考虑螺旋展线,但需做方案比较确定。

雅(安)西(昌)高速公路在拖乌山为克服 729 m 的高差和避开断裂带、季节性冻土地带,设计建设双螺旋小半径曲线隧道。

展线布局一般经过全面视察、试坡布线,以及分析落实控制点、决定路线布局 3 个步骤。全面视察是拟订路线走向。在任务书规定的控制点之间,进行广泛勘察,重点调查地形及地质情况,拟订出路线可能的展线方案和大致走法。试坡布线。试坡的目的是进一步落实初拟方案的可行性,并进一步确定和加密中间控制点,拟订路线局部方案。从垭口自上而下进行,试坡方法与定线时放坡相近。分析、落实控制点,决定路线布局。经试坡确定的控制点,确定经济合理的线形。

(3) 山脊线

大体上沿分水岭布设的路线,称为山脊线。山脊线一般具有土石方工程小、水文和地质情况好、桥涵构造物较少等优点。山脊线线位较高,筑路材料及水源缺乏,增加施工困难;空气稀薄,有云雾、积雪、结冰等行车和养护不利等缺点。

当决定采用山脊线方案以后,剩下要解决的是山脊线的布设问题。由于山脊线基本沿分水岭而行,大的走向已经明确,布线主要解决以下 3 个问题:控制垭口选择、侧坡选择、试坡布线。这三者互相依存、互为条件、紧密联系。

①控制垭口选择。选择控制垭口是山脊布线的关键，一般当分水岭顺直、起伏不大时，几乎每个垭口均可暂作控制点。如地形复杂、山脊起伏较大且较频繁、各垭口高低悬殊时，则低垭口即为路线控制点，而突出的高垭口可以舍去。在有支脉的情况下，相距不远的并排垭口，则选择前后与路线联系较好、路线较短的垭口为控制点。选择垭口时，还应与两侧布线条件结合起来考虑。

②侧坡选择。分水岭的侧坡是山脊线的主要布线地带，选择哪一侧山坡，要综合分析比较确定。一般情况下，坡面平缓、整齐、顺直、路线短捷、地质稳定、横隔支脉较少、向阳的山坡布线较为理想。

③试坡布线。山脊线有时因两垭口控制点间高差较大，需要展线；为避免路线过于迂回要采用起伏纵坡，以缩短里程。需要试坡布线，常见有3种情况：

a. 垭口间平均纵坡不超过规定。如中间无太大的障碍，应以均匀坡度沿侧坡布线。若中间遇障碍，则可以加设中间控制点，调整坡度，和两端垭口按均匀坡度布线。

b. 垭口间平均纵坡超过规定时。这种情况需进行展线，山脊展线的布线十分灵活。选线时，应按地形、地质条件，采用填挖、旱桥、隧道等工程措施来提高低垭口，降低高垭口；也可利用侧坡、山脊有利地形作回头展线或螺旋展线，其具体做法见越岭线选线。

c. 垭口间有支脉相隔。应在支脉上选择合适的垭口作为中间控制点。

3）丘陵区选线要点

丘陵区选线主要是解决平、纵、横三方面与错综复杂的地形之间的矛盾。结合地形合理选用指标，使平面适当曲折，纵面略有起伏，横面稳定经济，达到平、纵、横三方面与地形协调一致是丘陵区选线的根本任务。丘陵区路线方案多且方案间优缺点相差不大，需要多方案比较，确定出一条最合理的路线。

丘陵地区布线一般按三类地形地带分段布线，其要点如下：

（1）平坦地带——走直线

在平坦地带，一般按平原区以方向为主导的方式布线。一般应按直线布线。如有障碍等，则应加设中间控制点以小转折、长缓的曲线为主。

（2）斜坡地带——走匀坡线

匀坡线是指两点之间沿自然地形，以均匀坡度确定的地面点的连线，如图5.2.13所示。匀坡线通过多次试坡求得。当两控制点之间无障碍等因素影响时，可直接按均坡线布设。若有障碍等，则在障碍处加设中间控制点。

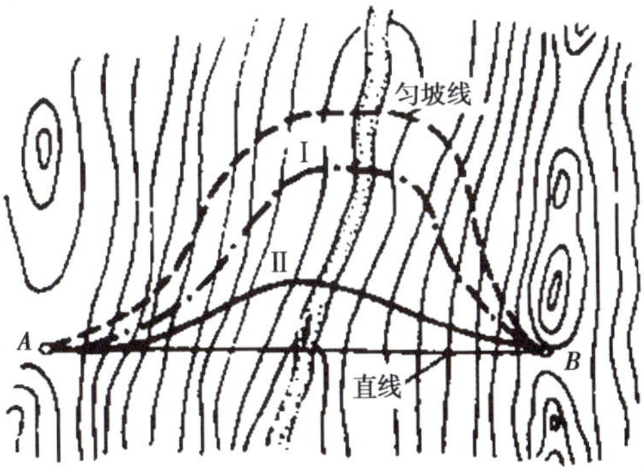

图5.2.13　匀坡线

（3）起伏地带——走中间

起伏地带实际可视为斜坡地带（上坡和下坡地带）的组合，只不过是地面横坡较缓，匀坡线很迂回。所谓“走中间”就是路线在匀坡线和直线之间选择平面顺适、纵面均衡的合理路线。

如图5.2.13所示，*A*、*B*为两相邻梁顶，中间为一坳谷，构成一组起伏地带。如果路线由*A*至*B*硬拉直线，路线虽然最短，但纵面起伏大、线形差，势必出现高填深挖，增大工程量。如果沿匀坡线走，则纵面坡度平缓、均匀，“硬拉直线”和“弯曲求匀”的极端做法都是不正确的。

如果路线布设于匀坡与直线之间，如图5.2.13中的方案或Ⅱ方案，比直线的起伏小，比匀坡线的距离短，而使用质量有所提高，工程造价有所降低，是较合理的布线方案。至于路线在直线及匀坡线之间的具体位置，要根据公路等级，结合地形作具体分析，根据平、纵、横协调来确定。

5. 特殊地区路线走向选择

1) 水库地区选线

(1) 水库对公路工程的影响

沿河修建水库工程，改变了河流天然状况，使库区范围内的工程地质与水文地质条件产生一系列变化，影响公路建设。其中，水库坍岸、地下水壅升和水库淤积是3个主要方面。

水库坍岸是水库蓄水后，由于水位的变化，波浪对库岸的冲击和淘刷，加之库岸受水浸泡和不良地质现象随着地下水壅升而加速发展等原因，使库岸产生变形，造成坍岸，威胁公路安全。地下水壅升是水库水位升高后，原地下水相应的壅升，将使黄土和黄土类地层产生湿陷，导致已趋稳定的古滑坡复活。当地下水位上升至接近地表时，可使泉水出露，土地沼泽化。水库淤积是水库建成后，水库上游回水区内流速降低，产生淤积现象，随之逐渐上升，水流的回水曲线也相应抬高，影响桥梁净空。

(2) 水库地区的选线原则

公路选线应与水库密切配合，充分调查水库的现状和远期规划，测绘和查明水库的影响范围，确定通过或绕避库区的合理方案，并遵循以下原则：

①路线位置一般选在最终堤岸线以外，并留有一定安全距离；个别地段如有防护和跨越条件，能够确保路基稳定，节省投资时，方可考虑将线位定在堤岸范围以内。

②路线应避开水库淹没范围，以减少水下工程；如必须通过淹没区时，要保证水库最高水位不致淹没路基，并须保证路基的稳定。

③路线应尽量绕避由于地下水壅升容易造成湿陷、翻浆、沼泽化、滑坡、崩塌等不良地质现象的地区。

④路线跨过支沟时，应尽量离开沟口，选择在水浅、风浪小、地质条件好的地段通过。跨越支沟的大中桥，应注意支沟堤岸的影响，桥台基础应在堤岸范围以外。

⑤路线跨越水库，一般选择在水库上游，回水曲线以上或水库下游，集中冲刷范围以下河段通过。如必须在水库淹没区内跨越时，桥位应选择在较窄地段，桥梁高度应适当留有余地。

⑥线路由坝顶通过时，坝身质量必须符合公路路基要求。泄水构造物能达到公路桥涵需要的强度，基底无渗漏现象，并要事先与相关部门充分协商。

⑦遇有隧道时，应按坍岸断面及地下水壅升曲线检查路线位置。在湿陷性黄土地区，还应调查和推断沉陷影响，以确定隧道的平面位置及设计高程。

2) 人为坑洞地区选线

(1) 人为坑洞对公路工程的影响

人为坑洞是指由于人的活动所挖掘的地下洞穴，如矿区的采空区、采煤洞、掏砂洞、淘金洞、窑洞、坎儿井、地下渠道和墓穴等。选线时，如对此类地区重视不够，工程措施考虑不周，通车后将导致线路病害的发生，严重影响行车安全。

(2)人为坑洞地区选线原则

①路线应尽量绕避人为坑洞地区，尤其是人为坑洞密集地区和处理工程复杂的大型人为坑洞以及需修建桥梁、隧道、立交等重要建筑物地段。当绕避有困难时，路线应尽量选择在矿层薄、埋藏深、倾角缓和垂直于矿层走向等有利条件处通过，并采取措施确保公路安全。

②路线通过小型坑洞时，应采取适当的工程措施。对于埋藏浅的坑洞，应挖开回填；对于不易开挖的坑洞，应使用必要的勘探方法，查明坑洞情况，加以处理。

③对于正在开采或计划开采的矿区，为避免压矿，路线应尽量绕避。如必须通过时，须与有关单位协商，选择穿过矿体长度最短的部位通过，并采取措施，保证安全。

3)风沙地区选线

(1)风沙对公路工程的影响

风沙对公路的危害也称沙害，沙害主要表现为风蚀、沙埋和堵塞桥涵，其危害程度与沙源、风力及地貌有关。

风蚀是路基边坡或路肩由于风蚀而遭破坏，甚至局部被掏空，危及行车安全。沙埋是在路基的零填方、低路堤、浅路堑路段最易遭沙埋而造成路基积沙和排水不良等病害。堵塞桥涵是当桥涵被流沙堵塞时，一旦出现暴雨，因排水不畅，就会冲毁路基。

(2)风沙地区选线原则

①应深入调查研究，弄清各种沙丘的成因、性质、活动情况以及风力、风向、沙源、地形、地貌等主要特征，尽可能绕避严重流沙地带。

②在大面积沙丘地区，如流沙不能绕避，应尽可能选择在沙丘边缘地带、沙丘中的河流两岸及大山或高地的前缘背风地带通过。

③在风沙覆盖的山地、丘陵地区，路线宜选在沙带间的丘陵地通过。如条件限制，必须穿越沙带时，宜选择在沙带最窄部位，以路堤正交跨过。

④在半固定和固定沙丘为主的局部流沙地区，路线应尽量通过半固定、固定沙丘地区，并尽可能不通过沙丘的下风侧，避免沙体移动掩埋公路。

⑤路线走向应尽量与当地风向平行，因路线若与主风向垂直，路堤的上风侧常形成大量积沙，使路肩和边坡遭受风蚀，路堑也易积沙。

⑥应尽量少设曲线，必须设置时，宜采用大半径曲线，曲线段只宜设路堤，并将弯道外侧面对主导风向。

⑦路线纵断面设计，应尽量采用适当高度的路堤，不填不挖及路堑都容易被沙埋。

⑧路线应尽量靠近筑路材料产地和水源地带，以降低工程造价，并减少施工、养护困难。

4)高烈度地震区选线

(1)地震对公路工程的影响

地震对公路工程的破坏程度与地震烈度大小、当地地形、地质条件和建筑物的抗震能力有关。

(2)地震区选线原则

①干线公路应尽量绕避高烈度地震区。难以避开时，路线应选择在最窄处通过，并宜采用

低路堤。

②路线必须通过高烈度地震区时，应尽量利用有利地形，避开悬崖陡壁、地形复杂和不良地质地区，以减少地震可能造成的破坏。

③地震区桥梁位置应尽量选择在良好的地基和稳定的河岸地段。如必须在易液化砂土、黏砂土及软土或稳定性较差的河岸地段通过时，路线应尽量与河流正交。

6. 不良地质地区路线走向选择

1) 多年冻土地区选线

(1) 多年冻土对公路工程的影响

路基冻害主要表现为下沉和冻胀。路堑冻害往往导致边坡滑动，侧沟挤坏，若遇埋藏冰层就成了泥槽。石质路堑有裂隙水时，冬季冻结形成冰锥。桥涵构造物的冻害主要为基础上凸起和下沉现象。桥涵附近的冰锥、冰丘还可能产生冰塞现象，挤压桥涵。

(2) 多年冻土地区选线原则

①路线通过山坡时，应尽量选在平缓、干燥、向阳的地带。阳坡地带多年冻土埋藏较深，水分蒸发量大，地表及地下水含量相应减少，一般不会产生冻害和其他病害。

②路线通过山岳丘陵地区时，宜选择在融冻坡积层缓坡的上部。沿着河谷定线时，线路宜选在高台地上，以较短的距离通过多年冻土边缘地带，避免沿着融区附近的多年冻土边缘地带布线。

③路线宜选择在岩石、卵石及砾石土，粗、中、细砂和含水量小的黏土、砂黏土、砂粒土等少冰冻土地带。在多冰冻土的地层通过时，应避免在腐殖土、粉砂地段，尤其避免在饱冰、富冰冻土的含冰土层中通过。对厚层地下冰、热融滑坍、热融湖（塘）、冰锥冰丘、沼泽等不良地质地段应尽量绕避。

④路线应尽量采用填方，尽可能避免挖方、零填方或低填浅挖断面。特别是在饱冰冻土和厚层地下冰地段，应避免以挖方通过。

⑤大、中桥宜选在河流的融区地段或基底为少冰冻土的河段。避免将一座桥设在融区和冻土两种不同的地基上。

⑥隧道应尽量避免穿过地下水发育的地层。洞口位置应尽量避开热融滑坍、冰锥、冰丘以及厚层地下冰等不良地质地段。

2) 黄土地区选线

(1) 黄土对公路工程的影响

黄土对公路工程的影响表现在以下 4 个方面：

①黄土湿陷对公路工程的影响。黄土遇水使联结土粒的胶膜胀大，联结力减弱，并使土内起胶结作用的易溶盐溶解，在自重及外力作用下即产生沉陷。黄土的湿陷使公路工程轻则开裂，重则倒塌破坏。

②黄土崩塌、滑坍及滑坡。黄土沟谷两岸一般工程地质条件比较恶劣，坡脚不稳，容易发生崩塌或滑坍。此外，黄土与其下的红土层接触面多向沟床倾斜，有的红土层不透水，地下水则沿此接触面移动或渗流，易产生滑坡。

③黄土陷穴。地面水渗入松散的黄土体内,破坏了黄土的胶结性,同时在动水压力作用下,黄土中的胶体黏土微粒被水带走,形成地面坍陷,继而冲成洞穴,即称为陷穴。

④黄土路堑边坡的崩塌与冲刷。黄土路堑的主要问题是边坡的稳定性,它与路堑的深度、边坡坡度、排水和防护等有关,还受地貌、气候条件及黄土性质的影响。

(2)黄土地区选线原则

①路线应尽量走在黄土塬、宽谷阶地、平缓斜坡以及比较稳定的沟谷地带,尽量绕避陷穴与冲沟发育的塬边和斜坡地带。

②路线通过湿陷性黄土地区时,应尽量选择湿陷性轻微、地表排水条件较好的地区通过。

③路线跨越黄土深沟时,应结合地形,降低填土高度。当沟谷宽敞,谷坡稳定平缓时,可沿沟坡绕向沟谷上游以降低填高;当沟谷深窄,谷坡陡峻且不稳定,绕线困难,同时沟谷不长,沟底纵坡较陡时,可将线位移向沟脑附近来降低填高。

④选线时,应对高填与高桥方案进行综合比较。高填具有下沉量大、多占耕地等缺点,在工程造价出入不大时,应尽量采用高桥方案,降低线位高度,但需考虑基底不均匀下沉的影响。

⑤选线时,还应对深挖与隧道进行综合比较。工程造价出入不大时,应采用隧道方案。黄土隧道应绕避不良地质地段,尽量在土质较好的老黄土土层中,并注意避免偏压。

3)软土和泥沼地区选线

(1)软土和泥沼对公路工程的影响

软土和泥沼都具有压缩性高和强度低的特点,对工程构造物会造成滑坍和沉陷等危害。公路建成后,路基往往不断下沉,造成路面过早破坏,给行车、养护带来很大困难。因此,选线时,对严重的软土和沼泽地区要进行绕避。必须通过时,对路基基底要进行处理。

(2)软土和泥沼地区选线原则

①线路应尽量绕避软土和泥沼地区,特别是河谷或古盆地中央软土层较厚、土颗粒较细、含水率较大、基底松软的部位,选择软土和泥沼地区的边缘通过。

②当路线必须通过软土和泥沼地区时,路线位置应尽量选择在软土和泥沼最窄、泥炭和淤泥较浅、沼地横坡不大、地势较高及取土条件较好的地段通过;在淤泥和泥炭较厚、沼底横坡较陡、路基处理困难的地段,应考虑与建桥方案进行比较。

③软土和泥沼地区以修建路堤为宜,由于沼泽地区需利用路堤自重将泥炭压缩达到稳定,路堤填土高度不宜超过极限高度。

④在宽广的软土地区,路线应尽量避免沿排水管道边缘或湖塘边缘定线。因为这些地方为水流浸润,地基较软弱,基底两侧的变形也不均衡,对路基的稳定不利。

4)盐渍土地区选线

(1)盐渍土对公路工程的影响

地表1 m以内土层中易溶盐含量大于0.5%时的土称盐渍土。由于盐渍土中盐分的存在,在夯实过程中,其最佳密度随含盐量的增加而逐渐减小。当含盐量超过一定限度时,就达不到路基的标准密度,使路基发生下沉、变形。盐渍土中水分和温度随着自然气候条件的变化而不断变化,使土体中的盐分时而溶解,时而结晶,土体也随之膨胀收缩循环进行,膨胀使路面拱起。膨胀和收缩破坏了土体的稳定性,使路基强度降低,这种现象在日温差大的干旱内陆显得尤为突出。

(2)盐渍土地区选线原则

①盐渍土地区选线,应尽量选在排水条件良好、地下水位低、含盐量小、通过地段短和地势较高等有利地段。内陆盐渍土地区路线宜在砾石带、沙土灌丛带通过。冲积平原盐渍土地区路线,宜远离河岸边的湿盐渍土地区,而在地下水位较深的干燥地带通过。

②湿盐渍土地区,因地下水位高,排水困难,路基基底一般需填渗水土或采取抬高路堤等措施,造价增高,故应尽量绕避。如必须通过时,应将路线设置在地势较高和工程地质条件较好的地段。对于一般盐渍土或干盐渍土地区,一般含盐量较轻,可考虑以路堤通过。

③当降低地下水位有困难,且不易取得渗水土做填料时,宜采用抬高路堤的方法通过。路肩高程应考虑冻前地下水位、毛细水强烈上升高度、临界冻结深度和一定的安全距离。

5)膨胀土地区选线

(1)膨胀土对公路工程的影响

膨胀土是一种裂隙发育、工程地质性质不良的黏土。干缩湿胀,将使土体结构遭受破坏,造成土坡的不稳定,影响正常行车。其危害有以下4种:

①冲刷。冲刷现象存在于所有膨胀土边坡上。其破坏过程是雨季地表水使土层湿化,崩解而后冲刷,其结果使坡面呈无数"V"形小沟,由上而下逐渐加宽加深,边坡越高冲刷越严重。

②剥落。坡面龟裂松胀的土层,逐步散裂成颗粒状碎屑,在重力及地表水作用下顺坡剥落,堆于坡底淤塞侧沟。

③溜坍。溜坍是路堑顶或坡面表土的滑动现象,呈马蹄形,坡度陡而不规则。其产生原因主要为雨季地表水于风化裂隙中迅速集中,使松散土层顺坡滑动。当降雨大而持久时,可能发展成为泥流。

④滑坡。滑坡有塑流型滑坡及剪切型滑坡两类。前者具有一般滑坡的弧形外貌,滑体呈塑流状态;后者含水较多,裂缝密布,滑带呈软塑和可塑状。

(2)膨胀土地区选线原则

①膨胀土地区路线应根据宜填不宜挖、尽量减少深长路堑的原则,选定合理方案。否则,应与绕避方案进行比较。

②岗沟相间是膨胀土地区的一种地貌。路线遇到垄岗时,应垂直于垄岗方向,并选择垭口较低、较薄地段通过,以缩短路堑的长度和深度。

③路线应尽量避开建有重要建筑物的垄岗,避免路堑开挖后,路堑发生变形影响附近建筑物的安全。

④路线跨越沟谷处,一般宜建桥并增加桥梁高度,如在垄岗处修建隧道,应避免浅埋,否则应采用加固措施。

6)滑坡地段选线

(1)滑坡对公路工程的影响

滑坡出现时,大量土体下滑摧毁、埋没路基或其他建筑物,修复困难,造成行车中断,对公路有极大危害。

(2)滑坡地段选线原则

①对技术复杂、工程量大、采用整治措施也不易确保稳定的大型滑坡,路线应尽量绕避。若在沿河谷地段,可移到滑坡的对岸通过,或在滑动面底下适当位置以隧道通过。

②对于中小型滑坡,如经整治能确保稳定,工程投资又有显著节省时,可考虑在其下部以低填方或其上部以浅挖方通过。

③当路线位置受到控制、无法绕避滑坡地段(包括有可能产生滑坡的地段)时,必须采取有效工程措施,以确保施工和运营的安全。

7)崩塌、岩堆地段选线

(1)崩塌、岩堆对公路工程的影响

崩塌一般出现在峡谷陡坡地段,它能直接威胁公路安全,尤其是大型崩塌来势凶猛,破坏力更大。岩堆往往由崩塌、错落形成,也可缓慢地堆积而成,在河谷中较为常见。在岩堆地段修筑公路,容易发生顺层牵引坍滑,影响线路稳定。

(2)崩塌、岩堆地段选线原则

①在山体极不稳定、岩层非常破碎的陡峻山坡,工程处理困难的地段,应尽量绕避。若采用修建明洞或在稳定岩层内修建隧道等措施通过,须经比较后选定。

②当崩塌范围不大且性质不严重,有可能采取清理山坡危石以及其他有效工程措施加以解决时,可考虑在崩塌影响范围内通过。

③对于处在发展阶段或较大范围的松散的稳定性差的岩堆,路线宜向山体内移以隧道在堆积体范围外的基岩中通过,或外移设桥通过,或考虑跨河到对岸的绕避方案。

④对于稳定的岩堆,线路也可以低路基或浅路堑通过,但应避免深挖高填,以免破坏岩堆的稳定性,造成病害。

8)泥石流地段选线

(1)泥石流对公路工程的影响

泥石流来势凶猛,破坏力巨大,冲毁路基、桥涵,堵塞河道,给公路交通造成严重危害。

(2)泥石流地段选线原则

①对严重的泥石流集中地段,应考虑绕避,或选择较轻微的一岸通过,必要时可多次跨河绕避。

②路线跨越泥石流沟时,首先应考虑从流通区或沟床比较稳定、冲淤变化不大的洪积扇顶部以桥跨越。

③路线如必须通过泥石流时,应尽量避免穿过沉积区。

④只有泥石流不严重,技术上可以处理,并经过比选,方能采用在沉积区通过的方案。一般在山前区泥石流的路线位置,宜在沉积区下方通过,山区泥石流的路线位置,宜在沉积区上方通过。

7. 改扩建道路选线

1)改扩建道路选线的原则

①公路改扩建工程应注重节约资源,坚持利用与改扩建相结合的原则,合理、充分利用原有工程。

②公路改扩建项目应充分利用公路废旧材料,节约工程建设资源。

③公路改扩建时,应对改建方案和新建方案进行论证比选。

利用现有公路局部路段因地形地物限制,提高设计速度将诱发工程地质病害、大幅度增加工程造价或对保护环境、文物有较大影响时,该局部路段设计可维持原设计速度,但其长度高速公路不宜大于 15 km,一、二级公路不宜大于 60 km。

沙漠、戈壁、草原等小交通量地区的高速公路分离式断面路段利用现有二级公路改建为一幅时,其设计洪水频率维持原标准不变,设计速度不宜大于 80 km。

2)利用旧路选(定)线方法

一般情况下,在旧路上采集控制点(拟订路基中心线点)的坐标和高程,然后将这些控制点布置在平面图上,用纸上定线方法将这些控制点连线,交出交点,在交点处设置平曲线。曲线半径用外距值 E 或切线长 T 反算法求得,再经过实地对照检查和修改后,对不满足要求的地段进行调整,直至满足要求。

道路技术标准升级,旧路大部分路段平、纵面线形都不能满足要求,应废弃旧路,其定线方法和测新线要求完全相同。

(1)控制点选择要点

①从节约资源、环境保护、路基稳定,施工条件、工程造价等综合因素考虑,确定路基是两侧同时加宽或一侧加宽,定出路线中线。优先考虑以加宽挖方一侧和弯道内侧加宽。

②桥梁利用加宽经现场对桥梁鉴定或荷载试验,如为完好的桥涵能利用则尽量利用;不能利用的,则按新建桥涵考虑。桥涵利用有加宽与接长,以加宽一侧或接长一端为宜。对于大中桥,两侧加宽受到技术限制或不经济,可在一侧加宽,桥两端路基服从桥的需要加宽。涵洞接长完全服从路线走向。旧路的桥头短直线和急弯,可顺桥方向延长直线,加大平曲线半径。

③旧路纵面满足标准,但平面技术指标超标,可裁弯取直、改造平曲形(如小半径改大半径,两曲线间短直线可修改为复曲线等),但应注意路线要缩短,则纵坡反而增加,故平面和纵坡改善综合考虑。

④通过村镇路段的路线。在旧路改建时,首先选择避绕通过城镇。

⑤对旧路纵面变坡点多的“锯齿形”纵坡,只需在纵向作适当的挖填就可以改成顺适坡度。在高寒阴湿地区,为保持旧路基稳定性,多采用少挖多填方案。对于长陡坡度路段,在适当位置延展一段路线来克服陡坡。

(2)平面、纵面线形满足技术标准则加宽路基

一般平、纵面线形完全能满足标准要求,而路基宽度不足,只需加宽路基。除从工程量、路基稳定等方面去考虑外,还应从有利于线形的改善出发,综合考虑。将路基两侧原梯形边沟改成矩形边沟,这既增加了路基宽度,又有利于路基排水,同时也改善了路容。在两侧回填边沟或

取土坑，培植路堤边坡或开挖路堑边坡。对于具有稳定边坡的旧路堤或路堑，采用一侧加宽最好。对施工和路基稳定来说，比两侧各加宽一半有利。当地表横坡较陡时，可修挡土墙进行外侧加宽。

任务5.3　定　线

定线就是在选线布局之后，具体定出道路中心线的工作。定线依据设计任务书、选线阶段确定的路线走向和主要控制点、所采用的技术标准进行。定线的任务是在选线布局阶段选定的“路线带”（或称定线走廊）的范围内，按已定的技术标准，结合细部地形、地质等自然条件，综合考虑平、纵、横3个方面的合理安排，定出道路中线的确切位置。定线是道路设计过程中关键的一步，它不仅要解决工程问题和经济问题，而且要充分考虑道路与周围环境的配合、道路与生态平衡的关系、道路自身线形的美观和协调，以及驾驶员的视觉和心理反应等问题。

定线质量在很大程度上还取决于采用的定线方法。常用的定线方法有纸上定线、现场直接定线，航测定线也属于纸上定线。为保证纸上定线成果的准确性和合理性，在高速公路、一级公路采用纸上定线方法时，必须进行现场核定。二级公路、三级公路、四级公路可采用现场定线，有条件或地形条件受限制时，可采用纸上定线或纸上移线并现场核定的方法。

随着工程勘测技术和计算机辅助设计（CAD）技术的发展，目前在各级公路勘察设计中，已普遍采用CAD技术方法。与传统的纸上定线方法比较，路线设计与优化的效率显著提高。但对公路选线定线而言，CAD技术从原理上可理解为是对纸上定线方法的拓展。因此，采用CAD技术选线定线时，也必须进行现场核定。

1. 纸上定线

1）纸上定线的步骤

纸上定线是在大比例尺（1∶500～1∶2 000）地形图上确定道路中线的具体位置。

（1）平原微丘区纸上定线步骤

①定导向点。在选线布局确定的控制点之间，建立一些中间导向点，确定路线走向。

②定导向线。按规定的技术标准，结合导向点，试穿直线，延长直线交会出交点，作为初定的路线导向线。

③初定平曲线。根据交点处转角和交点间距离，初定圆曲线半径和缓和曲线长度，计算曲线要素及曲线里程桩号。

④定线。检查各技术指标是否满足《公路工程技术标准》要求。不满足时，应调整交点位置或圆曲线半径或缓和曲线长度，直至满足为止。排出整个路线的里程桩号，绘出纵、横断面图。检查平、纵、横线形是否协调，发现问题应及时修改，直到满意为止。

（2）山岭、重丘区纸上定线步骤

①定导向线。在地形图上仔细研究路线布局阶段选定的主要控制点间的地形、地质情况，拟订路线各种可能的走法。如图5.3.1所示，图左侧地形较陡，图右侧地形较缓，A、D为两控制点，B为可利用的山脊平台，C为应避让的陡崖，则A—B—C—D为路线的一种可能走法，需由放坡试定。

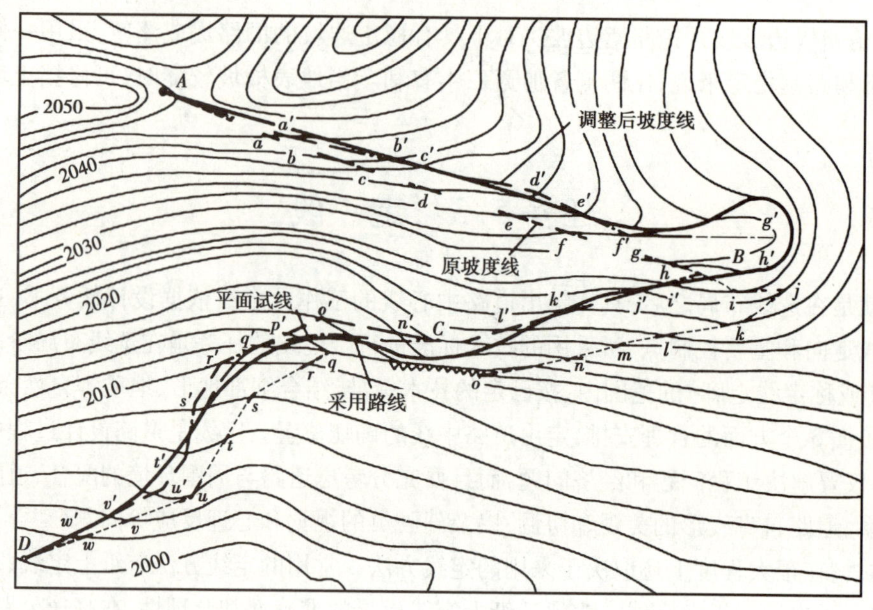

图 5.3.1　定导向线

设 A、D 两点为越岭线山上和山下两控制点。先确定纸上放坡的定线坡度，通常选用平均纵坡 $i_{均}$(5.0% ~5.5%，视地形曲折程度和高差而定)，再计算出平距。所谓平距即是以一定坡度(定线坡度)升高一个等高线间距所需要的距离，一般用 Δl 表示：

$$\Delta l=\frac{\Delta h}{i}\times \mathrm{D} \tag{5.3.1}$$

式中　Δh——等高线间距，m；

D——地形图比例尺；

i——定线坡度，%。

例如，$D=1:50\ 000$，$\Delta h=10$ m，$i=4\%$，则有：$\Delta l=\frac{\Delta h}{i}\times D=\frac{10}{0.04}\times\frac{1}{50\ 000}=0.005(\mathrm{m})=5$ (mm)。

即表明在 1 : 50 000 的地形图上，当两等高线平距是 5 mm 时的路线纵坡为 4%，大于此长度，路线纵坡小于 4%，坡度不受限制的自由地段；小于或等于此长度，说明此地段为大于或等于 4% 的坡度受限地段，应按此平距在图上放坡，如图 5.3.1 所示。

将两脚规开度到 5 mm，从固定点 A 开始，沿拟定走法依次截取每根等高线的 a、b、c、…，在 B 附近回头(图 5.3.1 中 j 点)后再向 D 点截取。当最后一点的位置和标高都与 D 点接近时，说明该方案成立，否则应修改走法(如改变回头位置)或调整定线坡度(在 5.0% ~5.5% 内)，重新试坡至方案成立为止。连线 $Aab\cdots D$ 为具有平均纵坡的折线，即坡度线。

从图 5.3.1 中分析坡度线利用地形、避让地物或不良地质情况可知，在 B 处利于回头的地点未能利用，在 C 处的陡崖未能避让，若调整 B、C 前后的纵坡(可在最大和最小纵坡间选用，但不轻易采用极限值且不出现反坡)，就能避开陡崖和利用有利回头地点。因此，将 B、C 定为中间控制点。然后再仿照上述方法，分段调整纵坡，试定匀坡线，各段匀坡线的连线 $Aab\cdots D$ 为具有分段安排纵坡的折线，即为导向线。它利用有利地形，避开不利障碍，示出路线将经过的部位。

②修正导向线。参照导向线定出直线和平曲线即平面试线，按地形变化特征点量出或读取桩号及地面标高，绘纵断面图的地面线。参考地面线和前面分段安排的纵坡设计理想纵坡如图5.3.2所示，量出或读取各桩的概略设计高程。

在平面试线各桩的横断方向上点出与概略设计标高相应的点。这些点的连线是具有理想纵坡、中线上不填不挖的折线，即为修正导向线。当纵断面上填挖过大时，应进行修改。实线地面线（对应平面试线）挖方较大，该段纵坡已近极限值无法调整，如将路线移到崖顶通过（平面采用路线），平面线形并无多大变化，但挖方工程减少很多，如图5.3.2所示虚线地面线（平面图中修正导向线未示出）。

对修正导向线各点绘制横断面图，用路基模板逐点找出最经济或起控制作用的最优中线位置②及其可移动范围③，如图5.3.3所示。根据最优位置的性质分别用不同符号点绘到平面图上，这些点的连线是具有理想纵坡、横向位置最优的折线，即为二次修正导向线（小比例尺地形图上显示不出最优位置时，可不做）。

③定线。定线是在二次修正导向线的基础上进行。二次修正导向线是一条平面折线，显然不满足技术标准的要求。因此必须适当取直，并用平曲线连接，定出中线的确切位置，然后与平原微丘区定线方法一样，进行路线的平、纵、横3个方面的具体设计，进行路线设计检查，直到满足设计要求为止。

2）纸上定线方法

（1）直线型定线方法

直线型定线方法是根据路线布局和相应的技术指标，试穿出与地形相适应的直线作为基本线形单元，然后在两直线转折处用曲线连接的定线方法，也就是传统的以直线为主的穿线交点定线法。

①路线标定。道路中线确定后，为标定路线，需根据选定的圆曲线半径及缓和曲线计算平曲线要素、曲线主点桩和加桩里程等，计算逐桩坐标，先应采集各交点的坐标。通常，交点坐标的采集方法有直接采集法和定前后直线间接推算法两种。直接采集法是在地形图上读取各交点的坐标，适用于交点前后直线方向和位置限制不严的情况；定前后直线间接推算法是在交点前后直线方向和位置限制较严时，先固定交点前后的直线（即在直线上读取两个点的坐标），再用相邻直线相交的解析法计算交点坐标。

当已知交点前直线上两点的坐标（x_1,y_1）和（x_2,y_2），后直线上两点的坐标（x_3,y_3）和（x_4,y_4），则交点坐标(x,y)为：

$$\left.\begin{aligned}&k_1=\frac{y_2-y_1}{x_2-x_1},k_2=\frac{y_4-y_3}{x_4-x_3}\\&x=\frac{k_1x_1-k_2x_3-y_1+y_3}{k_1-k_2}\\&y=k_1(x-x_1)+y_1\end{aligned}\right\}\tag{5.3.2}$$

通过确定交点，可以先得到一系列转折的直线线形，在两直线转折处设置适当的平曲线，然后进行坐标的计算。

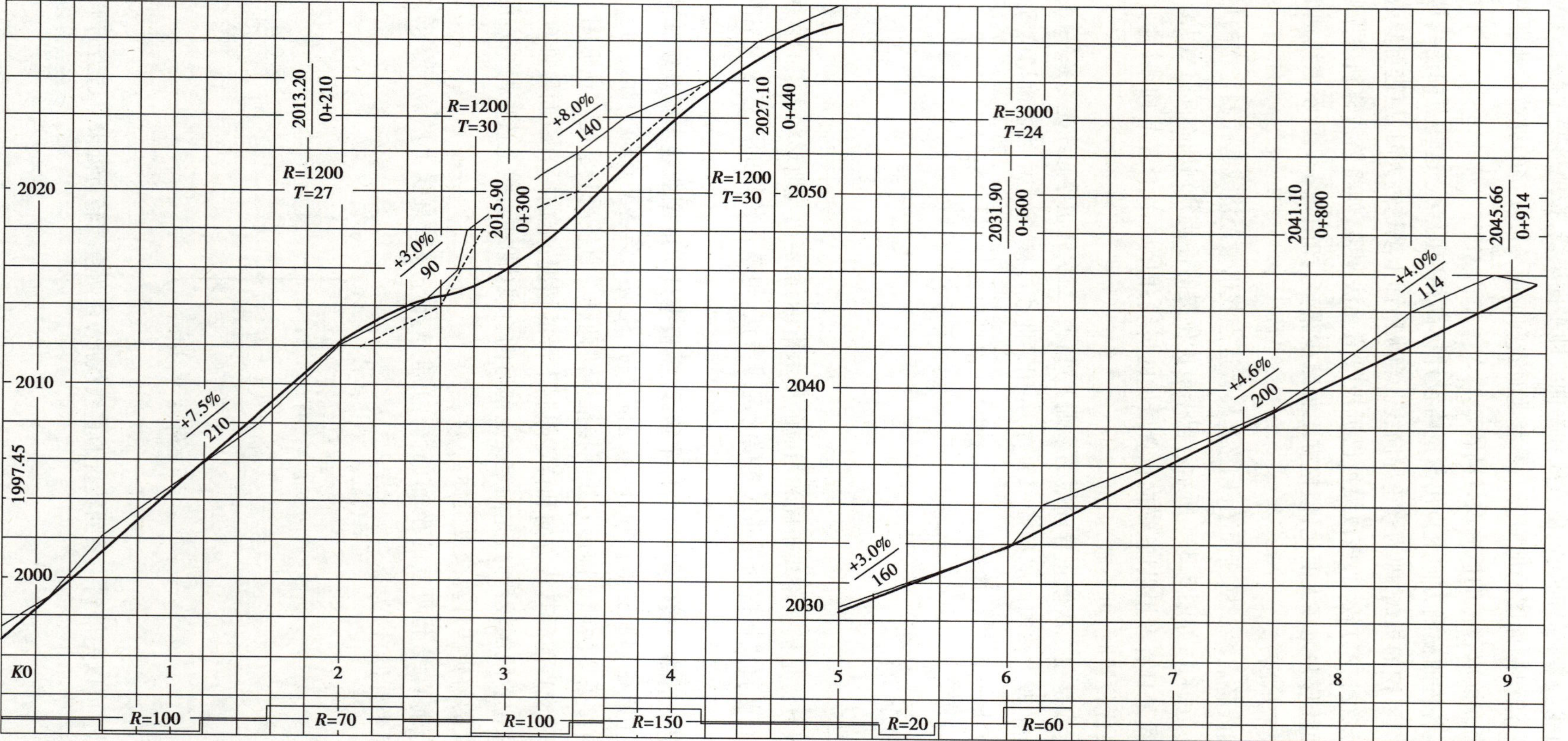

2020
2010
2000
1997.45
2013.20
0+210
R=1200
T=27
+7.5%
210
+3.0%
90
R=1200
T=30
2015.90
0+300
+8.0%
140
2027.10
0+440
R=1200
T=30
2050
2040
2030
+3.0%
160
R=3000
T=24
2031.90
0+600
+4.6%
200
2041.10
0+800
+4.0%
114
2045.66
0+914
K0
1
2
3
4
5
6
7
8
9
R=100
R=70
R=100
R=150
R=20
R=60

图5.3.2 修正导向线

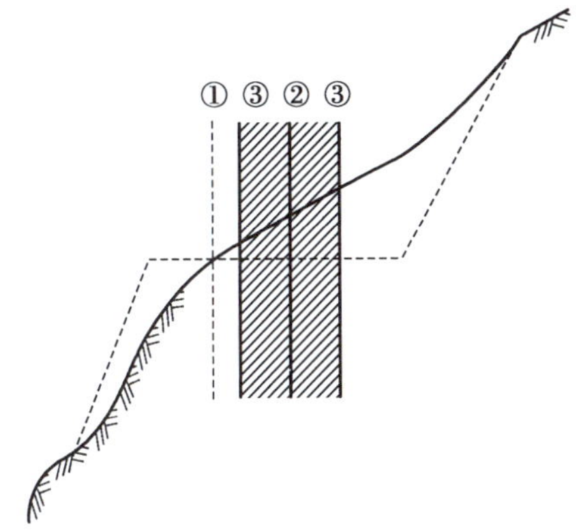

图 5.3.3　最优中线位置及其可移动范围

②平曲线设置。平曲线设置的任务是确定圆曲线半径 R 和缓和曲线长度 L_s，分为单交点曲线、双交点和虚交点曲线、复曲线、回头曲线 4 种类型。

a. 单交点曲线。

- 已知切线长 T 反算半径 R。测算出路线导线转角 α 和控制切线长 T，根据缓和曲线的要求试定 L_s，取 $p \approx L_s^2/24$、$q \approx L_s/2$，用式(5.3.3)解算半径 R。

$$R^2 \tan \frac{\alpha}{2} + \left(\frac{L_s}{2} - T\right) R + \frac{L_s^2}{24} \tan \frac{\alpha}{2} = 0 \tag{5.3.3}$$

对于反算出的半径 R，应根据控制切线长 T 取整。当 T 为最大控制时，R 向小取整；T 为最小控制时，R 向大取整，取整后计算曲线要素。

- 已知外距 E 反算半径 R。根据转角 α、控制外距 E 和试定的 L_s，取 $p \approx L_s^2/24$，用式(5.3.4)计算半径 R。同理，仿照由 T 反算 R 的思路，对由 E 反算出的 R 取整或精确计算。

$$\left(\sec \frac{\alpha}{2} - 1\right) R^2 - ER + \frac{L_s^2}{24} \sec \frac{\alpha}{2} = 0 \tag{5.3.4}$$

b. 双交点和虚交点曲线。双交点曲线实际上是虚交点曲线的特例。双交点适用于转角较大、交点过远或交点处难以安置仪器(如建筑物上、河流中)的情况，直接定线常采用这种曲线。

如图 5.3.4 所示，已知基线长 AB、转角 α_A 和 α_B，试定 L_s，则由式(5.3.5)解算半径解算出的半径 R。若为双交点曲线不取整，若为虚交点曲线则可取整。检查各曲线要素和平曲线指标是否满足规定，否则应进行调整。

$$R^2 - \frac{AB}{\tan \frac{\alpha_A}{2} + \tan \frac{\alpha_B}{2}} R + \frac{L_s^2}{24} = 0 \tag{5.3.5}$$

c. 复曲线。复曲线有两圆曲线间直接衔接和用缓和曲线段衔接两种情况，其中后者计算复杂，道路路线中使用不多。下面以直接衔接为例介绍曲线设置方法。

图 5.3.5 曲线两端分别设有缓和曲线 L_{s1} 和 L_{s2}，为使两圆曲线 R_1 和 R_2 在公切点(GQ)直接衔接，两缓和曲线的内移植必须相等，即 $P_1 = P_2 = P$，则有式(5.3.6)成立：

$$\frac{L_{s_1}^2}{R_1} = \frac{L_{s_2}^2}{R_2} \tag{5.3.6}$$

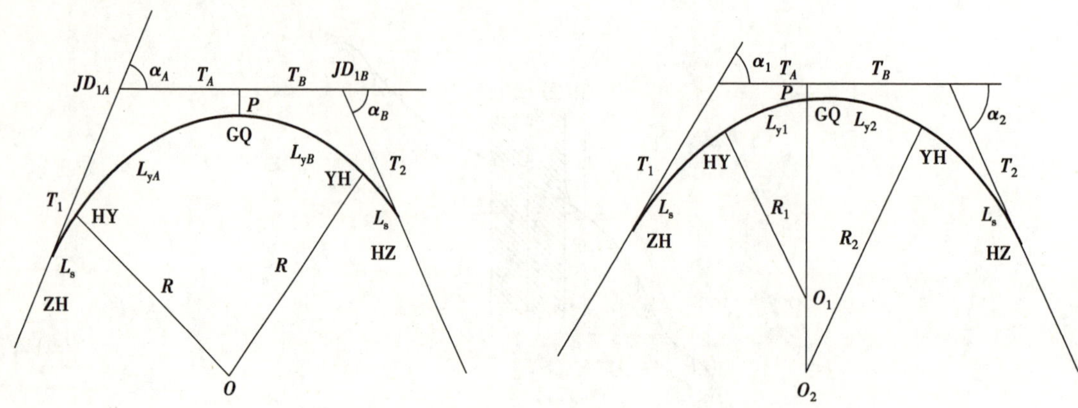

图 5.3.4　双交点曲线　　　　图 5.3.5　复曲线(直接衔接)

若 $R_2>R_1$，一般应先选定 L_{s2} 和 R_2，则有：

$$R_1=\frac{AB-T_B}{\tan\frac{\alpha_1}{2}}-p_1=\frac{AB-\left(R_2+\frac{L_{s_2}^2}{24R_2}\right)\tan\frac{\alpha_2}{2}}{\tan\frac{\alpha_1}{2}}-\frac{L_{s_2}^2}{24R_2}$$

$$L_{s_1}=L_{s_2}\sqrt{\frac{R_1}{R_2}}$$

按此推算出的 R_1 和 L_{s1} 不能取整，检查 R_1、R_2、L_{s1} 和 L_{s2} 的规定及其他曲线要素。若不满足时，应重新选定并试算。必要时，应调整路线导线。

d. 回头曲线。回头曲线的圆曲线半径 R 和缓和曲线 L_s 一般都是已知的，而且线位控制较严，可参照双交点设置回头曲线。凡是设回头曲线的地方，地形对路线都带有强制性。如图 5.3.6 所示，主曲线和前后的辅助曲线的纵面、平面相互约束很严，稍有不慎，不是线形受影响，就是造成大量的填挖方。插线必须反复试插试算，才能得到满意的结果。

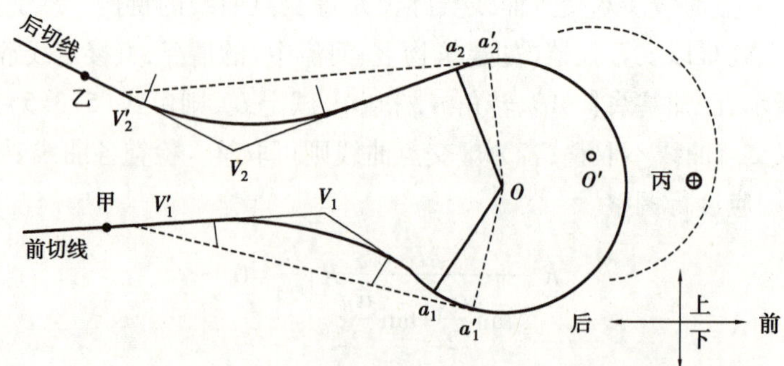

图 5.3.6　回头曲线

(2)曲线型定线方法

曲线型定线方法是根据路线布局和相应技术指标，先试定出合适的圆曲线单元，然后将这些圆曲线用适当的直线和缓和曲线连接的定线方法，即与传统的先定直线后定曲线相反的以曲线为主的定线法。

①定线步骤。在地形图上，根据路线布局和重要控制点，拟合形成一条由圆弧和直线组成的具有错位(即设缓和曲线后圆曲线的内移植)的间断线形。在被分解的圆弧和直线上各采集

两点坐标固定位置，通过试定或试算，用合适的缓和曲线将它们顺滑连接，形成连续的平面线形。

②确定回旋线参数。确定回旋线参数 A 值是采用曲线形定线法的关键。目前，常用的确定 A 值的计算方法有近似计算法和解析计算法。

a. 近似计算法。回旋线参数 A 的近似计算公式为：

$$A=\sqrt[4]{24DR^3} \tag{5.3.7}$$

式中 D——基本型曲线时的内移植 p，为 S 形和卵形曲线时指圆弧之间距离(图 5.3.7)；

R——基本型为单圆曲线半径，S 形和卵形为换算半径，分别按式(5.3.8)、式(5.3.9)计算。

S 形曲线换算半径为：

$$R=\frac{R_1R_2}{R_1+R_2} \tag{5.3.8}$$

卵形曲线换算半径为：

$$R=\frac{R_1R_2}{R_1-R_2} \tag{5.3.9}$$

式中 R_1——大圆半径；

R_2——小圆半径。

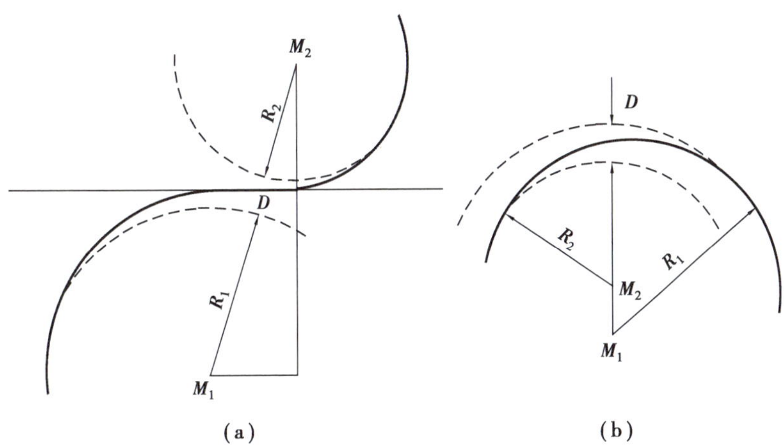

图 5.3.7 S 形和卵形曲线计算图

计算出 A 值后，应检查其大小是否满足 $A \geqslant A_{\min}$ 或 $R/3 \leqslant A \leqslant R$ 的要求。不满足时，可调整圆弧位置，使 D 值变化后重新计算 A 值，直到满意为止。S 形曲线由两条回旋线构成。为计算简便，采用等参数 A 的回旋线。

b. 解析计算法。解析计算法是根据几何关系，建立含有参数 A 的方程式，通过精确计算确定 A 值的过程。下面分 3 种连接情况介绍。

● 当直线与圆曲线连接。如图 5.3.8 所示，已知直线上两点 $D_1(X_{D1},Y_{D1})$、$D_2(X_{D2},Y_{D2})$ 和圆上两点 $C_1(X_{C1},Y_{C1})$、$C_2(X_{C2},Y_{C2})$ 以及圆曲线半径 R。

由图 5.3.8 中，$\theta=\cos^{-1}\dfrac{S}{2R}$，得 C_1M 方位角为：

$$\alpha_M=\alpha_{C1,2}+\xi\theta$$

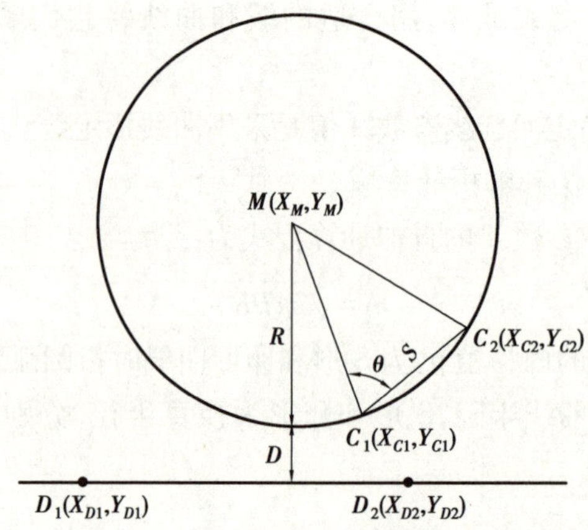

图 5.3.8　直线与圆曲线连接计算图

式中　$\alpha_{C1,2}$——C_1C_2 的方位角；

ξ——$\xi=\text{sgn}(R)$，R 的符号，曲线右转取正，左转取负号。

圆心坐标为：

$$\left.\begin{aligned}X_M&=X_{C1}+R\cos\alpha_M\\Y_M&=Y_{C1}+R\sin\alpha_M\end{aligned}\right\}\tag{5.3.10}$$

式中，$R=|R|$，下同。

直线与圆曲线的间距为 D，令 $K=\dfrac{Y_{D2}-Y_{D1}}{X_{D2}-X_{D1}}$，则有：

$$D=\frac{|k(X_M-X_{D1})-(Y_M-Y_{D1})|}{\sqrt{1+k^2}}-R\tag{5.3.11}$$

回旋线参数 A 及长度 L_s：

由回旋线及关系，则有：

$$p=y+R\cos\tau-R\tag{5.3.12}$$

式中，

$$y=\frac{L_s^2}{6R}\left(1-\frac{L_s^2}{56R^2}+\frac{L_s^4}{7\,040R^4}-\cdots\right),\tau=\frac{L_s}{6R}$$

因 $p=D$，故式(5.3.12)只含未知数 L_s，可采取牛顿求根法解出 L_s，一般精确到 10^{-4}，则参数 A 值计算公式为：

$$A=\sqrt{L_sR}\tag{5.3.13}$$

• 两反向曲线连接。如图 5.3.7(a)所示，已知两圆曲线上各两点坐标及相应半径 R_1 和 R_2，用前述方法可计算出圆心坐标为 $M_1(X_{M1},Y_{M1})$ 和 $M_2(X_{M2},Y_{M2})$。

计算两圆间距 D 为：

$$M_1M_2=R_1+R_2+D=\sqrt{(X_{M2}-X_{M1})^2+(Y_{M2}-Y_{M1})^2}$$

$$D=|M_1M_2-R_1-R_2|=\sqrt{(X_{M2}-X_{M1})^2+(Y_{M2}-Y_{M1})^2}-R_1-R_2\tag{5.3.14}$$

式中，$R_1=|R_1|$，$R_2=|R_2|$，下同。

计算回旋线参数 A：S 形两个回旋线参数 A_1 与 A_2 宜相等。当采用不同参数时，A_1 与 A_2 之

比宜小于2.0;有条件时,以小于1.5为宜。用 $K=A_1/A_2$ 表示回旋线参数的比值,则由几何关系知:

$$M_1M_2=\sqrt{(R_1+R_2+p_1+p_2)^2+(q_1-q_2)^2} \tag{5.3.15}$$

式中:

$$p_i=y_i+R_i\cos\tau i-R_{i(i=1,2)}$$

$$q_1=x_i-R\sin\tau i$$

$$x_i=2R_{i}\tau_i\left(1-\frac{\tau_i^2}{10}+\frac{\tau_i^4}{216}-\frac{\tau_i^6}{9\ 360}+\cdots\right)$$

$$y_i=\frac{2}{3}R_i\tau_i^2\left(1-\frac{\tau_i^2}{14}+\frac{\tau_i^4}{440}-\frac{\tau_i^6}{25\ 200}+\cdots\right)$$

$$\tau_2=\frac{1}{k^2}\left(\frac{R_1}{R_2}\right)^2\tau_1$$

由式(5.3.14)和式(5.3.15)可建立含τ_1的方程 $F(\tau_1)=0$,有:

$$F=(\tau_1)=(R_1+R_2+p_1+p_2)^2+(q_1+q_2)^2-(R_1+R_2+D)^2=0$$

则有:

$$2(R_1+R_2)(p_1+p_2-D)+(p_1+p_2)^2+(q_1+q_2)^2-D^2=0$$

用牛顿求根法解算出τ_1,并求得τ_2后按下式计算参数:

$$\left.\begin{aligned}A_1=R_1\sqrt{2\tau_1}\\A_2=R_2\sqrt{2\tau_2}\end{aligned}\right\} \tag{5.3.16}$$

• 两同向曲线连接。如图5.3.7(b)所示,求得圆心 M_1 和 M_2 的坐标为:

$$D=|R_1-R_2-M_1M_2|$$

$$M_1M_2=\sqrt{(R_1+p_1-R_2-p_2)^2+(q_2-q_1)^2}$$

同样,可建立含τ_1的方程,解除τ_1后计算τ_2和 A 为:

$$\left.\begin{aligned}\tau_2=\left(\frac{R_1}{R_2}\right)^2\tau_1\\A=R_1\sqrt{2\tau_1}\end{aligned}\right\} \tag{5.3.17}$$

定线操作是一个由粗到细的工作过程。因近似法计算中只保留了级数展开式中的第一项,所以计算简单但精度不高,适用于初定线位或精度要求不高的定线。解析法精度较高但计算复杂,需在计算机上计算,适用于精细定线。

2. 实地放线

实地放线是将纸上定好的路线敷设到地面上,经过实地对照检查和修改后,供详细测量和施工使用的作业过程。实地放线的方法主要有坐标法、穿线交点法、拨角法和直接定交点法。应根据路线复杂程度、精度要求高低、测设仪具设备以及地形难易等具体条件选用。随着计算机技术的发展和测量仪器的现代化,坐标法放线应用得越来越广泛。这里只介绍坐标法放样坐标的计算。

1）直线型定线法坐标的计算

（1）路线转角、交点间距、曲线要素及主点桩计算

设起点坐标 $JD_0(XJ_0, YJ_0)$，第 i 个交点坐标为 $JD_i(XJ_i, YJ_i)$，$i=1,2,\cdots,n$，则坐标增量为：

$$DX = XJ_i - XJ_{i-1}$$

$$DY = YJ_i - YJ_{i-1}$$

交点间距为：

$$S = \sqrt{(DX)^2 + (DY)^2}$$

象限角为：

$$\theta = \arctan\left|\frac{DY}{DX}\right|$$

式中　θ——与北轴的夹角。

计算方位角 A：

$DX>0, DY>0$ 时，$A=\theta$；$DX<0, DY>0$ 时，$A=180°-\theta$；$DX<0, DY<0$ 时，$A=180°+\theta$；$DX>0, DY<0$ 时，$A=360°-\theta$；

转角为：

$$\alpha_i = A_i - A_{i-1}$$

式中，a_i 为"+"，路线右转；a_i 为"-"，路线左转。

曲线要素及主点桩号计算公式与传统方法相同。对于高速公路和一级公路，由于精度要求较高，在应用传统公式时，必须注意取舍误差，否则会影响计算精度。如 p、q、x、y 等均为级数展开式，应增大项数。

（2）直线上中桩坐标计算

如图 5.3.9 所示，设交点坐标为 $JD(XJ, YJ)$，交点相邻直线的方位角分别为 A_1 和 A_2，则 ZH（或 ZY）点坐标为：

$$\left.\begin{aligned} X_{ZH} &= XJ + T\cos(A_1+180°) \\ Y_{ZH} &= XJ + T\sin(A_1+180°) \end{aligned}\right\} \tag{5.3.18}$$

HZ（或 YZ）点坐标为：

$$\left.\begin{aligned} X_{HZ} &= XJ + T\cos A_2 \\ Y_{HZ} &= YJ + T\sin A_2 \end{aligned}\right\} \tag{5.3.19}$$

设直线上加桩里程为 L，ZH、HZ 表示曲线起、终点里程，则前直线上任意点坐标（$L \leqslant$ ZH）为：

$$\left.\begin{aligned} X &= XJ + (T + \text{ZH} - L)\cos(A_1+180°) \\ Y &= YJ + (T + \text{ZH} - L)\sin(A_1+180°) \end{aligned}\right\} \tag{5.3.20}$$

后直线上任意点坐标（$L>$HZ）为：

$$\left.\begin{aligned} X &= XJ + (T + L - \text{ZH})\cos A_2 \\ Y &= YJ + (T + L - \text{ZH})\sin A_2 \end{aligned}\right\} \tag{5.3.21}$$

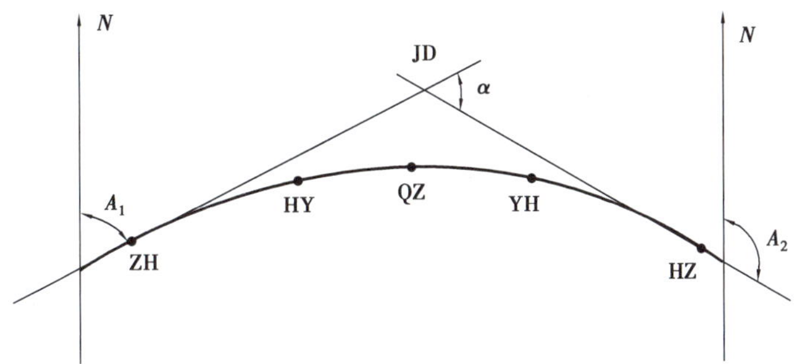

图5.3.9　中桩坐标计算示意图

(3)单曲线内中桩坐标计算

①不设缓和曲线的单曲线。曲线起终点坐标按式(5.3.18)和式(5.3.19)计算,设其坐标分别为 ZY(X_{ZY},Y_{ZY}),YZ(X_{YZ},Y_{YZ}),则圆曲线上坐标为:

$$\left.\begin{aligned} X&=X_{ZY}+2R\ \sin\left(\frac{90l}{\pi R}\right)\cos\left(A_1+\xi\ \frac{90l}{\pi R}\right) \\ Y&=Y_{ZY}+2R\ \sin\left(\frac{90l}{\pi R}\right)\sin\left(A_1+\xi\ \frac{90l}{\pi R}\right) \end{aligned}\right\} \tag{5.3.22}$$

式中　l——圆曲线内任意点至 ZY 点的曲线长;

R——圆曲线半径;

ξ——转角符号,右转为"+",左转为"−",下同。

②设缓和曲线的单曲线。缓和曲线上任意点的切线横距为:

$$x=l-\frac{l^5}{40R^2L_s^2}+\frac{l^9}{3\ 456R^4L_s^4}-\frac{l^{13}}{599\ 040R^6L_s^6}+\cdots \tag{5.3.23}$$

式中　l——缓和曲线上任意点至 ZH(或 HZ)点的曲线长;

L_s——缓和曲线长度。

• 第一缓和曲线(ZH ~ HY)任意点坐标为:

$$\left.\begin{aligned} X&=X_{ZH}+x/\cos\left(\frac{30l^2}{\pi RL_s}\right)\cos\left(A_1+\xi\ \frac{30l^2}{\pi RL_s}\right) \\ Y&=Y_{ZH}+x/\cos\left(\frac{30l^2}{\pi RL_s}\right)\sin\left(A_1+\xi\ \frac{30l^2}{\pi RL_s}\right) \end{aligned}\right\} \tag{5.3.24}$$

• 圆曲线内任意点坐标。

由 HY ~ YH 时:

$$\left.\begin{aligned} X&=X_{HY}+2R\ \sin\left(\frac{90l}{\pi R}\right)\cos\left[A_1+\xi\ \frac{90(l+L_s)}{\pi R}\right] \\ Y&=Y_{HY}+2R\ \sin\left(\frac{90l}{\pi R}\right)\sin\left[A_1+\xi\ \frac{90(l+L_s)}{\pi R}\right] \end{aligned}\right\} \tag{5.3.25}$$

式中　l——圆曲线内任意点至 HY 点的曲线长;

X_{HY},Y_{HY}——HY 点的坐标,由式(5.3.24)计算而来。

YH ~ HY 时:

$$\left.\begin{aligned} X &= X_{YH} + 2R\sin\left(\frac{90l}{\pi R}\right)\cos\left[A_2 + 180° - \xi\frac{90(l+L_s)}{\pi R}\right] \\ Y &= Y_{YH} + 2R\sin\left(\frac{90l}{\pi R}\right)\sin\left[A_2 + 180° - \xi\frac{90(l+L_s)}{\pi R}\right] \end{aligned}\right\} \tag{5.3.26}$$

式中　l——圆曲线内任意点至 YH 点的曲线长。

●第二缓和曲线（HZ～YH）内任意点坐标为：

$$\left.\begin{aligned} X &= X_{HZ} + x/\cos\left(\frac{30l^2}{\pi RL_s}\right)\cos\left(A_2 + 180° - \xi\frac{30l^2}{\pi RL_s}\right) \\ Y &= Y_{HZ} + x/\cos\left(\frac{30l^2}{\pi RL_s}\right)\sin\left(A_2 + 180° - \xi\frac{30l^2}{\pi RL_s}\right) \end{aligned}\right\} \tag{5.3.27}$$

式中　l——第二缓和曲线内任意点至 HZ 点的曲线长。

(4)复曲线坐标计算

①复曲线中间缓和曲线 L_F 与任意点坐标。复曲线中间有设缓和曲线和不设缓和曲线两种情况，设缓和曲线时即构成卵形曲线。该缓和曲线仍然采用回旋线，但它曲率不是从零开始，而是截取曲率$\frac{1}{R_1}\sim\frac{1}{R_2}$这一段作为缓和曲线。

如图 5.3.10 所示，缓和曲线 AB 的长度为 L_F，A、B 点的曲率半径分别为 R_1、R_2，M 为缓和曲线 AB 上曲率为零的点，AB 段内任意点的坐标从 M 点推算。

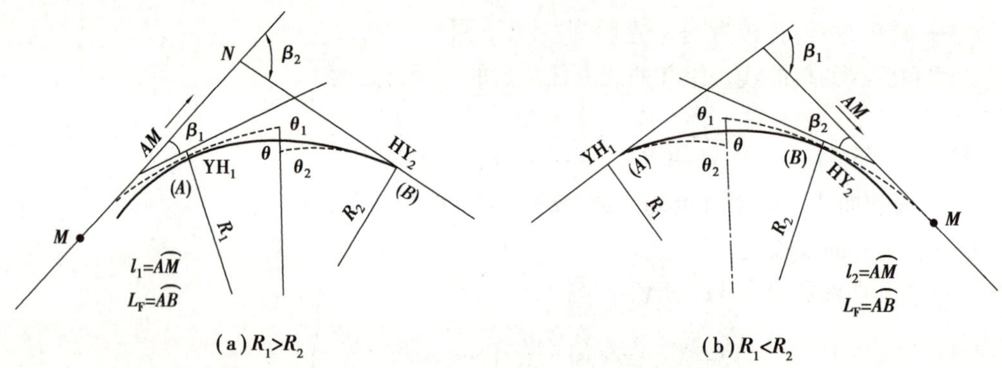

图 5.3.10　复曲线坐标计算示意图

根据回旋线几何关系：

因 $L_F = \sqrt{\frac{24R_1R_2R_F}{R_1 - R_2}}$，$P_F = P_2 - P_1 = \frac{L_{s_2}^2}{24R_2} - \frac{L_{s_1}^2}{24R_1}$，故有：

$$L_F = \sqrt{\frac{|R_2L_{s_1}^2 - R_1L_{s_2}^2|}{|R_1 - R_2|}} \tag{5.3.28}$$

式中　L_{s1}、L_{s2}——第一、第二缓和曲线长度；

R_1、R_2——大圆、小圆曲线半径。

a. 当 $R_1>R_2$ 时，如图 5.3.10(a)所示，设 A 点(YH_1)的坐标为(X_A，Y_A)，由式(5.3.24)计算得到，切线方位角 A_A 为：

$$A_A = A_1 + \xi\left[\frac{90(L_{si} + 2l)}{\pi R_1}\right] \tag{5.3.29}$$

式中　l——半径为 R_1 的平曲线 HY_1 至 YH_1 的曲线长。

M 点的坐标(X_M,Y_M)为：

$$\left.\begin{aligned}X_M&=X_A+\left(l_1-\frac{l_1^3}{40R_1^2}\right)/\cos\left(\frac{30l_1}{\pi R_1}\right)\cos\left(A_i+180°-\xi\frac{2}{3}\beta_1\right)\\Y_M&=Y_A+\left(l_1-\frac{l_1^3}{40R_1^2}\right)/\cos\left(\frac{30l_1}{\pi R_1}\right)\sin\left(A_i+180°-\xi\frac{2}{3}\beta_1\right)\end{aligned}\right\}\tag{5.3.30}$$

式中，$l_2=\dfrac{R_2L_F}{R_1-R_2}$，$\beta_1=\dfrac{90l_1}{\pi R_1}$。

M 点的切线方位角为：

$$A_M=A_A-\xi\beta_1$$

b. 当 $R_1<R_2$ 时，如图5.3.10(b)所示，M 点的坐标为：

$$\left.\begin{aligned}X_M&=X_A+\left(l_2-\frac{l_2^3}{40R_1^2}\right)/\cos\left(\frac{30l_2}{\pi R_1}\right)\cos\left(A_A+\xi\frac{2}{3}\beta_1\right)\\Y_M&=Y_A+\left(l_2-\frac{l_2^3}{40R_1^2}\right)/\cos\left(\frac{30l_2}{\pi R_1}\right)\sin\left(A_A+\xi\frac{2}{3}\beta_1\right)\end{aligned}\right\}\tag{5.3.31}$$

式中，$l_2=\dfrac{R_2L_F}{R_1-R_2}$，$\beta_1=\dfrac{90l_1}{\pi R_1}$。

M 点的切线方位角为：

$$A_M=A_A+\xi\beta_1$$

L_F 内任意点坐标的计算。在计算出 M 点的坐标及切线方位角后，当 $R_1>R_2$ 时，用式(5.3.24)计算 L_F 上任意点坐标；$R_1<R_2$ 时，用式(5.3.27)计算。应注意的是，式中的 l 应为中间缓和曲线上计算点至 M 点的曲线长，A_1、A_2 相应换成 A_M。

②复曲线内 L_F 段以外的任意点坐标。复曲线内除 L_F 段外其他部位上任意点坐标计算公式同式(5.3.23)至式(5.3.27)。

2）曲线型定线法坐标计算

应用曲线型定线法定出的路线平面线形仍然由直线、圆曲线和缓和曲线3种线形元素所组成。当各线形元衔接点的坐标一经确定，路线平面线形的形状和位置便完全确定。目前，各种组合线形单元衔接点的坐标和线形元上任意点坐标计算过程较为烦琐，一般通过计算机辅助设计软件计算。具体计算公式可参考相关书籍，在此不再赘述。

3）坐标放线方法

坐标法放线就是先建立一个贯穿全线统一的坐标系统（一般采用国家坐标系统），然后根据路线的地理位置和几何关系计算出道路中线上各桩点的统一坐标，编制逐桩坐标表，然后根据逐桩坐标实地放线。坐标放线的具体操作根据测量仪器不同采用不同的方法。可参考相关测量知识，在此不再赘述。

3. 航测定线

1）航测定线的应用

公路航测选线工作是从利用国家已有的航测资料（航空摄影相片）入手，制作公路数字地面模型，通过立体观察，了解选线地区的山脉水系以及工程地质等情况，选择路线的各种方案。

2）航测选线的程序

（1）研究路线方案

在1∶10 000或1∶50 000的地形图上初选规划方案，从若干比较线中选出1～2个方案作为收集资料的范围。

（2）收集资料

凡路线所经地区的地形、地质、水文、气候等各种图纸、调查报告、文献、航测资料都尽可能收集，如下所示：

①地形图。路线经过地区的各种比例尺的地形图在不同设计阶段都各有其用途，小比例尺地形图可以初选路线方案作初步设计之用，大比例尺地形图则可以直接在纸上定线。

②航测资料，包括航摄相片、镶嵌复照图、像片平面图等。在收集航摄相片的同时，还应收集测区的控制测量资料。这些资料对相片选线或成图都有重要的作用。

③其他资料，包括铁路、水利等部门勘测过的各种图纸、控制点、高程资料等。

（3）制作公路数字地面模型

公路数字地面模型应能满足任意点或断面的地面高程插值计算，等高线生成，距离、坡度、面积、体积的量算以及路线平面图、地形透视图的制图等要求。步骤如下：数据获取→数据编辑和预处理→DTM构建→DTM成果应用。

（4）初选路线方案

①根据总体规划，在图上将路线起讫点、主要控制点连接起来，这条线就是路线的大致走向。由于控制点的选取有所不同，可能会有几条比较线出现。

②观察沿线细部地貌，结合地质判释、桥位选择、路线标准等修改局部方案。

③试拉纵坡度，估计土石方数量。

④当有几条比较线时，可根据各条线的工程数量和路线标准决定取舍，初步选出最佳路线方案。

（5）现场调查核对

现场调查的内容包括桥涵水文调查、筑路材料调查、工程地质调查、占用土地调查、拆迁调查及路线附近地物、地形补充调绘等。根据调查的实际情况，核对初选方案是否合适，必要时可作相应的修改。

（6）纸上定线

在地形图上进行纸上定线，定线的方法如前所述。纸上定线经现场核对、修改之后，在室内完成平、纵、横3个方面设计和各种构造物设计，计算工程数量，编制设计文件。

必须指出，航测定线必须要与电算相结合，只有将地形以数字形式输入计算机才谈得上路线的优化设计和辅助设计。今后，航测应用于公路选线的研究重点是在数字地形模型的建立和应用，能通过航测、遥感和全球定位系统（GPS）高速度、高精度地获得地面数据是实现选线自动化的关键。

任务5.4　3S技术在道路选(定)线中的应用

1.3S技术简介

3S技术是遥感技术RS(Remote Sensing,简称RS)、地理信息系统GIS(Geographic Information System)和GPS是Global Positioning System(全球定位系统)的有机结合。因为这3个概念的英文名称中都含有一个S开头的单词,所以通常简称为“3S技术”。3S技术以地理信息系统为核心,构成了对空间数据实时采集、更新、处理、分析及为各种实际应用提供科学决策咨询的强大技术体系。

1)遥感技术RS

RS即遥感技术(Remote Sensing,简称RS),遥感技术是指从高空或外层空间接收来自地球表层各类地理的电磁波信息,并通过对这些信息进行扫描、摄影、传输和处理,从而对地表各类地物和现象进行远距离探测和识别的现代综合技术。具体说来,就是根据电磁波理论,应用现代技术在不用与研究对象直接接触的情况下,从高空或远距离通过传感器接收地面物体对电磁波的反射信号,并将这些信号记录下来,进行人工加工与处理,最后对研究对象的性质、特点和数量进行分析和判读,这些过程统称为遥感技术。

2)地理信息系统GIS(Geographic Information System)

地理信息系统GIS(Geographic Information System)又称为“地学信息系统”。它是在计算机硬件、软件系统支持下,对整个或部分地球表层(包括大气层)空间中的有关地理分布数据进行采集、储存、管理、运算、分析、显示和描述的技术系统。

3)全球定位系统GPS(Global Positioning System)

GPS是Global Positioning System的简称,GPS导航系统具备全天候服务能力,不受天气影响,全球覆盖,定位速度快,精度高。

2.3S技术在道路选(定)线中的应用

1)RS在道路选(定)线中的应用

遥感图像具有宏观、逼真、直观、丰富的信息,为进行地形地貌、地持构造和地物的识别分析提供了可靠依据,具有其他方法无可比拟的优势。通过对高分辨率卫星图像的判释,查明路线经过地区的工程地质条件,并进行图像处理,通过计算机制图,绘制出彩色工程地质遥感判释图和水文地质遥感判释图。必要时,进行少量有针对性的调查工作,为路线方案研究与比选提供依据。在道路定测、施工过程中,对地质复杂地段、路线重点工程地区开展遥感调查,为工程技术决策提供科学依据,保证施工顺利进行起到重要作用。

应用RS技术开展道路选线工作,需要考虑设计阶段的具体要求。由于各阶段工作所依据的基础资料及文件要求深度不同,具体工作方法与详略程度也有所不同。

(1)工程预可行性研究阶段

在工程预可行性研究阶段,主要是利用航测遥感技术的优势,在大面积范围内进行方案研究、论证和比选。运用遥感图像进行地貌、地层岩性、地质构造、不良工程地质现象(滑坡、崩塌、泥石流等)判释,对工程地质情况进行初步区分,然后现场踏勘、验证,编制 1∶10 000～1∶50 000 工程地质略图。同时,利用遥感图像还可以进行控制线路方案的大中桥位置的选择。在该阶段遥感工程地质判释的要求如下:

①遥感图像的判释工作应先于工程地质测绘,并贯穿于调查全过程;

②卫星图像和航摄像片结合使用;

③除基本的常规目视判释外,应充分利用遥感信息多时相、多波段的特点,采用数字图像处理技术,突出有效信息,提高判释水平和效果;

④室内判释应进行野外检查、验证;

⑤判释内容应包括宏观地貌单元、地貌形态、成因类型、判定地形、地貌与地质构造、地层岩性、工程地质条件的关系等;

⑥遥感判释的最终成果应提交与调查比例尺相应的工程地质判释图和文字说明。

(2)工程可行性研究阶段

在工程可行性研究阶段,遥感技术的应用以大比例尺遥感图像为主,加强对工程地质判释、调绘工作,采取综合勘探手段,获取所需的工程地质及水文地质资料。该阶段遥感工程地质判释的要求如下:

①遥感图像的判释工作可与该阶段的工程地质测绘提前或同步进行,并贯穿于调查全过程;

②尽量使用不同时相、不同种类、多种波段的图像;

③在室内详细判释的基础上进行全野外检查论证,将地面地质观测与判释紧密结合,充分利用单张航片进行实地布点,并结合地形图、GPS 进行定位;

④判释内容较预可研阶段更为齐全、详细;

⑤最终成果资料应包括遥感工程地质判释报告、综合遥感工程地质平面图、剖面图、工点工程地质图、不良地质、特殊地质资料汇总表、遥感影像图、其他基础资料。

(3)初测阶段

在初测阶段,遥感图像、航摄像片先于大比例尺地形图,为各有关专业提供沿线地区的自然模型。路线技术人员首先根据批准的路线方案在相片上进行初步选线,其他有关专业技术人员即可进行室内判释、调绘工作,并制订现场验证、测绘方案,指导现场调查、搜集资料。实践表明,采用航测遥感技术,外业不测地形,有效地减少了外业工作量,地质测绘和钻探工作量大大减少,提高了勘测设计质量。

2)GIS 在道路选(定)线中的应用

①利用 GIS 的数据采集与地理数据库管理功能,对选线所需的基础资料进行统一管理和分类处理。

路线方案的确定需要考虑众多的影响因素,除地形、地质、水文、气象等自然条件因素外,还有施工条件、技术条件等,并且还要考虑路线在政治、经济和国防上的意义。GIS 中录入了大量有关的地理空间信息,所有的信息都采用数字地图的方式存放,使得选线人员可以在其上建立研究对象的数学模型,进行预测或分析评价。

②利用 GIS 强大的空间查询与空间分析功能和地形分析功能,对信息进行加工处理,将影

响路线方案的各种因素形象化地展现在选线人员面前。

在地理信息系统的支持下，设计者可以按自己的设想任意布设或修改路线方案。对每个方案，GIS 系统可以很快地计算出路线里程、工程量等，可以实时生成路纵断面图。可以通过预先设定的某些目标函数，让系统自动进行路线的平纵断面优化。因此，可以快速、方便地进行路线方案的比选。

③利用 GIS 的制图功能，输出设计用图纸。GIS 可以方便地用于地图的制作，通过图形编辑清除图形采集的错误，并根据用户的要求和地物的类型对数字地图进行整饰、添加符号（包括颜色和注记），然后通过绘图仪输出，就可以得到一张精美的全要素地形图；也可以根据用户的需要，分层输出各种专题地图，如行政区划图、土壤利用图、道路交通图、等高线图等；还可以通过空间分析得到一些特殊的地学分析用图，如坡度图、坡向图、剖面图等。

3）GPS 在道路选（定）线中的应用

目前，GPS 定位技术在道路工程中的主要应用包括布设各等级的路线带状平面控制网，桥梁、隧道平面控制网，航测外业平面高程控制测量等。在公路选线工作中，GPS 的主要作用是对航空照片和卫星相片等遥感图像进行定位和地面矫正。遥感数据在精度上还不够，因此需要 GPS 矫正。随着载波相位差分 GPS 技术的发展，高精度实时动态 GPS 定位技术在道路工程中的应用受到了极大的关注。例如，机载 GPS 在航空摄影测量中的应用、实时动态定位（RTK）技术在道路施工放样中的应用都在试验之中，并取得了可喜的成果。

必须指出，要更好地发挥 3S 技术的优势，有赖于 RS、GPS 与 GIS 结合而成为一个完整的体系，其中 GIS 技术扮演着主体的角色。

思考与练习题

5.1　简述公路选线的一般要求。

5.2　初步设计阶段的选线原则有哪些？

5.3　路线基本走向控制点有哪些？

5.4　选线的方法有哪些？

项目6　道路交叉设计

【学习目标】能够正确选择交叉口的形式，确定各组成部分的几何尺寸；进行交通组织，合理布置各种交通设施；验算交叉口行车视距，保证安全通视条件；进行交叉口立面设计，布置雨水口和排水管道。

任务6.1　平面交叉口设计

道路与道路(或其他线形工程)在同一平面上的相互交叉称为平面交叉，又称交叉口(图6.1.1)。在道路网中，各种道路纵横交错，必然会形成许多交叉口，交叉口是道路系统的重要组成部分，是道路交通的咽喉。相交道路的各种车辆和行人都要在交叉口汇集、通过和转换方向，由于它们之间的相互干扰，会使行车速度降低，阻滞交通，延误通过时间，也容易发生交通事故。因此，如何正确设计交叉口，合理组织交通，对提高交叉口的车速和通行能力，减少延误和交通事故，避免交通阻塞，保障行车通畅，都具有重要意义。

图6.1.1　道路平面交叉口

交叉口设计的基本要求是保证车辆与行人在交叉口能以最短的时间顺利通过，使交叉口的通行能力适应各条道路的行车要求；正确设计交叉口立面，保证转弯车辆行车稳定，符合排水要求。

1. 交叉口的交通特征分析

交叉口是不同方向的多条道路相交或连接的地点，有的道路要通过交叉形成相交点，而有的道路到交叉口就终止，形成连接点。每条道路各个方向来车到交叉口后有的要直行通过，而有的则要改变方向(左转或右转)，车辆相互之间干扰很大，使行车速度减少，通行能力降低。

一股车流分为两股或多股车流的交通现象称为分流；两股或多股车流合为一股车流的交通现象称为合流；交叉口内各方向车流固定行驶轨迹的交汇点称为冲突点。分流与合流在任何交叉口都存在，而冲突点在有些交叉口没有。此三类交错点都存在相互尾撞、挤撞或碰撞的可能性，是影响交叉口行驶速度、通行能力和行车安全的主要原因。其中，以直行与直行、左转与左转以及直行与左转车辆之间所产生的冲突点，对交通的干扰和行车的安全影响最大；其次是合流点，再次是分流点。因此，设计时应尽量采取措施减少冲突点和合流点，尤其要减少或消灭冲突点。

无交通管制时，三路、四路和五路(均为双车道)相交时，平面交叉的交错点分布如图6.1.2所示，其数量如表6.1.1所示。

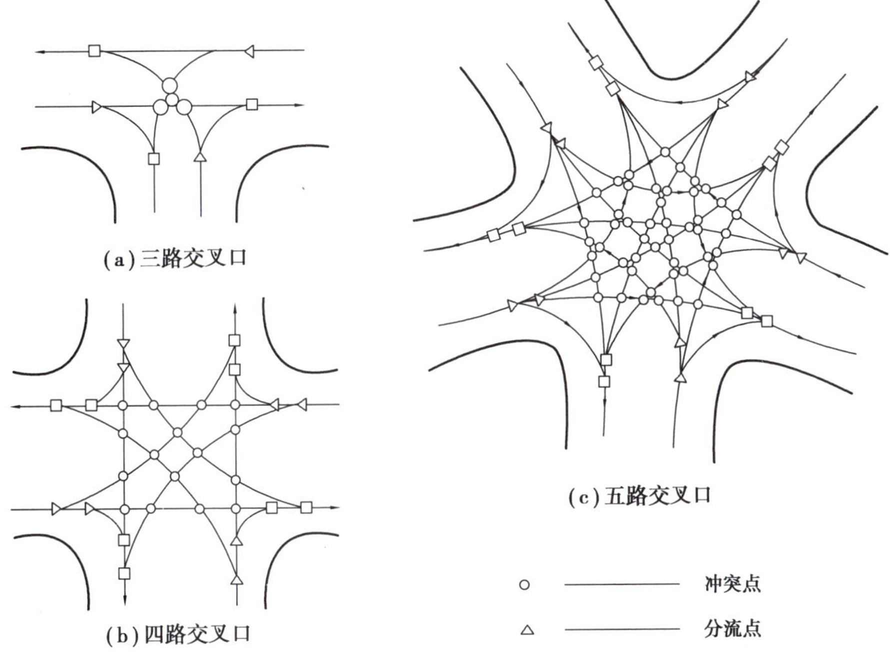

图6.1.2　平面交叉交错点

有交通管制时，交错点相应减少，其数量如表6.1.1所示。

表6.1.1　平面交叉交错点数量表

无交通管制			有交通管制		
相交道路的条数			相交道路的条数		
3条	4条	5条	3条	4条	5条
3	8	15	2或1	4	4
3	8	15	2或1	4	4
3	16	50	1或0	2	4
9	32	80	5或2	10	14

分析图6.1.2、表6.1.1,可得出以下两点结论:

①在无交通管制的交叉口,都存在各种交错点。其数量随相交道路条数的增加而显著增加,其中增加最快的是冲突点。因此,在规划和设计交叉口时,应力求减少相交道路的条数,尽量避免5条或5条以上道路相交,使交通简化。

②产生冲突点最多的是左转弯车辆。如图6.1.2所示,四路交叉口若无左转车流,则冲突点可由16个减至4个,而五路交叉口则从50个减到5个。因此,在交叉口设计中,如何正确地处理和组织左转弯车辆,是保证交叉口交通畅和安全的关键。

减少或消灭冲突点的方法如下:

(1)交通流在时间上分离

用交通组织和交通管制的办法,对平面交叉的交通进行限制,使发生冲突的车流从通行时间上错开。通常,交叉口设置信号灯,或由交警指挥,或设置让路交叉口,或定时不准左转车辆通行等,均属在时间上分离的措施。如四路交叉口设置交通信号灯后,冲突点由16个减至2个,分、合流点分别由8个减至4个。若禁止车流左转,可完全消灭冲突点。

(2)交通流在平面上分离

在交叉口采用各种交通设施或进行交通组织,使交通流在平面上分离,是减少交叉口危险点的有效方法。通常采用的措施和方法如下:

①在交叉口设置专用车道,将不同方向车辆在通过交叉口前分离在各专用车道上,减少行车干扰。

②合理组织交通路线,变左转为右转,如设置中心岛组织环形交叉、街坊绕行、远引掉头等。

③组织渠化交通,在交叉口采用画线、交通岛和各种交通标志和标线等方法,限制交通路线,使交通流在平面上分离的交通组织方法。

(3)交通流在空间上分离

将相互冲突的车流从通行空间上分开,即修建立体交叉,使其互不干扰。这是解决交叉口交通问题最彻底的办法。

2.平面交叉的交通管理方式

平面交叉管理是交通管理的重点,交通管理方式决定了交叉的几何构造、交叉类型和几何设计。平面交叉根据相交道路的功能、等级、交通量等可分别采用无优先交叉、主路优先交叉和信号控制交叉3种不同的交通管理方式。对平面交叉实施科学管理的目的是保障交叉口的交通安全和提高交叉口的通行能力。

1)无优先交叉

无优先交叉是在相交道路交通流量都很小时,各方向车流在交叉口处寻找间隙通过,不设任何管理措施的交叉口。

在无任何管理控制的交叉口,交叉范围内冲突点多。若交通量大时,会严重影响交叉口的畅通,安全性较差。

2)主路优先交叉

主路优先交叉也称停、让控制交叉,是指对没有实施信号控制的主、次道路相交交叉口,主路车辆可优先通行,次路车辆必须减速或让行的控制方式,适用于交通量较低的交叉口或有明显主、次关系的交叉口。在非优先车流的进口道上设置停车或让路标志,在保障有优先通行权车辆通行的前提下,以停车或让路方式通过交叉口。主路上的车流通常不受影响,无须停车顺畅通过,其速度可保证和路段上的速度基本一致;次路车流需在交叉口进口处先停车观望。利用主路的车头间隙通过交叉口。如果主次路上都有左、右转车流,可遵循以下优先规则通过交叉口:次路右转车流、主路左转车流、次路直行车流、次路左转车流。

有停车或让路标志的交叉口可最大限度地保证主路车辆顺畅通过,但次路因让行,会产生较大延误,特别是当交叉口的交通量接近其通行能力时,停车、延误更加严重,此时应考虑采用其他交通控制方式。

3)信号控制交叉

信号控制交叉是采用交通信号控制灯方式,对平面交叉路口的交通流实施动态控制和调节的交叉口。交通信号配时有多种方法,目前应用较普遍的是多相位定周期配时方法。相位是在一个周期内,安排若干种控制状态,每一种控制状态对某一方向的车辆或行人配给通行权,并合理安排这些控制状态的显示顺序。车辆进入信号控制交叉口,要根据信号灯提供的通行相位排队等候通过。

实行信号控制的交叉口,在时间上使相互冲突的车流分离,减少了各向车流之间的相互干扰,提高了车辆运行的安全性和效率。

平面交叉交通管理方式应按如下方法选择:

①道路功能、等级、交通量有明显差别的两条道路相交,或交通量较大的T形交叉,应采用主路优先交叉交通管理方式。

②主路优先交叉又分为停车让行控制和减速让行控制两种,其中若交叉口视距不良,无法满足减速让行视距三角形的交叉口应采用停车让行控制。

③相交道路的等级均低且交通量较小时,应采用无优先交叉交通管理方式。

④下述交叉应采用信号控制方式:

a. 交通量均大,且功能、等级相同的道路相交,难以用"主路优先"的规则管理时;

b. 相交道路虽有主次之别,但交通量均较大(主要道路双向交通量大于或等于600 pcu/h,次要道路单向交通量大于或等于200 pcu/h),采用"主路优先"交通管理方式会出现较频繁的交通事故和过分的交通延误时;

c. 主要道路交通量相当大(主要道路双向交通量大于或等于900 pcu/h),次要道路尽管交通量不大,但采用"主路优先"交通管理方式,次要道路上的车辆由于难以遇到可供驶入的主流间隙而引起不可接受的交通延误,或出现冒险驶入长度不足的主流间隙而危及安全时;

d. 相交道路的交通量虽未达到上述程度,但因有相当数量的行人和非机动车穿越交叉而引起交通延误,甚至造成阻塞或交通事故时;

e. 环形交叉的入口因交通量大而出现过多的交通延误时。

3. 平面交叉口的类型及其适用范围

平面交叉的形式应根据相交道路的功能、等级、交通量、交通管理方式、用地条件和工程造价等因素确定。常见的形式有"十"字形、"T"字形,以及其演变而来的X形、Y形、错位、多路交叉等。这些交叉口在平面上的几何图形,由规划道路网和街坊建筑的形状所决定,一般不易改变。在具体设计中,常因相交道路的功能、交通量、交通管理和组织方式,将交叉口设计成各具交通特点的形式,可归纳为加铺转角式、分道转弯式、扩宽路口式及环形交叉 4 种。

1) 加铺转角式

加铺转角式是用适当半径的单圆曲线或复曲线平顺连接各个转角构成的平面交叉,如图 6.1.3 所示。此类交叉口形式简单,占地少,造价低,设计方便,但行车速度低,通行能力小。其适用于车速低、交通量小、转弯车辆少的次要道路或地方道路。若斜交不大时,也可用于转弯交通量较小的主要道路与次要道路交叉。设计时,主要解决合适的转角曲线半径和足够视距要求。

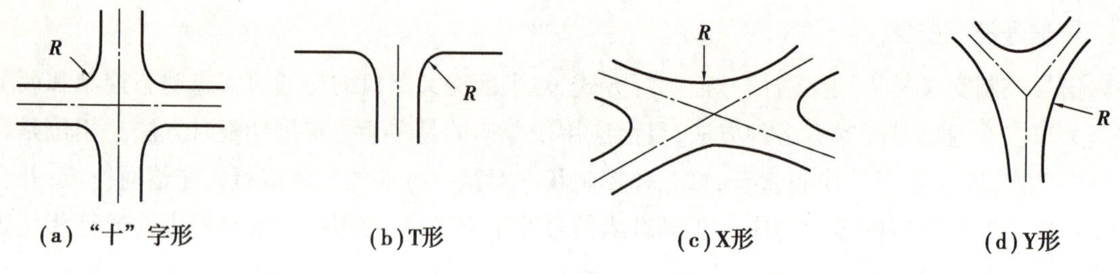

图 6.1.3　加铺转角式交叉口

2) 分道转弯式

分道转弯式是指采用设置导流岛、划分车道等措施,使转弯车辆分道行驶的平面交叉,如图 6.1.4 所示。此类交叉口转弯车辆,尤其是右转弯车辆行驶速度和通行能力较高,适用于车速较高、转弯车辆较多的主要道路。设计时,主要解决分道转弯半径、保证足够的视距和满足导流岛端部半径的要求。

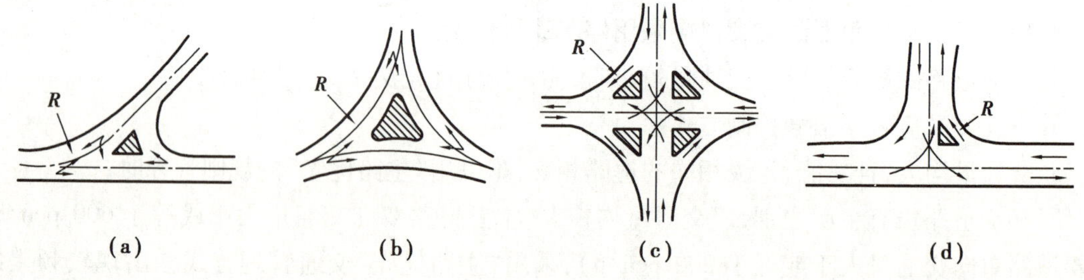

图 6.1.4　分道转弯式交叉口

3) 扩宽路口式

扩宽路口式是指在接近交叉口的道路两侧展宽或增辟附加车道的平面交叉,可单增右转或左转车道,也可同时增设左、右转车道,如图 6.1.5 所示。此类交叉口可减少转弯交通对直行交通的干扰,车速较高,事故率低,通行能力大,但占地多,投资较大。其适用于交通量较大、转弯车辆较多的干线公路和城市主干路。设计时,主要解决扩宽的车道数和位置,也要满足视距和转角曲线半径的要求。

4) 环形交叉

环形交叉是指多条道路交会处设有中心岛的平面交叉。在交叉口中央设置中心岛,用环道组织渠化交通,使进入环道的所有车辆一律按逆时针方向绕岛单向行驶,直至所要去的路口离

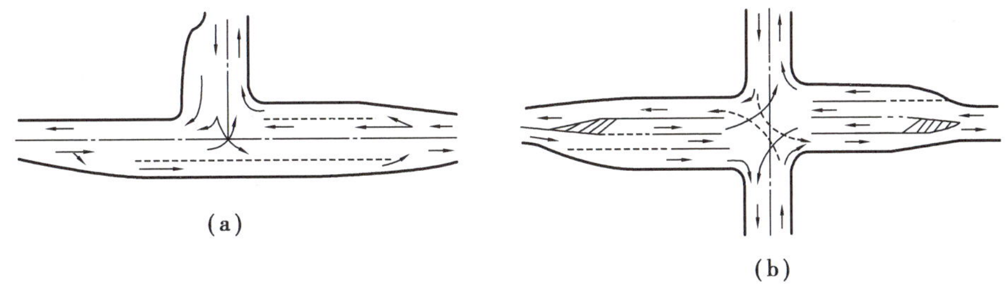

图6.1.5　扩宽路口式交叉口

岛驶出，如图6.1.6所示。

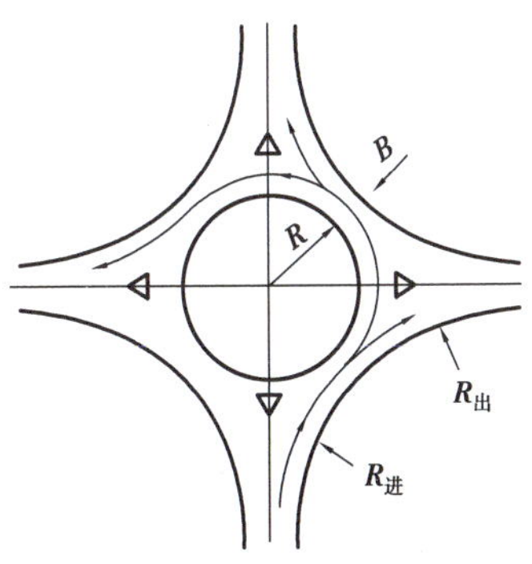

图6.1.6　环形交叉

环形交叉的优点：驶入交叉口的各种车辆可连续不断地单向运行，没有停滞，减少了车辆在交叉口的延误时间；环道上行车只有分流与合流，消灭了冲突点，提高了行车的安全性；交通组织简便；对多路交叉和畸形交叉，用环道组织渠化交通更为有效；中心岛绿化可美化环境。

环形交叉的缺点：占地面积大，城区改建困难；增加了车辆绕行距离，特别是左转弯车辆；一般造价高于其他平面交叉。

环形交叉适用于多条道路相交或转弯交通量较大，且地形较平坦的交叉口。在快速道路和交通量大的干线道路、有大量非机动车和行人交通、位于斜坡较大地形以及桥头引道上均不宜采用。按规划需修建立体交叉处，近期可采用平面环形交叉作为过渡形式，并预留远期改建为立交的可能性。

“入口让路”的环形交叉，驶入车辆要等候环行车流出现间隙时才插入行驶。一般适用于一条四车道道路和一条双车道道路相交或两条高峰小时不明显的四车道道路相交且行人和非机动车较少的交叉口。

环形交叉设计时，主要解决中心岛的形状和半径、环道的布置和宽度、交织段长度、交织角、进出口曲线半径和视距要求等问题。

4. 交叉口交通组织设计

交叉口交通组织设计包括车辆交通组织和行人交通组织。其基本任务是保证相交道路车辆及行人的安全，提高交叉口的通行能力，使各方向车流安全、快速地通过交叉口。

1) 车辆交通组织

(1) 设置专用车道

组织不同车种和不同行驶方向的左转、直行和右转车辆在各自的车道上各就各位，分道行驶。根据车行道的宽度和左转、直行、右行车辆的不同组成，可划分左转车道、直行车道和右转车道。

(2) 合理组织左转弯车辆的交通

组织左转车辆交通，常采用下列3种方法：

①实施信号灯管制，设置专用车道。在交叉口设置信号灯，使左转弯车辆从直行车流中分出来，在路口进口道停车线后的专用储存车道上排队等候，待信号灯转变为绿灯时，再左转通过

或驾驶员继续左转通过,以减少左转对直行、右转车辆行驶的干扰阻滞。为使入交叉口的各向行驶车辆更好地分道行驶,应尽可能分别设置左转、右转专用车道。

②变左转为右转行驶。在交叉口中央设置圆形或椭圆形的交通岛,使车辆进出交叉口一律绕岛做反时针单向行驶,它的特点是不设置信号灯。车辆正常情况下无须停顿、等候,可连续行驶。左转车流变右转的另一方法是使左转车绕邻近交叉口的街坊道路右转行驶。这种方法由于绕越行程增大,通常仅用于左转车比例不大,旧城道路路口拓宽困难或在桥头引道坡度大的十字形路口处,为减少交通拥堵或促进下坡安全的情况。

③在大、中城市路幅宽 40 ~45 m 以上的干道中,还可将左转车辆在交叉口上先作右转离开交叉口相当距离后,再作 180°的回转来实现左转变右转,通常称为远引交叉。这种方法由于在交叉口中央需要设置较宽的带形交通岛,绕行距离又长,加上回车时仍会影响靠中线的快车行驶,因此一般很少采用。

(3)组织渠化交通

所谓渠化,其原理是在道路上划出各种管理设施(如车道线、停车线等)及设置各种交通岛,使人、车分离,各行其道,使不同类型、不同方向及不同速度的车辆能像渠道内的水流一样顺着一定的方向,互不干扰地通行。

在交叉口进行渠化交通组织可以达到以下目的:分离冲突点;控制冲突时的交通流线角度;压缩交叉口内不必要的路面铺装;控制交通路径,指示交叉地点;为主要交通流向提供优先通行条件;保证过街行人安全;提供设置交通标志的场所;阻止车辆驶入禁行方向;控制车速等。

2)行人交通组织

在城市道路中,尤其在交叉口处,行人在此汇集、转向、过街,需考虑行人交通组织。行人交通组织的主要任务包括两个方面:一是组织行人在人行道上行走;二是组织行人在人行横道线安全过街,从而使人、车分离,相互之间的干扰最少。

人行道通常对称布置在车行道两侧。交叉口内相邻道路的人行道互相连通,并将转角处人行道加宽,以适应人流集中和转向的需要。在人行道上,除必要的道路标志、交通信号、照明及栏杆等外,不允许布置其他设施,以保证人行道的有效宽度。

为使行人安全、有序地横穿车行道,应在交叉路口设置人行横道。交叉范围的人行道和人行横道相互连接,共同组成可达任意方向的步行道网,尽量不将吸引大量人流的公共建筑的出入口设在交叉口上。

人行横道的设置应考虑以下 4 个方面的要求:

①人行横道应与行人自然流一致,否则将导致行人在人行横道以外的地方横过车行道,不利于交通安全;

②人行横道应尽量与车行道垂直,行人过街距离短,使人行尽快地通过交叉口,符合人行过街的心理要求;

③人行横道尽量靠近交叉口,以缩小交叉口的面积,使车辆尽快通过交叉口,减少车辆在交叉口内的通行时间;

④人行横道设置在驾驶员容易看清的位置,标线应醒目。

在设置信号灯控制或设置停车标志的交叉口,应在路面上标绘停车线,指明停车位置。人行横道一般可布置在停车线之前至少 1 m 处(图 6.1.7)。

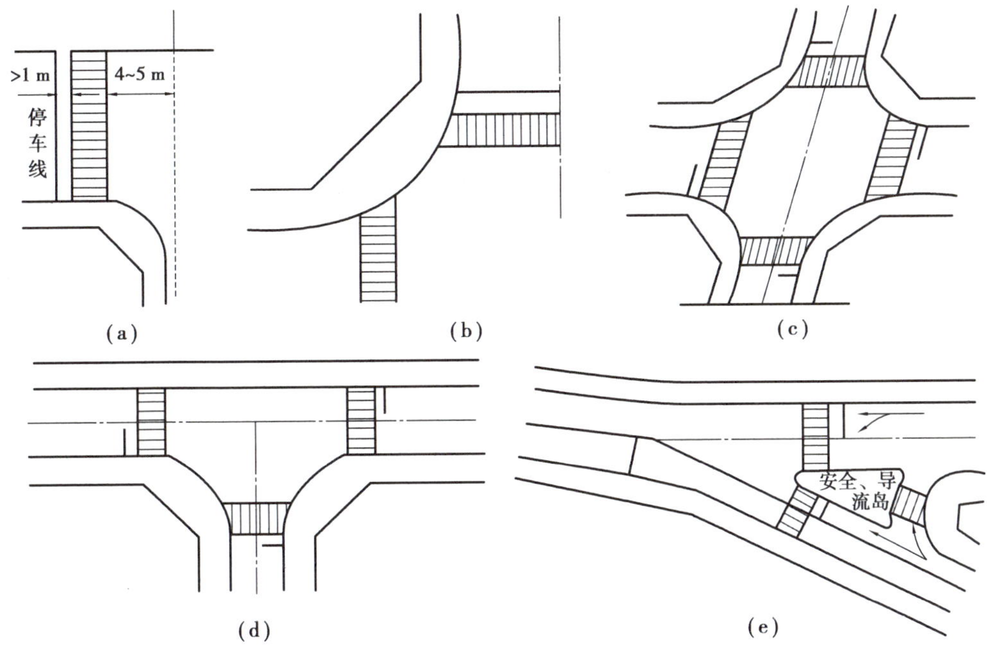

图 6.1.7　交叉口人行横道的布置

人行横道的宽度与过街行人流量和行人过街时的信号显示时间有关,所以应结合每个交叉口的实际情况设置。一般应比路段人行道宽,考虑到应便于驾驶员在远处辨认,其最小宽度为 4 m,一般最大值不超过 8 m。

当车行道较宽时,行人一次横穿过长的街道会引起行人思想紧张,尤其对行走迟缓的老、弱、妇、孺等,会感到很不安。《城市道路路线设计规范》规定:当机动车道数大于或等于 6 条或人行横道长度大于 30 m 时,应在道路中线附近设置宽度不小于 1 m 的安全岛。

当交叉口宽阔、人流量大、车流量大且车速高时,如快速路上的交叉口,可考虑设置人行天桥或人行地道,这是行人交通组织最彻底、最有效的办法。为使人行天桥(地道)的功能能够得到最大限度的发挥,即过街行人从心理上能够接受,在规划人行天桥(地道)位置时应充分考虑行人流向,在结构选型方面真正做到以人为本。由于人行天桥(地道)选址、选型不当,而弃之不用或基本不用的不乏实例,这点值得注意。

3) 平面交叉的渠化布置

相交公路等级较高或交通量较大的平面交叉,应采用由分隔岛、导流岛来指定各向车流行径的渠化交叉。

①主要公路为二级公路的 T 形交叉,当直行交通量不大,而与次要公路间的转弯交通量占相当比例时,可采用图 6.1.8(a)所示的只在次要公路上设分隔岛的渠化 T 形交叉。当主要公路的直行交通量较大时,则采用图 6.1.8(b)所示的在主要公路和次要公路上均设分隔岛的渠化 T 形交叉。

②主要公路为四车道公路,或设计速度>60 km/h 且有相当比例转弯交通量的二级公路,或是与互通式立交直接沟通的双车道公路的 T 形交叉,应采用图 6.1.9(c)所示的设置导流岛的渠化 T 形交叉。

当主要公路为双车道公路时,应根据左、右转弯交通量的平衡与否而选用图 6.1.9(a)、(b)、(c)所示的某种渠化布置方式。主要公路上的分隔岛宜为隐形岛。当主要公路为四车道时,应采用图6.1.9(d)所示的渠化布置方式。次要公路上的导流岛可根据左、右转弯交通量情况作图6.1.9(a)、(b)所示的变通处理。主要公路上的分隔岛应为实体岛。

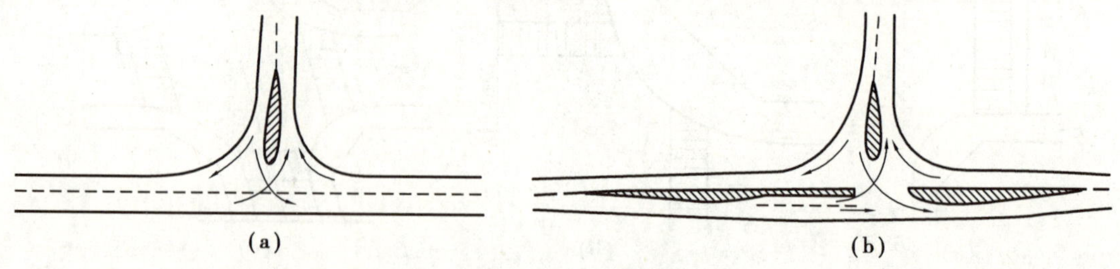

图6.1.8　只设分隔岛的T形交叉

③主要公路为四车道公路以及设计速度为80 km/h的双车道公路,或虽然设计速度为60 km/h,但属于区域干线的双车道公路,其上的十字交叉应采用图6.1.9所示的渠化交叉。

④当主要公路为四车道公路,或虽为双车道公路,但交叉所在的局部路段为四车道,次要公路为双车道公路且转弯交通量不平衡时,之间的十字交叉可采用图6.1.9(c)的形式。若转变交通量较大且各向转弯较平衡时,则应按图6.1.9(b)所示布置完善的渠化岛。

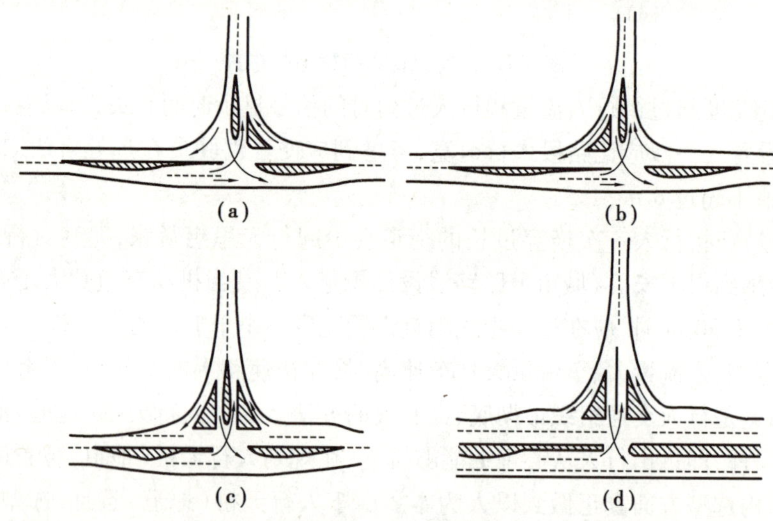

图6.1.9　设导流岛

⑤两、四车道公路或四车道以上公路相交,或其中之一为四车道以上的公路时,应按图6.1.10(d)所示布置。

所有布置完善的渠化岛和转弯车道,而且伴之于渠化还应设置足够相数和合适配时的信号系统。

4)环形交叉

环形交叉适用于交通量适中,经过验算后出、入口间的距离能满足交织长度的要求,或按"入口让路"规则(非交织原理)设计能满足交通量需要的3~5岔的交叉。

环形交叉宜采用图6.1.11所示的适应"入口让路"的行驶规则的形式。

"入口让路"环形交叉适用于一条四车道公路和一条双车道公路相交的交叉以及两条高峰小时不明显的四车道公路相交的交叉。

5)实行信号管制

采用自动控制的交通信号指挥系统,提高行车速度和通行能力。

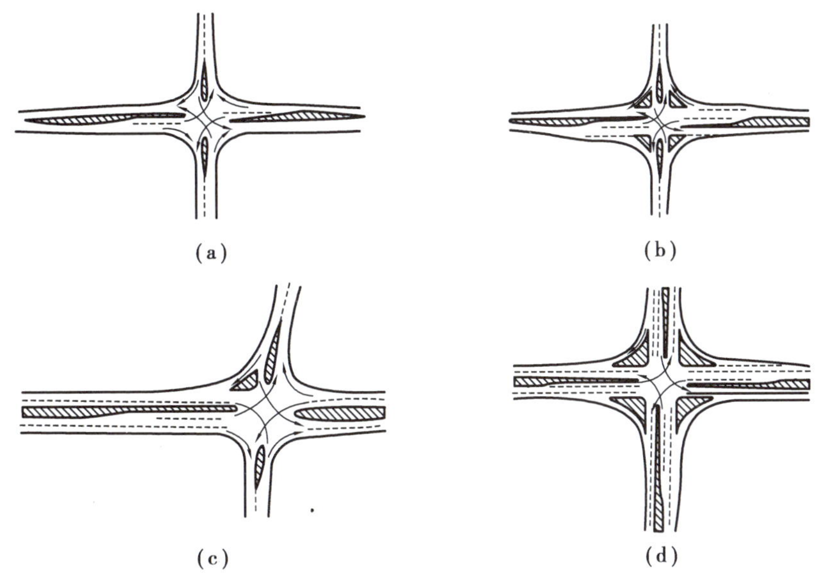

图 6.1.10　设导流岛的 T 形交叉

6)调整交通组织

当旧城道路改建困难时,可对城市道路网综合考虑,采取改变交通路线,限制车辆行驶,控制行驶方向,组织单向交通,以及适当封闭一些主要干道上的支路等措施简化。图 6.1.11“入口让路”环形交叉口交通,提高整个道路网的通行能力。

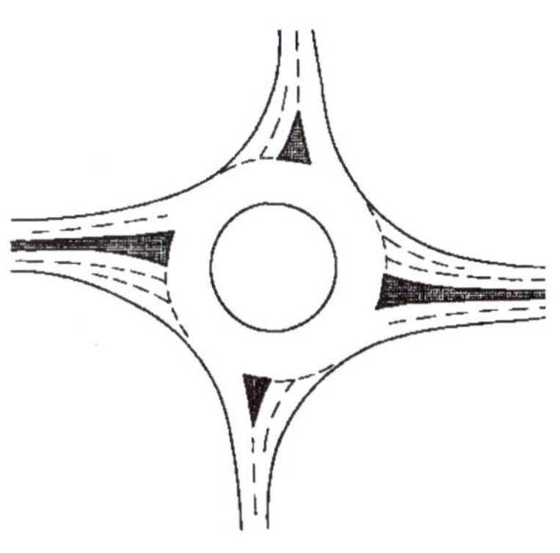

图 6.1.11　“入口让路”环形交叉

5. 行人及非机动车交通组织

公路设计中,常较少考虑行人和非机动车交通。但对城市道路因大量行人和非机动车存在,合理组织行人和非机动车交通是消除交叉口交通阻塞,保障交通安全的有效方法。

1)行人交通组织

行人交通组织的主要任务是组织行人在人行道上行走,在人行横道线内安全过街,使人、车分离,干扰最小。

人行道通常对称布置在行车道两侧。交叉口内相邻道路的人行道应互相连通,并将转角处人行道加宽,以适应人流集中转向需要。为使行人安全、有序地横穿行车道,应在交叉路口设置人行横道。交叉范围的人行道和人行横道相互连接,共同组成可达任意方向的步行道网。尽量不将吸引大量人流公共建筑的出入口设在交叉口上。

若人、车流量较大且行车道较宽时,应在人行横道中间设安全岛;必要时,转角处用栏杆将人、车隔离,人行横道两端设置信号灯。

当交叉口宽阔、人流量多、车流量大且车速高时,可考虑设置人行天桥或人行地道,这是行人交通组织最彻底、最有效的办法。交叉口处的人行道除满足行人通过外,还应为过街行人提供等待场地,其宽度原则上不小于路段人行道的宽度。若因设置附加车道不得已压缩人行道时,应根据人流量决定最小宽度。拟设人行天桥或地道时,人行道还应考虑梯道或坡道出入口宽度。在人行道上,除必要的道路标志、交通信号、照明栏杆等外,不允许布置其他设施,以保证人行道的有效宽度。

人行横道应设置在驾驶员容易看清的位置,标线应醒目。人行横道一般可布置在交叉口人行道的延续方向后退 4 ~5 m 的地方,如图 6.1.12(a)所示。当转角半径较大时,可将人行横道设在圆弧段内,如图 6.1.12(b)所示。原则上,人行横道应垂直于道路设置,可使行人过街距离最短;但如道路斜交时,为避免行人不拐直角弯及扩大交叉口交通面积,人行横道可与相交道路平行,如图 6.1.12(c)所示。T 形和 Y 形交叉口人行横道可按图 6.1.12(d)、(e)所示设置。

人行横道的宽度取决于过街人流量的大小,一般应比路段人行道宽些。其最小宽度为 4 m。当过街人流量较大时,可适当加宽,但不宜超过 8 m。

人行横道的长度与路口信号显示时间有关。一次横穿过长的距离会使过街行人思想紧张,尤其对行走迟缓的人,会感到不安全。当机动车车道数大于或等于 6 条或人行横道长度大于 30 m 时,应在道路中线附近设置宽度不小于 1 m 的安全岛。

在信号灯控制或设置停车标志的交叉口,应在路面上标绘停车线,指明停车位置。对于无人行横道的交叉口,在不影响相交道路交通的条件下,停车线应尽量靠近交叉口,以减小交叉口的范围,提高通行能力。当有人行横道时,停车线应布置在人行横道线后至少 1 m 处,并应与人行横道平行,如图 6.1.12 所示。

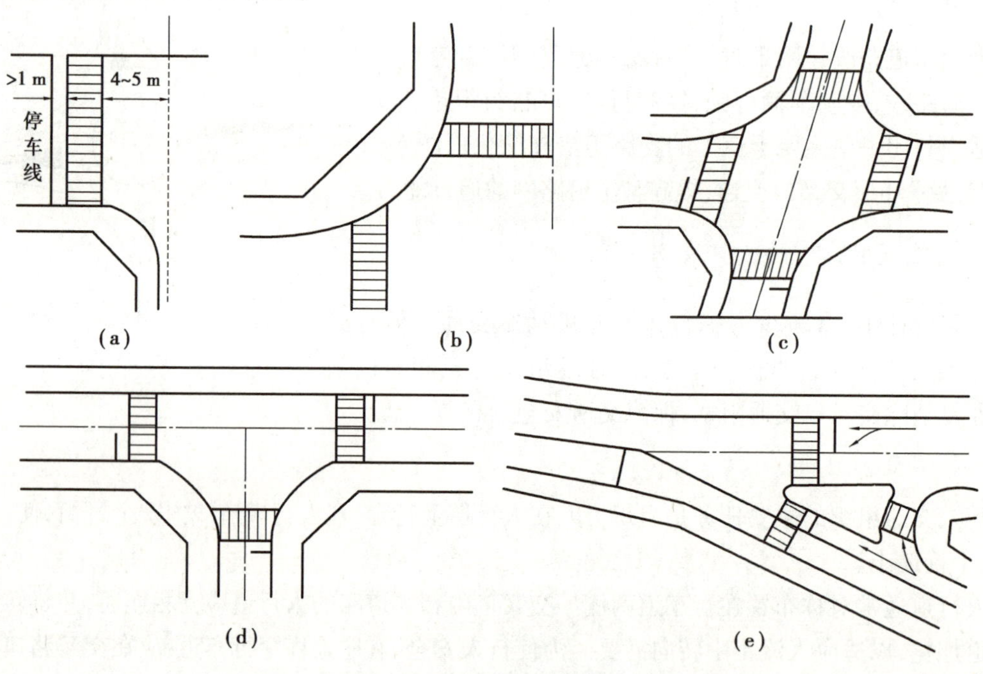

图 6.1.12　人行横道的布置

2)非机动车交通组织

在交叉路口,非机动车道通常布置在机动车道和人行道之间。

在交叉口内,一般车流量下非机动车随机动车按交通规则在右侧行驶,不设分离设施。车流量较大时,可采用分隔带(或墩)将机动车与非机动车分离行驶,减少相互干扰。上述两种情况与机动车交通组织共同考虑。当车流量很大,机、非之间干扰严重时,可考虑采用立体非机动车交通组织,并与人行天桥或地道合并设置。上下人行天桥或地道可用梯道、坡道或混合式。一般行人宜用梯道型升降方式;非机动车应采用坡道型;非机动车较多,又因地形或其他条件限制不能设坡道时,可用梯道带坡道的混合型升降方式。

6. 交叉口视距

1) 视距三角形

为保证交叉口上行的行车安全,驾驶员在进入交叉口前的一段距离内,应能看到相交道路上的行车情况,以便能及时采取措施顺利通过或安全停车。这段必要的距离应该大于或等于停车视距 S_T。

由相交道路上的停车视距所构成的三角形称为视距三角形。在其范围内不能有任何阻挡驾驶员视线的障碍物,如图 6.1.13 所示。

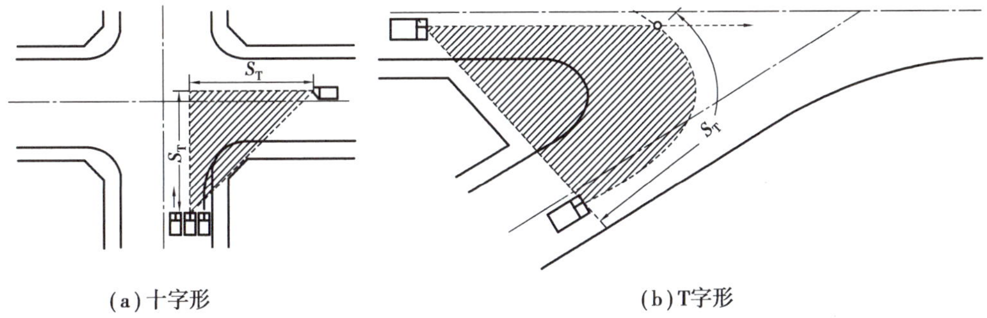

图 6.1.13　视距三角形

视距三角形应以最不利情况绘制,绘制的方法和步骤如下:

①确定停车视距 S_T。可用前述停车视距计算公式计算或根据相交道路的设计速度按表 6.1.2 确定。当受地形或其他情况限制时,停车视距可采用表中低限值,但必须采取设置限速标志等措施。

表 6.1.2　停车视距与识别距离

设计速度/(km·h^{-1})		100	80	60	40	30	20
停车视距/m	一般值	160	110	75	40	30	20
	低限值	120	75	55	30	25	15
信号控制的识别距离/m		—	350	240	140	100	60
停车标志控制的识别距离/m		—	—	105	55	35	20

②找出行车最危险的冲突点。不同形式的交叉口的危险冲突点的找法不尽相同。对常见的十字形交叉和 T 形交叉(或 Y 形交叉)的最危险冲突点,可按以下方法寻找:

a. 十字形交叉口如图 6.1.13(a)所示,最靠右侧的第一条直行机动车道的轴线与相交道路最靠中心线的第一条直行车道的轴线所构成的交叉点为最危险冲突点;

b. T 形(Y 形)交叉口如图 6.1.13(b)所示,直行道路最靠右侧第一条直行车道的轴线与相交道路最靠中心线的一条左转车道的轴线所构成的交叉点为最危险的冲突点。

③从最危险的冲突点向后沿行车轨迹线各量取停车视距 S_T。

④连接末端构成视距三角形。

2)识别距离

为保证车辆安全顺利通过交叉口,应使驾驶员在交叉口之前的一定距离能识别交叉口的存在及交通信号和交通标志等,该距离称为识别距离。该识别距离随交通管制条件而异。

(1)无信号控制的交叉口

对无任何信号控制的交叉口,通常都是等级低、交通量小及车速不高的次要交叉口,识别距离应满足安全要求,可采用各相交道路的停车视距(表6.1.2)。

(2)有信号控制的交叉口

对有信号控制的交叉口,在车辆正常行驶条件下,识别距离为使驾驶员能看清交通信号和显示内容,能有足够时间制动减速直至停车,但这种制动停车并非急制动。因此,有信号控制的交叉口识别距离可用下式计算:

$$S_s=\frac{V}{3.6}t+\frac{V^2}{26a}$$

式中 S_s——交叉口的识别距离,m;

V——路段设计速度,km/h;

a——减速度,m/s,取 $a=2\ \text{m/s}^2$;

t——识别时间,s。

识别时间 t 包括驾驶员的反应时间和制动生效时间。在公路上识别时间可取10 s;在城市道路上因交叉口较多,驾驶员对其存在已有思想准备,识别时间可取6 s。

(3)停车标志控制的交叉口

对停车标志控制的交叉口,一般为主要道路与次要道路交叉,主次关系明确,而且对标志的识别要比对信号容易。因此,识别距离采用识别时间为2 s计算。

3)交叉口平曲线半径

①鞍式列车在各种转弯速度情况下,路面内缘的最小曲线半径如表6.1.3所示。

表6.1.3 路面内缘的最小半径

转弯速度/(km·h^{-1})	<15	20	25	30	40	50	60	70
最小半径/m	15	15~20	20~30	30	45	60	75	90
最小超高/%	2	2	2	2	3	4	5	6
最大超高/%	一般值为6,绝对值为8							

②转弯路面的边缘,其线形应符合车辆转弯时的行迹。简单的非渠化交叉中,在半挂车比例很小(小于10%)的情况下,可在相交的路面边缘设一半径为15 m的圆曲线或在圆弧两端设缓和曲线。以鞍式列车控制设计时,相交路面的边缘应采用图6.1.14所示的复曲线。半径取值可参照表6.1.4采用。

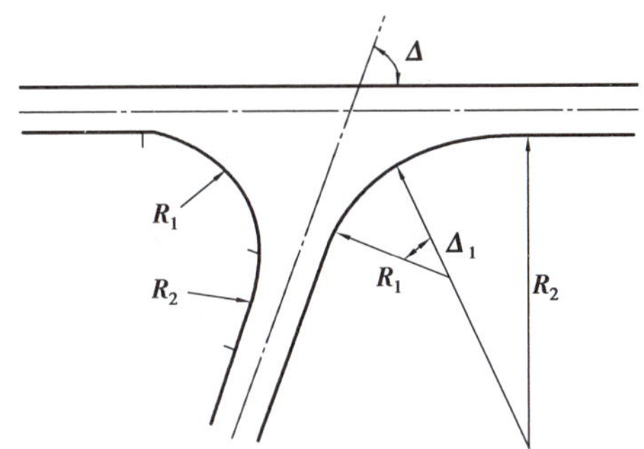

图6.1.14　转弯边缘路面的复曲线

表6.1.4　转弯边缘复曲线半径值

Δ/(°)	R_1/m	R_2/m	A	Δ/(°)	R_1/m	R_2/m	A
70～74	18	80	53°30′～58°50′	92 ～99	15	80	76°00′～83°00′
75～84	17	80	58°55′～68°00′	100～110	15	90	84°00′～95°00′
85～91	16	80	69°00′～75°00′	—	—	—	—

7. 平面交叉范围内设置的附加车道

1) 变速车道

如图6.1.15所示，平面交叉在需要加速合流和减速分流处，应设置加速或减速的变速车道。变速车道的线形应满足车辆在合流、分流和变速行驶过程中，各处对车速的要求。变速车道的宽度为3.0～3.5 m。变速车道长度，应根据公路等级、使用性质、速度变化范围、车辆特性和纵坡等因素经计算确定，一般情况下可采用表6.1.5所列值，变速车道渐变段长度如表6.1.6所示。

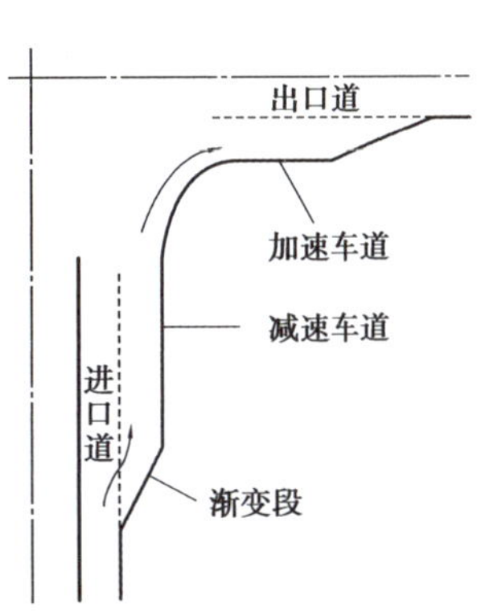

图6.1.15　变速车道

表6.1.5　变速车道长度

公路类别	设计速度/(km·h^{-1})	减速车道长度/m (a=2.5 m/s^2)			加速车道长度/m (a=1.0 m/s^2)		
		至0	至20 km/h	至40 km/h	从0	从20 km/h	从40 km/h
主要公路	100	100	95	70	250	230	190
	80	60	50	32	140	120	80
	60	40	30	20	100	80	40
	40	20	10	—	40	20	—
次要公路	80	45	40	25	90	80	50
	60	30	20	10	65	55	25
	40	15	10	—	25	15	—
	30	10	—	—	10	—	—

注：表列变速车道长度包括渐变段的长度。

表 6.1.6 渐变段长度

设计速度/($km \cdot h^{-1}$)	100	80	60	40
渐变段长度 H_1/m	60	50	40	30

注:当整个变速车道为一渐变段时,其长度可按减速时为 1.0 m/s 和加速时为 0.6 m/s 的车辆行驶时变换车道的侧移率进行计算。

2) 转弯车道

(1)设置转弯车道的情况

平面交叉符合下列情况时,应设置右转弯车道:

①平面交叉角小于 60°时,右转弯交通量较大时;

②右转弯交通量大,所需车速较高时;

③有特殊需要时。

平面交叉除下列情况外,应设置左转弯车道:

①不允许左转弯时;

②设计通行能力有富裕时;

③设计速度为 40 km/h 以下的双车道公路,设计每小时交通量小于 200 辆时。

(2)转弯车道设置方法

转弯车道的设计方法是指交叉口的进口道上如何实现增加车道的方法。

①右转车道设置方法。右转车道设置方法比较简单,而且方法固定。就是在进口道的右侧或同时在出口道的右侧拓宽右转车道。

②左转车道的设置方法如下:

a. 宽型中间带。当设有较宽中间带(一般不小于 4.5 m)时,将进口道一定长度的中间带压缩,由此增设出左转车道,如图 6.1.16(a)所示。

b. 窄型中间带。当设有较窄中间带(宽度小于 4.5 m)时,利用中间带宽度不够,可将道口单向或双向车道向外侧偏移,增加不足部分宽度。向外侧偏移车道线后,在路幅总宽度不变的情况下,视具体条件可压缩人行道、两侧带或进口道车道宽度,如图 6.1.16(b)所示。

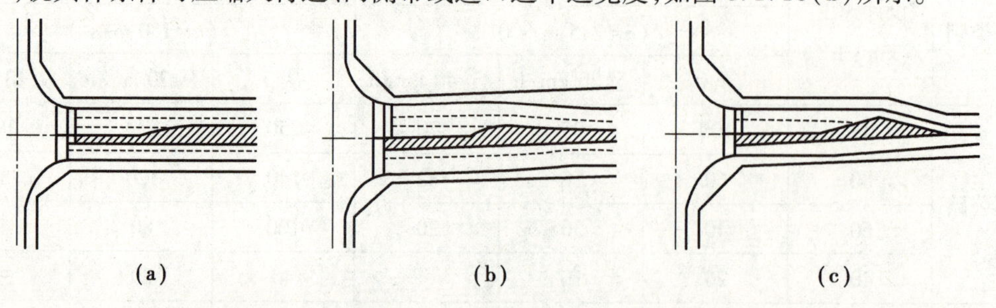

图 6.1.16 拓宽左转车道

c. 无中间带。当相交道路不设中间带时,可通过两种途径增设左转车道:一是向进口道的一侧或两侧扩宽,增加进口道路幅总宽度,在进口道路中心线附近辟出左转车道,如图 6.1.16(c)所示;二是不扩宽进口道,占用靠近中心线的对向车道作为左转车道。

表6.1.7 左转弯车道的宽度

剩余分隔带类型	车道分划线	宽度大于0.5 m的标线带	实体岛	
左转弯车道宽度/m	3.5①	3.25	3.0	3.25
左路缘带宽度/m	0	0	0.5	0.3

注:①既有公路增设左转弯车道时,若直行车道右侧有非分隔的并且宽度不小于2.5 m的非机动车道时,可采用3.25 m或3.0 m(公路设计速度<60 km/h时),并同时将其右转直行车道的宽度减为3.5 m。

8.环形交叉设计

在交叉口中央设置中心岛,用环道组织渠化交通,使进入环道的所有车辆一律按逆时针方向绕岛单向行驶,直至所要去的路口离岛驶出的平面交叉,俗称转盘。

如图6.1.17所示,环形交叉口的组成具有单向环形车道,其中包括交织路段中心岛。

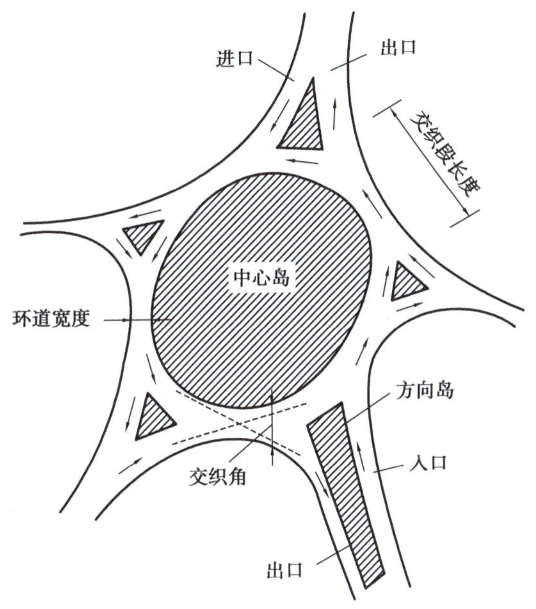

图6.1.17 环形交叉口的组成

1)中心岛

(1)中心岛的形状

中心岛的形状应根据交通流的特性、相交道路的等级和地形、地物等条件确定。原则上,应保证车辆能以一定速度顺利完成交织运行,有利于主要道路方向车辆行驶方便,应满足交叉所在地的地形、地物和用地条件的限制。

中心岛的形状一般多用圆形,有时也可用圆角方形和菱形;主次道路相交时,宜采用椭圆形;交角不等的畸形交叉可采用复合曲线形。此外,结合地形、地物和交角等也可采用其他规则或不规则几何形状的中心岛。

(2)中心岛的半径

中心岛的半径首先应满足设计速度的要求,然后按相交道路的条数和宽度,验算相邻道口之间的距离是否符合车辆交织行驶的要求。下面以圆形中心岛为例，介绍中心岛半径的计算方法。

①按设计速度的要求。设计速度要求的中心岛半径 R 仍按圆曲线半径公式计算，但因绕岛车辆紧靠中心岛宽度为 b 的车道中间行驶，距中心岛边缘 $b/2$，故实际采用的中心岛半径应按下式计算：

$$R=\frac{V^2}{127(\mu \pm i_b)}-\frac{b}{2}$$

式中 R——中心岛半径，m；

b——紧靠中心岛的车道宽度，m；

μ——横向力系数，建议大客车 $\mu=0.10\sim0.15$，小客车 $\mu=0.15\sim0.20$；

i_b——环道横坡度，%，一般采用1.5%或2.0%，紧靠中心岛行车道的横坡向中心岛倾斜时值为正，反之为负；

V——环道设计速度，km/h，实测资料：公共汽车为路段的50%，载重车为路段的60%，小客车为路段的65%，供参考。

②按交织段长度的要求。所谓交织是指两股车流汇合交换位置后又分离的过程。进环和出环的两辆车辆，在环道行驶时相互交织，交换一次车道位置所行驶的距离，称为交织长度。交织长度的大小主要取决于车辆在环道上的行驶速度。当相邻路口之间有足够的距离，使进环和出环的车辆在环道上均可在合适的机会相互交织连续行驶，该段距离称为交织段长度。其位置大致可取相邻道路机动车道外侧边缘延长线与环道中心线交叉点之间的弧长，如图6.1.18所示。

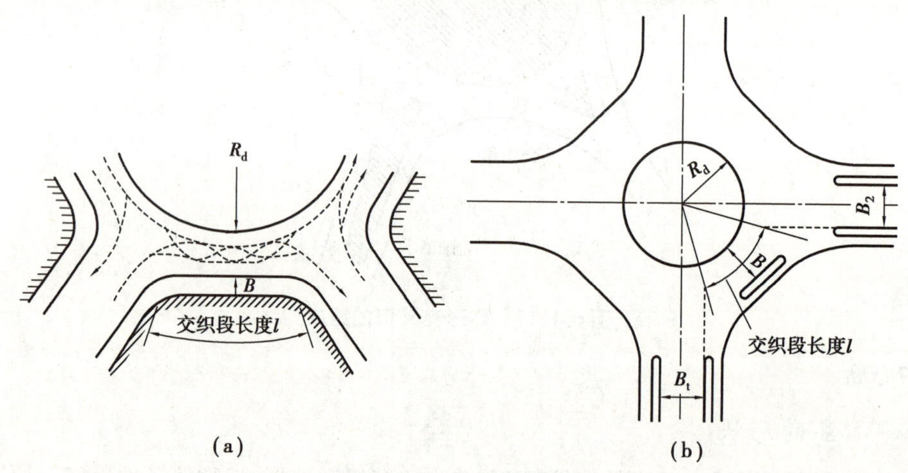

图6.1.18 交织段长度

中心岛半径必须满足两个路口之间最小交织段长度的要求，否则，在环道上行驶中需要互相交织的车辆，就要停车等候，不符合环形交叉连续行驶的交通特征。环道上不同车速所需要的最小交织段长度如表6.1.8所示。

表6.1.8 最小交织段长度

环道设计速度/(km·h^{-1})	40	35	30	25	20
最小交织段长度/m	45	40	35	30	25

按交织段长度所要求的中心岛半径 R_d，近似地按交织段长度所围成的圆周大小来推导，计算公式为：

$$R_d = \frac{n(l+B_p)}{2\pi} - \frac{B}{2}$$

式中　n——相交道路的条数；

l——相邻路口之间的交织段长度 m ；

B——环道宽度 m；

B_p——相交道路的平均路宽 m，中心岛为圆形，交会道路为十字正交时 $B_p=(B_1+B_2)/2$，其中 B_1 和 B_2 分别为相邻车行道宽度。

由上式可知，为保证最小交织段长度的要求，交叉口相交的道路条数越多，则中心岛的半径就越大。这将会增加交叉口的用地面积和车辆在环道上的绕行距离，既不经济也不合理。因此，环形交叉口的相交道路以不多于 6 条为宜。

对四路相交的环形交叉口，可以用相应的公式分别计算中心岛半径，然后选取较大者。对于中心线夹角差别大或多路交叉口，也可以先确定中心岛的半径 R，然后再验算其交织长度是否符合要求。

$$\left.\begin{aligned} l &= \frac{2\pi}{n}\left(R+\frac{B}{2}\right)-B_p \\ l &= \frac{\pi\alpha}{180}\left(R+\frac{B}{2}\right)-B_p \end{aligned}\right\}$$

式中　α——相交道路中心线的夹角，(°)，当夹角不等时，用最小夹角验算。

当用公式计算的值大于最小交织段长度时，符合要求；否则，增大 R 重新验算，直至符合要求为止。根据实践经验，中心岛最小半径如表 6.1.9 所示，可供参考。

表 6.1.9　中心岛最小半径

环道设计速度/($km \cdot h^{-1}$)	40	35	30	25	20
中心岛最小半径/m	65	50	35	25	20

2) 环道的宽度

环道即环绕中心岛的单向行车带。其宽度取决于相交道路的交通量和交通组织。

靠近中心岛的一条车道作绕行之用，最靠外侧的一条车道供右转弯之用，中间的一至两条供交织之用，这样环道上一般设计三至四条车道。实践证明，车道过多，不仅难于利用，反而易使行车混乱，导致不安全。据观测，当环道车道数从两条增加至三条时，通行能力提高的最为显著；而当车道数增加到四条以上时，通行能力提高得很少。因为车辆在绕岛行驶时需要交织，而在交织段长度小于两位的最小交织段长度时，车辆只能顺序行驶，不可能同时出现大于两辆车交织。所以，不论车道数为多少，一般采用三条为宜；如交织段长度较长时，环道车道数可布置四条；若相交道路的车行道较窄，也可设两条车道。

如果采用三条车道，每条车道宽 3.50～3.75 m，并采用前述弯道加宽中单车道部分的加宽值。当中心岛半径为 20～40 m 时，环道机动车道的宽度一般为 15～16 m。

一般为保证交通安全，减少相互干扰，非机动车交通与机动车交通可用分隔带(或墩)或标线等分隔。非机动车道宽应视具体情况而定,一般不小于相交道路中的最大非机动车行车道宽度,也不宜超过 8 m。

3) 交织角

交织角是进环车辆轨迹与出环车辆轨迹的平均相交角度。它以距右转机动车道的外缘 1.5 m 和中心岛边缘 1.5 m 的两条切线交角来表示,如图 6.1.19 所示。

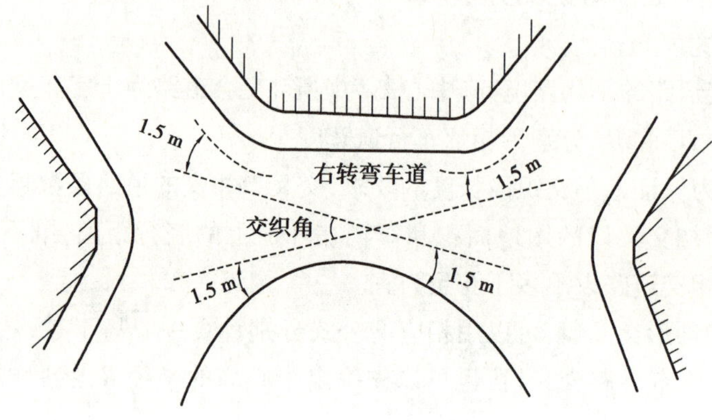

图 6.1.19　交织角

交织角的大小取决于环道的宽度和交织段长度。环道宽度越窄,交织段长度越大,则交织角越小,行车越安全。但交织段要长,中心岛半径就要增大,占地也要增加。

根据经验,交织角以控制在 20°~30°为宜。通常在交织段长度已有保证的条件下,交织角多能满足要求。

4) 环岛外缘线形及进、出口半径

从满足交通需要和工程节约考虑,环道外缘平面线形不宜设计成反向曲线形状,如图 6.1.20 中实线所示。据观测,这种形状在环道的外侧约有 20% 的路面(图 6.1.20 中的实线与虚线之间部分)无车行驶,这既不合理也不经济。实践证明,环道外缘平面线形宜采用直线圆角形或复曲线形状,如图 6.1.20 中虚线所示。

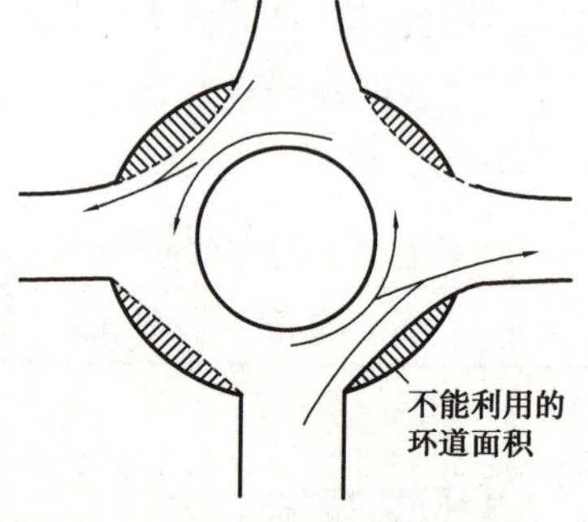

图 6.1.20　环道外缘线

综上所述,进行环形交叉环道设计时,一般应满足以下 3 点要求:

①环道的车行道可根据交通流的情况,采用机动与非机动车混行或分行布置。分行时,分隔带宽度应大于或等于 1.0 m。

②机动车道数一般采用 3 条。车道宽度应考虑车道加宽,非机动车道宽度不应小于相交道路中最大非机动车道宽度,也不宜超过 8 m。

③环岛上不宜布置人行道,以免行人穿过环道。如有特殊要求允许行人到环岛上时,应设人行道宽度。环道外侧的人行道宽度,不宜小于各交会道路的最大人行道宽度。

环道外缘的平面线形不宜设计成反向曲线。进口缘石半径应满足右转车速的要求。出口缘石半径应大于或等于进口缘石半径。

环道纵坡不宜大于 2%,横坡宜采用两面坡。为保证行车安全,在环道上应满足绕行车辆的停车视距要求。

环岛进出口的曲线半径取决于环道的设计速度，为使环道上的车速较为均匀，对驶入环道上的车辆的车速应加以限制，环道出口半径可大于入口半径，以使车辆迅速驶出环道；同时，各入口曲线半径不应相差太大，以保证驶入环道车辆速度相差较小，从而使得环道车辆近于等速行驶。环岛入口的曲线半径常采用接近或小于中心岛的半径。

5）环道的横断面

环道的横断面形状对行车的平稳和路面的排水很大关系，而横断面的形状又取决于路脊线的选择。通常，环道横断面的路脊线设在交织岛的中间，若机动车与非机动车之间设有分隔带时，其路脊线也可设在分隔带上。环道路脊线通过设于进、出口之间的三角形方向岛或直接与交会道路的路脊线相连。如图6.1.21所示，图中虚线为路脊线，箭头指向为排水方向。显然，应在中心岛的周转设置雨水口，以保证环道内不产生积水。另外，进、出环道处横坡宜缓一些。

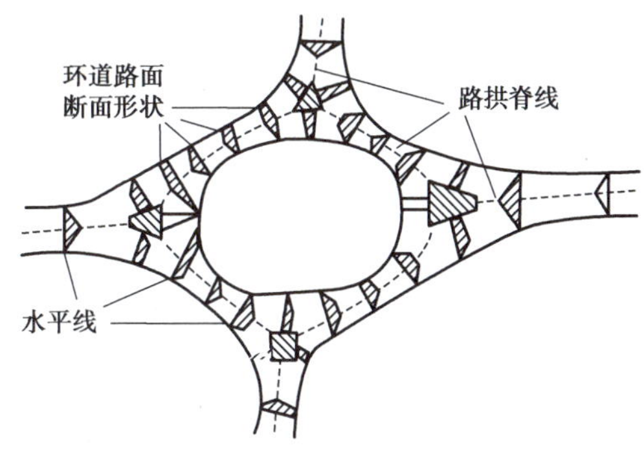

图6.1.21　环道路脊线

9. 平面交叉的改建

改建前，应收集该交叉的交通管理方式、现状及预测交通量、几何构造、设施现状，以及交通事故的频度、性质、严重程度及其原因等使用情况，以确定相应改建方案。

通行能力不足或不能保证交通安全时，应采取下列改善措施：

①增加引道的车道数，如增辟转弯车道、变速车道和非机动车道等；

②完善渠化设计；

③斜交角较大时，对部分岔路的平面线形作局部的改移；

④改善视距；

⑤改善引道纵面线形，并做好立面处理；

⑥改善转弯曲线；

⑦改变交通管理方式，完善或重新设置标志、标线和信号；

⑧指定行人和非机动车的横穿位置或改善行人横穿设施，可增辟越路避险岛，建设天桥或通道等。

平面交叉密度较高的路段，除采取相应措施改善部分平面交叉外，必要时应通过调整路网中的局部节点，取消部分平面交叉，即截断次要公路或建分离式立体交叉。

采取多种措施仍不能满足通行能力或保证交通安全要求时，应考虑改建为互通式立体交叉。

任务6.2 立面交叉口设计

立体交叉简称立交,是利用跨线构造物使道路与道路或道路与其他线形工程,在不同高程相互交叉的连接方式。立体交叉是高速道路(高速公路和城市快速路的统称)必不可少的组成部分(图6.2.1)。

图6.2.1 道路立体交叉

立体交叉可使相交道路的各方向车流在不同高程的平面上行驶,消除或减少冲突点;车流可连续稳定地行驶,提高车速和通行能力;控制相交道路的车辆出入,车辆各行其道,互不干扰,保证行车安全和畅通。

立体交叉占地面积大、构造物多、施工复杂、造价高、不易改建。因此,采用立体交叉应根据道路、交通、环境及自然条件,经过技术、经济及环境效益的比较和分析慎重确定。

1.立体交叉的组成

立体交叉的主要组成部分如图6.2.2所示。

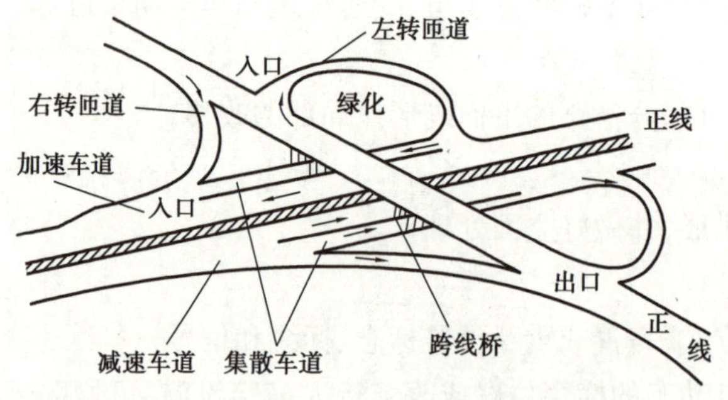

图6.2.2 立体交叉组成

(1)跨线构造物

跨线构造物是指跨越被交道路的跨线桥(上跨式)或穿越被交道路的通道(下穿式)。这是立体交叉实现车流空间分离的主体构造物,有时也包括跨越匝道的桥梁。

(2)正线

正线是指立体交叉范围内的直行道路。根据相交道路的等级,正线可分为主线和次线。

(3)匝道

匝道是指相交道路间的连接道,是立体交叉的重要组成部分,主要供转弯车辆行驶。按其作用可分为右转匝道和左转匝道两类。

(4)匝道端部

匝道端部是指匝道两端分别与正线相连接的道口,包括出入口、变速车道及辅助车道等。

出入口:指匝道从正线的出口与入口,转弯车辆由正线驶出进入匝道的道口为出口,由匝道驶入正线的道口为入口。

变速车道:在匝道与正线连接的路段,为适应车辆变速行驶的需要,不影响正线交通所设置的附加车道。变速车道分为减速车道和加速车道,出口端为减速车道,入口端为加速车道。

辅助车道:在立体交叉设置双车道匝道的分流、合流附近,为使匝道与正线车道数平衡和保持正线的基本车道数而在正线外侧增设的附加车道。

除以上主要组成部分外,立体交叉还包括集散车道、绿化地带,以及立体交叉范围内的排水、照明、交通工程等设施。

立体交叉的设计范围,一般是指各相交道路出入口变速车道渐变段顶点以内包含的正线、跨线构造物、匝道等全部区域。

2. 公路立体交叉与城市道路立体交叉的主要特征

公路立体交叉和城市道路立体交叉,在其作用、主要组成部分和设计方法方面基本相同,但由于受地形、地物、用地、交通组成和管制以及收费制式等环境条件的影响,二者设计的主导思想有所侧重,各具特征。

公路立体交叉一般设收费站,相邻立体交叉的间距较大,地物障碍少,用地较松;多采用地上明沟排水系统;常用立体交叉形式简单,采用的设计速度高,线形指标也较高,占地较大,以两层式为主。

城市道路立体交叉一般不收费,相邻立体交叉的间距较小,须考虑非机动车和行人交通,用地较紧张,受地上和地下各种管线及建筑物影响大,拆迁费用高;多采用地下排水系统,施工时要考虑维持原有交通和快速施工,注重设计的美观和绿化;常作为一种城市景观来设计,立体交叉形式复杂、多样,以多层式为主。

1)主要公路或高速公路上路

主要公路或高速公路上跨时,其设计应符合下列要求:

①跨线桥布孔和跨径必须满足被交公路建筑限界、视距和对前方公路识别、通视的要求。

②跨线桥下为双车道公路时,不得在对向行车道间设置中墩。

③跨线桥下为多车道公路,在中间带设置中墩时,其中墩两侧必须设防撞护栏,并留有护栏缓冲变形的余地;跨线桥下为无中间带多车道公路,需在行车道中间设置中墩时,其中墩前后必须增设足够长度的中间带,且中墩两侧必须设防撞护栏,并留有护栏缓冲变形的余地。

④跨线桥不得压缩桥下公路横断面的任何组成部分,以及原有的渠道、电信管道等设施,并留有余地。

⑤分离式立体交叉或被交叉公路采用分期修建时,跨线桥应按规划规模一次建成。

2)主要公路或高速公路下穿

主要公路或高速公路下穿时,其设计应符合下列要求:

①被交公路的线形、线位应充分利用。当交叉角小或原线形技术指标过低时,宜采用改线方案。

②被交公路的等级、路基宽度、车辆荷载等级应按现状或已批准的规划设计。

③跨线桥的桥长和布孔必须满足主要公路或高速公路的建筑限界、视距和对前方公路识别、通视的要求。主孔宜一孔跨越主要公路全断面,除主孔外应有适当长度的。

④跨线桥下主要公路或高速公路中间带较宽或为四车道以上高速公路,在中间带设置中墩时,中墩两侧必须设置防撞护栏并留有护栏缓冲变形的余地。不得在局部范围内改变中间带宽度而使行车道扭曲。

⑤跨线桥下主要公路或高速公路附有以边分隔带分离的慢车道、集散车道、附加车道、非机动车道时,可在边分隔带上设置桥墩。当边分隔带较窄时,应在桥墩前后一定范围内加宽,并宜在右方作变宽过渡。

⑥跨线桥前方主要公路或高速公路有出、入口或平面交叉时,跨线桥应增设供通视用辅助桥孔;主要公路或高速公路为曲线时,应满足载重汽车停车视距要求。

⑦跨线桥下为路堑时,若路堑不深,宜将桥台置于坡顶之外;若路堑较深或边坡缓而长而需在边坡上设置桥台时,则应将桥台置于坡顶附近,不得布置于坡脚处。

⑧主要公路为高速公路或一级公路时:跨线桥必须设置防撞护栏和防护网,跨线桥上悬挂交通标志时,不宜采用通栏式的,且上、下边缘不得超出护栏顶部和边梁外缘底线。

3. 立体交叉的类型及适用条件

1)按相交道路的跨越方式分类

立体交叉按相交道路的跨越分式,可分为上跨式和下穿式两类,如图 6.2.3 所示。

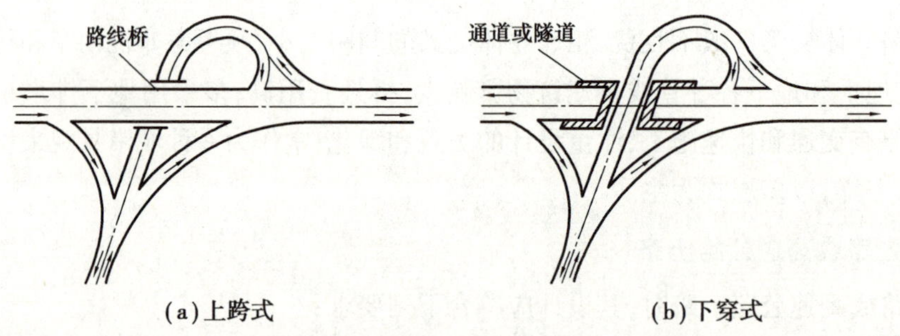

图 6.2.3　上跨式和下穿式立体交叉

(1)上跨式

上跨式是用跨线桥从被交道路或其他线形工程上方跨过的交叉方式。这种立体交叉施工方便,造价较低,排水易处理,但占地大,引道较长,跨线桥影响视线。

(2)下穿式

下穿式是用通道(或隧道)从被交道路或其他线形工程下方穿过的交叉方式。这种立体交叉占地较少,立面易处理,对视线和周围景观影响小,但施工期较长,造价较高,排水困难。

对上跨式和下穿式立体交叉的选用，要根据相交道路的功能、等级，立体交叉所处位置的地形、地质、排水、施工、周围景观等因素，经技术、经济比较后确定。一般上跨式立体交叉宜用于市区以外或周围有高大建筑物处；下穿式立体交叉多用于市区或被交道路为高路堤处。

2）按立体交叉的交通功能分类

立体交叉按其交通功能可分为分离式立体交叉和互通式立体交叉两类。

（1）分离式立体交叉

仅设一座跨线构造物（跨线桥或通道），上、下各层道路与道路（或其他线形工程）间互不连通的交叉方式。这种类型的立体交叉结构简单，占地少，造价低，但相交道路的车辆不能转弯行驶。分离式立体交叉的设置应根据道路网规划、相交道路的功能、等级、交通量、地形和地质条件、经济与环境因素等确定。

符合下列条件者应设置分离式立体交叉：

①高速公路同其他各级道路交叉，除因交通转换而设置互通式立体交叉外，均必须设置分离式立体交叉；

②具有干线功能的一级公路同其他各级道路交叉，除因交通转换而设置互通式立体交叉外，为减少平面交叉，应采用分离式立体交叉；

③二、三、四级公路间的交叉，直行交通量很大或地形条件适宜，且不考虑交通转换时，可设置分离式立体交叉；

④道路与干线铁路交叉，应采用分离式立体交叉。

（2）互通式立体交叉

不仅设跨线构造物使相交道路空间分离，且上、下道路之间相互连通的交叉方式。这种类型的立体交叉车辆可转弯行驶，全部或部分消灭了冲突点，各方向行车相互干扰小，行车安全、迅速，通行能力大，但立体交叉结构复杂，占地多，造价高。

公路互通式立体交叉分为枢纽互通式立体交叉和一般互通式立体交叉两类。

高速公路之间、或高速公路与具有干线功能的一级公路之间、或具有干线功能的一级公路之间的互通式立体交叉，应为枢纽互通式立体交叉。其匝道应具有良好自由流线形，匝道上不设置收费站，匝道端部不出现穿越冲突。

高速公路、一级公路与其他道路相交时，应采用一般互通式立体交叉。其匝道上可设置收费站，且高速公路出入口以外允许设置平面交叉。

互通式立体交叉的基本形式，根据交叉处车流轨迹线的交叉方式和几何形状的不同，又可分为部分互通式立体交叉、完全互通式立体交叉和环形立体交叉3种。

①部分互通式立体交叉。相交道路的车流轨迹线之间至少有一个平面冲突点的立体交叉称为部分互通式立体交叉。它是一种低级形式立体交叉，一般多用于主要道路与次要道路相交。当个别方向的交通量很小或分期修建，或受地形、地物及路网规划限制某个方向不能布设匝道时，也可采用。其代表形式有菱形立体交叉和部分苜蓿叶形立体交叉等。

a.菱形立体交叉指设有4条单向匝道通向被交道路，在次要道路的连接部存在平面交叉的互通式立体交叉，如图6.2.4所示。这种立体交叉能保证主线直行车流快速畅通；左转车辆绕行距离较短；主线上有高标准的单一进出口，交通标志简单；主线下穿时，匝道纵坡便于驶出车辆减速和驶入车辆加速；形式简单，仅需一座跨线构造物，用地和工程费用小。但次线与匝道连接处为平面交叉，影响通行能力和行车安全。其适用于城市主要道路与次要道路相交且用地困难的情况，而公路上采用较少。

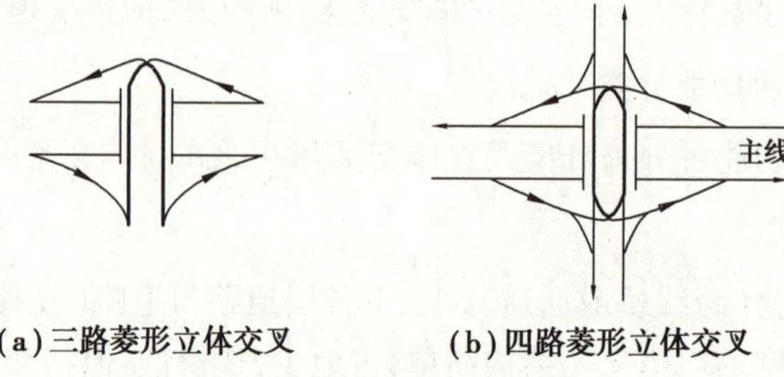

(a) 三路菱形立体交叉　　(b) 四路菱形立体交叉

图 6.2.4　菱形立体交叉

布设时，应将平面交叉设在次要道路上，主要道路上跨或下穿应视地形和排水条件确定，一般以下穿为宜。次要道路上可通过渠化或设置交通信号等措施组织交通。

b. 部分苜蓿叶形立体交叉指部分左转弯方向不设环形左转匝道，而呈不完全苜蓿叶形的立体交叉。如图 6.2.5 所示，可根据转弯交通量的大小或场地限制，采用图示任一形式或其他变形形式。这种立体交叉可保证主线直行车流快速畅通；单一的驶出方式简化了主线上的标志；仅需一座跨线构造物，用地和工程费用较小；便于分期修建，远期可扩建为全苜蓿叶形立体交叉。但次要道路上为平面交叉，影响通行能力和行车安全，且有停车等待和错路运行的可能。其适用于主要道路与次要道路相交。

布设时，应使转弯车辆的出入尽量少妨碍主线交通，平面交叉应设在次要道路上。必要时，可在次要道路上组织渠化交通或设置信号控制。

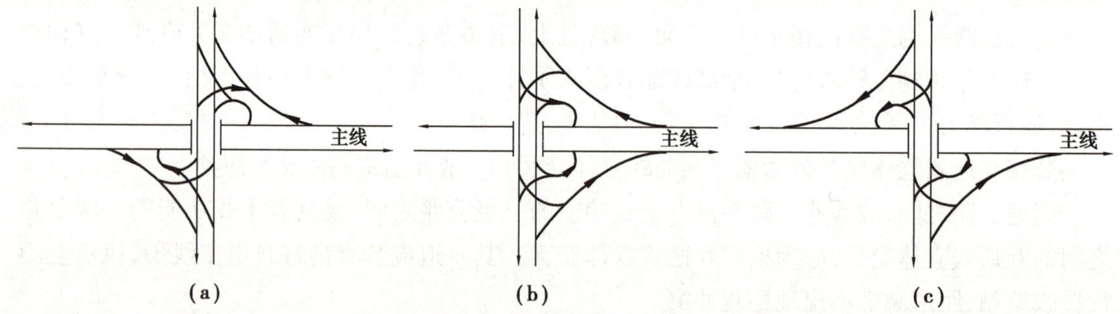

图 6.2.5　部分苜蓿叶形立体交叉

②完全互通式立体交叉。相交道路的车流轨迹线全部在空间分离的交叉称为完全互通式立体交叉。它是一种比较完善的高级形式立体交叉，匝道数与转弯方向数相等，各转弯方向均有专用匝道，无冲突点，行车安全、迅速，通行能力大；但占地面积大、造价高。其适用于高速道路之间或高速道路与其他交通量大的道路相交。其代表形式有喇叭形、苜蓿叶形、子叶形、Y 形、X 形、涡轮形、组合型等。

a. 喇叭形立体交叉指用一个环形（转向约为 270°）左转匝道和一个半定向式左转匝道组成的完全互通式立体交叉，如图 6.2.6 所示，是三路立体交叉的代表形式。喇叭形立体交叉可分为 A 型和 B 型，经环形左转匝道驶入正线（或主线）为 A 型，驶出时为 B 型。

这种立体交叉除环形匝道适应车速较低外，其他匝道都能为转弯车辆提供较高速度的定向或半定向运行；只需一座跨线构造物，投资较省；无冲突点和交织，通行能力大，行车安全；造型美观，行车方向容易辨别。但环形匝道线形指标较低，行车速度低。一般适用于高速公路与一般道路相交的 T 形交叉。

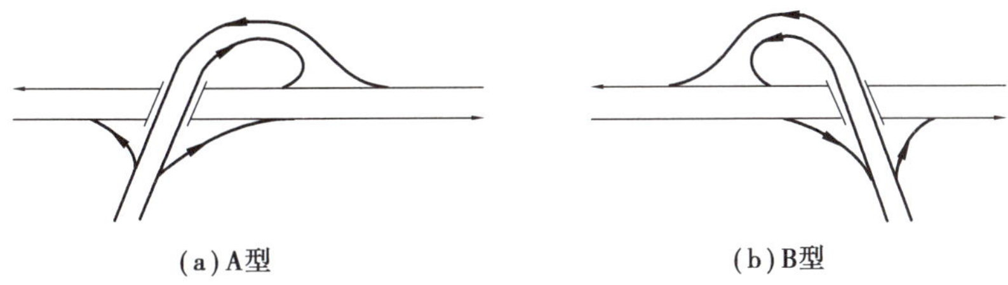

图 6.2.6　喇叭形立体交叉

布设时,应将环形匝道设在交通量较小的方向上,主线左转弯交通量大时宜采用 A 型,反之可采用 B 型。一般道路上跨时对转弯交通视野有利,下穿时宜斜交或弯穿。

b. 苜蓿叶形立体交叉指用 4 个对称的环形左转匝道实现各方向左转车辆运行的全互通式立体交叉。它是四路交叉常用互通式立体交叉之一,如图 6.2.7 所示。

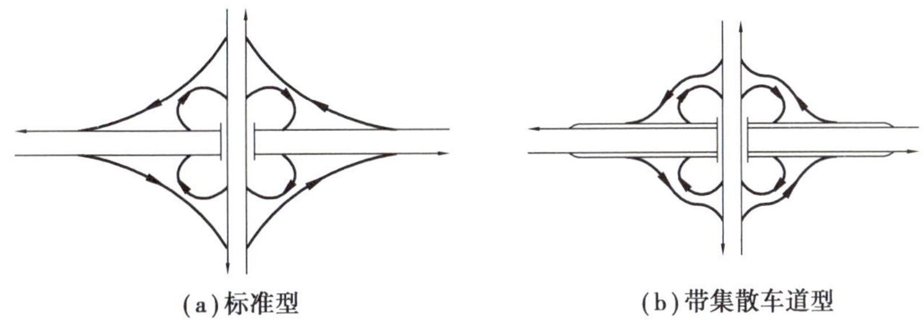

图 6.2.7　苜蓿叶形立体交叉

这种立体交叉各匝道相互独立,无冲突点,交通运行连续而自然,仅需一座跨线构造物,可分期修建。但立体交叉占地面积大,左转车辆绕行距离长,环形匝道适应车速较低,且跨线桥上、下存在交织,限制了立体交叉的通行能力。其适用于高速公路之间或城市外围环路上的不收费立交采用。

布设时,为消除正线上的交织,避免双重出口而使标志简化,提高通行能力和行车安全,常在正线的外侧增设集散车道,使出入口及交织段布置在集散车道上,成为带集散车道的苜蓿叶形立体交叉。

c. 子叶形立体交叉是用两个环形匝道实现车辆左转的全互通式立体交叉,如图 6.2.8 所示。这种立体交叉只需一座跨线构造物,造价较低,匝道对称,造型美观。但交通运行条件不如喇叭形好,正线上存在交织,左转车辆绕行长。其多用于苜蓿叶形立体交叉的前期工程。布设时以主线下穿为宜。

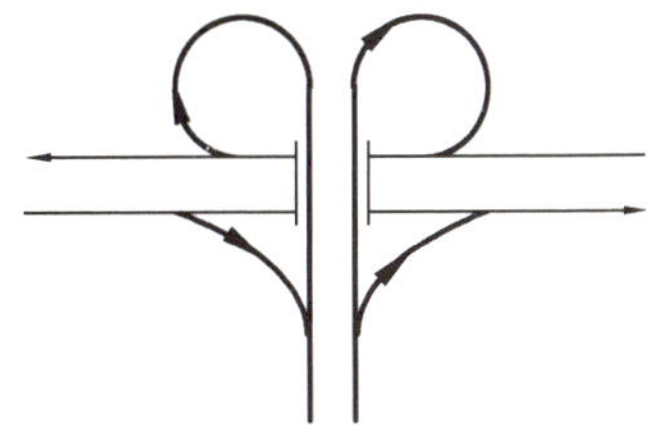

图 6.2.8　子叶形立体交叉

d. Y 形立体交叉是用定向匝道或半定向匝道实现车辆左转的全互通式立体交叉,如图 6.2.9 所示。这种立体交叉能为转弯车辆提供高速的定向或半定向运行,通行能力大;无交织,无冲突点,行车安全;行车方向明确,路径短捷,运行流畅;正线外侧占地宽度较小。但跨线构造物多,造价较高。其适用于各方向交通量都很大的三路互通式立体交叉。

布设时,定向 Y 形立体交叉的正线在交叉范围内,应为双向分离式断面,或拉开适当的距离,以满足左转匝道纵坡和桥下净空要求,在正线设计时就应充分考虑立体交叉布设的要求。

半定向 Y 形立体交叉适用于正线双向行车道之间不必拉开或难以拉开的情况。

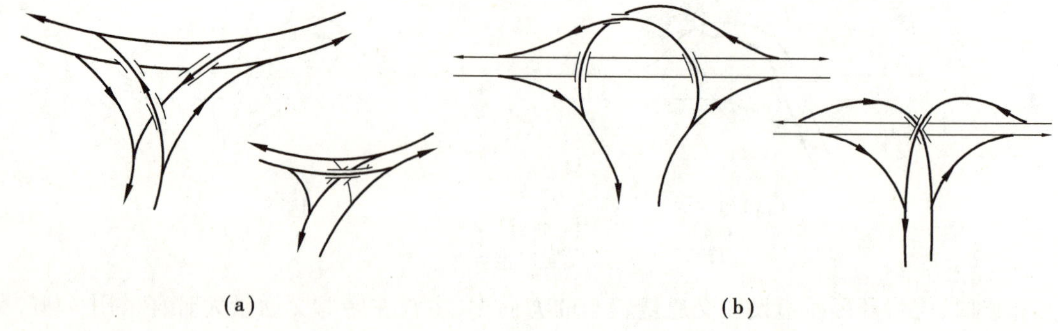

图 6.2.9　Y 形立体交叉

e. X 形立体交叉又称半定向式立体交叉，是由 4 条半定向左转匝道组成的高级全互通式立体交叉。这种立体交叉各方向转弯车辆转向明确，自由流畅；单一的出口或入口，便于车辆运行和简化标志；无冲突点，无交织，行车安全；适应车速高，通行能力大。但层多桥长，造价高，占地面积大。一般多用于高速道路之间、各左转弯交通量大、车速要求高、通行能力大的枢纽互通式立体交叉。

转弯匝道线形更为流畅，转弯半径更大，适应的车速更高，桥梁建筑长度缩短；但总的建筑高度增加，匝道桥与跨线桥集中布设使结构更复杂。布设时，宜将直行车道分别布置在较低层，而将对角左转匝道布置在高层。可以合理利用空间高差的变化，以降低立体交叉的建筑高度，但要避免一条匝道几次上下起伏变化，以一次升降坡为宜。

f. 涡轮形立体交叉是由 4 条半定向式左转匝道组成的一种高级全互通式立体交叉，如图 6.2.10 所示。这种立体交叉匝道纵坡和缓，适应车速较高；车辆进出正线安全通畅；无冲突，无交织，通行能力较大。但左转弯车辆绕行距离较长，营运费用较大；需建两层式跨线构造物 5 座，造价较高；占地面积大。其适用于高速公路之间转弯速度要求较低的枢纽互通式立体交叉。

布设时，为使匝道平面线形与汽车行驶速度的变化相适应，通常匝道出口线形应比入口线形好。

g. 组合型立体交叉是根据交通量并结合地形、地物限制条件，在同一座立体交叉中采用两种或两种以上不同形式的左转匝道组合而成的全互通式立体交叉，如图 6.2.11 所示。

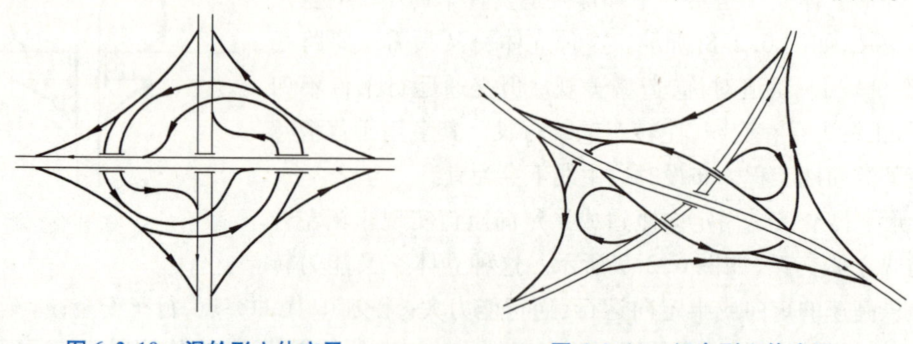

图 6.2.10　涡轮形立体交叉　　图 6.2.11　组合型立体交叉

这种立体交叉正线双向行车道在立体交叉范围不拉开距离的情况下，左转匝道多为环形和半定向式匝道，组合形式多样；匝道布设形式与交通量相适应；充分利用地形、地物，因地制宜。其适用于一个或两个左转弯交通量较小的枢纽互通式立体交叉。布设时，应合理设置环形左转匝道,尽量使结构紧凑,减少占地。

③环形立体交叉。主线直通,次线及主线转弯车辆环绕中心岛交织运行的互通式立体交叉,称为环形立体交叉,如图 6.2.12 所示。

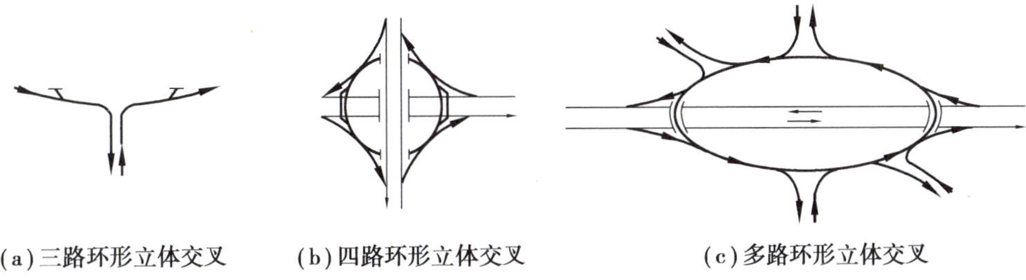

(a)三路环形立体交叉　(b)四路环形立体交叉　(c)多路环形立体交叉

图 6.2.12　环形立体交叉

环形立体交叉是由平面环形交叉发展而来,为保证主线直行车流快速、畅通,将主线下穿或上跨中心岛。次要道路的直行车流和交叉口的左转车流一律绕中心岛作单向逆时针行驶,车流在环道内相互交织,直至所去的路口离去。

环形立体交叉能保证主线直通;无冲突点,交通组织方便;结构紧凑,占地较少。但次要道路的通行能力受环道交织能力的限制,车速受到中心岛半径的影响,构造物较多,左转车辆绕行距离长。其适用于主要道路与次要道路交叉,以用于 5 条以上道路相交为宜。

布设时,应让主线直通,中心岛可采用圆形、椭圆形或其他形状。

3)按其他方式分类

立体交叉还可按以下 4 种方式分类。

①按几何形状分类:

a. T 形立体交叉,如喇叭形、子叶形立体交叉等;

b. Y 形立体交叉,如定向 Y 形、半定向 Y 形立体交叉等;

c. 十字形立体交叉,如菱形、苜蓿叶形、定向型立体交叉等。

②按交会道路的条数分类:

a. 三路立体交叉,由 3 条道路交会于一处的立体交叉;

b. 四路立体交叉,由 4 条道路交会于一处的立体交叉;

c. 多路立体交叉,由 5 条及五条以上道路交会于一处的立体交叉。

③按层数分类:a. 双层式立体交叉、b. 三层式立体交叉、c. 多层式立体交叉。

④按用途分类:

a. 公路立体交叉,指城镇范围以外的立体交叉;

b. 城市道路立体交叉,指城镇范围以内的立体交叉;

c. 公铁立体交叉,指道路与铁路的立体交叉;

d. 人行立体交叉,指供行人(有时含非机动车)横跨道路的人行天桥或人行地道。

4. 立体交叉的设计资料和设计步骤

1) 设计资料

在立体交叉设计之前,应通过实地勘测、调查收集下列所需设计资料:

①自然资料。收集或测绘立体交叉范围的 1∶500 ~ 1∶2 000 地形图,详细标注建筑物的建筑线、种类、层高、地上及地下各种杆柱和管线等地物;调查并收集用地发展规划、水文、地质、土壤、气候资料;收集附近的国家控制点和水准点等。

②交通资料。收集各转弯及直行交通量、交通组成,推算设计交通量,绘制交通量流量流向图(分布图),调查非机动车和行人流量等。

③道路资料。调查相交道路的等级、平纵面线形、横断面形式和尺寸,相交角度、控制坐标和高程,路面类型及厚度,确定净空高度、设计荷载、设计速度及平纵横指标等。与铁路相交时,还应调查铁路的轨股数、间距、轨顶高程、列车通过次数、断道时间,以及净空和净宽要求等资料。

④排水资料。收集立体交叉所在区域的排水系统现状和规划,调查各种管渠的位置、埋深和尺寸。

⑤文书资料。收集设计任务书,上级主管部门和地方政府的具体要求、意见及有关文件,相关技术标准和规范等资料。

⑥其他资料。调查取土、弃土和材料来源,以及施工单位、施工季节、工期、交通组织和安全等方面的资料。

2) 设计步骤

一座立交的设计,是通过规划、可行性研究、方案设计到技术设计的全过程。其中,方案设计和技术设计一般可按以下步骤进行:

①初拟方案。根据立体交叉处的道路、交通和自然条件,在地形图上绘出各种可能的立交方案。方案应满足立交设计的基本要求,符合立交所在地的地形条件、规划要求及有关规定。

②确定比较方案。对初拟方案进行初步分析比较,应考虑线形是否顺适,半径能否满足,各层间可否跨越,拆迁是否合理。一般选 2 ~ 4 个比较方案。

③确定推荐方案。在 1∶1 000 或 1∶2 000 地形图上按比例绘出各比较方案,完成初步平纵设计、桥跨方案布置和概略工程量计算,作出各方案比较表。比较时,应考虑立交主线和匝道的布设是否满足交通的流畅、安全,各匝道的平、纵、横线形设计及其相互配合是否适当、协调,立交桥的结构、布置是否合理,设计和施工的难易程度,整体工程的估价,养护营运条件以及立体交叉的造型和绿化等。全面比较后,一般确定 1 ~ 2 个推荐方案。

④确定采用方案。对推荐方案视需要作出模型或透视图,征询有关方面意见,全面综合权衡造价与方案、近期与远期、局部与全局的关系,也可采用分期修建方案,最后定出采用方案。

⑤详细测量。对采用方案进行实地放线和详细测量,进一步收集技术设计所需的所有资料。

⑥技术设计。完成全部施工图设计和工程预算。

以上①—④步为初步设计阶段,当可选方案较少或简单明了时可酌减步骤,⑤和⑥步为施工图设计阶段。

5. 道路立面其他组成部分设计

1) 匝道设计

匝道是互通式立体交叉不可缺少的组成部分，是供上、下相交道路转弯车辆行驶的连接道（图6.2.13）。匝道设计合理与否，直接关系到立体交叉功能的发挥、行车的安全畅通、营运的经济和工程的投资等。因此，应按匝道设计依据，进行合理的安排布置并使用合适的线形。匝道设计依据主要有互通式立体交叉的类型及主线的线形指标、匝道设计速度、设计交通量及通行能力。互通式立体交叉的类型是确定匝道设计速度的主要依据，主线的线形指标决定匝道的端部设计，匝道的设计速度和设计交通量是确定匝道平纵线形指标和横断面几何尺寸的主要依据，而匝道的通行能力则是检验匝道适应交通的能力。

图6.2.13　匝道

2) 变速车道设计

变速车道包括减速车道和加速车道。车辆由正线驶入匝道时减速所需的附加车道称为减速车道；车辆从匝道驶入正线时加速所需的附加车道称为加速车道。其形式分为直接式与平行式两种。直接式变速车道是由正线斜向以一定角度渐变加宽，形成一条与匝道连接的附加车道。其特点是线形平顺且与行车轨迹吻合，对行车有利，但变速车道起点不易识别。平行式变速车道是在正线外侧平行增设的一条附加车道。其特点是车道划分明确，行车容易辨认，但车辆行驶轨迹呈反向曲线，对行车不利。平行式变速车道端部应设渐变段与正线连接。

变速车道渐变段应符合下列规定：

①变速车道为等宽车道时，其长度应另增加表6.2.1所列的渐变段长度。

表6.2.1　渐变段长度

设计速度/($km \cdot h^{-1}$)	100	50	60	40
渐变段长度/m	60	50	40	30

②变速车道为非等宽渐变式时，其长度应不小于按减速时 1.0 m/s 或加速时 0.6 m/s 的侧移率变换车道的计算值。

③公路的设计速度大于或等于 80 km/h，且直行交通量较大时，右转弯变速车道应采用附渐变段的等宽车道；其他情况宜采用渐变式变速车道。

④当直行车道的通行能力有富余，或条件受限制而难以设置应有长度的加速车道时，可采用较短的渐变式加速车道。

3）辅助车道

在高速公路的全长或重要节点之间的较长路段内，必须保持一定基本车道数。同时在正线与匝道或匝道与匝道的分、合流处必须保持车道数目的平衡，二者之间是通过辅助车道来协调的。在分、合流处，既要保持车道数平衡，又要保持基本车道数连续。如二者发生矛盾时，可通过在分流点前或合流点后的正线上增设辅助车道的办法来解决。

4）收费站

收费站是用来对通行车辆收取通行费用的设施。收费道路或收费立体交叉必须设置收费站。收费站的设置位置一般有两种：一种是直接设在主线上，也称为路障式，多用于主线收费路段的起、终点处；另一种是设在立体交叉匝道或连接线上，一般用于主线收费路段之间的互通式立体交叉，以控制被交道路上的车辆进、出主线的收费。

5）人行天桥和人行地道

（1）设置地点

为保证行人交通安全，避免行人或自行车横穿干道而影响车速，道路在下列情况下宜设置人行天桥或人行地道：

①横过交叉口一个路口的步行人流量大于 5 000 人次/h，且同时进入该路口的当量小客车交通量大于 1 200 辆/h 时。

②通过环形交叉口的步行人流量达 18 000 人次/h，且同时进入环形交叉的当量小客车交通量达到 2 000 辆/h 时。

③行人横过快速道路时。铁路与道路相交，因列车通过一次而导致阻塞步行人流量超过 1 000 人次或道口的关闭时间超过 15 min 时。

选择修建人行天桥还是人行地道，要因地制宜，充分考虑设置地点的道路状况、交通条件、周围景观、地上及地下各种设施、工程费用等，经技术、经济、美观等比较后确定。

（2）宽度的设计

人行天桥和人行地道的宽度，应根据设计年限的高峰小时人流量及通行能力计算确定。人行天桥和人行地道的设计通行能力一般为 1 800 ~ 2 000 p/(h · m)，车站、码头地段为 1 400 p/(h · m)。通常，人行天桥和人行地道的宽度为 3.0 ~ 5.0 m。此外，还应考虑其宽度与道路宽度、交叉口大小及周围城市景观和建筑的配合、协调。

（3）人行天桥和人行地道梯道、坡道的设计

因通过人行天桥和人行地道的梯道或坡道时，行人的速度较低，通行能力受到影响，因此梯道或坡道宽度应大于桥面或地道宽度。梯道或坡道宽度应根据设计年限的高峰小时人流量确定。

人行天桥和人行地道宜采用梯道型升降方式。梯道坡度宜采用1∶2～1∶2.5,常用踏步每级宽为30 cm,高为15 cm。梯道高差大于或等于3 m时应设平台,平台长度不小于1.5 m。有条件的人行地道也可采用自动电梯的升降方式。

为便于自行车、儿童车、轮椅等的通行,可采用坡道型升降方式。坡道坡度不应陡于1∶7,坡道表面应防滑耐磨。冰冻地区应慎重选用。

自行车较多,因地形限制及其他理由不能设坡道时,可采用梯道带坡道的混合型升降方式。混合型的坡度不应陡于1∶4。

梯道、坡道、平台及桥上应设扶手或护栏,扶手或护栏高度应大于或等于1.1 m。

(4)净空设置

人行天桥的桥下净空应满足各种车辆及行人的通行需要。人行地道净空应大于或等于2.5 m。

(5)行人护栏的设置

为引导行人经由人行天桥或人行地道过街,应设置导流设施,其端口宜与人行天桥或人行地道两侧附近的交叉口结合。一般需在天桥或地道两端沿街设置50～100 m的高护栏。

思考与练习题

6.1　道路平面交叉设计的主要内容是什么?

6.2　道路交叉口有何交通特征?如何减少或消灭交叉口冲突点?

6.3　道路平面交叉的交通管理方式有哪些?在应用中如何选择?

6.4　简述道路平面交叉的类型、适用范围及在设计时主要解决的问题。

6.5　平面交叉机动车交通组织的方法有哪些?各自的任务是什么?

6.6　下图为某四路相交的交叉口,在A、B、C路段均设有中间带(其中A、B方向宽为4.5 m,C方向宽为2.0 m),A方向为双向六车道,B、C方向为双向四车道,D为双向双车道,每条车道宽3.5 m,人行道宽4.0 m。拟渠化解决的问题是:改善C往B的右转行驶条件;压缩交叉面积;明确各向通过交叉口的路径;解决行人过街问题。试拟定渠化方案。

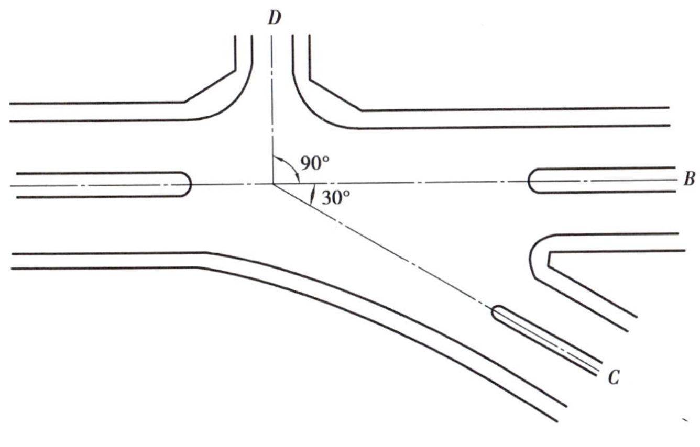

习题6.6图

6.7　简述视距三角形及其绘制方法和步骤。

6.8 简述环形交叉中心岛半径的确定方法。

6.9 立体交叉的组成部分有哪些?

6.10 常用三路全互通式立体交叉的形式及其适用条件是什么?

6.11 常用四路全互通式立体交叉的形式及其适用条件是什么?

6.12 立体交叉形式选择的方法和设计步骤分别是什么?

6.13 匝道是如何分类的? 各有何特点?

6.14 匝道端部设计内容及其设计要点有哪些?

6.15 收费立体交叉设置收费站的方法是什么?

项目7　道路排水及道路设施设计

【学习目标】了解城市道路雨水管道设计的一般要求，熟悉雨水管道设计各项指标的规定及要求，掌握城市道路雨水管道设计方法及步骤。

任务7.1　道路排水系统及组成

1.公路排水系统及组成

1)定义

为防止地面水和地下水对公路的损害，确保公路排水畅通、结构稳定、行车安全所采用的各种拦截、汇集、拦蓄、输送、排放地表水或地下水的排水设施和构造物组成的总体称为公路排水系统。公路排水设计是公路设计的重要内容之一。

2)组成

公路排水系统由路界地表排水、路面内部排水、地下排水三部分组成。

(1)路界地表排水

路界地表排水是指公路范围内的表面排水，包括路面(含路肩)、中央分隔带、路基边坡坡面和路界范围内地表坡面的表面排水，以及有可能进入路界的公路毗邻地带的地表水和由相交道路进入路界内的地表水的排除，如图7.1.1所示。

(2)路面内部排水

路面内部排水是指为排除通过路面接缝、裂缝或空隙，或者由路基或路肩渗入并滞留在路面结构内的自由水，沿路面边缘设置边缘排水基层或排水垫层排水系统，或者在路面结构层设置排水系统，或者在路面结构设置排水基层或排水垫层排水系统。

(3)地下排水

地下排水是指在地下水危及路基稳定(包括整体和局部稳定)或严重影响路基强度的情况下，根据具体情况采取拦截、旁引、排除含水层的地下水，以降低地下水位或者疏干坡体内地下水所设置的设施。

3)公路排水设计的内容及步骤

公路排水设计应依据公路等级和排水类型确定设计所需的内容和步骤。

公路排水设计设施的设计内容和步骤主要包括调查和采集数据、排水设施布设、水文分析、水力计算、结构设计、冲刷防护考虑等。

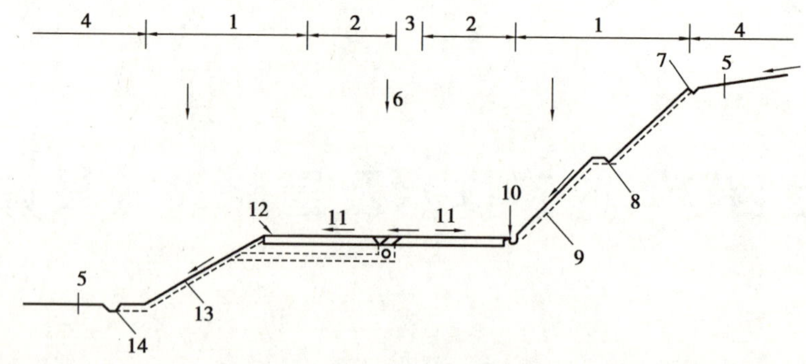

图 7.1.1　路界地表排水

1—坡面排水；2—路面排水；3—中央分隔带排水；4—相邻地带排水；5—路界；6—降水；7—坡顶截水沟；8—边坡平台排水沟；9—急流槽；10—边沟；11—路面路肩横坡；12—拦水带；13—急流槽；14—坡脚排水沟

(1)调查和采集数据

查阅有关文献，实地调查公路沿线地区的自然生态环境及社会经济状况，必要时进行适当的测量、钻探和试验分析。

①自然生态环境资料包括以下内容：

a. 公路沿线汇水区的特性、地形、地貌、河川水系；

b. 公路沿线汇水区的地质特性、土壤类型和性质；

c. 公路沿线汇水区的地表覆盖情况、植物生态分布；

d. 公路沿线汇水区的地下水类型和补给来源，地下水水位、流向和流速，涌水或泉水出露位置和流量；

e. 当地的气象资料(降雨强度、时间分布和延时、温度等)；

f. 公路沿线汇水区水系的水位和流量、河道冲淤情况等。

②社会经济状况资料包括以下内容：

a. 公路沿线汇水区内的土地利用情况；

b. 公路沿线汇水区和附近地区的水土保持措施及水利设施；

c. 公路沿线汇水区和附近地区的有关防洪排水、河道整治、土地开发或城市发展规划等。

(2)排水设施布设

选取各种排水设施，如沟渠、管道、涵洞、急流、跌水、拦水带、进(出)水口、集水井、渗沟、透水管等，以拦截、汇集、拦蓄、输送或排放地表水或地下水，并进行平面和纵断面布置，形成合适的排水系统。

(3)水文分析

依据汇水区内的气象、水文和地形地貌资料，或参考邻近既有排水构造物的有关资料，分析水文特性，估算各项排水设施需排泄的设计径流量。

(4)水力计算

依据各项排水设施的设计径流量，进行水力计算，以确定各项排水设施所需的设计断面，并检验其流速是否在最大和最小允许范围内。

(5)结构设计

根据水力条件和计算结果、地质和土壤情况、维护要求等，进行各项排水设施的材料选用和结构设计。

(6)冲刷防护

进行出水口处的流水冲刷检查,考虑相应的冲刷防护措施。

2. 城市道路排水系统及组成

1)定义

为保证车辆和行人的正常交通,改善城市卫生条件,以及避免路面的过早损坏,要求迅速地将地面雨雪水排除所采取的排水设施和措施的总体称为城市道路排水系统。城市道路排水是城市道路的一个组成部分。

2)城市排水系统制度

城市道路雨水排水设计是城市道路设计的一个组成部分,其目的是将地面雨、雪水迅速排除,以保证车辆和行人的正常交通,改善城市的卫生条件,以及避免路面结构因浸水面产生过早损坏。

城市道路雨水排水是城市排水系统的一部分。城市中需要汇集排除的水体除雨、雪水外,还有工业废水和生活污水。这些雨、污水是采用一个管渠系统排除,还是采用两个或两个以上各自独立的管渠系统来排除,通常称作排水体制,又称排水制度。排水制度可分为合流制和分流制两类。

(1)合流制排水系统

合流制排水系统是将生活污水、工业废水和雨水混合在同一个管渠系统内排除的系统形式。最早出现的合流制排水系统,是将拟排除的混合污水不经处理直接就近排入天然水体,国内很多老城市以往几乎都是采用这种合流制排水系统。此举由于污水未经无害化处理就排放,使受纳水体遭受严重污染。现在常采用的是截流式合流制排水系统(图7.1.2)。这种系统是在邻近天然水体边建造一条截流干管,同时在截流干管处设置溢流井,并设置污水厂。晴天和初降雨时,所有污水都排送到污水厂,经处理后排入天然水体。随降雨量的增加,雨水径流也增加,当混合污水的流量超过截流干管的输水能力后,就有部分混合污水经溢流井溢出直接排入天然水体。截流式合流制排水系统较前一种方式有所改进,但仍有部分混合污水未处理直接排放,成为天然水体的污染源,这是它的严重缺点。国内外在改造老城市的合流制排水系统时,通常采用这种方式。

(2)分流制排水系统

分流制排水系统是将生活污水、工业废水和雨水分别在两个或两个上各自独立的管渠内排除的系统(图7.1.3)。排除生活污水、工业废水的系统称污水排水系统;排除雨水的系统称雨水排水系统。

由于排除雨水的方式不同,分流制排水系统又分为完全分流制和不完全分流制两种排水系统。在城市中,完全分流制排水系统具有污水管道系统和雨水管道系统。不完全分流制只具有污水管道系统,未建雨水管道系统,雨水沿天然地面、街道边沟、水渠等原有渠道系统排泄,或者为补充原有渠道系统输水能力的不足而修建部分雨水管道,待城市进一步发展再修建雨水管道系统转变成完全分流制排水系统。

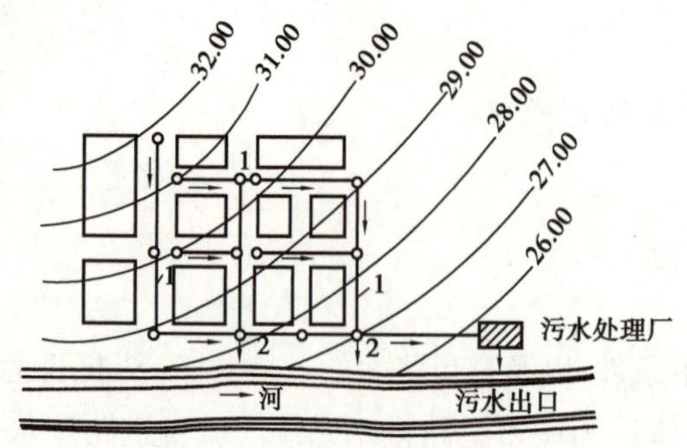

图 7.1.2 截流式合流制排水系统

1—合流管渠;2—溢流井

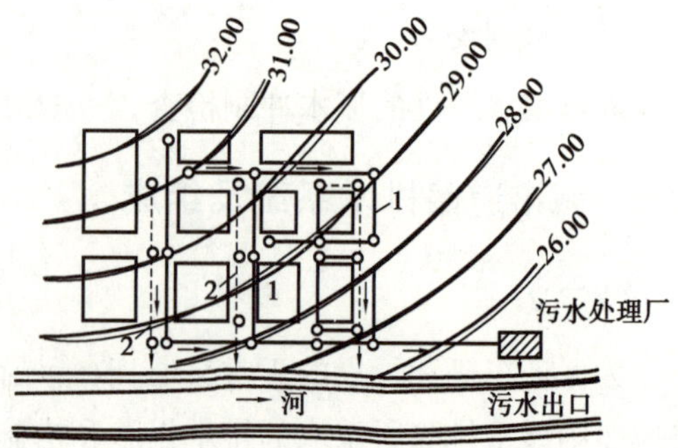

图 7.1.3 分流制排水系统

1—污水管道;2—雨水管道

采用分流制,有利于环境卫生保护和污水的综合利用,便于从废水中回收有用物质,可以做到清浊分流,降低需处理的废水量。

排水体制的选择是城市排水系统规划、设计中的首要问题。它影响排水系统的设计、施工、维护和管理,对城市规划和环境保护影响深远,同时也影响排水系统工程的总投资、初期投资和运行管理费用。一般应根据城市总体规划、环境保护的要求、污水利用处理情况、原有排水设施、水环境容量、地形、气候等条件,从全局出发,在满足环境保护的前提下,通过技术经济比较,综合考虑确定。由于合流制对天然水体污染严重,危害环境,所以新建的排水系统一般应采用分流制。同一城镇的不同地区可以采用不同的排水制度,也可根据当地具体条件,采取分期修建,逐步完善排水系统。

3)城市道路雨水排水系统

根据构造特点,城市道路雨水排水系统可分为以下 3 类。

(1)明沟系统

明沟系统与公路地面排水相同,即采用明沟排水,在街坊出入口、人行横道处增设一些盖板、涵管等构造物。明沟可设在路面的两边或一边,也可设在车行道的中间。当道路处于农田区时,要处理好明沟与农田排灌系统的关系。

排水明沟的断面尺寸,可按照汇水面积经水力计算确定。一般也可根据当地实际经验来安排。明沟通常采用梯形断面,底宽不小于 0.3 m,边坡视土质及护面材料而不同,用砖石铺砌或混凝土块护面时,一般采用 1∶0.75 ~1∶1 的边坡。有些城市也采用石砌或砖砌并加盖板的矩形明沟。

(2)暗管系统

由街沟、雨水口、连接支管、主干管、检查井、出水口等部分组成的埋置地下的排水系统称为暗管系统。道路上及其相邻地区的地面不依靠设计的道路纵横坡度流向行车道两侧的街沟,然后顺街沟的纵坡流入沿街设置的雨水口,由地下的与雨水井相连的连接管将雨水接入到主干管,再排入附近河流或其他天然水体中去,如图 7.1.4 所示。

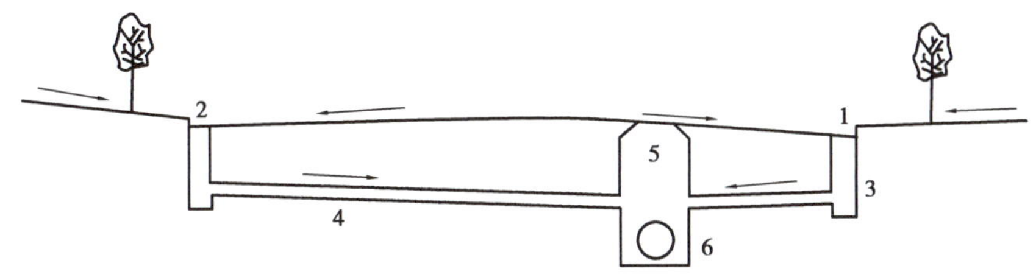

图7.1.4　暗管排水示意图

1—街沟;2—进水孔;3—雨水口;4—连管;5—检查井;6—雨水干管

(3)混合式系统

混合式系统是明沟和暗管相结合的一种形式。城市中排除雨水可以用暗管,也可以用明沟。在一个城市中,不一定只采用单一系统来排除雨水。一般在城市市区和建筑密度较大、交通频繁地区,均采用暗管排除雨水。尽管造价高,但卫生情况较好,对地面交通影响较小,养护方便。在城市郊区或建筑密度低、交通量小的地方,可以采用明沟,以节省工程费用,降低造价。在受到埋深和出口深度限制的地区,可采用盖板明渠排除雨水。

任务7.2　公路排水设计

1.公路地表排水

公路排水包括路界地表排水、路面内部排水、地下排水和公路构造物及下穿道路排水等,在此主要介绍路界地表排水及地下排水。

1)路界地表排水的一般规定

①地表排水设施的布设就充分利用地形和天然水系,形成完善的排水系统,并做好进出口位置的选择和处理,使水流顺畅,不出现堵塞、溢流、渗漏、淤积、冲刷、冻结等,以免对路基、路面和毗邻地带造成危害。

②各项地表排水设施的设计流量、各种沟管和泄水口的泄水能力应按规范所述的方法计算确定,管口等断面形状和尺寸满足排泄设计流量的要求,沟管内水流的最大和最小流速应控制在允许流速范围内。

③各种排水构造物所用材料的强度应满足规范要求。

④路界地表排水设施不应兼作其他排水用途。对于二级以下的公路,如受条件限制而需兼用时,应限制在较小的范围和规模内,且符合公路排水设计原则,并应进行个别设计。

⑤地表排水耐应与坡面工程综合考虑,采取有效措施防止坡面岩土遭受冲刷和失稳。

⑥地表排水沟管排放的水流不得直接排入饮用水的水源,也不宜直接排入养殖池、农田等。

2)路面表面排水

(1)横坡

通过在行车道和路肩上设置的横向坡度,使表面水流向路基边缘。

无中间带或采用分离式路基的公路,在未设超高路段上,行车道路面应沿路中心线设置向两侧倾斜的双向横坡;在设超高路段上,应设置向曲线内侧倾斜的单向横坡。设中间带的公路,各个行车方向的行车道路面应分别设置单向横坡;但单向车道数超过3个的高速公路及一级公路上,为避免汇水区过大,使流量和流速太大,也可以为每个行车方向设置双向横坡(但超高路段仍为单向横坡)。此时,中央分隔带将汇集和排除内倾车道的路面表面水。

横坡大,有利于迅速排水,但不利于行车安全。路拱横坡值如表7.2.1所示。路肩的横坡值应较行车道横坡值大1%~2%。右侧硬路肩边缘设拦水带时,其横向坡度宜采用5%;或者,也可在邻近拦水带内边缘0.5~1 m宽度范围内将路肩铺面的横向坡度增加到5%或5%以上,六车道、八车道的高速公路宜采用较大的路面横坡。

表7.2.1　行车道路面横坡值

路面类型	横坡/%	路面类型	横坡/%
水泥混凝土、沥青混凝土	1~2	碎石、砾石等粒料	2.5~3.5
其他沥青面层、整齐块料	1.5~2.5	碎石土、砂砾土等	3~4
半整齐块料	2~3		

(2)路堤坡面漫流

在路线纵坡平缓、汇水量不大、路堤较低且边坡坡面不会受到冲刷的情况下,可采用让路面表面水以横向漫流形式向路堤坡面分散排放。

(3)路堤拦水带

在路堤较高,边坡坡面未作防护而易遭受路面表面水流冲刷,或者坡面虽已采用防护措施但仍有可能受到冲刷时,可沿硬路肩外侧边缘设置沥青混凝土拦水带,由拦水带和路肩铺面组成的浅三角形边沟汇集路面表面水,并通过间隔一定距离设置的出水口(进水口)和沿路堤坡面设置的竖向排水沟(吊沟)排出路堤(图7.2.1)。

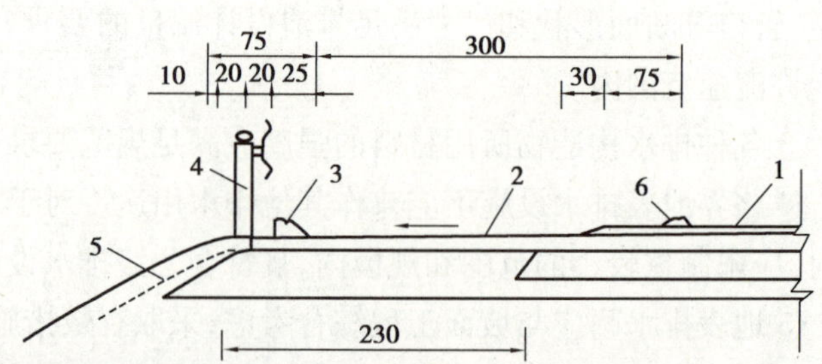

图7.2.1　路堤拦水带(单位:cm)

1—行车道;2—硬路肩;3—拦水带;4—涉栏;5—草皮铺砌;6—标线

在硬路肩外侧设有U形混凝土排水沟时,汇集在拦水带内的表面水,可通过间隔一定距离设置的出水口和泄水槽引排到水沟内(图7.2.2)。

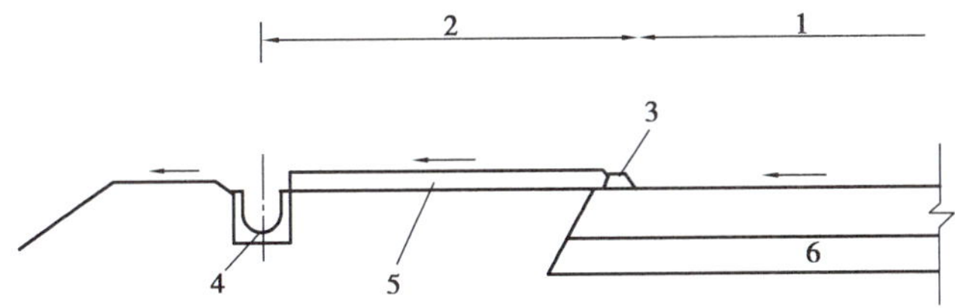

图7.2.2　拦水带和混凝土排水沟(单位:m)

1—硬路肩;2—无铺面路肩;3—拦水带;4—U形排水沟;5—泄水槽;6—基层

(4)路堤边沟

在前述路堤较高、边坡坡面易遭受路面表面水流冲刷的情况下,也可沿硬路肩外侧边缘设置三角形或碟形水泥混凝土边沟,以汇集路面表面水(图7.2.3)。

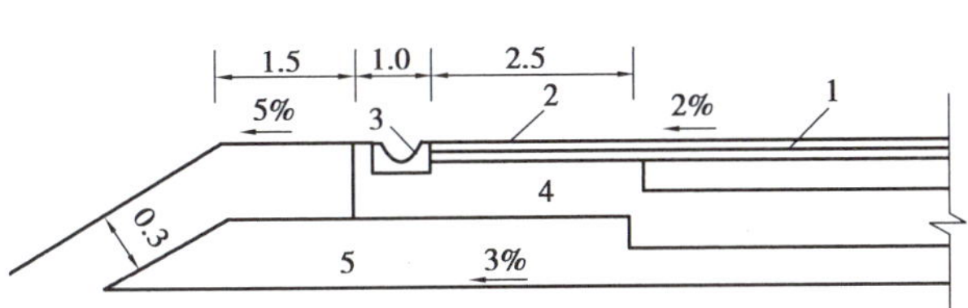

图7.2.3　路堤混凝土边沟(单位:m)

1—行车道;2—硬路肩;3—碟形混凝土边沟;4—基层;5—垫层

(5)路堑边沟

在挖方路段,可沿硬路肩边缘或者在无铺路面路肩内或边缘处设置边沟,以汇集路面表面水和路堑边坡坡面水(图7.2.4、图7.2.5)。

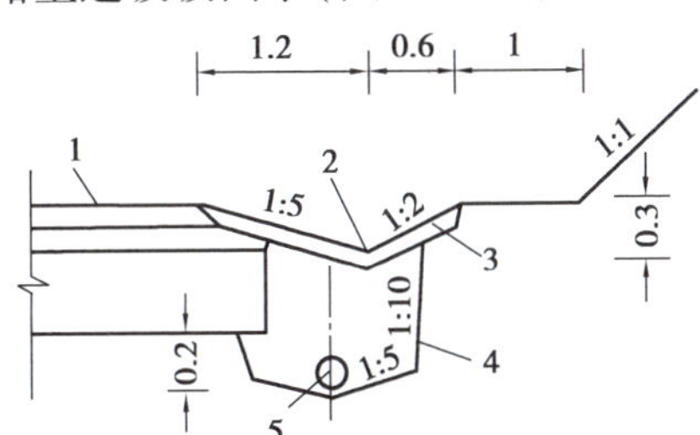

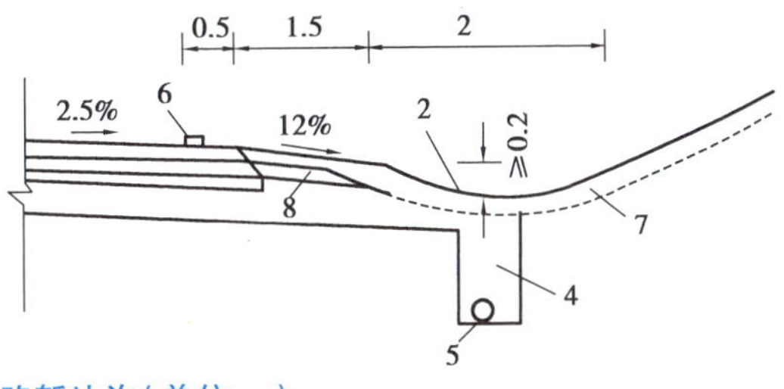

图7.2.4　路堑边沟(单位:m)

1—硬路肩;2—三角形或皿形边沟;3—沟底铺砌;4—排水沟透水性回填料;

5—排水管;6—标线;7—沟底和坡面铺砌;8—砂砾

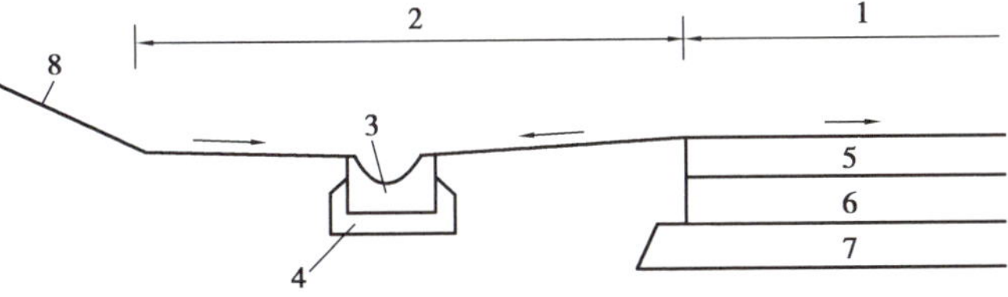

图7.2.5　路堑混凝土边坡(单位:m)

1—硬路肩;2—无铺面路肩;3—碟形混凝土边沟;4—基础;5—面层;

6—基层;7—底基层;8—边坡

边沟可采用三角形、碟形、U 形、梯形、矩形或矩形盖沟断面横断面，按公路等级、所需排泄的设计流量、设置位置和土质或岩质选定。高速及一级公路，宜采用三角形或碟形边沟；受条件限制而需采用矩形横断面时，应在顶面加盖格栅或者带槽孔的混凝土盖板。二级及二级以下公路，可采用梯形横断面（土质）或矩形横断面（岩质）。

路堑边坡坡面汇水面小时，也可采用由沥青混凝土拦水带构成的边沟（图 7.2.6）。

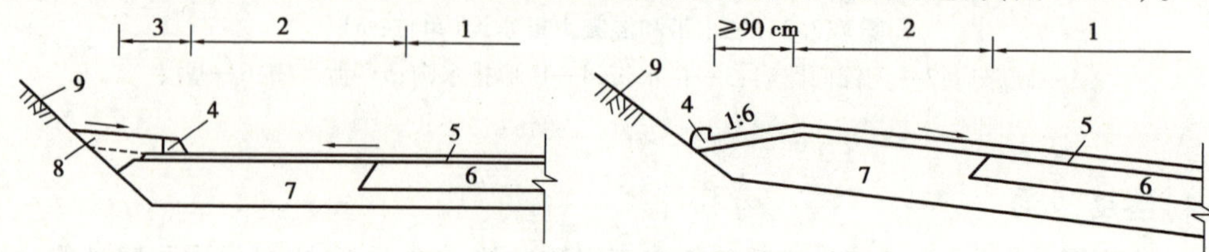

图 7.2.6　路堑拦水带（单位：m）

1—行车道；2—硬路肩；3—无铺面路肩；4—拦水带；5—面层；6—基层；7—底基层；8—草皮；9—边坡

(6)缘石边沟（街沟）

行车道路外侧设有人行道时，可沿其边缘设置路缘石（侧石），由它和平石组成 L 形边沟（或称街沟），以汇集路面和人行道铺面的表面水。

3) 中央分隔带排水

根据分隔带宽度、绿化要求、交通安全设施的形式、分隔带表面的处理方式等因素选择不同的排水方案。

(1)分隔带宽度小于 3 m，表面采用铺面封闭

中央分隔带宽度小于 3 m 时，一般采用带有铺面的横断面形式。在不设超高路段，中央分隔带铺面采用与两侧路面相同坡度的双向横坡，降落在分隔带上的表面水流向两侧路面，进入路面表面排水设施。在超高路段上，上侧半幅路面的表面水流向中央分隔带。在高速及一级公路上，不允许上侧半幅路面的表面水横向漫流过下侧半幅路面。因此，须在分隔带上侧边缘处设置汇集和排泄上侧半幅路面表面水的排水设施，如碟形或三角形混凝土边沟（图 7.2.7），或者带格栅的 U 形或带缝隙的圆形混凝土边沟（图 7.2.8）。

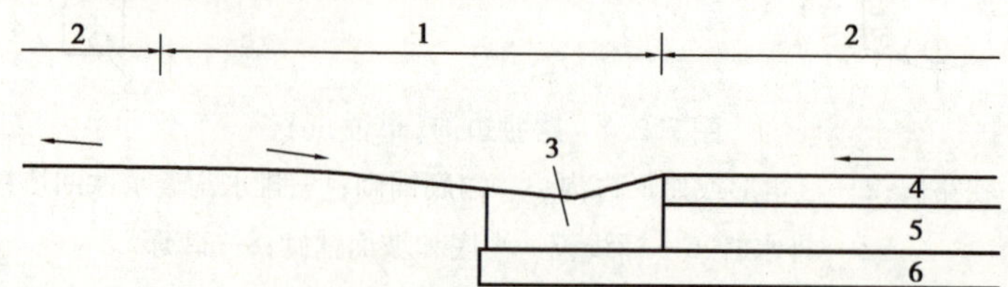

图 7.2.7　中央分隔带混凝土边沟

1—中央分隔带；2—行车道和左侧边缘带；3—三角形混凝土边沟；4—面层；5—基层；6—底基层

(2)分隔带宽度大于 3 m，表面微凹且无铺面封闭

中央分隔带宽度大于 3 m 且未采用铺面封闭时，采用分隔带内表面排水方案。分隔带表面可做成向内微凹的横断面形式，降落在分隔带上的表面水横向流向分隔带的低凹处，汇集在带的中央部位，并利用纵向坡度排向进水口或桥涵道中。

按照汇水量和流速的大小，分隔带过水断面可以采用不同的横断面形状和尺寸。分隔带的

横向坡度不得陡于1∶6;分隔带的纵向排水坡度,在过水断面无铺面时不得缓于0.25%,有铺面时不得缓于0.12%。当水流速度超过地面土的最大允许流速时,应在过水断面宽度范围内做成三角形或碟形断面的水沟,并对地面土进行防冲刷处理。防冲刷层可采用石灰或水泥稳定土或者采用浆砌片石铺砌,层厚10~15 cm。

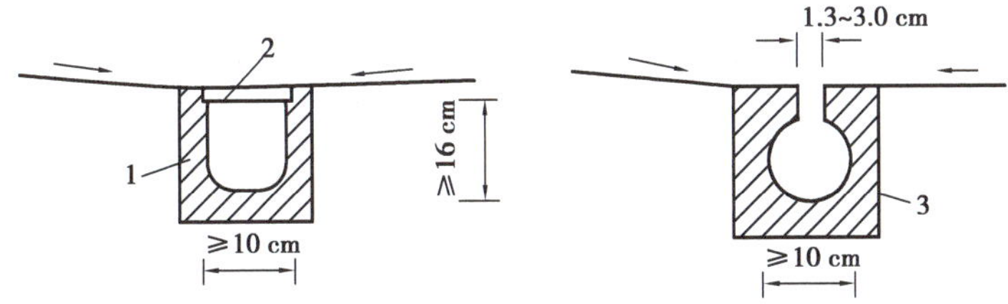

图7.2.8 带格栅的U形和带缝隙的圆形混凝土边沟

1—U形沟;2—格栅;3—带缝隙圆形沟

(3)分隔带宽度大于3 m,表面凸起且无铺面封闭

表面无铺面且未采用表面排水措施的中央分隔带,降落在分隔带上的表面水,一部分形成表面径流向两侧流向行车道,由路面表面排水设施排走;另一部分表面水则向下渗入分隔带土体内。可通过在分隔带内设置地下排水设施(渗沟和管)汇集渗入水,并通过隔一定间距设置的横向排水管将渗沟内的水排引出路界。

4)坡面排水

坡面可分为自然坡面、路堑边坡坡面和路堤边坡坡面3个部分。

(1)自然坡面截水沟

路堑或路堤边坡上方自然坡面流入路界的地表水径流量大时,须设置拦截地表水的截水沟(图7.2.9)。在汇流长度大的坡面上,应酌情设置一道以上大致平行的截水沟。在坡体稳定性较差或有可能形成滑坡的路段,应在滑坡体的周界外设置拦截地表水的截水沟。

截水沟设在路堑坡顶5 m或路堤坡脚2 m以外,如土质良好、路堑边坡不高或沟壁进行铺砌时,前者也可不小于2 m。截水沟应结合地形和地质条件沿等高线布置,将拦截的水顺畅地排向自然沟谷或水道。沟渠需转弯时,其曲率半径不得小于3倍水面宽度或10倍水深。截水沟一般采用梯形横断面。

(2)路堑边坡坡面边沟和排水沟

路堑边坡坡面水流向设在坡脚的边沟内。边坡同时接纳路面表面水。

深路堑边坡为增加边坡稳定而做成台阶形(设边坡平台)时,在坡面径流量大的情况下可设置平台排水沟,以减少坡面冲刷。

(3)路堤边坡坡面边沟和排水沟

路堤边坡坡面水流向设在坡脚的边沟(低矮路堤)或排水沟(高路堤)内。边沟或排水沟同时接纳路面表面水。

高路堤边坡设边坡平台时,在坡面径流量大的情况下可设置平台排水沟,以减少坡面冲刷。

(4)竖向排水沟(吊沟)

在高路堤和深路堑的坡面上,从坡顶或者坡面平台向下竖向集中排水时,须设置竖向排水沟(或称吊沟),如图 7.2.10 所示。

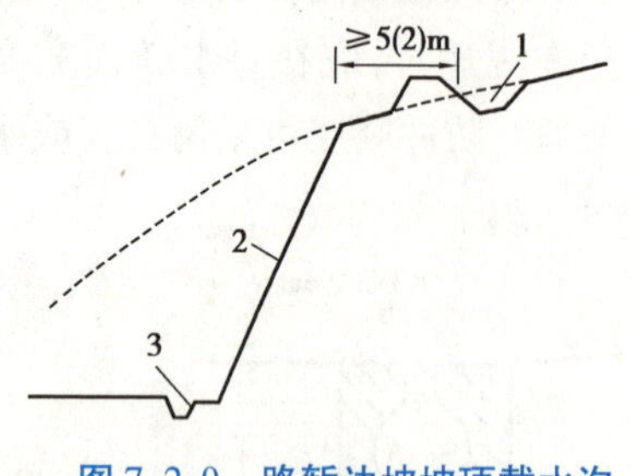

图 7.2.9 路堑边坡坡顶截水沟

1—截水沟;2—路堑边坡;3—边沟

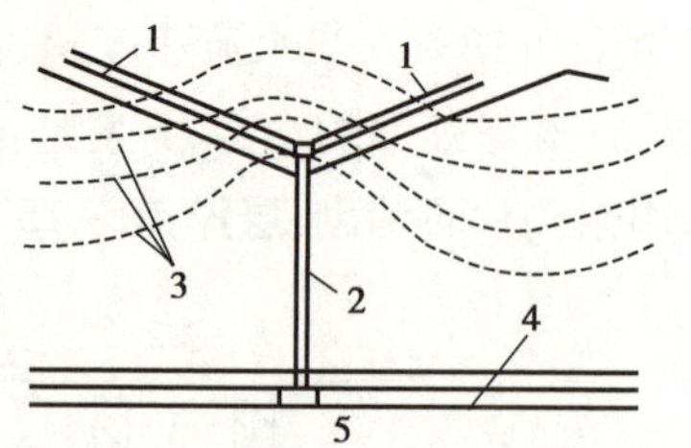

图 7.2.10 竖向排水沟(吊沟)

1—截水沟;2—吊沟;3—等高线;4—边沟;5—行车道

吊沟采用由浆砌片石铺砌成或水泥混凝土构件组成的矩形或梯形断面沟槽,或者混凝土或金属管。

2. 公路地下排水

当路基范围内出露地下水或地下水位较高,影响路基、路面强度或边坡稳定时,应设置暗沟(管)渗沟、检查井等地下排水设施。

采用地下排水设施的类型、位置及尺寸应由地质和水文地质条件决定。

1) 暗沟(管)

为排出泉水或地下集中水流,可采用暗沟(管)。暗沟横断面一般为矩形,用浆砌片石或水泥混凝土预制块砌筑,沟顶设置盖板,各部位尺寸大小根据排出水量及地形、地质条件确定。

暗沟的纵坡不宜小于 1%,出水口应高出地表排水沟常水位 0.2 m。寒冷地区的暗沟设在冻结深度以下,并做防冻保温处理。

2) 渗沟

①为降低地下水位或拦截地下水,可在地面以下设置渗沟。渗沟可分为填石渗沟、管式渗沟和洞式渗沟。当水量较大时,渗沟底部可增设排水管(孔)。

②渗沟各部位尺寸根据埋设位置及排水需要等情况确定。对于渗沟的平面布置,当用作降低地下水位时,应尽量靠近路基;用作拦截地下水时,应尽量与地下水流向垂直。沟宽不宜小于 0.6 m。渗沟顶部和底部应设置封闭层,可采用 M5 浆砌片石或水泥混凝土。

③填石渗沟最小纵坡不宜小于 1%,管式及洞式渗沟最小纵坡不宜小于 0.5%。渗沟的设置长度视实际需要确定,一般间隔 100 ~ 300 m 设横向排水管。

④渗沟应设置反滤层,反滤层设置在迎水面一侧,背水面一侧设隔渗层,否则,在两侧沟壁均应设置反滤层。反滤层应选用颗粒大小均匀的砂石材料内分层填筑,相邻层颗粒直径比不宜小于 1 : 4,层厚不宜小于 15 cm,砂石料粒径小于 0.15 mm 的颗粒含量应小于 5%,填料的粒径应为含水层粒料最大粒径的 8 ~ 10 倍,也可采用渗水土工织物做反滤层。

⑤管式渗沟的排水管可采用预制渗水管。水泥混凝土圆管的最小直径不宜小于 20 cm,带孔塑料渗水管直径宜为 8 ~ 15 cm。管的渗水孔径为 1.5 ~ 2.0 cm,管壁可采用渗水土工织物形成反滤层。带有钢圈、滤布和加强合成纤维组成的加劲软式透水管,直径为 8 ~ 30 cm。设于边沟下的管式渗沟如图 7.2.11 所示。

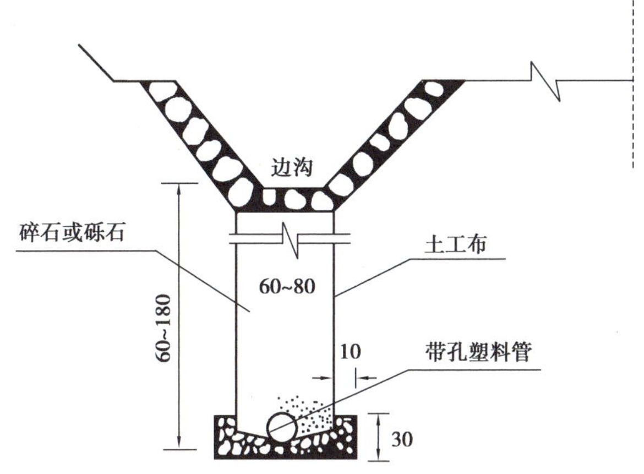

图7.2.11　管式渗沟(单位:cm)

⑥深而长的渗沟,应设检查井。在直线段每隔30~50 m或在渗沟的转弯、边坡处设置。检查井直径不宜小于1 m,井壁应设渗水孔和反滤层。井壁处的排水管应高出井底0.3~0.4 m。检查井应设检查梯,井口顶部应高出附近地面0.3~0.5 m并设井盖。

任务7.3　城市道路排水设计

1.雨水管渠系统布置

1)雨水管渠系统布置的原则

雨水管渠系统的布置原则是雨水能顺畅及时地从城镇或厂区排出去。管渠布置一般可以从以下4个方面进行考虑。

(1)充分利用地形,就近排入天然水体

规划排水管线时,首先按地形划分排水区域,再进行管线布置。根据地面标高和河道水位,划分自然排区和强排区。自然排区利用重力流向将雨水排入河道;强排区需设雨水泵站提升所汇集的雨水,然后排入天然水体。

根据分散和直截的原则,多采用正交式布置,使雨水管渠尽量以最短的距离(重力流)排入附近的池塘、河流、湖泊等水体中。只有当天然水体位置较远且地形较平坦或地形不利的情况下才需要设置雨水泵站。

一般情况下,当地形坡度较大时,雨水支管宜布置在地势低处或溪谷线上;当地形平坦时,雨水干管宜布置在排水流域的中间,以便尽可能扩大重力流排除雨水的范围。

(2)尽量避免设置雨水泵站

由于暴雨形成的径流量大,而雨水泵站的投资大,且在一年中运转时间短、利用率低,所以排除雨水应尽可能靠重力流。但在一些地势平坦、区域较大或受潮汐影响的城市,必须设置泵站时,应把经过泵站排泄的雨水径流量减少到最低限度。

(3)结合城市规划布置雨水管道

通常,应根据建筑物的分布、道路布置及街坊内部的地形、出水口位置等布置雨水管道,使雨水以最短距离排入街道低侧的雨水管道。干管两侧应根据用地需要每隔一段距离设置预留管和接户井以收集两侧用地的雨水。对竖向规划中确定填方或挖方的地区,雨水管渠布置必须考虑今后的地形变化,并作出相应处理。

雨水干管的平面和竖向布置应考虑与其他地下构筑物(包括各种管线及地下建筑物等)的相互协调,排水管道与其他各种管线(构筑物)在竖向布置上要求的最小净距应满足有关规范要求。在有池塘、坑洼的地方可考虑雨水的调蓄。在有管道连接条件的地方,应考虑两个管道系统之间的连接。

(4)合理布置出水口

雨水出口的布置有分散和集中两种布置形式,如图 7.3.1、图 7.3.2 所示。

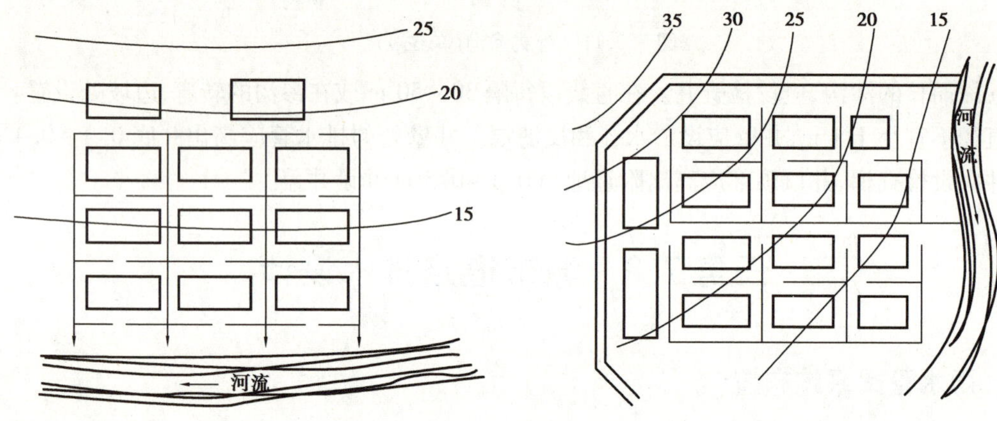

图 7.3.1　出水口分散布置示意图　　　图 7.3.2　出水口集中布置示意图

当出口的天然水体离流域很近,水体的水位变化不大,洪水位低于流域地面标高,出水口的建筑费用不大时,宜采用分散出水口,以便雨水就近排放,使管线较短,减小管径;反之,则可采用集中出水口。

城市中靠近山麓建设的中心区、居住区、工业区,除了应设雨水管道外,尚应考虑在设计地区周围或设计区以外适当距离设置排洪沟,以拦截汇水区以内排泄下来的洪水,使之排入天然水体,避免洪水的危害。

2)雨水管道的布设

城市道路的雨水管线应平行于道路的中心线或规划红线。雨水干管一般设置在街道中间或一侧,并宜设在快车道以外。当道路红线宽度大于 60 m 时,可考虑沿街道道路两侧作双线布置。

由于雨水管道施工及检修对道路交通干扰很大,因此,雨水干管应尽可能不布置在主要交通干道的车行道下,而宜直接埋设在绿化带或较宽的人行道下,并注意与行道树、杆柱、侧石等保持一定的横向距离。此外,雨水管线还应尽可能避免或减少与河流、铁路以及其他城市地下管线的交叉,避免造成施工困难;必须交叉时,应尽量正交,并保证相互之间有一定的竖向间隙。雨水管道离开房屋及其他管道的最小距离如表 7.3.1 所示。

表7.3.1　排水管道与其他地下排水管线(构筑物)的最小净距

<table>
<tr><th colspan="2">名称</th><th>水平净距/m</th><th>垂直净距/m</th><th>名称</th><th>水平净距/m</th><th>垂直净距/m</th></tr>
<tr><td colspan="2">建筑物</td><td>见注③</td><td>—</td><td>乔木</td><td>见注⑤</td><td>—</td></tr>
<tr><td colspan="2">给水管</td><td>见注④</td><td>0.4</td><td>地上柱杆道(中心)</td><td>1.5</td><td>—</td></tr>
<tr><td colspan="2">排水管</td><td>1.5</td><td>0.15</td><td>路侧石边缘</td><td>1.5</td><td>—</td></tr>
<tr><td rowspan="4">煤气罐</td><td>低压</td><td>1.0</td><td rowspan="4">0.15</td><td>铁路</td><td>见注⑥</td><td>轨底1.2</td></tr>
<tr><td>中压</td><td>1.5</td><td>电车路轨</td><td>2.0</td><td>1.0</td></tr>
<tr><td>高压</td><td>2.0</td><td>架空管架基础</td><td>2.0</td><td>—</td></tr>
<tr><td>特高压</td><td>5.0</td><td>油管</td><td>1.5</td><td>0.25</td></tr>
<tr><td colspan="2">热力管沟</td><td>1.5</td><td>0.15</td><td>压缩空气管</td><td>1.5</td><td>0.15</td></tr>
<tr><td colspan="2">电力电缆</td><td>1.0</td><td>0.5</td><td>氧气管</td><td>1.5</td><td>0.25</td></tr>
<tr><td colspan="2" rowspan="4">通信电缆</td><td rowspan="4">1.0</td><td rowspan="4">直埋0.5
穿管0.15</td><td>乙炔管</td><td>1.5</td><td>0.25</td></tr>
<tr><td>电车电缆</td><td>—</td><td>0.5</td></tr>
<tr><td>明渠渠底</td><td>—</td><td>0.5</td></tr>
<tr><td>涵洞基础底</td><td>—</td><td>0.15</td></tr>
</table>

注:①表列数字除注明之外,水平净距均指外壁净距,垂直净距是指下面管道的外顶与上面管道基础之间的净距。

②采取充分措施后,表列数字可以减小。

③与建筑物水平净距:管道路埋深浅于建筑物基础时,一般不小于2.5 m(压力管不小于5.0 m);管道埋深深于建筑物基础时,按计算确定,但不小于3.0 m。

④与给水管道水平净距:给水管管径小于或等于200 mm时,不小于1.5 m;给水管管径大于200 mm时,不小于3.0 m。

⑤与乔木中心距离不小于1.5 m;如遇现状高大乔木时,则不小于2.0 m。

⑥穿越铁路时,应尽量垂直通过。沿单行铁路敷设时,应距路堤坡脚或路堑坡顶不小于5.0 m。

雨水管与其他管线发生平交时,其他管线一般可用倒虹吸管的办法跨越。如雨水管和污水管相交,一般将污水管用倒虹吸管穿过雨水管的下方。

如果污水管的管径较小,也可在交会处加建窨井,将污水管改用生铁管穿越而过。当雨水管与给水管相交时,可以把给水管做成向上的弯头,用铁管穿过雨水窨井,如图7.3.3所示。

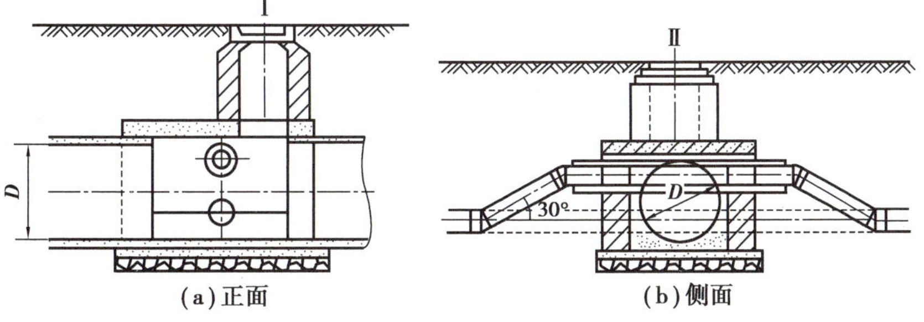

图7.3.3　雨水管和给水管线相交(上穿式)

由于雨水在管道内是靠本身重力流动的,所以雨水管道应由上游向下游倾斜。雨水管的纵断设计应尽量与街道地形相适应,即管道纵坡尽可能与街道纵坡取得一致。这样不致使管道埋设过深,可节省土方量。因此,在城市道路纵断面设计时,应考虑雨水的排除问题,为排除雨水创造条件。从排除雨水的要求来说,道路的纵坡最好在0.3% ~4%内。道路过陡,需要设置跌水井等特殊构筑物,将增加基建费用;道路过于平坦,将增加埋设管道时开挖的土方量,如果车道过于平坦,而排除地面水有困难时,应使街沟的纵坡大于0.3%,且设计成锯齿形街沟,以保证排水。

管道的埋深是指管道内壁底部到地面的深度。管道的覆土厚度指管道外壁顶部到地面的距离。管道的埋深对整个管道系统的造价和施工影响很大,管道埋深越大,施工越困难,工程造价越高。在满足技术要求的条件下,管道埋深越小越好。但是管道的覆土厚度有个最小限值,称为最小覆土厚度。最小覆土厚度一般根据雨水管可能承受的外部荷载、管材强度、当地冻土深度以及临街建筑内排水支管的衔接要求等条件确定,一般不小于0.7 m。在保证管道不受外部荷载损坏时,最小覆土厚度可适当减小。至于北方冰冻地区,则要由防冻要求来确定覆土厚度。

除考虑管道的最小埋深外,也应考虑雨水管道的最大埋深。管道的最大埋深取决于土壤性质、地下水位及施工方法等。在干燥土壤中一般不超过8 m;在地下水位较高、流沙严重、挖掘困难的地层中通常不超过5 m。当管道埋深超过最大埋深时,应考虑采用设置雨水泵站等措施,以减少管道埋深。

不同直径的管子在检查井内衔接时,应使上、下游管段的管顶等高,即管顶平接(图7.3.4),这样可以避免在上游管中形成回水。

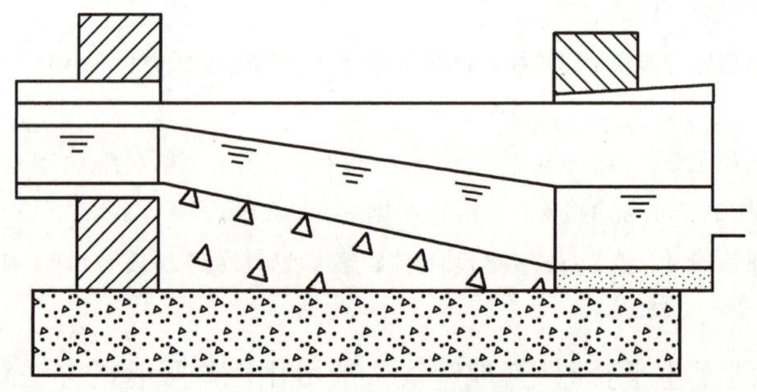

图7.3.4 管顶平接

2. 雨水口设计

1) 雨水口布设要点

①雨水口是雨水管道或合流管道上收集雨水的构筑物。地面上、街道上的雨水首先进入雨水口,再经过连接管流入雨水管道。雨水口一般设在街区内、广场上、街道交叉口和街道边沟的一定距离处,以防止雨水漫过道路或造成道路及低洼地区积水,妨碍交通。

②雨水口的布设数量,应按汇水面积所产生的流量及雨水口的进水能力确定。在纵断面凹处、街道低洼点、汇水点及人行横道线上游,应设置雨水口。雨水口应避免设在临街建筑物的门口、停车站、分水点及其他地下管道顶上。

③布置雨水口时，首先应确定街沟纵断面上低洼积水点和交叉口竖向规划上必需的雨水口，然后根据道路纵横坡度、街道宽度、路面种类、周围地形及排水情况，选择雨水口形式及布设方式。根据当地暴雨强度、雨水口的排水能力等因素，确定雨水口的数量、位置与间距，间距一般为25～50 m。纵坡较大时，水的流速大，不能充分进入雨水口，部分水流会越过雨水口；纵坡过小时，往往形成积水，均应适当缩小雨水口的间距，具体的数值由计算确定。

④在道路交叉口处，应根据路面雨水径流情况及方向布置雨水口，可按图7.3.5所示图式设计，使来自街道的雨水在交叉口前人行横道上游就被截住而流入进水口，不允许在交叉口上漫流，以免妨碍车辆和过街行人交通。

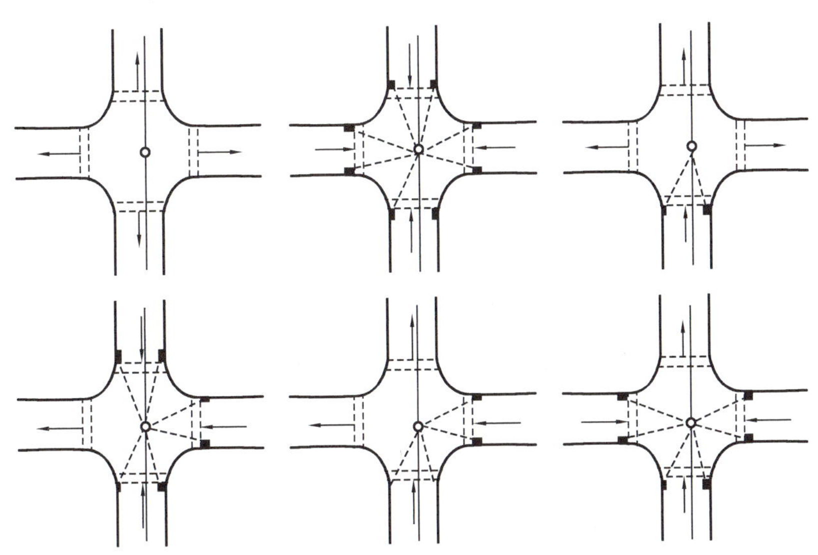

图7.3.5　道路交叉口雨水口布置

⑤雨水口的连接，必要时可以串联，一般不超过3个，并应加大出口连接管径。雨水口连接管最小管径为ϕ200 mm。坡度小于1%，长度不超过25 m，覆土厚度不小于0.7 m。

⑥雨水口的泄水能力按式(7.3.1)计算：

$$Q=\omega C\sqrt{2ghk} \tag{7.3.1}$$

式中　Q——雨水排泄口的流量，10^3 L/s；

ω——雨水口进水面积，m^2；

C——孔口系数，圆角孔用0.8，方角孔用0.6；

g——重力加速度，$g=9.80$ m/s^2；

h——雨水口上允许储存的水头，一般认为街沟的水深不宜大于侧石高度的2/3，一般采用$h=0.02$～0.06 m；

k——孔口阻塞系数，一般$k=2/3$。

由式(7.3.1)可知，当由降雨强度计算需要排泄的流量，并规定了允许积水深度后就可计算每个雨水口所需的进水面积，从而决定了进水篦的数量。

在直线段设置进水口的最大间距可按下式计算：

$$L=\bar{a}\frac{Q}{q} \tag{7.3.2}$$

式中　L——雨水口的最大间距；

$\overline{a}$——雨水口的漏水率，与雨水井盖的形式和进水面积、街沟的流量及纵坡、进水孔口的阻塞情况等因素有关，估算时可采用 $\overline{a}=0.60\sim0.70$；

Q——街沟的允许流量，L/s，根据街沟的过水断面积按水力学有关公式计算；

q——街沟单位长度（m）的汇水流量，L/s，根据降雨强度及汇水面积计算。

街沟的过水断面面积计算如图 7.3.6 所示。为不影响车行道上的车辆交通和行人过街，水面宽度 B 和水深 h 宜加控制，一般宜控制 $B=0.5$ m，h 不大于缘石高度的 2/3；街沟横坡 i 值在不影响车辆和行人交通的情况下，宜尽量采用大的横坡。

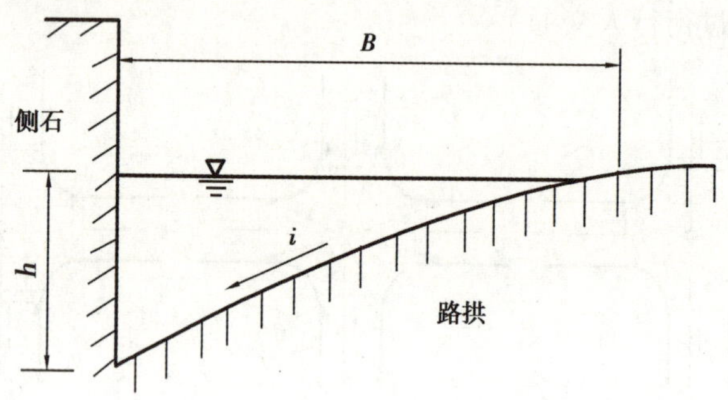

图 7.3.6　街沟过水断面面积计算图式

⑦通常，雨水口的间距一般为 25～50 m。

⑧在交叉口处雨水口的排水能力应加大，避免积水影响交通。在加大井盖的进水面积的同时，也可适当缩小雨水口的间距。

2）雨水口横断面布设形式

雨水口横断面布设形式，应根据不同的道路横断面形式合理布置。目前，国内常见形式有 3 种。

①单幅式，布置两排雨水口（图 7.3.7）。

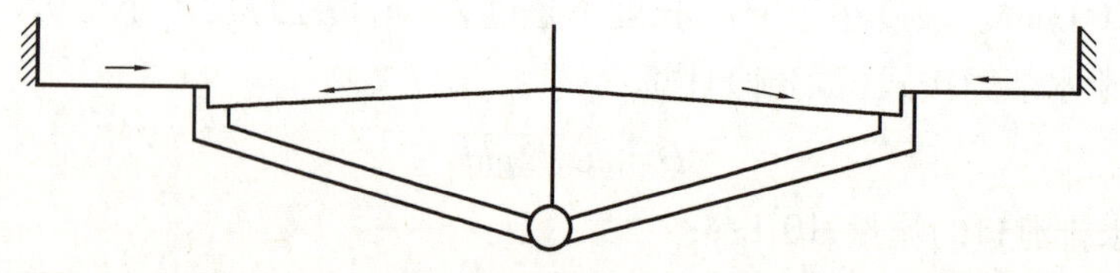

图 7.3.7　单幅式雨水口布置

②双幅式，布置两排或四排雨水口（图 7.3.8）。

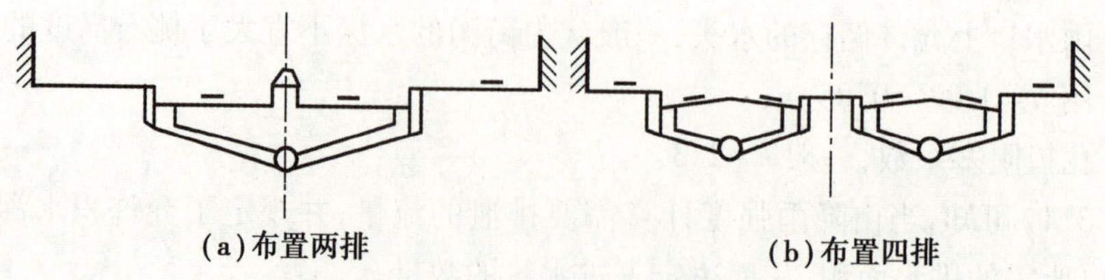

图 7.3.8　双幅式雨水口布置

③三幅式，布置两排至六排雨水口，又分 A 型、B 型两种（图 7.3.9）。

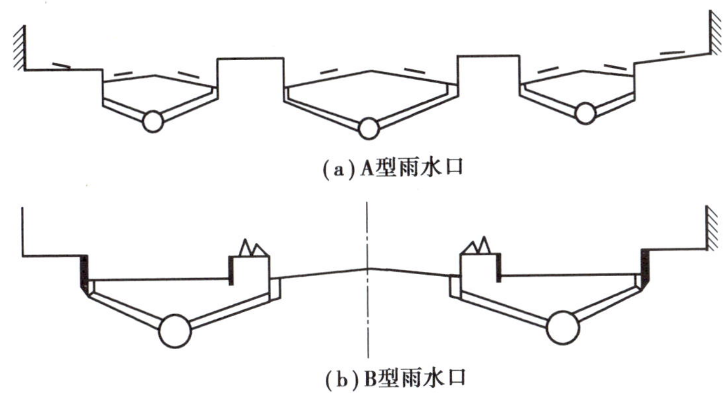

图 7.3.9　三幅式雨水口布置

3) 雨水口的构造

雨水口的构造包括进水篦、井身和连接管3个部分(图7.3.10)。根据进水篦布置的不同，雨水口可分为平式、立式和联合式3种。

①平式雨水口:雨水口的盖平铺在道路边沟上,雨水沿边沟进入雨水口(图7.3.11),进水篦宜稍低于边沟或邻近地面约3 cm。平式雨水口的盖子易被车辆压坏,设计中应注意结构问题。

②立式雨水口:雨水口设置在人行道上便于清捞垃圾,在道路缘石处设置带格栅的进水口,雨水由格栅流入雨水口(图7.3.12)。这种雨水口,因为雨水沿边沟流来时需要转90°角度才能流入雨水口,以致水流不畅,进水较慢,所以间距不宜过长,在严重积水区不宜使用。

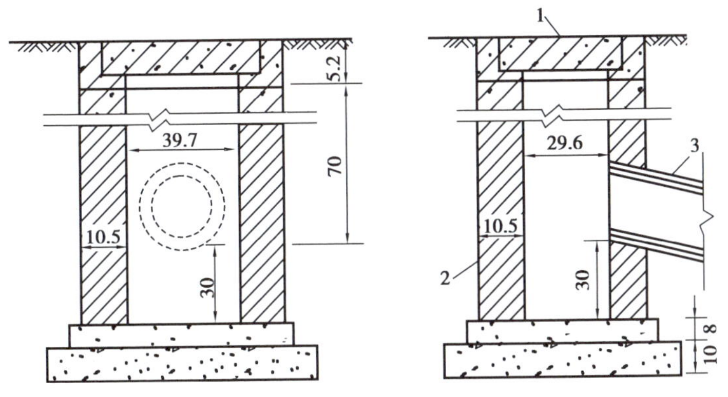

图 7.3.10　雨水口(单位:cm)

1—进水篦;2—井身;3—连接管

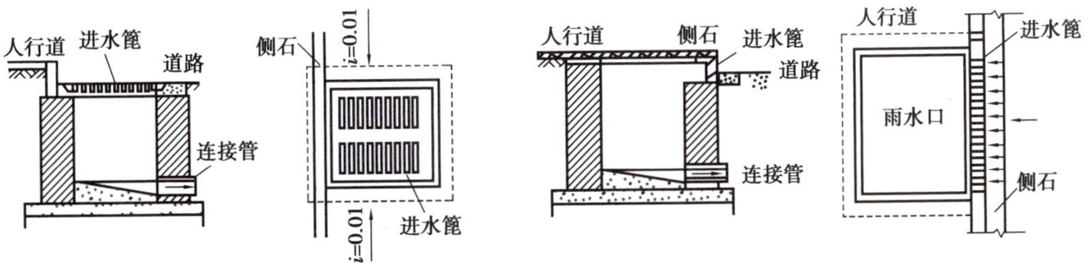

图 7.3.11　平式雨水口　　图 7.3.12　立式雨水口

③联合式雨水口:在水平和垂直方向上均有雨水箅子(图7.3.13),宜用于径流集中且有杂物堵塞处。

雨水口底部可分为有沉泥槽和无沉泥槽两种。沉泥槽可截留雨水所夹带的泥沙,不使它们进入管道而造成淤塞,但它往往影响环境卫生,增加养护的工作量。

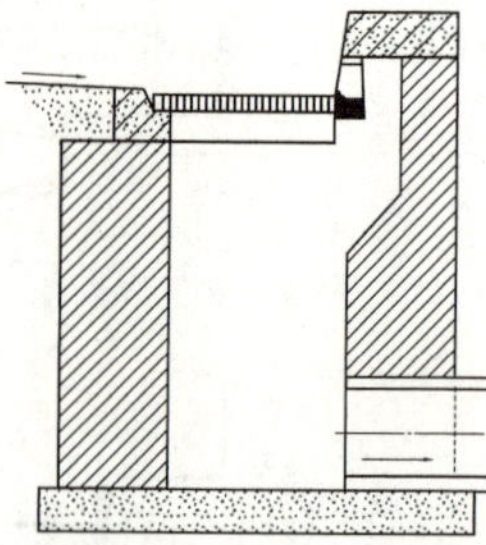

图 7.3.13　联合式雨水口

3. 检查井设计

检查井又名窨井,是设在主干管上的一种井状构造物。为对管道进行检查和疏通,管道系统上必须设置检查井,同时检查井还起连接沟管的作用(图7.3.14)。相邻两个检查井之间的管道应在同一直线上,便于检查和疏通操作。检查井一般设置在管道容易沉积污物以及经常需要检查的地方,如管道改变方向处、改变坡度处、改变高程处、改变断面处和交会处、跌水处,以及直线管段上每隔一定距离,都应布设检查井。检查井在直线管段上的最大间距根据城市排水设计规范规定按表7.3.2采用。

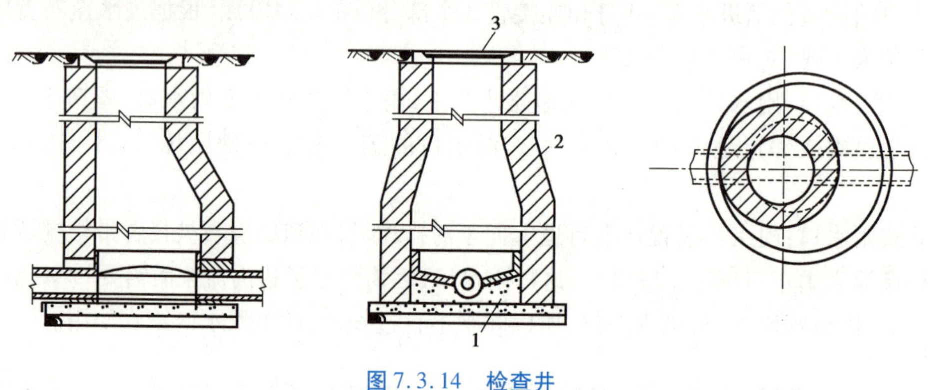

图 7.3.14　检查井

1—井底;2—井身;3—井盖

表 7.3.2　雨水管道检查井最大间距

管径或暗渠净高/mm	最大间距/m	管径或暗渠净高/mm	最大间距/m	管径或暗渠净高/mm	最大间距/m
≤700	50	800～1 500	100	>1 500	120

4. 锯齿形街沟设计

1)锯齿形街沟的作用

我国大多数城市位于平原地区,有些旧城在街坊或沿街建筑已形成的情况下修建道路,以致纵坡很小甚至为零。这样虽然有路面利于行车,但对街坊排水(应排到路上)和道路路面排水极为不利。尽管道路设置路拱横坡,以排除雨、雪水,但通常街沟和人行道的纵坡均与路中心线纵坡相近。当纵坡很小时,积留的雨、雪水就很难沿街沟的纵向排除,尤其在暴雨或多雨季节,路面成片积水,既影响路基路面的稳定,又妨碍交通。所以,城市道路纵坡小于0.3%的路段必须设置锯齿形街沟。

2)锯齿形街沟设计

所谓街沟指高出路面部分的缘石与路面边缘或平石间作为城市道路排水的三角形沟。锯齿形街沟设置的方法是保持缘石顶面线与路中心线平行(即两者纵坡相等)的条件下,交替地改变侧面线与平石(或路面)之间的高度,即交替地改变侧石外露于路面的高度(图7.3.15)。在低处设置雨水进水口,使进水口处的路面横坡 i_4(图7.3.16)大于正常横坡 $i_{横}$,而在两相邻近水口之间的分水点处的路面横坡 i_3 小于正常横坡。这样雨水由分水点流向两旁低处进水口,街沟纵坡(即平石纵坡或路面边缘纵坡)交替升降,呈锯齿形。

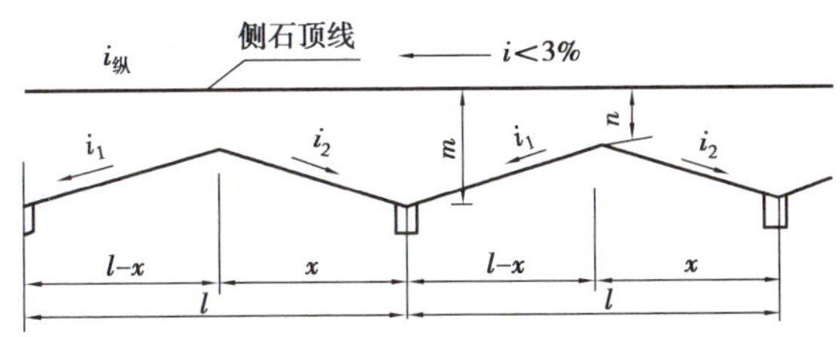

图7.3.15　锯齿形街沟立面示意图

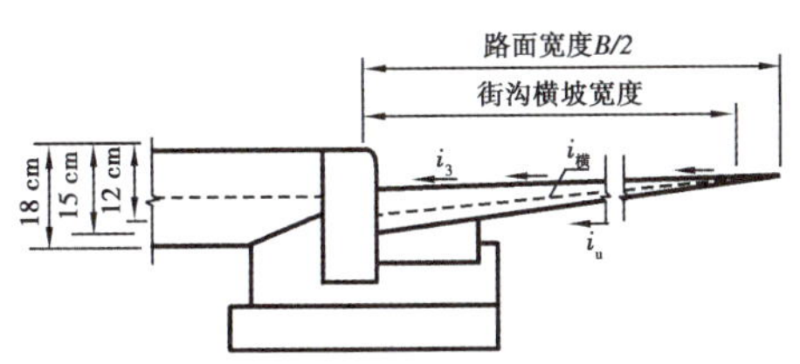

图7.3.16　街沟横断面示意图

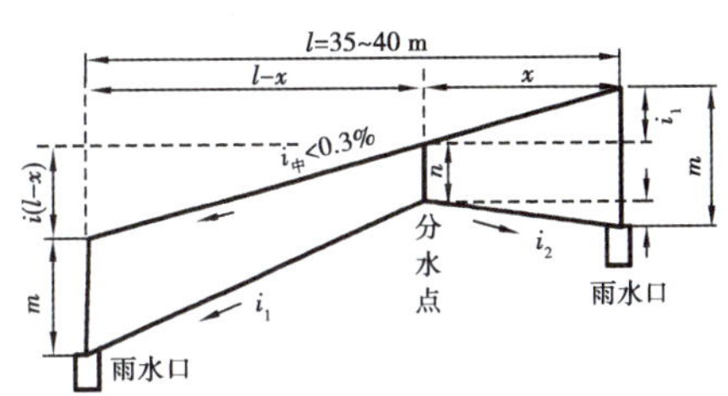

图7.3.17　锯齿形街沟雨水口布置的计算

通常,路缘石全高30 cm,高出路面部分的高度为10~20 cm。如高出值过低,雨水易浸过缘石,流向人行道;高出值过高,则不便于行人跨越(且不利于构造设置)。所以,常用的路缘石外露高度为0.15 m,设锯齿形街沟处的最低高度取0.12 m(即 n 值),最高高度取0.18 m(即 m 值),则 $m-n=0.06$ m。设两进水口间距为 l,一般城市常用雨水口间距为35~40 m。个别雨量少路面窄的道路可取45 m,路中线纵坡为 $i_{中}$,街沟纵坡为 i_1 和 i_2,如图7.3.17所示,则分水点距两边进水口的间距为 x、$(l-x)$。

左端:

$$[i_1(l-x)+n]-i_{中}(l-x)=m$$

右端:

$$i_{中}x+n+i_2x=m$$

两式相等,则得:

$$\left.\begin{aligned} x&=\frac{(i_1-i_{中})l}{(i_1+i_2)} \\ x&=\frac{m-n}{i_2+i_{中}} \end{aligned}\right\} \tag{7.3.3}$$

或

$$l-x=\frac{m-n}{i_1-i_{中}} \tag{7.3.4}$$

通常设计时,根据地物在沿线建筑物出入口、交叉口行人横道线上游,以及凹形竖曲线最低处已布置好雨水口，然后在每段长度上取进水口间距 l。$i_{中}$ 在纵断面设计时已确定，m、n 值也已定，则可计算分水点距离 x 及 $(l-x)$，再计算 i_1。锯齿形街沟示意图如图 7.3.18 所示。

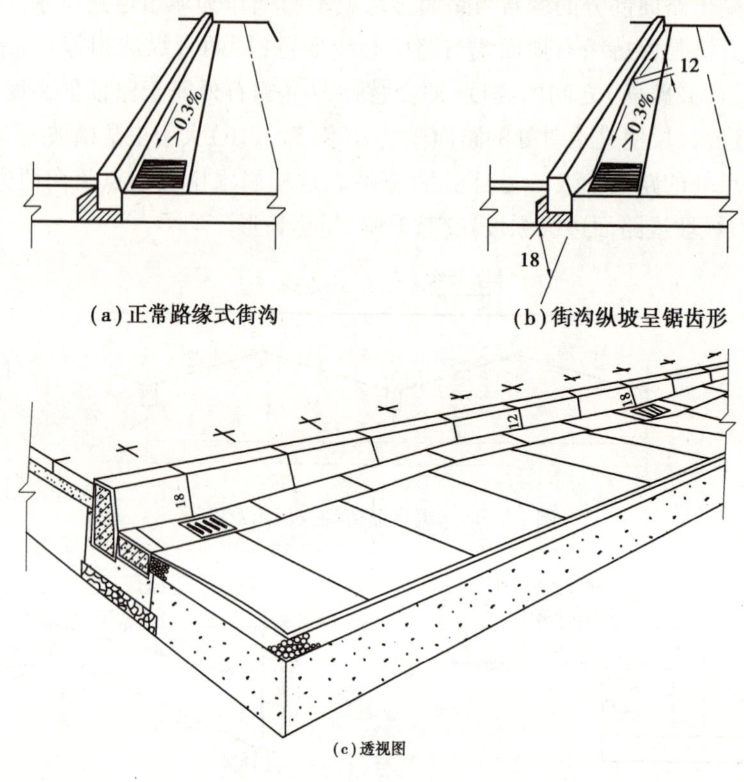

图 7.3.18 锯齿形街沟示意图(单位:cm)

实际设计中，常先将雨水口间距按设计地形、地物安排好，即 l 为定值，然后再根据标准横断面相对关系，用中心线高程推算分水点高程(比正常断面街沟高 0.03 m)与进水口处高程(比正常断面街沟低 0.03 m)，最后再计算 i_1 与 i_2，做到满足 $i>0.3\%$ 的排水要求即为可行。

5. 城市道路雨水管道设计步骤

城市道路雨水管道设计步骤如下：

①在 1∶2 000～1∶5 000 并绘有规划总图的地形图上，划分汇水面积，规划雨水管道路线，确定水流方向。

②划分各段管道的汇水面积，并确定水流方向，将计算面积及各段管道的长度，填写在图中。各支管汇水面积之和应等于该干管所服务的总汇水面积。

③依据地形图的等高线，确定各设计管段起讫点的地面高程，确定沿干管的控制点的高程，准备进行水力计算。

④按整个区域的地面性质求出径流系数。

⑤依据道路、广场、建筑街坊的面积大小，地面种类、坡度、覆盖情况，以及街坊内部的排水系统等因素，计算起点地面集水时间。

⑥根据区域性质、汇水面积、q_{20} 值、地形，以及漫溢后的损失大小等因素，确定设计重现期。

⑦推求暴雨强度公式，并绘制单位径流量与汇流时间关系图。

⑧确定设计流量，进行水力计算，确定管渠断面尺寸、纵断面坡度，并绘制纵断面图。

任务7.4 高速公路服务区布设

高速公路应根据服务水平、交通量、路网规划、路段长度、沿线地形、地物、景观、环保等，选择适当地点布设服务设施。服务设施的建设规模应根据设计交通量、交通组成等计算确定。服务设施一般包括公共汽车停靠站、停车区、服务区等。根据服务功能的不同，这些设施可以单独设置，也可以组合设置。根据服务需要，服务设施可在高速公路沿线布设，也可与互通式立体交叉配合布设。

1.公共汽车停靠站的布设

随着我国高速公路的建设，中长途公共汽车客运将是人们出行的主要运输方式。规划和设计高速公路时，必须在沿线设置公共汽车停靠站，以满足乘客上下车的需要。公共汽车停靠站应根据沿线城镇分布、出行需求，并结合服务区或互通式立体交叉设置。

1)布设形式

(1)在收费立体交叉的连接线上布设

这种布设形式适用于公共汽车离开或进入一条高速公路时采用。当高速公路与次要公路相交而在次要公路上采用平面交叉时，如图7.4.1(a)所示，公共汽车停靠站布设在平面交叉与收费站之间连接线的两侧；当高速公路与高速公路相交时，如图7.4.1(b)所示，公共汽车停靠站布设在收费站之前或之后连接线的两侧。这种布设应注意上下车的乘客横穿连接线而影响交通和安全问题，必要时可在连接线上设置人行天桥或人行地道。

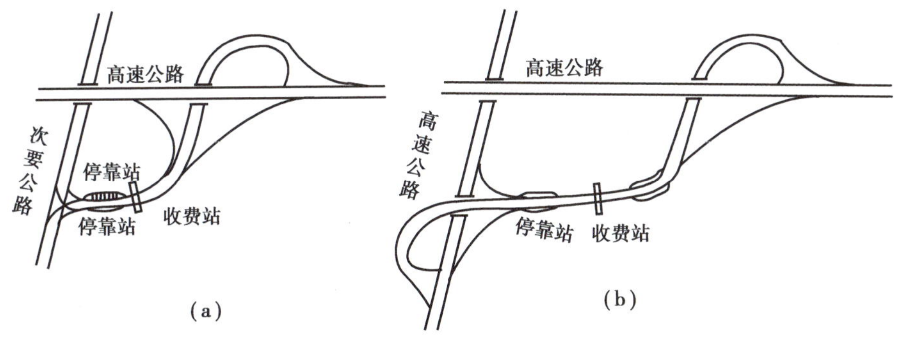

图7.4.1 在收费立体交叉连接线上布设停靠站

(2)在收费立体交叉内的高速公路上布设

这种布设形式适用于公共汽车在高速公路上途经该立体交叉时采用，如图7.4.2所示。在立体交叉的三角地带(一般为绿化区)，平行于高速公路增设公共汽车停车车道。为不影响高速公路正线车辆的正常行驶，应在正线与停车车道之间设置隔离带或用栅栏分隔，停车车道两端与出、入口附近的匝道连接，形成港湾式停靠站。利用通道、梯道、盘道等组合设施，组织乘客进出立体交叉。这种公共汽车停靠站与互通式立体交叉配合布设的形式，充分利用立体交叉匝道的变速车道作为公共汽车进出正线时变速行驶，与公共汽车停靠站布设在立体范围以外的路段上相比，减少了设置长度，节省用地和投资；但需设置专用人行设施组织乘客进入或离开立体交叉范围的公共汽车停靠站，又使投资有所增加。

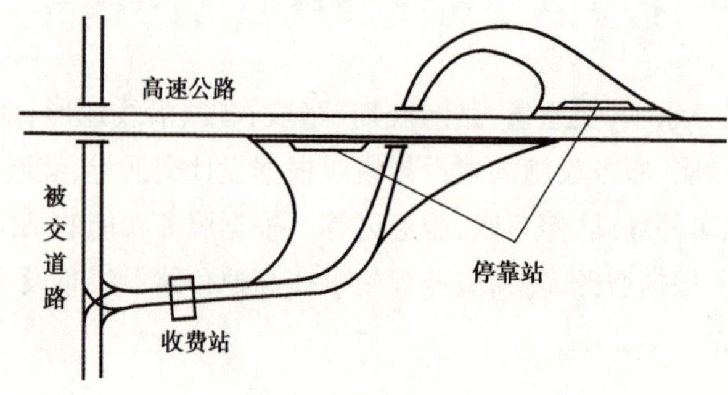

图 7.4.2　在收费立体交叉的高速公路上布设停靠站

2）平面布设

布设在收费立体交叉连接线上的公共汽车停靠站，可利用收费站上车辆行驶速度低的特点，公共汽车停靠站平面布设可不考虑车辆加、减速行驶的要求。当收费站各行驶方向外侧供大型车行驶的边车道车辆很少时，边车道可作为公共汽车停靠站，但在边车道右侧应增设公共汽车停靠站的站台。站台长度不小于 20 m，宽度不小于 2 m，以供乘客候车，如图 7.4.3(a)所示。如收费站外侧的边车道兼作收费车道使用，应在边车道右侧增设公共汽车停靠站，以不影响其他车辆进出收费站，其平面布设如图 7.4.3(b)所示。

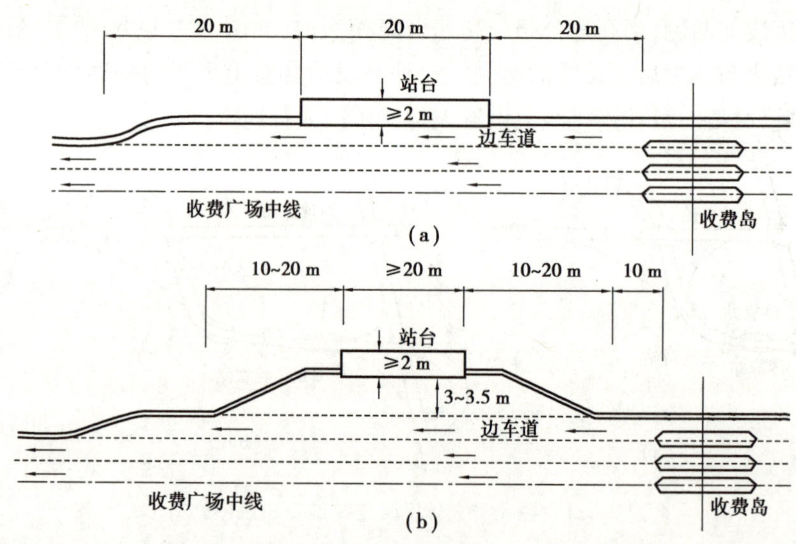

图 7.4.3　连接线上公共汽车停靠站的平面布设

布设在收费立体交叉内高速公路上的公共交通停靠站，横向必须用隔离带与直行车道分离。另外，公共汽车停靠站两端应设足够长的二次变速车道，使车速与互通式立体交叉匝道的变速车道(一次变速车道)车速相适应，其平面布置如图 7.4.4 所示。二次变速车道的长度取决于匝道减速端出口或加速端入口处的行车速度及车辆的平均减速度或加速度。

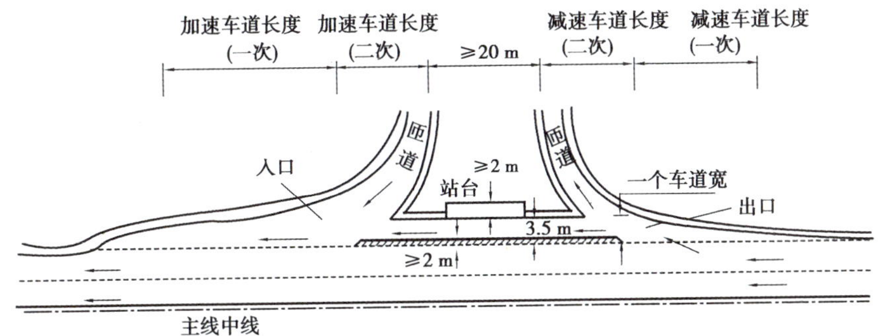

图7.4.4　收费立体交叉内高速公路上公共汽车停靠站的平面布设

二次变速车道的长度可用式(7.4.1)计算：

$$L_2=\frac{v_2^2}{26a} \tag{7.4.1}$$

式中　L_2——二次变速车道的长度，m；

v_2——匝道减速端出口或加速端入口的行车速度，km/h；

a——汽车平均减速度或加速度，m/s^2。

2. 停车区的布设

高速公路应根据规划在互通式立体交叉范围内或沿线布设停车区，以满足车辆停车、加油等需要。在高速公路沿线一侧或两侧布设停车区需要专用征地，修建供车辆通行的构造物。高速公路停车区可与互通式立体交叉合并设置，布设在互通式立体交叉范围内。根据立体交叉的形式、用地条件，考虑交通便利及出入方便等因素，合理确定停车区的位置，以不影响互通式立体交叉的交通流量、交通安全和行车速度。互通式立体交叉与停车区结合的布设方式有以下4种。

(1)在连接线一侧布设

因另一侧车辆进出停车区须横穿车道，仅适用高速公路与次要道路相交，连接线上交通量较小的情况，如图7.4.5所示。

(2)在连接线两侧布设

连接线双向需停车的车辆互不干扰，可用于不同等级、不同交通量的情况，如图7.4.6所示。但停车后需在连接线上改变行驶方向的车辆，须横穿车道行驶。

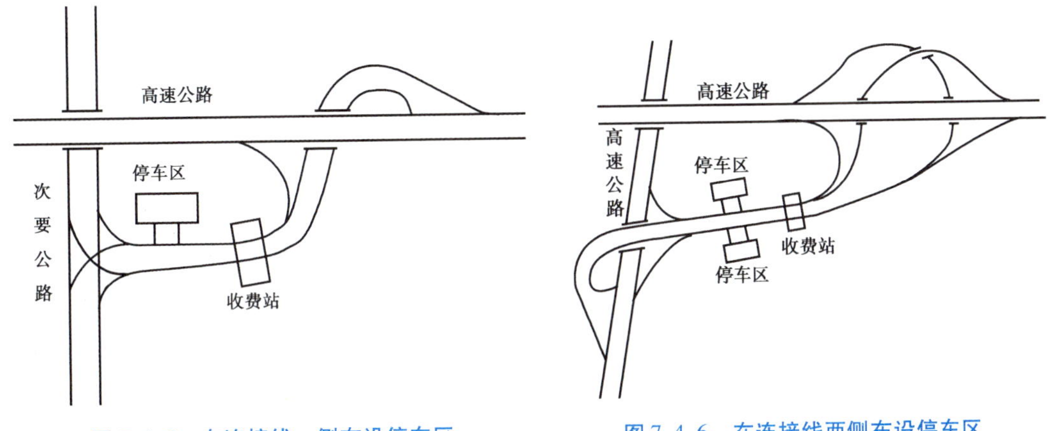

图7.4.5　在连接线一侧布设停车区　　图7.4.6　在连接线两侧布设停车区

(3)在连接线中间布设

在收费立体交叉连接线双向行车之间布设停车区,车辆在停车区内可改变行驶方向,不存在横穿车道问题,如图7.4.7所示。主要适用于收费立体交叉连接线双向行车之间有足够间距,出口和入口收费站分别布设的情况。

(4)在跨线桥下布设

在不收费互通式立体交叉范围内布设停车区,不收费立体交叉为连续交通流,为使互通式立体交叉范围内封闭区域的车辆进出不妨碍正线和匝道车辆的正常行驶,停车区的出、入口不宜设在主要行驶方向的匝道上,如图7.4.8所示。当互通式立体交叉采用上跨式或多层式时,引道较长且多用跨线桥,桥下空间可用于设置停车区。

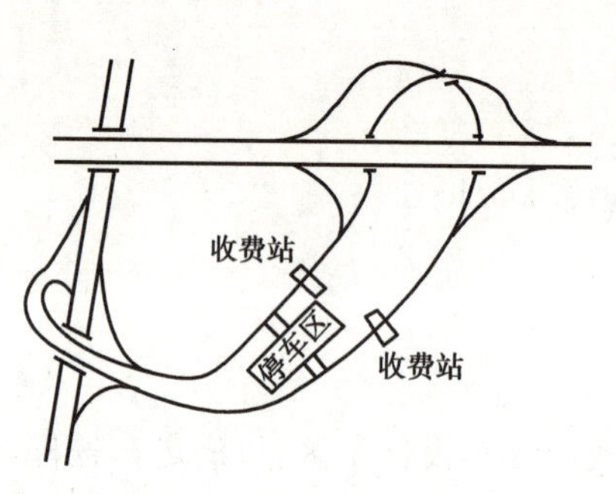

图7.4.7　在连接线中间布设停车区

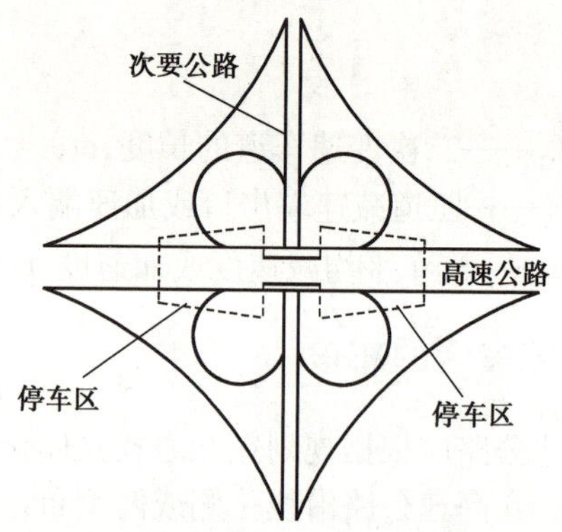

图7.4.8　在跨线桥下布设停车区

3. 服务区的布设

高速公路的服务区是为驾乘人员提供中途休息、进餐等服务,以及为车辆提供停车、加油、维修等必要服务的场所。服务区应包括停车场、公共厕所、休息室、加油站、维修站、餐厅、商店、绿地等具有各自服务功能的设施。

1)布设原则

①服务区应尽可能与互通式立体交叉配合设置,利用互通式立体交叉的用地范围及用地条件等合理布设。服务区各种设施应功能齐全,各组成部分之间位置应合理。

②在保证互通式立体交叉的交通功能和线形布设不受影响的前提下,合理确定服务区的用地规模。服务区的用地规模应根据停车的车位数确定。

③服务区的布设,应根据互通式立体交叉进出交通量的大小、服务区规模、地形情况,合理确定其布置形式。

2)布置形式

服务区可根据具体情况布设在互通式立体交叉范围正线的一侧或两侧。

(1)正线一侧布设一个服务区

在互通式立体交叉范围内正线一侧布置一个服务区,供所有出入立体交叉需要服务的车辆使用(图7.4.9)。当出入互通式立体交叉需要服务的交通量较小时,采用这种布置形式。其特点是占地较小,出入服务区的车辆只有分流与合流运行,不存在平面交叉,需建3座跨线构造物，但正线另一侧直行车辆使用服务区不便。

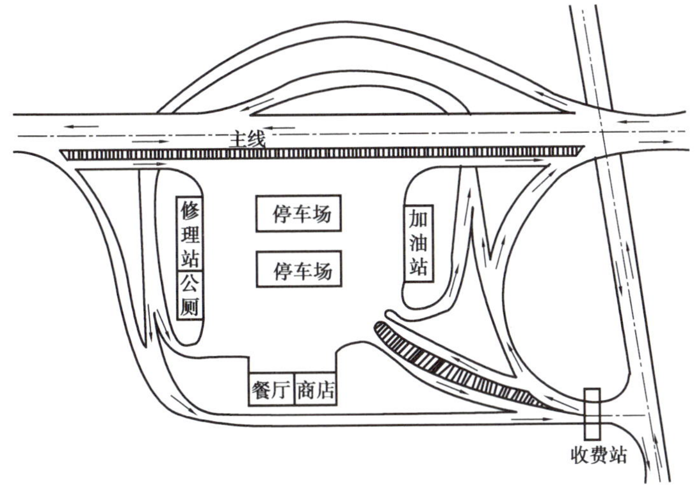

图 7.4.9　正线一侧布置一个服务区

(2) 正线一侧布置两个服务区

在互通式立体交叉范围内正线一侧布置两个服务区，分别供由收费站驶出和驶入两个方向需服务的车辆使用(图 7.4.10)。其适用于出入互通式立体交叉需要服务的交通量较大，且正线一侧用地限制不严的情况。其特点是驶出和驶入的服务车辆分别使用各自的服务区，只有分流与合流运行，不存在平面交叉，只需 2 座跨线构造物，但占地面积较大，主线另一侧直行车辆使用服务区不便。

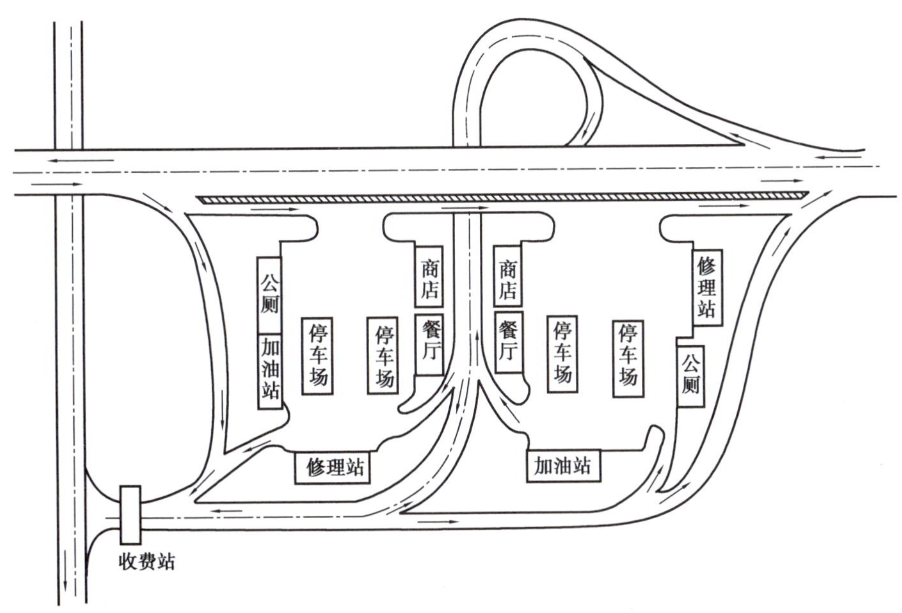

图 7.4.10　正线一侧布置两个服务区

(3) 正线两侧各布置一个服务区

在互通式立体交叉范围内正线两侧各布置一个服务区，分别供两侧驶出和驶入需服务的车辆使用(图 7.4.11)。其适用于出入互通式立体交叉需服务的交通量较大，正线两侧用地限制不严的情况。其特点是两侧需服务的出入车辆使用各自的服务区，可分散交通，适用服务的交通量大；只需 2 座跨线构造物，正线直行交通需要服务的车辆可方便使用服务区，由收费站驶入的左转车辆可采用定向匝道或平面交叉进入服务区；立体交叉占地面积较大。

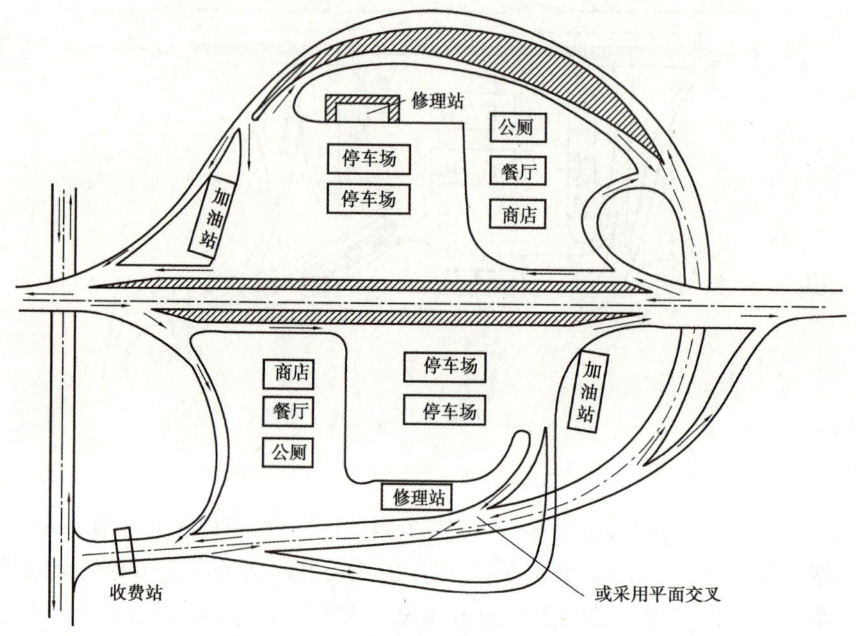

图 7.4.11　正线两侧各布置一个服务区

任务 7.5　道路照明设计

道路及特殊地点应有照明设施，以保障夜间和特殊气候条件下的交通安全、畅通，提高运输效率，防止犯罪活动，并对美化城市环境产生良好效果。我国城市道路一般均设有照明设施。公路的收费广场、服务区、停车区、管理设施等场区应设置照明设施；位于城市出入口路段的互通式立体交叉、特大桥和通往机场公路等特殊路段上宜设置照明设施；高速公路、一级公路的隧道，其长度大于 100 m 时应设置照明设施，二、三、四级公路的隧道的照明设施可根据具体情况设置。公路正线目前难以在全线连续设置照明设施，应在投资和运营管理费用承受能力的综合经济分析后，确定是否设置及建设方案。道路照明设计应按道路照明标准执行。

1. 照明标准

为保证道路照明能为驾驶员及行人提供良好的视觉环境，达到辨认可靠和视觉舒适的基本要求，道路照明应满足平均亮度（照度）、亮度（照度）均匀度和眩光限制 3 项指标。此外，道路照明设施还应有良好的诱导性。

光的平均亮度（L_{av}），是指发光强度为 1 cd（坎德拉）的光源均匀分布在 1 m^2 的照射面上所产生的视觉效果。光亮度单位为“cd/m^2”。

光的平均照度（E_{av}），是指光通量（引起视觉的光能强度）为 1 lm（流明）的光源均匀分布 1 m^2 的照射面上所产生的视觉效果。光照度单位为“lx（勒克斯）”。平均照度换算系数为

lx/(cd/m^2),沥青路面为15,水泥混凝土路面为10。

亮度(照度)均匀度是指亮度或照度的最小值与平均值之比。

照明标准的选定与道路等级、交通量、路面反光性质、路灯悬吊方式和高度等有关。城市道路照明标准,应根据城市的规模、性质、道路分类,按表7.5.1选用。公路特殊部位及相关场所的照明标准推荐值如表7.5.2所示。

表7.5.1　城市道路照明标准

级别	道路类型	亮度		照度		眩光限制	诱导性
		平均亮度 $L_{av}/(cd \cdot m^{-2})$	均匀度 L_{min}/L_{av}	平均亮度 $L_{av}/(cd \cdot m^{-2})$	均匀度 L_{min}/L_{av}		
Ⅰ	快速路	1.5	0.40	20	0.40	严禁采用费解光型灯具	很好
Ⅱ	主干路	1.0	0.35	15	0.35	严禁采用费解光型灯具	很好
Ⅲ	次干路	0.5	0.35	8	0.35	不得采用费解光型灯具	好
Ⅳ	支路	0.3	0.30	5	0.30	不宜采用费解光型灯具	好
Ⅴ	居住区道路	—	—	1~2	—	采用的灯具不受限制	—

表7.5.2　公路照明标准推荐值

照明区域		亮度			照度	眩光限制	诱导性
		平均路面亮度 L_{av} /(cd·m^{-2})	总均匀度 L_{min}/L_{av}	纵向均匀度 L_{min}/L_{max}	平均照度 E_{av}/lx		
特殊部位	高速公路路段	1.5~2	0.4	0.7	20~30	6	很好
	立体交叉	主路2 匝道1	0.5	0.7	主路30 匝道15	5	好
	平面交叉	1.5~2	0.3	0.6	20~30	6	很好
	特大型桥梁	1.5~3.5	0.5~0.7	0.7	15~50	5	很好
	收费站广场	2~5	0.4	0.6	20~50	5	好
	进出口	0.5~2	0.3	0.6	10~30	5	好
相关场所	服务区	0.5~1.5	0.3	0.5	10~20	5	好
	养护区	0.5~1.5	0.3	0.5	10~20	5	好
	停车场	1~2	0.3	0.5	15~30	5	一般

注:表中所列平均亮度(照度)为维持值,新安装灯具、路面初始亮度(照度)值应比表中数值高30%~50%;表中数值对中、小城市视道路分类可降低一级使用;表中平均照度仅适用沥青路面;对于水泥混凝土路面,平均照度值相应降低20%~0%;表中各项数值仅适用于干燥路面。

2. 照明系统的布置

道路照明应根据规定选择光源和灯具，按道路横断面形式和宽度采用不同的照明布局。尽量发挥照明器的配光特性，使配光合理、效率高，以取得较高的路面亮度和满意的均匀度，并应尽量限制产生眩光，以提高行车的可见度和视觉的舒适感。

1)平面布置

(1)照明器在道路上的布置

①沿道路两侧对称布置，如图7.5.1(a)所示，适用于宽度超过20 m、车辆和行人多的道路上，一般可获得良好的路面亮度。

②沿道路两侧交错布置，如图7.5.1(b)所示，适用于宽度超过20 m的主要道路上，照度及均匀度都比较理想。

③沿道路中心布置，如图7.5.1(c)所示，适用于道路两侧行道树分叉点较低、遮光较严重的街道。这种布置经济简单、照度较均匀，但易产生眩光，维修不便。

④沿道路单侧布置，如图7.5.1(d)所示，一般适用于宽度在15 m以下的道路上。其特点是经济简单，但照度不均匀。

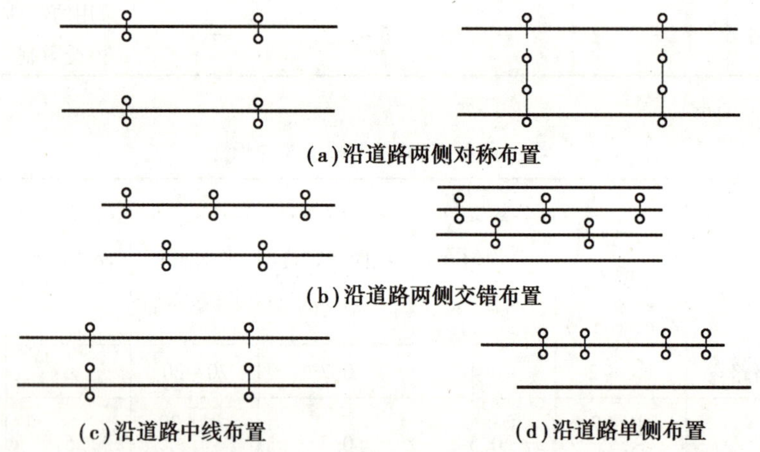

图7.5.1　道路照明一般布置方式

⑤平曲线上布置照明器，路面较窄时在曲线外侧布置，路面较宽时在两侧对称布置，反向曲线路段灯具安装在一侧。在曲线半径小的路段上应缩短灯距。

⑥坡道上照明器的布置应使灯具的开口平行坡道。在凸形竖曲线范围灯具的间距要适当缩小。

(2)照明器在交叉口的布置

T形交叉口，照明器多设在道路尽头的对面，能有效照亮交叉口，也利于驾驶员识别道路；十字形交叉口，设在交叉口前进方向右侧；环形交叉口宜将灯具设在环道外侧；铁路道口，照明器安装在前进方向右侧。

2)横向布置

照明器一般布置在人行道绿化带或分隔带边上，灯杆竖在距路缘石0.5～1.0 m处。照明器通过支架悬臂挑出在道路的上空，悬挑长度不宜超过灯具安装高度的1/4，一般为2～4 m，如图7.5.2所示。

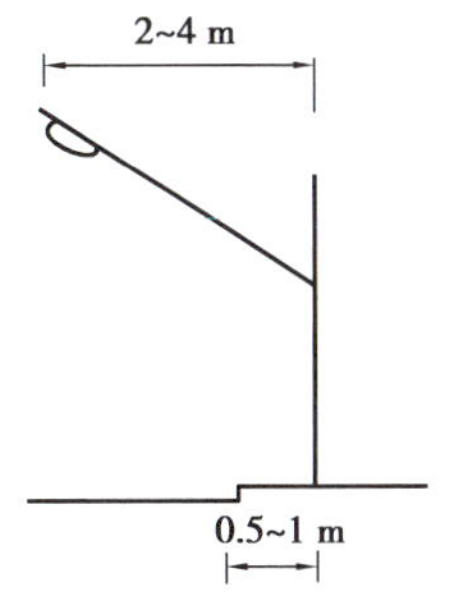

图7.5.2　照明器横向布置

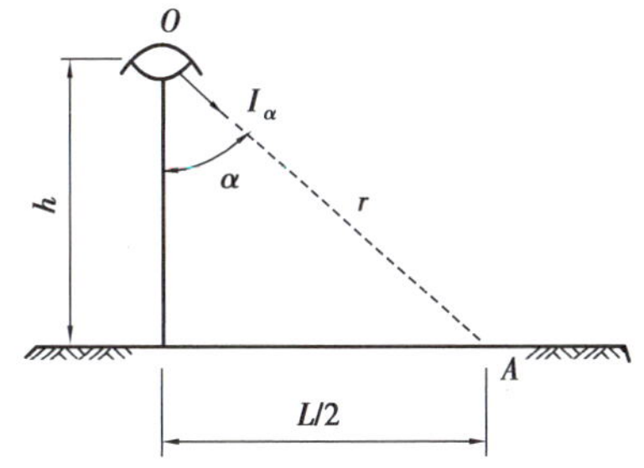

图7.5.3　照明布置关系

3）照明器的安装高度和纵向间距

为保证路面亮度（照度）均匀度，并将眩光限制在容许范围内，灯具的安装高度、纵向间距和路面有效宽度应符合规定。照明器的安装高度 h、纵向间距 L 和配光特性三者间的关系如式（7.5.1）所示，如图7.5.3所示。

$$E_A=\frac{I_\alpha \cos\alpha}{r^2}=\frac{I_\alpha \cos^3\alpha}{h^2} \tag{7.5.1}$$

式中　E_A——路面上任意点 A 的平均照度，lx；

I_α——光源 O 在 α 方向的发光强度；

r——O 点至 A 点的距离，m；

h——光源 O 的高度，m；

α——O 点至 A 点的连线与路面垂直方向的夹角，（°）。

照明器纵向间距一般为30～50 m，高度为12～15 m。

照明影响道路安全、行车顺畅与舒适。在行人比较集中、存在路侧干扰及交叉干扰的市区和郊区，应安装固定的照明设备。对于乡区公路，在运输特别繁忙和重要路段，可配置路灯；在有条件的交叉口、人行横道等处，可采用局部照明；一般路段由车辆本身的车灯照明。

3. 立体交叉照明设计

为保证夜间通行条件，立体交叉范围应有完善而良好的照明设施。要求照度均匀，视野清晰，能引导视线，照度标准应高于路段，满足眩光限制要求。各层道路上所产生的光斑应能衔接协调，使该处的照明均匀度不低于规定值。采用常规照明方式时，立体交叉应分别按照《城市道路工程设计规范》的平面交叉、曲线路段、坡道等规定的相应照明办法，使各部分照明互相协调。

当立体交叉的相交道路不设连续照明时，在立体交叉的平面交叉、出入口、弯道、坡道等地段都应设置照明，且照明应延伸到立体交叉范围以外，并逐渐降低亮度水平形成过渡照明，以适应驾驶员的视觉要求。

对环形立体交叉、环形匝道及大型立体交叉等，可采用高杆灯照明，不仅经济合理，而且照明效果良好。高杆灯照明是指灯具安装高度大于或等于20 m的照明。其位置应能满足布光要求，避免或减弱眩光，防止发生撞杆事故，保证行车安全。

任务 7.6　人行天桥和人行地道

1. 人行天桥及人行地道设置地点

为保证行人交通安全,避免行人横穿干道而影响车速,在下列情况下宜设置人行天桥或人行地道:

①横过交叉口一个路口的步行人流量大于 5 000 人次/h,且同时进入该路口的当量小客车交通量大于 1 200 辆/h;

②通过环形交叉口的步行人流量达 18 000 人次/h,且同时进入环形交叉的当量小客车交通量达到 2 000 辆/h;

③行人横过快速道路时;

④铁路与城市道路相交,因列车通过一次阻塞步行人流量超过 1 000 人次或道口的关闭时间超过 15 min 时。

选择修建人行天桥还是人行地道,要因地制宜,充分考虑设置地点的道路状况、交通条件、周围景观、地上及地下各种设施、工程费用等,经技术、经济、美观等比较后确定。

2. 设计要点

1) 人行天桥和人行地道的宽度

人行天桥和人行地道的宽度应根据设计年限人流量及通行能力计算确定。人行天桥和人行地道的设计通行能力一般为 1 800 ~ 2 000 p/(h · m),车站、码头地段为 1 400 p/(h · m)。人行天桥和人行地道的宽度一般为 3.0 ~ 5.0 m。此外还应考虑其宽度与道路宽度、交叉口大小及周围城市景观和建筑的配合、协调。

2) 人行天桥和人行地道梯道、坡道的设计

由于通过人行天桥和人行地道出入通道的梯道或坡道时行人速度较低,通行能力受到影响。因此,梯道或坡道宽度应大于天桥或地道宽度,梯道或坡道宽度应根据设计年限人流量确定。

人行天桥和人行地道宜采用梯道型升降方式。梯道坡度宜采用 1 : 2 ~ 1 : 2.5,常用踏步每级宽为 30 cm,高为 15 cm。梯道高差大于或等于 3 m 时应设平台,平台长度不小于 1.5 m。

为便于自行车、儿童车、轮椅等的推行,可采用坡道型升降方式。坡道坡度不应陡于 1 : 7,坡道表面应防滑耐磨。冰冻地区应慎重选用。

自行车较多且由于地形状况及其他理由不能设坡道时,可采用梯道带坡道的混合型升降方式。混合型的坡度不应陡于 1 : 4。

梯道、坡道、平台及桥上应设扶手或护栏,扶手或护栏高度应大于或等于 1.1 m。

(1) 人行天桥及人行地道净空设置

人行天桥桥下净空应满足各种车辆及行人的通行需要,人行地道净空应大于或等于 2.5 m。

(2)行人护栏的设置

为引导行人经由人行天桥或人行地道过街，应设置导流设施，其端口宜与人行天桥或人行地道两侧附近的交叉口结合。一般需在天桥或地道两端沿街设置50~100 m的高护栏。

思考与练习题

7.1 立体交叉的组成部分有哪些?

7.2 常用三路全互通式立体交叉的形式及其适用条件是什么?

7.3 常用四路全互通式立体交叉的形式及其适用条件是什么?

7.4 立体交叉形式选择的方法和设计步骤分别是什么?

7.5 匝道是如何分类的?各有何特点?

7.6 匝道端部设计内容及其设计要点有哪些?

7.7 收费立体交叉设置收费站的方法是什么?

7.8 完全互通式立体交叉与部分互通式立体交叉的主要区别何在?习题7.8图所示立体交叉属哪种类型?画出其行驶路线。

7.9 习题7.9图所示为一T形路口，相交道路均为各向三车道。如AC为主要左转交通方向，且用地不受限制，试规划一喇叭形立体交叉。假定匝道采用两车道，试分析说明分、合流处的车道数。

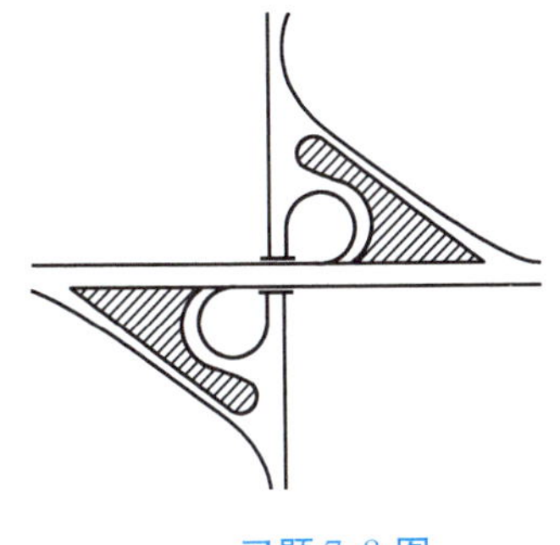

习题7.8图

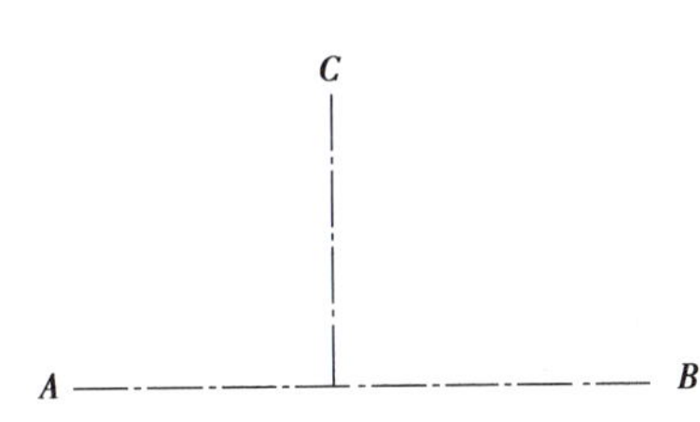

习题7.9图

项目8 道路环境与景观设计

【学习目标】了解视觉要求的合理边坡坡度，坡顶、坡脚的缓和化处理方法，填、挖方边坡之间的缓和化过渡方法；了解道路绿化的意义和作用、绿化的总体布局和设计等，以更好地发挥道路的服务作用。

任务8.1 道路环境工程设计

1.道路环境工程概述

1)环境

从哲学上讲，环境是相对于主体(或某项中心事物)而言的客体，与主体相互依存、相互作用、相互制约，其内容随着主体的不同而不同。对于环境科学来说，主体是人类，环境就是人类生存的客体，是以人为主体的外部客观世界的总体，既包括自然因素，也包括社会因素。所指的环境，总是以人类作为中心事物的，它可分为社会环境和自然环境两种。

《中华人民共和国环境保护法》中所称"环境"是指大气、水、土地、矿藏、森林、草原、野生动物、野生植物、水生生物、名胜古迹、风景浏览区、温泉、疗养区、自然保护区、生活居住区等。这就界定了环境保护的工作对象。

2)道路环境工程

道路交通环境要素为道路交通工具和人员作业过程中的自然环境要素和社会环境要素的全部，包括道路几何特征、地理、地质、水文、土壤、水资源、矿产资源和野生动物、大气、阳光(灯光)、周围建筑、城市村镇、植物以及车辆和人员等，也包括道路作业人员中相互关系及与区域社会的关系等(图8.1.1)。环境工程学是人类在环境污染治理，保护和改善人类生存环境过程中形成的。这是由许多老学科交叉、渗透产生的新分支学科，属环境科学的应用环境学范畴。环境工程学的内容是运用工程技术的原理和方法来控制环境污染，保护和改善环境质量，合理利用自然资源的一整套技术途径和技术措施，一般包括水污染控制工程、大气污染控制工程、噪声污染控制工程、固体废弃物处理工程、环境监测技术及环境质量评价等。

公路环境工程是近年来人们针对道路环境污染治理、利用和保护自然资源、改善生态环境而生产的一门技术环境学科，是环境工程学的组成部分。由于该学科产生的时间较短，尚未形成一个成熟的学科体系。目前，一般认为道路交通环境工程研究的主要内容包括道路环境问题的特征、规律、环境污染防治技术与方法、保护和合理利用自然资源、改善生态环境的技术措施、环境影响评价等。

图8.1.1　道路环境工程

道路环境工程的基本任务是采取工程技术措施来消除和控制交通环境问题，重点是治理和控制环境污染，合理利用与保护自然资源，利用道路工程、环境工程和系统工程等综合方法，寻求解决道路环境问题的最佳方案，使道路交通建设与环境建设相协调，达到社会经济可持续发展的目标。

环境工程内容十分丰富，涉及面广，本任务仅对道路环境保护设计的内容，结合道路勘测设计要求，加以简要介绍。

2. 道路对环境的影响

任何一项工程建设都对周围环境有一定影响。道路运输的发展在促进沿线地区政治、经济和文化迅速发展的同时，也会给环境带来一些不利影响。这些影响的特点是线长面广呈带状分布。

1) 对社会环境的影响

①道路建设会对沿线的社会结构、经济发展、文化环境产生影响，与沿线城市、乡镇发展规划发生冲突。道路会割裂村庄间的原有联系，影响路线两侧物质交流、信息传递等社会活动，还会对沿线基础设施产生影响，包括对交通设施、通信设施、水利排灌设施及电力设施产生一定影响。

②使沿线各地区的土地功能发生变化。道路建设将单一的农业用地、开发用地或商业用地转变为多行业提供服务的特殊用地，促进沿线土地资源的开发。

③征用土地和房屋拆迁直接影响居民的生产、生活等。道路建设会造成一定数量居民土地和房屋的拆迁，使沿线居民需求发生变化，改变原有居民的联系及交往方式，影响区域经济布局和产业结构。

④促进城乡一体化。道路提供良好的交通条件，加速农产品、矿产、林业产品的输送，信息交流及劳动人口流动，提高区域的工业产值，推动城乡的商品交换、文化交流及农业的综合开发。

⑤道路的修建，会影响其范围内一些原有的历史、文化遗址、名胜风景及保护区，产生一定的视觉污染。

公路选线应体现以人为本，路线方案应征求沿线公众和地方政府意见，并结合当地城乡发展规划、国土规划等规划性文件，通过统筹规划、合理选线，促进沿线经济发展，满足沿线人员便利、安全、舒适出行的需求，实现对沿线社会环境的积极保护。

2）对野生动、植物资源的影响

①对野生动、植物生存的影响。路体分割了生物的生存空间，可能造成动物的迁徙或丧失；汽车废气、噪声、有害物质的产生，会使生物栖息的生态环境（空气、水、土壤）逐渐变化，有时会影响整个生物群落。

②对野生动、植物生存环境的影响。路线破坏了土体原有的自然结构和水的循环路径，会造成斜坡失稳、水土流失、植被破坏等，改变了野生动、植物的生存环境，影响其生长、活动的规律。

3）对土壤环境、水环境的影响

①改变了原有地貌。填方和挖方对地表扰动较大，尤其是隧道的进出口及边坡的开挖，对局部山体稳定不利，可能引发塌方、滑坡、软土层滑移等不良地质病害。

②使土壤结构发生变化。道路建设使地表裸露、土质松软，增加了水土流失量，造成河流或沟渠淤积、积水淹没农田，一定时期内土壤的肥沃程度难以恢复。

③使水质变差。道路阻隔原有水分的循环，影响地表水和地下水的流通路径，又因汽车排出的污染物进入沿线水体，使水质变差。

④引发洪涝灾害。桥梁的修建减少了河床的过水断面，造成桥前局部壅水，水流速度减慢，泥沙下沉淤泥，阻塞河道，易引发洪涝灾害。

4）对大气环境的影响

以汽油、柴油为燃料的汽车会产生废气和固体微粒。废气中含有一氧化碳、二氧化碳、氮氧化合物、硫化物、甲烷、乙烯、醛和铅颗粒等污染物。这些污染物排放到大气中，渗透到水、土壤中，并逐渐积累，对沿线人类和动植物产生不良影响，使其生活环境进一步恶化。这种污染的程度随道路运营时间的增长及交通量的增加而不断加重。

5）噪声对环境的影响

在施工过程中，因挖掘机、推土机、平地机、搅拌机以及各种运输车辆的使用，产生噪声污染，对施工人员影响严重。在道路运营过程中，汽车车体的振动、发动机运转、轮胎与路面摩擦、鸣喇叭以及道路沿线提供的各种服务设施、设备均会产生噪声，在道路沿线形成一条噪声带。

噪声对附近人群产生心理和生理（血管收缩、听力受损等）上的影响，使人感到不舒服和烦躁，降低工作效率，尤其对道路两侧人口密度大的敏感区域（学校、住宅区、商业区、医院等）干扰较大。噪声还会使鸟类羽毛脱落、繁殖率下降。

3. 公路测设各阶段环境保护设计内容

公路工程项目建设的各个阶段均应重视且必须做好环境保护设计。在可行性研究阶段，应进行环境影响评价，根据项目需求编制水土保持方案；在初步设计阶段，应落实环境影响评价报告提出的环境保护措施和水土保持方案；在施工图设计阶段，应根据初步设计审定意见作出环境保护工程设计。

1）公路工程可行性研究阶段

公路工程可行性研究是我国公路建设投资管理的基本程序，是保证公路建设前期工作在项目管理方面达到“项目选择准确、方案科学、工期合理、投资可控、效益显著”目标的重要环节。

其目的就是通过对所有与拟建项目的投资效果有关因素的综合研究分析，避免或减少公路建设项目投资决策的盲目性，提高建设投资的综合效益。

公路工程可行性研究的内容较多，其中进行环境影响和地质灾害危险性评价（山区、丘陵区、风沙区）编制水土保持方案是可行性研究阶段环境保护工作的重点，对于具体项目还应具体分析、突出重点。公路工程可行性研究阶段环境保护工作内容如下：

①通过广泛调查公路沿线的人口结构、经济发展、公共卫生、文化和基础设施、土地和矿产资源、旅游和文物古迹资源等社会环境状况，实事求是地进行社会环境影响分析；

②通过全面调查公路沿线野生动植物的种类、保护级别、分布概况、生长习性及演替规律等生态环境和水土保持状况，结合公路工程实际进行生态环境影响分析；

③依据分段调查公路沿线的城镇、风景旅游区和名胜古迹及有关的环境敏感点分布状况，结合当地地形、地貌特点和既有工业污染源的排放特性，进行环境空气影响分析；

④通过重点调查公路沿线的学校、城乡居民聚居区和医院、疗养院及有关的环境敏感点分布状况，结合公路施工和运营等实际情况进行环境噪声影响分析；

⑤通过深入调查公路沿线各种不良工程地质分布状况，结合公路工程涉及范围进行地质灾害危险性评价，对山区、丘陵区、风沙区公路编制水土保持方案。

公路工程可行性研究阶段，要求实行“环境选线”的工作方法。不仅要掌握空间相关敏感性调查、分析及评价方法，而且使所有方案的环境影响范围都在研究之列，包含与之有关的其他规划线位（路段），重点线位（路段）重点应分析其空间界限。调查各目标项的环境保护价值、存在意义、对外界影响的敏感程度，评价其被破坏的大致程度，预计采用的减少或避免侵害的措施、平衡及补偿措施，以及上述措施实施后仍然存在的侵害。依据敏感性分析结果，将有意向的若干个路线走廊筛选后，从环境角度推荐与环境冲突较少的路线走廊或局部路段。因工程或其他要求虽在该走廊外，但从环境出发，仍有讨论意义的路线走廊作为比较方案。当路线走廊对环境有较大侵害时，从环保角度提出重新选线等。

经环境保护主管部门批复的《公路建设项目环境影响报告书》和水行政主管部门批复的《公路建设项目水土保持方案报告书》等应作为下一阶段的设计依据。

2）公路工程初步设计阶段

公路工程初步设计是两阶段设计的第一阶段，是公路工程设计的基本程序之一，其任务就是根据批准的设计任务书的要求拟定修建原则，选定设计方案，计算主要工程量，提出施工方案，编制设计根据等。其中，路线的选择和总体方案比选论证与环境保护密切相关，针对环境影响评价报告提出的环境保护措施和水土保持方案进行环境与公路工程的协调性论证是初步设计阶段环境保护工作的重点之一。

公路工程初步设计，应将环境保护要素作为方案比选论证的重要因素，落实环境影响评价报告和水土保持方案中提出的环境保护和水土保持的各项要求，合理确定路线方案。其设计内容如下：

①依据公路沿线环境敏感点的位置、重要影响因素和影响范围，提出相应的保护措施和方案；

②结合当地自然环境，因地制宜地进行公路绿化和景观设计；

③根据声环境敏感点的性质进行噪声污染防治设计；

④针对环境影响评价文件提出的环境保护措施和水土保持方案进行环境与公路工程的协调性论证，并落实减少或避免环境侵害的实施方案；

⑤根据公路沿线设施的规模及排放标准提出经济合理的污水处理设计方案。

这一阶段，应综合考虑公路环境保护与主体具体设计的关系，环境保护应纳入主体设计之中，并指导其他专业设计。环境保护设计不仅要尽量避免和减少水土流失、植被减少、地质病害、水文改变、环境分割、景观破坏、交通噪声、空气污染等环境影响，将经比选论证后的环保措施落实到路线布置、路基路面、桥梁隧道、沿线设施、料场布设、废方处理中，还应给出平衡及补偿措施，针对局部线位做多方案比较，确定理论上最终的路线方案。公路环境保护设计的重点不再以指导或修正路线方案为主要目的，而是在环境与工程各专业分项配套上下功夫，根据《公路环境保护设计规范》的设计要点，参照《公路工程基本建设项目设计文件编制办法》进行公路环境保护总体设计。

3）公路工程施工图设计阶段

公路工程施工图设计的目的是根据初步设计审定意见，进一步对所审定的设计原则和方案加以具体和深化，最终确定各项工程数量和设计图表，并编制施工图预算。环境保护的设计内容也是初步设计的进一步细化和加深。

环境保护工程施工图设计，应根据初步设计的审定方案进行环境保护的工程设计，把保护沿线自然环境、维护生态平衡、防止水土流失作为重要因素，在各专业设计中予以考虑和体现。其设计内容如下：

①根据初步设计提出的环境保护措施和方案，按照公路沿线环境敏感点的特性，进行环境保护设施的施工图设计；

②根据声环境敏感点的性质，进行声屏障的施工图设计；

③根据初步设计方案，进行污水处理施工图设计；

④完成公路景观和景观图设计，包括互通式立交和服务区等重点工点的施工图设计；

⑤根据初步设计提出的环境保护措施和水土保持方案进行环境与公路工程的施工图设计。

这一阶段，环境保护工程设计是将批复的环境保护总体设计方案付诸实施的具体设计过程，真正落实与主体工程同时设计、同时施工、同时投入使用。设计应同时考虑施工期间和营运期间的环保工程。

4. 公路环境保护原则

环境保护工程必须执行与主体工程同时设计、同时施工、同时投入使用的制度，遵循预防为主、保护优先、防治结合、综合治理的原则，实施各阶段的环境保护工作。此外，还应坚持以下原则。

1）资源节约原则

截至 2020 年年底，我国公路的总里程已达到 519.81 万 km，这些道路使大量土地丧失农业生产能力。我国现有基本农田面积仅 1 亿公顷左右，现中国人均耕地面积仅为 0.1 公顷，不到世界平均水平的一半。1997—2004 年，我国耕地面积减少了 5.7%，8 年之间净减少耕地 746.7 万公顷。因此，保护土地资源、严格控制公路建设用地已迫在眉睫。

随着交通事业的发展，公路建设不可避免要占用一定数量的土地，但必须要坚持珍惜土地、保护土地的原则,实行最严格的土地管理制度,遵照《中华人民共和国土地管理法》的有关规定,加强土地管理,合理使用、保护土地资源。

耕地属于农用地的范围,是农用地中的一种;划入基本农田保护区的耕地为基本农田。国家交通重点建设项目选址确实无法避开基本农田保护区,需要占用基本农田,涉及用地转用或者征用土地的,必须经国务院批准。

图8.1.2　公路环境保护

因此,公路设计应符合以下要求:

①公路选线应全面调查沿线土地利用情况,按不同种类分别统计,遵照节约用地的原则,结合国土规划和当地基本农田实际情况,进行充分比选后确定路线位置。合理布设路网,避免重复设线;合理选用公路建设标准和技术指标。

②路基断面形式和防护设施应结合自然地形、土地状况和工程地质特点合理选择,科学确定公路用地规模,合理利用土地,切实保护耕地。

③公路工程应结合土地利用规划,合理选择取、弃土场位置及其取、弃土方式,充分利用粉煤灰等工业废渣作筑路材料,减少公路取土占地;对取土场、弃土场进行及时恢复和尽量利用。

④公路设计应合理确定路基高度,设置防护支挡设施,节约公路用地。根据情况适当降低路基高度,减少两侧边坡占地及填挖方取土占地。

⑤施工临时用地应结合公路永久用地统筹安排,在设计中应明确临时用地的恢复方案。筑路材料的资源节约一般不被人们所重视,但这确实是公路建设环境保护仅次于耕地保护的重要原则。由于道路路线长,一般本身土石方利用运距较远时,往往多就近取弃土石。此外,由于多种原因造成路基填筑和开挖的土石并不一定能达到最佳状态,这时道路建筑材料中土石方的综合利用和减少额外取土、弃土石等就显得更为重要。此外,如果能将道路建筑中的取弃问题与当地农田水利等基础设施建设结合起来,最终达到区域取弃最小、利用最大的原则,不仅节省工程投资,互利多方,而且节约大量土石资源,减少水土流失。

关于水资源的保护和综合利用,往往被公路建设所忽视,水资源的保护和综合利用主要体现在以下3个方面:

①干旱地区的水资源保护和综合利用。

②水资源保护区的环境污染预防。

③公路区域降雨收集和排水的综合利用。

2)可持续发展原则

环境保护工程的可持续原则,不仅体现在环境保护设计的可持续发展方面,而且体现在环境保护工程包括生态环境保护工程的可持续性方面,具体有以下5个方面。

(1)原有生态系统连续性原则

生态系统虽具有一定的自我维持、自我恢复的功能,但其任何一种成分或过程的破坏和变化,都将影响系统的稳定和存在。因此,公路建设应尽可能保证原有生态系统的连续性,特别对一些自然保护区、湿地生态系统、野生动植物保护区、水资源保护区,应采取相应的保护措施。

(2)路域生态系统稳定性原则

路域生态系统是一种典型的人工生态系统。该系统的稳定主要受人为因素的影响。要保证路域生态系统的稳定,首先使路域生态系统与周边系统融合。一方面,绿化时应尽可能选用乡土物种,乡土物种适应性强、存活率高,一味追求高档进口物种,既不经济,又不实用,所以系统内的绿化要因地制宜,尽可能选用乡土物种。另一方面,国内高速公路为了明确公路用地,公路地界设有隔离栅,总令人有封闭的感觉,甚至给路域内的动物以笼式效应,因此宜结合攀缘植物立体绿化掩藏。此外,还应维护物种多样性,生物的多样性与系统的稳定性之间具有极密切的关系。维护系统内的物种多样性,可以抵御多种自然灾害,特别是病虫害。

(3)保护自然植被原则

植被是土壤及其水分的保护层,公路建设中应尽量减少公路占地以外的植被破坏。对于西北干旱地区、黄土高原、荒漠草原、青藏高原等生态环境脆弱地区,施工期保护植被更有其积极意义。

许多项目往往容易忽视表土的保存与利用。在表土中不仅富含生物生长的有机物和矿物质,而且对生态环境脆弱的地区,如荒漠草原、青藏高原,表土最宝贵的生态资源,所以公路建设中应特别引起重视。

(4)生态环境恢复原则

公路建成以后,应尽量将破坏的生态系统恢复到原来的自然平衡状态。有时,公路建设引起的环境变化,往往使其完全恢复不切实际,这时需要建立新的群落,通过复垦、土地整治和绿化进行生态环境建设,达到新的生态平衡。

(5)实施水土保持综合措施原则

工程建设已成为我国目前新增水土流失的重要因素之一。山区、丘陵区、风沙区公路建设要提出切实可行的水土保持方案,将水土流失的影响减少到最低限度。水土保持应坚持临时措施与永久措施相结合、工程措施与生态措施相结合等原则。

3)与工程协调的原则

(1)广义的、全过程的协调

公路建设型的项目不仅是生态型的开发项目,而且是一个带状的且流动的污染排放源,使其不同于城市中交通带来的环境污染问题,这些都使得公路交通环境问题的研究难度大。因此,公路作为主体工程从前期工作一开始就不可忽视对环境的影响。

设计时,应根据各阶段的重点,提出环境保护总体设计方案,落实各阶段各专业与环境保护的关系,突出环境保护设计的重点,并结合各专业的特点,将公路环保这个涵盖了动植物学、生态学及工程技术等理论的综合学科的复杂体系,转变为设计文件并付诸实施,同时修正和弥补主体工程设计文件的不足,还应注重环境保护在各专业篇章中的具体性和可操作性,把环保思想落实到公路设计的全过程。

公路环境保护是复杂的系统工程,涉及公路工程的各个专业。各专业设计时,在做好总体方案设计,全面考虑与地表、地貌相吻合,挖填方石方尽量最少,避绕大的地质病害,努力保持生态与视觉景观,公路边坡防护,取弃土场地处理,以及桥梁涵洞、交叉构造、隧道工程、服务设施等的同时,还应结合项目特点进行环境保护、水土保持、景观设计的专题研究,结合施工和运营管理,真正实施“环保与建设协调统一”。

(2)方案比选的协调

在高速公路进入山区的初期,“多挖少填、纵向利用”“填挖平衡、降低造价”的思想根深蒂固,加上对地质病害认识不足,对高填路堤和深挖路堑的安全问题也未引起足够的重视,造成许多高填深挖路段。由于传统建设指导思想的束缚,在路线经过复杂地形进行多层次的方案比较时,即使进行高路堤与高架桥梁比较、深路堑与隧道方案比较、半边桥与高边坡比较,也往往将经济作为首选因素。很难使有利于环保、造价较高的方案作为最终选择。

现代的设计思想从环境保护的角度出发,在方案比较时,要综合考虑生态环境保护、水土保持、地质灾害等影响因素,考虑环保工程的治理和保护费用,并把对环境的破坏及可恢复的程度列为主要比较条件。如为避免山体深挖或高填后影响路基稳定和给自然环境造成较大的影响,在填方路堤高度超过20 m,挖方路堑深度超过30 m时,应考虑优先选用桥梁和隧道方案,进而综合比选确定合理方案。

4)以人为本的原则

公路设计,应以人为本,体现安全、环保、舒适、和谐的设计理念,树立和落实全面、协调、可持续的科学发展观,努力实现人与自然的和谐相处。经济、社会、环境的均衡发展是我国现代化建设中的一个重大战略,也是公路环境保护设计的指导思想。

从对沿线居民的影响角度,居民出行的便利条件往往容易被忽视,居民对公路建筑文化和风格的追求也往往被忽视,多数公路建设更注重公路的技术特征,对社会特征和环境及艺术等特征关注不足。以人为本的设计还应注重公路的这些社会和环境及艺术等要素。

5.道路环境保护设计要点

道路环境保护应贯彻“以防为主、以治为辅、综合治理”的原则,并结合工程设计开发利用环境,尽可能改善和提高道路环境质量。在设计中贯彻“经济效益、社会效益与环境效益统一”的方针,各种环境保护设施应因地制宜,做到技术可行、经济合理、效益显著。

(1)合理利用土地资源

道路选线应全面调查沿线土地利用情况,按不同种类分别统计,遵照节约用地的原则,结合当地基本农田保护区及国土规划,进行充分比选,确定路线位置。道路用地应少占耕地、果园,多利用荒坡、荒地、滩涂等荒芜土地。农田地区的路基应尽可能降低高度,并设支挡结构,减少占地。

取土设计,应结合土地利用规划选择取土场位置及其取土方式。当采用集中取土方式时,结合平整土地选取较高地势的土丘取土,或结合河道整治选取滩槽取土;当采用宽挖浅取方式时,应保留表土回填复耕。

施工临时用地应结合道路永久用地统筹安排。占用耕地的施工临时用地,工程竣工后应清场复垦。

(2)保护农田水利设施

道路规划时,应调查通过地带的农田水利排灌系统、人工蓄水防洪设施的布局与发展规划,使道路设计尽可能与其相协调。

道路设计时，不应压占干渠、支渠；不得已压占时，应按原过水断面改移或采取其他工程措施。跨越干渠、支渠的桥涵不应压缩渠道过水断面。在对排灌设施进行合并、调整或改移设计时，不影响其原有排灌功能与要求。

(3)尽量减少拆迁，方便居民出行

选定路线方案时，应尽可能绕避村镇和环境敏感建筑物，避免大规模拆迁。当路线对环境敏感建筑物等有干扰时，应作防护与拆迁等多方案比较。

调查行政区划、居民聚集区、学校、乡镇企业等位置，了解人群流向，减少对人群出行、交往的阻隔。当道路建设影响人群出行、交往，需设横向通行构造物时，其规模应根据出行数量、出行目的及路网布局进行设计。

道路通过农田区时，横向通行构造物形式与间距应根据具体情况选择，并与农田基本建设规划相协调；路线通过牧区时，应设放牧转场通道。沿线通道应充分考虑排水设计，不因积水影响安全通行。

(4)保护与利用人文景观

根据道路沿线已发现的文物、遗址、名胜古迹、风景区等的位置和保护级别，拟定环境保护设计对策。对省级以上文物、遗址等保护区，道路应进行绕避；对文物、遗址等保护区产生干扰时，应按《中华人民共和国文物保护法》中有关规定执行。

服务区、停车场等位置的选定，宜充分利用天然或人文景点，其风格应与周围环境相协调。大型桥梁、互通式立交等大型构造物的形式、布局等，宜与当地环境协调，组成具有独特风格的景观。

(5)保护野生动植物及其栖息地

道路应绕避生态环境中所列的保护对象，道路中线距省级以上自然保护区边缘不小于100 m。道路对生态环境中的保护对象产生干扰时，结合受保护对象的特性提出保护方案，将不利影响减少到最低限度。有条件时，宜进行环境补偿。

道路通过林地时，严格控制林木的砍伐数量，严禁砍伐道路用地范围外不影响视线的林木。道路经过草原时，注意保护草原植被，取、弃土场地选择在牧草生长差的地方。道路进入法定保护的湿地时，工程方案应避免造成生态环境的重大改变，施工废料弃于湿地之外。

在有国家级保护的野生动物出没路段，设置预告、禁止鸣笛等标志，并为动物横向过路设置通道。

(6)水资源、自然水流形态的保护

调查和搜集道路中线两侧各200 m范围的地表水资源分布、容量及水体主要功能等资料。当路基边缘距饮用水体小于100 m、距养殖水体小于20 m时，采取绿化带或其他隔离防护措施。

不将路面径流直接排入饮用水体和养殖水体，不占用居民集中地区的饮用水体。在为地下水源保护区设置的排、渗水构造物可能造成地下水水质污染时，应采取措施隔离地表污水。

道路在湖泊、水库等地表径流汇水区通过时，应采取措施防止道路对地表径流的阻隔。道路经过瀑布上游、温泉区等特殊水体时，应符合国家现行的有关规定，确保避让距离。

注意保护自然水流形态，做到不淤、不堵、不留工程隐患。跨越溪、河、沟的桥涵的过水断

面，应能保证其相应的泄洪能力。道路跨越山谷时，根据山谷宽、深及汇水面积等选择通过方式，有条件时宜优先采用桥梁跨越。对工程废方弃置应作出设计，避免阻塞河道水流或造成水土流失。

(7)做好水土保持工作

道路设计应充分调查沿线的工程地质、地形地貌、气候条件、植被种类及覆盖率、水土流失现状等，综合采用生物防护和工程防护措施，做好水土保持工作。

做好道路综合排水设计，充分利用地形和天然水系将路界范围内地表径流引入自然沟中，各种排水沟渠的水流不直接排放到水源、农田、园林等地。山区、丘陵区道路尽可能与原有地形、地貌相配合，减少开挖面、开挖量，注意填挖平衡。弃土场应做好排水防护设计，以避免成为新的水土流失源。取土点宜选择荒山、荒地。

注重道路绿化设计，选用适合当地生长的花草、灌木、乔木等植物，对路堤边坡、弃土等进行绿化，防止水土流失。暴雨强度较大、岩体风化严重、节理发育的石质挖方边坡或松散碎（砾）石土填挖方边坡地段，可采用植物与工程综合防护措施。

任务8.2　道路景观设计

道路交通对自然景观产生影响，而自然景观也对道路交通起作用。道路景观是指道路的立体线形、构造物形式和色调，与沿线自然景观相协调所构成的风景。道路景观设计的目的是使道路与自然景观融为一体，并将对视觉、环境和社会的不利影响降低到最低程度。

1.道路景观的特点

道路景观既不同于城市景观、乡村景观，也有别于自然山水、风景名胜。它有其自身的特点与性质，概括起来有以下5个方面。

1)构成要素多元性

从前述公路景观客体的构成要素分类中，可见公路景观是由自然的与人工的、有机的与无机的、有形的与无形的各种复杂元素构成。在诸多元素中，公路景观决定了环境的性质。其他元素则处于陪衬、烘托的地位，它们可加强或削弱景观环境的氛围，影响环境的质量。

2)时空存在多维性

从空间上来说，道路景观是上接蓝天、下连地势，连续延绵、无尽无休，走向不定、起伏转折的连贯性的带状空间。而从时间上来说，公路景观既有前后相随的空间序列变化，又有季相(一年四季)、时相(一天中的早、中、晚)、位相(人与景的相对位移)和人的心理时空运动所形成的时间轴。

3)景观评价的多主体性

任何一种景观环境，都无法取得一致的褒贬。道路景观更是如此。评价的主体不同，评价主体所处的位置、活动方式不同，评价的原则和出发点必有显著的差别。如观赏者、旅行者多从个人的体验和情感出发，经营者、投资者多从维护管理、经济效益等方面甄别，沿线居住者从出行是否便利、生活环境是否受到影响等方面考虑。而公路设计者、建设者考虑更多的则是行驶的技术要求及建设的可行性。

4）景观布局具有线形特征

道路工程与其他建筑工程相比具有显著的线形特征，其二、三维空间（横向及纵向）尺度较小，而一维空间（沿路线前时方向）尺度很大，通常称为线形工程。因此，道路景观工程的布局和分布，一般多沿路线两侧或中央布置，具有典型的线形特征。如中央带的景观、路侧带的绿化、路基边坡的美化，都呈线形分布。道路上的交叉、桥梁（桥头）、隧道洞口等的景观虽为点的分布，但这些集中景观工程，仍然布置在公路线形的各个点上。因此，不少景观设计者，把这种以路线为主体沿线分布的景观工程形象地称为“珠链”景观。

5）道路使用者，具有动态视觉的特性

道路景观的使用对象主要是乘客和驾驶员，他们是处于动态的条件下（有时是高速条件）来观赏道路景观。因此，道路景观具有显著的动态视觉特性。在运动的状态下，景观主体对景观客体的认识只能是整体与轮廓。因此，线性景观的设计应力求做到公路线形、边坡、中央分隔带、绿化等连续、平滑平顺、自然且通视效果好，与环境景观要素相容、协调。而沿线点式景观给人的印象则应轮廓清晰、醒目、高低有致、色彩协调、风格统一。

2. 道路景观设计的原则

公路景观设计是对原有景观的保护、利用、改造及对新景观的开发、创造。这不仅与人对景观的审美情趣及视觉环境质量有着密不可分的联系，而且对它的评价、规划和设计以及对生态环境、自然资源及文化资源的持续发展和永久利用都有着非常重要的意义。在公路景观设计中应遵循以下原则。

1）可持续发展原则

可持续发展要求公路建设必须注意对沿线生态资源、自然景观及人文景观的永久维护和利用，只有这样才能保护公路建设既有利于当代人，又造福于后代人。片面追求短期的美化绿化效应，而忽视长期效果的养护难题的做法是不可取的。

2）动态性原则

反映人类文明的公路景观存在着保护、继承又不断更新演绎的过程。这就要求我们在公路景观的保护和塑造过程中，坚持动态性原则，赋予公路景观以新的内容和新的意义。

动态性原则的另外一个含义为公路景观是提供动态视觉服务的载体，必须适应所服务对象的动态视觉要求。

3）地区性原则

我国幅员辽阔，不同地区有其独特的地理位置、地形地貌特征、气候气象特征以及社会环境特征等，加上我国人民有着自己独特的审美观念，不同地区的人们又有不同的文化传统和风俗习惯，所有这些形成了不同地区特有的公路景观环境。因此，在公路景观设计中应充分考虑地区性特点。

4）整体性原则

公路是一个带状景观，又是一个线形工程。在公路景观设计中，不仅要纳入公路设计文件系统之中，而且其内容与形式必须与公路主体设计相协调。同时公路景观设计本身必须将道路

设计的各要素（包括道路宽度、平曲线要素、纵坡、路线交叉、桥涵及其构造物、沿线设施等）作为景观要素，与所涉及并重点设计的景观保护、利用、恢复和沿线地形、地貌、生态特征以及其他自然和人文景观，作为一个有机整体统一规划与设计，使公路这一人工系统与沿线自然系统和其他人工系统协调和谐，使建设的景观环境更加完美。

5）协同性原则

公路景观设计不仅要考虑公路本身与其他人工系统协调和谐，而且必须考虑生态系统的平衡和协调，包括原有生态系统的平衡破坏、新的生态系统的建立和稳定、大范围生态系统与小范围生态系统的协调，以使沿线人与自然协调相处，这样才能体现"以人为本"。

6）经济性原则

公路景观环境构成要素包罗万象，但不必将精力放在那些耗费大量人力、物力、财力的观赏景观的塑造上，而应把重点放在对公路沿线原有景观资源和保护、利用和开发，以及公路本身和其沿线设施等人工景观与原有自然环境和社会环境的相容性方面。从经济、实用的原则出发，保护沿线的生态环境、自然和人文景观，并满足交通运输的需求。

3. 道路景观与绿化的功能

1）改善公路视觉环境

改善公路视觉环境包括许多方面，不仅包括公路本身景观的改善，而且包括硬景观和绿化软景观与外部的协调。

公路硬景观的点缀有时更能给驾乘人员耳目一新、流连忘返的视觉效果。公路绿化能使本来生硬、单调的公路线形变得丰富多彩，创造出许多优美的景观。如绿化裸露的挖方路堑岩石边坡，使新建公路对周围环境景观的负面影响降低；公路两侧的自然及人文景观资源与环境有机结合、协调，使公路构造物（如立交桥、服务停车区、收费站、养护工区）巧妙地融入周围的环境之中，给公路的使用者——驾驶人及乘客提供优美宜人、舒适和谐的行车环境。

2）吸尘防噪，净化空气

绿色植物体可以通过光合作用过程吸收二氧化碳，放出氧气，使公路沿线的空气保持清新，同时植物的叶片还能吸收和阻滞在公路上行驶的车辆排放的尾气中所含的各种有害气体（如 CO、NO_2 等）、烟尘、飘尘以及产生的交通噪声，减轻并防治污染，净化和改善大气的环境质量。

3）固土护坡及防止水土流失

植物体通过根系对土壤的固着作用，以及植物枝叶和地被植物的有关作用达到涵养水分的目的，并能阻止或减少地表径流，降低和防止雨水冲刷路基、边沟等，避免水土流失。

4）增强道路行车的视线诱导

道路硬景观和绿化是驾驶人和游客视野范围内的主要视觉对象，规整亮丽的公路标志标线、护栏和树木花草，不仅可以给人以优美、舒适的享受，而且可以提示道路线形的变化，使行驶于道路上的车辆更安全。

5）防止道路眩光，保障行车安全

在夜间，对向行驶的车辆之间会因车前照灯光线造成眩目，给交通安全带来极大的隐患，但

是在高速公路中央分隔带内栽植一定高度和冠幅的花、灌木或设置一定高度和间距的防眩板，能够有效地起到防眩遮光的作用，保障行车安全。

6)降低路面温度，延长路面寿命

有关试验表明：夏季沥青混凝土路面温度高达40～50 ℃，比草地和林荫处高1～14 ℃，绿地气温较非绿地一般低3～5 ℃。通过景观绿化，可以改善地温和气温，改善小气候，树荫有利于减轻路面老化，延长公路使用寿命。

7)体现区域文化底蕴，促进旅游产业发展

在一些地区通过设置雕塑、标志性建筑等反映区域经济、文化特征，可以给人以深刻的记忆。旅游区道路应与旅游发展相适应，沿线的道路景观对旅游业的发展起着诱导和提示的作用。

4. 道路景观设计要点

1)道路线形景观

(1)路线走向应与沿线地理、环境协调

道路线形是三维空间体。道路走向必须与自然地理地形和沿线景观以及绿化布置有机结合，同时要求道路立体线形达到一定的艺术造型。所谓艺术造型，是通过路线的曲折起伏，平滑顺畅，与沿线的地形高低错落、建筑物和绿化配置等协调道路的空间组合、色调与艺术形式，从而给人以整洁、舒适、美观、大方、开朗的美的感觉。道路平、纵、横三维立体线形综合协调，才能满足使汽车行驶的力学、心理学、生理学、美学、环境保护学，以及地形、地理等方面的要求。安全、快速、舒适、经济和美观的线形，才能称得上好的线形。公路就像一条飘动在田野和山坡之中的彩带，伸向远方。

(2)重视三维空间线形组合

公路景观设计，应合理组合路线的平、纵、横面，保证线形流畅、视野开阔；线位方案比选宜将环境景观作为考虑因素。在自然景观单一的路段，其线形设计宜以曲线为主，并保持连续、均衡；平、竖曲线线形几何要素宜大体平衡、匀称、协调；深挖方路段宜对路堑与隧道方案的景观效果进行比选、论证；路线跨越山间谷地时，宜对高路堤与高架桥方案的景观效果比选、论证；路线沿横坡较陡的山坡布设时，宜对分离式路基、半填半挖与纵向高架桥方案的景观效果进行比选、论证。

线形组合设计，就是在平面和纵面线形及横断面初步确定的基础上，可用公路透视图或模型法进行视觉分析，研究如何满足驾驶人视觉和心理方面的连续、舒适感，与周围环境的协调和良好的排水条件等，再对平、纵面线形进行修改，使平、纵面线形合理地组合起来，使之成为连续、圆滑、顺适、美观的空间曲线，从而达到行车安全、快捷、舒适、经济的要求。平曲线包竖曲线能获得行驶安全及平顺优美的线形，过缓与过急、过长与过短的平竖曲线组合在一起容易使驾驶人失去顺适感。平面转角小于7°的平曲线与坡度较大的凹形竖曲线的组合外观较差，平面线形有折点现象。

在平坦地区，地势平缓、开阔，让人心情开朗，但是地形起伏小，缺乏三维空间感，易使景观平淡、无焦点和具有发散性。若要在这里创造出动人的富于变化的景观，就必须考虑以下3点：

①将沿线周围及其内部有可能成为风景的元素，如建筑、小区、地方绿化、水、造型美观的桥梁等，加以利用，构成“图”形；

②运用色彩，并借助于光影效果，加强空间的变化；

③由于不受地形限制，容易突出重要景点和景物，利用它控制整个地区，形成主角。

自然或人工的山石、水体是平地中不可多得的景观元素，应该尽量利用或创造，以此打破单调局面，形成一道亮丽的风景线。

2)道路构造物景观

(1)路基路面工程

①路基、路面是沿路线分布的道路实体构造物，其设计的好坏直接影响道路与环境的协调和自然环境景观。

从工程技术经济角度出发，路基中心线处挖深达 30 m 或挖方边坡高度大于 1．6 倍的路基宽度值的深挖方路段，要与隧道、明洞方案进行比选；路基中心线处填高达 20 m 的高填方路段要与高架桥、半路半桥方案进行比选；而 20 m 高填方主要是针对局部冲沟、山谷路段，对村镇附近路段 8 m 以上，城乡附近 6 m 以上就应进行方案比选；对于路基中心线处的填高和挖深情况，还要考虑周围的自然条件，特别是当自然横向较陡，容易导致挖方上边坡高度超过 60 m 或容易导致填方下边坡高度超过 50 m 的路段，其纵向长度超过 200 m 时均应进行方案比选，并优先采用有利于环境景观的建设方案。

②路基边坡宜以自然流畅的缓坡为主，边沟宜选择宽浅式、盖板式或混合式。路基横坡度采用不同的值，边沟选择宽浅式，可以使路基与原有地面形态相协调。路基上边坡宜进行生态防护，有条件时可结合地域文化特点进行景观设计。针对硬质护坡造成的视觉污染，应尽量柔化和美化坡面。如选用藤蔓植物或花灌木种植在坡面平台花槽内，使其枝头飘曳下垂，迎风舞动，给坡面带来一种动态飘逸美；同时在护坡下部种植攀缘植物，能加快坡面的覆盖速度。在一级边坡，可做一些粗犷的壁画或浮雕，以表现地域文化为主题，增强边坡的可观赏性，改善低等级公路车速较低时行车的单调枯燥感。

③路面色彩、护栏、路缘石的色彩与形状等也是公路景观的构成要素。有特殊要求的公路，路面色彩、护栏、路缘石的色彩与形状等宜与沿线自然环境景观相协调。

现代公路的路面多为灰色或黑色。这种色调对人的神经系统起着镇静作用，令人的注意力迟钝，使驾驶人容易松懈或打瞌睡，酿成事故。为克服惰性颜色路面给驾驶者带来的不良影响，许多国家或地区在公路路面上每隔一定距离刷涂色彩，有的还不断变换颜色，以改善神经系统的迟钝等。为了同时给驾驶人以提示作用，还有在危险地段将路面涂红色，示意小心谨慎；在学校、医院等地区涂蓝色，表示安静，勿鸣喇叭；在限制车速、陡坡、隧道和转弯处涂黄色，要求驾驶者缓行。通过路面色彩的合理应用，可以减少交通事故，确保安全。相应的路外色彩也可以调节神经系统。

(2)桥梁、隧道工程

①桥梁。桥梁的形式、色彩、材质以及各部位均为桥梁景观设计要素，设计时应从路内景观和路外景观两个角度综合考虑桥梁的景观效果。分离式立交、人行天桥等应根据所处的自然环境和人文环境设计，合理确定桥梁形式、颜色和材质以及各部位比例。对于跨越大江、大河、城市周围、风景旅游区以及有特殊要求的桥梁，应进行桥梁照明景观设计。有特殊要求的桥梁应

进行景观照明设计。

②隧道。隧道洞口设计应结合地形、地区的自然和人文特点,与周围环境相协调;隧道洞内的照明、通风、标志等附属设施和洞壁内饰设计,应综合考虑景观效果。

(3)立交与沿线设施工程

互通式立交区设计,应从立交的选型、构造物及附属设施颜色、路基边坡坡面和立交区内绿化等方面综合考虑。立交的整体景观设计,宜利用原有自然植被,使立交与自然景观有机地结合,并与原有地形地貌和谐统一。

服务(停车)区、管理区、观景台是公路使用者活动最为集中的地方,对景观的需求也较为强烈。因此,服务区的位置选择及布设形式,应充分利用有特色的自然景观,设计时应注意与周围环境相协调。公路服务区、停车区、管理区、观景台等沿线场区及建(构)筑物应注重景观设计,使建(构)筑物本身各部位比例协调,色彩、材质、形状等与周围环境相协调。

公路两侧影响视觉的场所,主要有视线范围内的弃、取土场,施工过程中的堆料场、拌和场、预制厂等。施工结束后,对这些场所应采取绿化,复耕或其他工程措施予以遮蔽或改善。

公路景观设计应注意防止视觉污染,公路用地范围内设置的景观小品,应注意色彩、造型的协调,避免引起视觉混乱。

有特殊要求的公路,路面色彩和护栏、路缘石的色彩与形状等宜与沿线自然环境景观协调。

声屏障应根据所处自然环境和人文环境的不同,通过色彩、材质和造型进行景观设计。

任务 8.3 不同设计施工阶段的道路环境保护与景观设计

1.初步设计阶段

初步设计阶段设计文件包括文字说明、设计图表和重要区段景观设计三部分内容。

1)文字说明

①在环境保护与景观设计部分说明中应包括以下内容:

a.环境保护与景观设计的依据(包括环境影响评价、水土保持方案等报告书及批复意见);

b.项目区域社会环境和自然环境现状(包括物种多样性、自然植被覆盖率、土壤养分、历史文化遗产、自然保护区、自然及人文景观的分布等);

c.环境敏感区域分析(含敏感区的调整,取土场、弃渣场的布设分析)及与自然保护区、水资源保护区等的关系,服务区交通量及污水排放预测(需要时提供);

d.指导思想和设计原则;

e.主体各专业设计的环境保护措施,具体阐述在路线布置、路基、路面、桥梁、隧道、交通工程(含收费站、服务区、标志)、排水、料场布设、废方处理等期间已考虑的环保措施(含社会环境、生态环境保护对策);

f.各项环境保护设施的布设位置、类型、功能及其方案比选情况;

g.主要场地的景观方案及比选;

h.拟采用的植物配置及特性;

i.与环保、文物及当地政府有关部门的协商情况;

j. 下一阶段应解决的问题及注意事项。

②在单项或专项的环境与景观设计文件中，一般还应包括项目概述、设计依据、工程概况、工程投资概算说明等各项内容。

③改（扩）建公路的初步设计，该部分说明应增加以下内容：

a. 原有公路环境保护设施及改（扩）建工程可能引发的环境保护问题及采取的对策；

b. 原有建筑材料的利用及废弃情况。

2）设计图表

根据《公路工程基本建设项目设计文件编制办法》“第八篇　环境保护及景观设计”要求，图表编制应包括的内容和相应的要求如下：

①环境敏感区一览表。列出沿线环境敏感区（如水源、文物保护单位、居民区、医院、学校、疗养院等以及自然保护区和湿地）的位置（桩号）、重要影响因素、影响范围和采取的工程措施等。

②环境保护工程数量表。列出序号、工程名称、位置（桩号）、类别或型号、主要尺寸及说明、单位、工程数量（包括其他工程、临时工程等）。

③降噪设计图。绘出降噪设施（如声屏障、降噪林等）的位置、结构类型、主要尺寸及规格等。

④比例尺采用1∶500～1∶200。

⑤污水处理设计图。比例尺采用1∶20～1∶50。

⑥取土场、弃土场处理设计图。

⑦其他环保工程设计图。绘出其他环保工程位置、结构类型、主要尺寸等。

⑧植物配置表。分段列出序号、类型、植物名称、主要特征、规格、单位、工程数量等。

⑨景观工程数量表。列出景观绿化工程及其他景观工程序号、桩号、位置、工程名称、主要尺寸（规格）及说明、单位、工程数量等。

⑩景观设计图。绘出典型路基段断面、互通式立体交叉、服务区、隧道洞口等典型公路区段的景观设计。高速公路重要区段及硬质景观应绘制效果图。

在公路平面总体设计图对沿线的重要地物（村镇、文物、古迹、规划等）和环境敏感区（点）（景区、学校、自然保护区等）及重要设施的范围必要时应示出。比例尺采用1∶1 000或1∶2 000。

3）重要区段景观设计

管理养护区、服务区及停车区等设施的景观绿化，应作为静态点式景观进行重点设计，可采用园林绿化模式进行设计。根据设计所需，可以包含绿化栽植、花架、亭廊等园林小品、园路、场地铺装、花坛、桌凳等设施项目。文件宜包括如下内容：

①设计方案的说明。应写明周围环境特点、设计原则、设计主题、设计手法、植物配置方法等各项内容。

②景观绿化总体布置图。绘制景观小品及绿化植物的配置图，植物品种、规格、数量的统计表，各种园林小品及设施的布置图、大样图。

③景观绿化效果图。景观绿化制图应执行《道路工程制图标准》（GB 50162—1992），给出比例与指北针或坐标体系等。

互通立交区的景观绿化应作为动态的点式进行重点设计，多以绿化为主，也可适当点缀景观小品或雕塑，有特殊要求时可作地形设计及主题雕塑设计。文件宜包括如下内容：

①互通立交景观绿化设计说明。应写明周围环境特点、设计原则、设计主题、设计手法、植物配置方法等各项内容。

②总体景观绿化布置平面图，同时随图给出植物种类、规格、数量统计表。立交占地面积较大或比例不协调时，应增加分区景观绿化设计图。

③互通立交绿化效果图。

④局部大样图。对能突出互通景观特色的重点区域（如图案栽植部分、主题雕塑或景观小品等），应给出局部大样图，同时在图中相应标出所采用植物的种类、规格及数量；雕塑应给出平立面图及效果图；应以图示方式标明大样图与总图的位置关系。

⑤场地规划图。依景观所需及绿化功能设计微地形，标明微地形的范围、等高线间距以及排水方向等，并对土方工程数量进行计算。

中央分隔带、边坡、路侧绿化带及环保林带这些区域作为线性动态景观进行设计，以典型断面设计为主，设计方案重点示出相应植物栽植位置关系，同时给出植物种类、规格、数量统计表等，也可以绘制水平投影图、立面图、效果图。

2. 施工图设计阶段

施工图设计应确定环境保护与景观工程的位置、类型及数量，绘制布置图和设计详图。

1）文字说明

①初步设计（或技术设计）批复意见执行情况。

②相关部门和业主的意见及落实情况。

③公路工程及设施与沿线自然环境的协调情况及采取的措施等。

④景观设计的理论、原则及表现手法等。

⑤主要场地自然条件（包括土壤、水分、降雨量、风力风向、自然物种等）分析及对策。

⑥拟采用的植物配置及特性。

⑦环境保护与景观设计情况。

⑧土地复垦与利用情况。

⑨施工中的环境保护措施及注意事项。

2）设计图表

①环境保护工程数量表要求与初步设计相同。

②降噪设计图绘出降噪设计（如声屏障、降噪林等）的位置、结构类型、主要尺寸及规格等。比例尺采用1:500~1:200。列出单位材料数量表。

③污水处理设计图绘出污水处理平面布置总图、构造详图。列出单位设备、材料数量表。比例尺采用1:5~1:500。

④其他环保工程设计图要求与初步设计相同。

⑤植物配置表要求与初步设计相同。

⑥景观工程数量表要求与初步设计相同。

⑦景观工程设计图绘出各区段景观绿化设计图及大样图。绘出硬质景观设计图及大样图。

⑧互通立交的景观绿化施工图设计在初步设计基础上，应补充完善如下内容：

a.绿化分区示意图。给出放线基准点。

b.植物栽植分区详图。图中应标明每棵植物的种植点，同种植物之间可以种植线连接，并注明相互之间的距离（规则栽植的植物可仅标明一处，其余以文字说明方式注出）。应以图示方式标明本图与总图的位置关系（参照绿化分区示意图），给出植物品种、规格、数量统计表。

c.互通中图案造型（如果有）或植物种植大样图。应单独给出大样图，图中注明放样基准点及放样的网格线，并随图给出植物品种、规格、数量统计表。

d.雕塑。雕塑作为独立设计内容，图中应给出平、立、剖面图以及结构图（节点及基础等关键部位），并标明详细的尺寸关系、拟采用的材料等有关内容，并附图给出材料的工程量清单。

思考与练习题

8.1　简述公路测设各阶段环境保护设计的主要内容。

8.2　公路环境保护的原则是什么？

8.3　公路选线与线形设计中，环境保护设计的重点有哪些？

8.4　试分析道路景观设计的特点。景观设计时，应遵循哪些原则？

8.5　简述道路景观与绿化的主要功能。

8.6　道路构造物景观包括哪些内容？简述道路线形景观设计的要点。

8.7　初步设计阶段景观设计的文字说明应包括哪些内容？

8.8　名词解释：环境；社会环境；道路环境要素；环境敏感点；景观；道路景观要素。

项目9　道路计算机辅助设计

【学习目标】了解道路计算机辅助设计的基本知识和原理；掌握路线计算机辅助设计的任务和系统功能设计；学会应用纬地软件在数字地形图的基础上进行路线的平面主线设计，形成直曲转角表、逐桩坐标表和路线平面设计图；在纵横断面测量数据基础上进行路线的纵横断面设计，形成纵坡、竖曲线表、路基设计表和道路纵横断面设计图；学会应用纬地软件进行土石方计算和道路用地图的绘制。

任务9.1　道路计算机辅助设计概述

传统路线设计的一般过程为：

①在路线方案已经确定的情况下，由设计者在地形图上（或实地）根据自己的经验初步定出路线的平面位置，即定出交点位置、平曲线半径和缓和曲线长度；

②检查所定路线是否满足规范要求及与地形的适应等情况；

③绘制与平面相对应的纵断地面线图，并设计与之相适应的纵断面；

④参照纵断面图，考虑地面横坡，根据确定的标准断面进行横断面设计，判断是否修改平面。如需修改则重复上述过程，直到满意为止。这实际上是平面与纵断面交替设计的过程，其工作量是十分繁重的，且要求有经验的设计者来完成。由于工作量大，往往会限制比较方案的个数。采用的方案仅是几个比较方案中相对较好的。

随着计算机及其外围设备的推广应用和计算数学的发展，人们自然会想到利用计算机快速计算的优点，在数字地面模型的支持下，借助数学方法，由计算机确定路线平面位置，进行优化设计，自动完成路线平面和纵断面设计工作。目前来讲，路线计算机辅助设计的任务就是利用计算机快速计算来取代人工繁重的计算与绘图工作，把设计人员的精力主要用于分析判断及处理一些难于用数学模型来表示的问题上。这样可以大大减轻设计人员的劳动，有利于多做方案，对加快设计速度与提高设计质量有重要意义。

1. 道路CAD系统主要功能

根据路线设计的特点，在路线辅助设计系统中，需考虑以下主要功能：

①系统应能接受和处理不同数据来源的原始资料。既可以接受手工或用数字化仪由传统测量方法采集的数据，又可接受处理按航测或地面速测仪采集的数据。

②系统应能进行与路线设计有关的设计计算工作，如平、纵断面计算、超高加宽计算、横断面计算等，这是路线CAD系统中的重要组成部分。系统应同时具有直线形设计方法和曲线形设计方法，以处理复杂、多样的平面线形组合。

③系统应具有强大的人机交互设计与修改功能,包括显示与动画、平纵横面设计与修改、约束条件(如切线长、曲线长、半径、回旋线参数、外距、变坡点位置等)的增删与修改等内容。这就必须同计算机自动计算相结合,使每次设计或修改后,计算机能及时跟踪计算。

④信息反馈。在进行上述各种运算的过程中,能根据需要显示各种中间结,包括图形与数据显示。在出错或违反约束条件时,计算机能及时给出错误信息(出错原因、出错位置等)。

⑤数据管理功能。系统应有一个功能强大的数据管理模块,对数据统一管理。最好是采用工程数据库技术。

⑥支持分布式设计。在实际工作中,很多情况下,平面设计和纵断面设计并不一定由前向后顺序设计。根据这一要求,系统应提供分布式设计功能,即设计者可以根据路线的特殊情况,任意选择设计顺序,设计完成后系统可自动排序。

⑦系统应能输出设计中需要的各种表格和图纸。这关系到系统能否得到良好的运用。

2. 道路 CAD 系统主要内容

1) 平面线设计的主要内容

①图上定交。在数字地面模型支持下,根据要求,人机交互在数字地形图上确定交点。

②曲线设计。根据道路设计等级要求和实际地形,给出每一个曲线类型、曲线参数,进行试算和绘图,最后选用合理的各类设计参数确定,完成初步设计。

③修改调整。通过初步设计结果,查看整体平面线路,对存在的错误、矛盾和不合理的地方进行反复调整修改,直到满意为止。

④平面设计成果输出。最后输出直曲转角表、逐桩坐标表和路线平面设计图等成果。

2) 纵断面设计的主要内容

①纵断面测量成果输入。逐桩高程测量数据导入设计系统,生成地面线。

②拉坡设计。根据设计要求,在系统中拉坡,确定边坡点。选择变坡点时,应注意坡度、高程位置、平曲线和工程量等方面的合理性。

③竖曲线设计。结合边坡点,给出竖曲线半径进行试算,达到要求后确定,也可以通过输入控制切线长、外距等由程序反算求解。

④修改调整。整体查看纵断面设计的合理性,进行反复修改调整,直到满意为止。

⑤纵断面设计成果。输出纵坡、竖曲线表和道路纵断面设计图。

3) 横断面设计的主要内容

①横断面测量成果输入。逐桩横断面测量数据导入设计系统,生成地面线。

②横断面设计。首先根据设计要求,对基本横断面参数进行设置,俗称“戴帽子”,然后对特殊地段要求的横断面进行调整,最后批量生成横断面图。

③修改调整。整体查看横断面设计的合理性,对不合理的进行逐个修改调整。

④横断面设计成果。输出路基设计表和道路横断面设计图。

4) 工程量计算调整

有了各个桩号的填挖方断面积,可以计算土石方数量。目前,系统中多采用平均断面法近似计算土石方数量。计算土石方时,应根据各区段的土石分类百分比,分别计算其数量,以便于土石方调配与编制工程概预算。

3. 数字地形模型

数字地形模型(Digital Terrain Model,简称数模DTM)是按照某种数字模型表达地形特征的数值描述方式。它由许多规则或无规则排列的地形点三维坐标(X、Y、Z)和地表地物数据组成,是数字化了的地形资料存储于计算机的产物。数字地形图是数字地形模型的一种表达形式,只表达地形点三维坐标(X、Y、Z)的数字地形模型称为数字高程模型(简称为DEM)。

1)数字地面模型的类型及特点

由于数模原始数据点的分布形式和数据采集的方式不同,以及数据处理、内插的方法和最后的输出格式不同等原因,数字地面模型的种类较多。对数模的分类方法有很多种,就其结构形式来分,可分为面状、线状与点状三大类。面状数模是由一些微小的或局部的面的集合来反映地形表面变化的,如常见的方格网数模、规则与不规则的矩形格网数模、三角形格网数模以及空间多边形数模等。线状数模是由地形表面的一系列串线状数据的集合来表示地形表面,常见的有串状数字地面模型,由一系列的多维数据串所组成(如等高线串为二维串,断裂线为三维串等);点状数模是指地形表面由一系列密集的地形点所表示的一类数模,最具代表性的有散点数字地面模型等。

根据数模中已知数据点的分布形式并考虑到数据输出格式及数据处理方式,数字地面模型可大致地分为规则数模、半规则数模和不规则数模三大类。

(1)规则数模

规则数模是指原始地形点之间均有固定的联系,如方格网数模、矩形格网数模和正三角形格网数模等。在格网之间待定点的高程,常采用局部多项式进行内插。

按规则格网方式采集数据建立数,量测地形点简单、客观,不需判读地形,易于实现数据采集的自动化、半自动化。该数模的另一个优点是输出形式简单、数据结构良好、便于应用。内插待定高程时,检索与内插简单快速。最大缺点是原始数据不能适应地形的变化,除十分均匀的地形外,已知点没有与地形特征点联系起来,易遗漏地形变化点。

(2)半规则数模

半规则数模是指各原始数据点之间均有一定联系,如用地形断面或等高线串表示的数模。当以断面线高程表示地形时,任一串原始地形点均表示某一个特定的地形剖面。各断面之间的距离及断面上点与点之间的距离可以是固定的,也可随地形变化而定。这种数模相当于用一批密集的、相互关联的地形剖面叠合在一起模拟地形,待定点的高程由相邻断面的已知点高程内插得到。

等高线具有在地形坡度大的地方密、在地形平缓处稀的特征,故地形点的分布与密度能很好地适应地形的变化。此外,由于各种断裂线、地物和水系信息可用三维串线在数模中表示,方便地进行处理,使程序功能大为加强,这是串状数模最为突出的优点。

半规则数模能较好地适应地形变化,内插精度较高,但数据采集不能实现自动化,原始数据的分布与密度易受操作人的主观影响。建立数模过程中的程序处理较规则数模复杂。

(3)不规则数模

不规则数模其原始地形数据点之间无任何联系，点的分布是随机的，一般常采集地形特征点、变坡点、反坡点，以及山脊线、山谷线等，常见的有散点数模、三角网数模等。

散点数模是将原始地形点看作一些随机分布的“离散点”，可认为点与点之间无任何联系。在这种已知点中直接进行内插其精度是不可靠的，因为不能确定由哪些点构成实际的地表面。所以，内插时先得利用已知点拟合一个局部的或区域的内插表面，然后再由该内插表面确定待定点的高程，这是第一类散点数模的共同特点。

三角网数模的基础是假设地表面可用有限个平面来表示。三角网数模的缺点是：采集地形原始数据完全靠人的经验来选择地形点，易产生遗漏和重复量测的现象。此外，三角网的网形完全取决于原始地形点的分布，使得数模的精度易受主观影响，对采集地形数据的要求较高。尽管如此，由于三角网数模能以较少的已知点去逼近地形，方便地处理地物、断裂线等技术难点，内插结果合理、精度高，故仍不失为一种较好的数模建立方法，在实际工程设计中应用较广泛。

不规则数模总的特点是：数据采集是随机的，一般都是取地形特征点，所以能较好地适应地形变化，内插精度较高。其缺点是采样需要人工判读地形，从而增加了数据采集的难度。此外，构造数模较复杂，计算时间较长。由于该类数模优点较为明显，所以应用最为广泛。

2)数字地面模型的建立

建立数字地面模型，一般要经过地形数据采集、数据预处理、原始数据的排序与检索、待定点的高程内插等主要过程。为提高数字地面模型的精度，增强对地形表面描述的能力，数模中必须对地物、地形断裂线进行有效的处理。

(1)地形数据采集

目前，在实用中主要采用的有：通过卫星影像获取栅格结构的 DEM；由航空摄影测量手段获取各类地形数据；应用测量仪器实地测量，主要是应用全站仪和 RTK 进行地形数据采集；也可以从已有地形图上由数字化仪输入地形数据。道路设计所需数字地形数据应符合精度的要求，卫星遥感栅格结构的 DEM 分辨率较低，实地测量精度高但成本也高，地形图数字化时效性较差。全数字摄影测量方法采集数据能直观地观察地表形态，工作环境好，可以随意和方便地控制地形点的分布和密度，所得到的地形信息可靠、精度高，是当前道路设计用数字地形数据来源最广泛的方法。

(2)地形数据预处理

数据预处理的目的是将各种设备采集得到的数据格式各异的原始地形数据，转换成具有统一的坐标系、数据格式及编码形式的地形文件，并进行查错、改错以及数据处理。然后，根据路线大致走向，将整个地形原始数据经旋转、平移至全线统一的数模坐标系中，供建立沿路线走向的带状数字地面模型连续调用。

对数模的计算速度而言，其数据结构尤为重要，数模的数据结构优劣直接影响到数模的效率，也是关系到数模能否用于实际工程的关键。在数据预处理阶段，确定数模数据所采用的数据结构，也是其主要任务之一。研究数模数据结构及数据组织时，主要应考虑两个因素：一是所建数模应占有最小的存储空间，减少数据冗余；二是在最小存储空间基础上，数模应提供完整的数据信息，以便于快速检索、内插和各种应用。当前，不规则三角形数模结构应用较为广泛。

(3)数字地面模型的建立

对于不规则分布的高程点，可以形式化地描述为平面的一个无序的点集 P，点集中每个点对应于它的高程值。生成不规则三角网(TIN)的关键是 Delaunay 三角网的产生算法，生成过程分两步完成：一是利用 P 中点集的平面坐标产生 Delaunay 三角网；二是给 Delaunay 三角形中的节点赋予高程值。不规则三角网数字高程模型由连续的三角面组成，三角面的形状和大小取决于不规则分布的测点，或节点的位置和密度。不规则三角网与高程矩阵方法不同之处是随地形起伏变化的复杂性而改变采样点的密度和决定采样点的位置，因此它能够避免地形平坦时的数据冗余，又能按地形特征点如山脊、山谷线、地形变化线等表示数字高程特征。规则网格通常是正方形，也可以是矩形、三角形等规则网格，一般可以通过 TIN 模型转换得到，也可以直接用算法生成。等高线模型表示高程，高程值的集合是已知的，每一条等高线对应一个已知的高程值。这样一系列等高线集合和它们的高程值一起就构成了一种地面高程模型。通过以上两种模型进行插值计算，然后依据规则连接插值点形成等高线。

任务 9.2　纬地软件主线平面设计

纬地软件是由中交第一公路勘察设计研究院研制开发的集道路工程设计、路线安全分析、交通与安全工程设计、工程仿真的专业数字交通平台系统。该系统秉承该院公路勘察设计经验，汲取国内外专业软件之所长，推陈出新，是先进的工程设计理念和尖端的计算机软件技术的结晶。该系统具有专业性强，与实际工程设计结合紧密、符合国人习惯、实用灵活等特点，是我国数字交通的重要组成部分。随着社会加速向数字时代转型，数字化正成为重组全球要素资源、重塑全球经济格局、改变全球竞争格局的重要手段。因此，要多方面顺应数字化发展潮流，推动各领域数字化优化升级，深化思想认识，增强数字化发展动力。

1. 新建项目

调入一幅地形图，参考《公路路线设计规范》，用四级公路线路设计标准，在纬地软件进行道路主曲线设计。点击“项目”→“新建项目”，指定项目名称、路径，新建公路路线设计项目。最好一个项目所有文件放置在同一个文件夹下。

2. 项目管理

纬地系统的“项目管理器”对话框如图 9.2.1 所示。在纬地“项目管理器”对话框的“项目文件”菜单中，用户可以“打开项目”，也可以在此处“新建项目”。

当用户选取对话框中“属性”选项，对话框切换到如图 9.2.2 所示项目的属性设置，用户可以查看项目的名称、项目类型和设计的起终点桩号等，同时也可以修改当前项目的“项目标识”(即桩号前缀)和“桩号小数精度”。在此处，还可以设置所输出图表选用的字体，用户可分别选择设置图表中所使用的英文字体和中文汉字的字体，使自动输出的图表的字体满足设计者的要求。

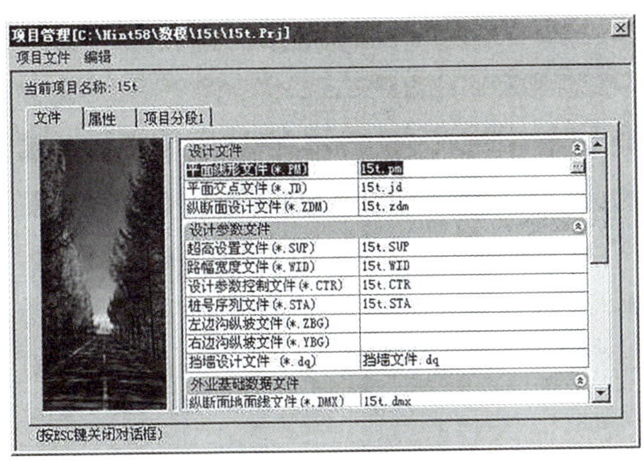

图 9.2.1　项目文图

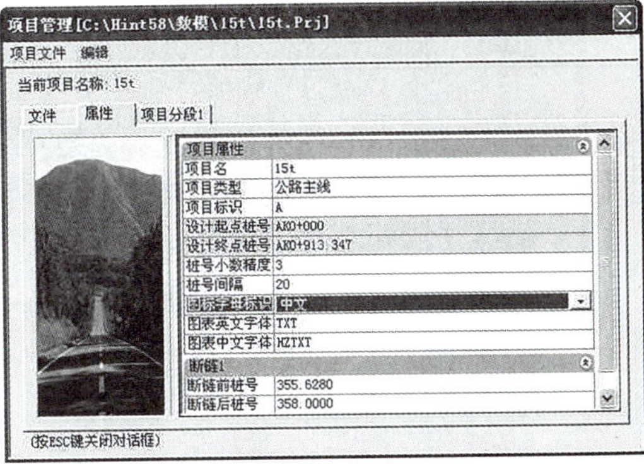

图 9.2.2　项目属性

3. 项目中心

“纬地项目中心”是纬地数据文件编辑管理工具。“纬地项目中心”程序界面如图 9.2.3 所示。用户可使用“打开”按钮来打开任意一个纬地项目文件（ *.prj），系统自动将该项目的所有数据文件调入到该程序中，用户可在此处对各个数据文件根据设计需要进行编辑、查看和修改。

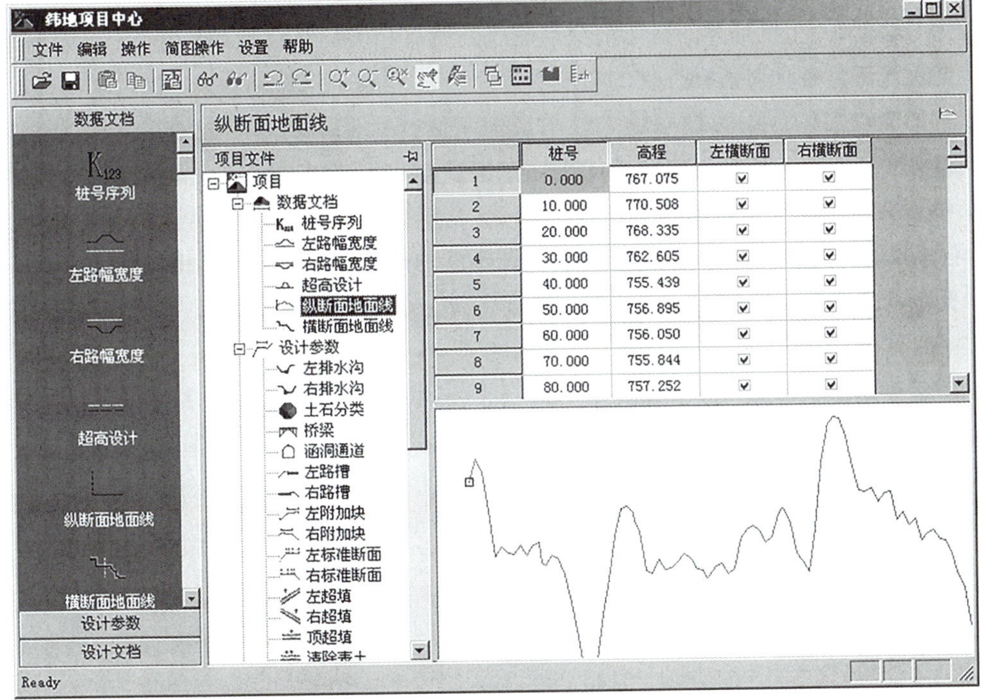

图 9.2.3　纬地项目中心

4. 主线平面设计

点击“菜单设计”→“主线平面设计”；交点设计法主对话框如图 9.2.4 所示。

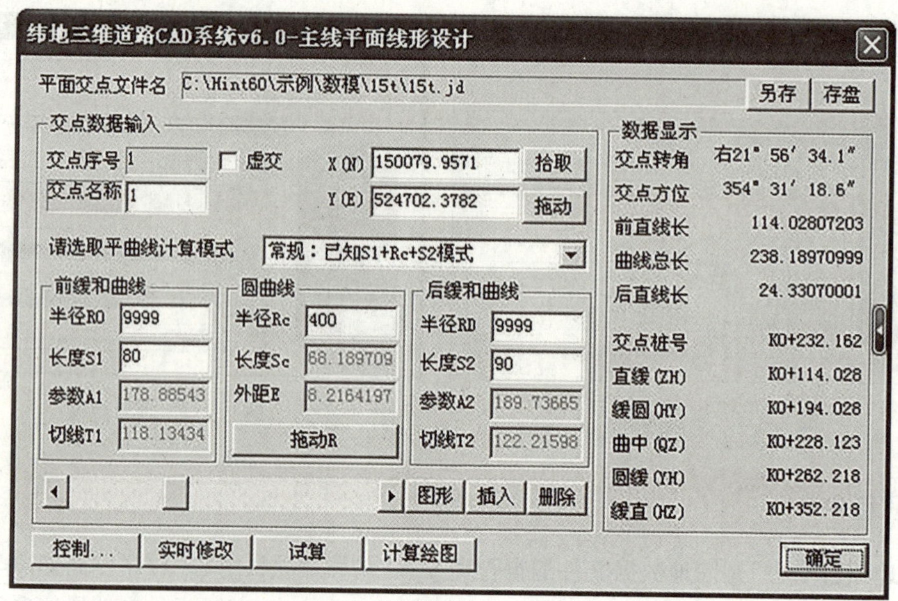

图 9.2.4　主线平面线形设计

“存盘”和“另存”按钮用于将平面交点数据保存到指定的文件中。

在此对话框中，主要描述的是当前交点曲线的所有相关信息。下面叙述“交点数据输入:”线形数据输入部分各项对话框控件的功能用途。

其中，“交点名称:”编辑框中输入显示当前对话框所显示交点的人为编号；“X(N):”“Y(E):”编辑框分别输入显示当前交点的坐标数值；“拾取”“拖动”按钮分别完成交点坐标的直接点取和交点的实时拖(移)动功能。

“请选取平曲线计算模式:”，用户可以根据不同的需要选择适合的计算方式。

横向滚动条控制向前和向后翻动交点数据，“插入”“删除”按钮分别控制在任意位置插入和删除一个交点。

整个交点的曲线及组合的控制参数均在“前缓和曲线”“圆曲线”“后缓和曲线”中的编辑框中显示和编辑修改，其中“S1”“A1”“RO”分别控制当前交点的前部缓和曲线的长度、缓和曲线参数值及其起点曲率半径；其中“Rc”“Sc”分别控制曲线组合中部圆曲线的半径和长度；“S2”“A2”“RD”分别控制当前交点的后部缓和曲线的长度、缓和曲线参数值及其终点曲率半径；“T1”“T2”“Ly”分别控制本交点设置曲线组合后第一切线长度、第二切线长度、曲线组合的曲线总长度。这些控件组将根据用户选择的不同计算方式，处于不同的状态，以显示、输入和修改各控制参数数据。

“拖动 R”按钮用于实时拖动中部圆曲线半径的变化。“实时修改”按钮使用户可以动态拖动修改任意一个交点的位置和参数。“控制…”按钮用于控制平面线形的起始桩号和绘制平面图时的标注位置、字体高度等。“试算”按钮用于计算包括本交点在内的所有交点的曲线组合，并将本交点数据显示于主对话框。“计算绘图”按钮用于计算和在当前图形屏幕显示本交点曲线线形。“确定”按钮用于关闭对话框，并记忆当前输入数据和各种计算状态，但是所有的记忆都在计算机内存中进行。如果需要将数据永久保存到数据文件，必须点击“另存”或“存盘”按钮。“取消”按钮可以关闭此对话框，同时当前对话框中的数据改动也被取消。

对于已有项目，“主线平面设计”启动后，自动打开并读入当前项目中所指定的平面交点数据。用户点按“计算绘图”后便可在当前屏幕浏览路线平面图形。

注意:用户新建项目后,可直接应用主线平面设计功能进行路线平面设计。首先应用 AutoCAD 打开数字化地形图(如果有的话),点击“设计”菜单下的“主线平面设计”项。这时,系统只为新建项目建立了一个交点(除交点名称和交点坐标可输入外,其他控件将处于不可用状态),用户先输入第一个交点的“X(N)”“Y(E)”坐标或点击“拾取”按钮直接在图形屏幕中点取交点。点按“插入”按钮,按照对话框的提示,用户点取“是”后,主对话框消失,用户可在图形屏幕中看到光标和第一个交点间有一条动态的连线,移动光标到合适的位置点击鼠标左键,系统即确定第二个交点的位置。根据需要用户可继续用光标拾取后面的交点直到完成交点的插入,点击鼠标右键,系统返回主对话框中。用户也可以在对话框中修改这些交点的坐标。

5. 设计表格输出方式

1)直曲转角表

命令:przqb,用户在完成“主线平面设计”后(当前项目存在 *.jd 文件),可直接输出直、曲线转角表,对话框如图 9.2.5 所示。用户可以根据公路等级及设计需要选择适用的“表格形式”和表格“输出方式”。点击“计算输出”即可完成。可以指定桩号区间输出直曲转角表的功能,以满足有些项目需要分合同标段分段输出设计表格的要求。

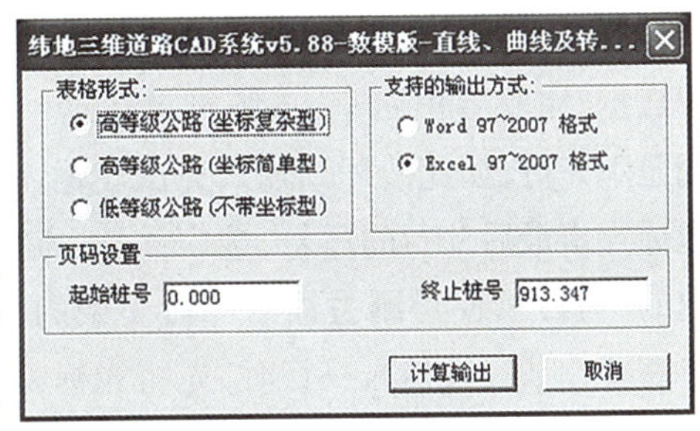

图 9.2.5　直线、曲线及转换输出

2)“逐桩坐标表”的输出

菜单:表格→输出逐桩坐标表,命令:calzzzbb。

用户在完成路线或立交匝道平面设计后(当前项目中已指定 *.pm 文件和 *.sta 文件),可直接输出逐桩坐标表。逐桩坐标表中所要表现的所有桩号可从当前项目的桩号序列文件(*.sta)或地面线数据文件(*.dmx)中直接读出,也可以由用户指定桩号间距(包含曲线要素)。

输出逐桩坐标表对话框如图 9.2.6 所示。用户可选择输出方式:“Word 97/2000/XP 格式”“Excel 97/2000/XP 格式”或“数据文本格式”,点击“输出”按钮,系统可自动搜索 Word 或 Excel 的安装位置,并自动输出逐桩坐标表。

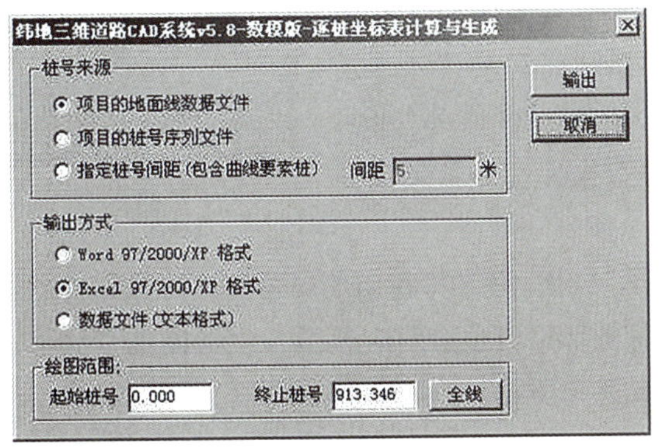

图 9.2.6　逐桩坐标表计算与生成

任务 9.3　纬地软件纵断面设计

道路纵断面设计是在平面线设计完成后，纵断面勘测数据基础之上完成的，纬地软件遵循工作过程，首先由中桩高程数据生成纵断面图的地面线，然后可以进行拉坡设计。

1. 纵断面测量数据输入

菜单：数据→纵断面数据输入，命令：DATTOOL。

纵断面数据输入对话框如图 9.3.1 所示。系统可自动根据用户在“文件”菜单“设定桩号间隔”设定按固定间距提示下一输入桩号（自动提示里程桩号），用户可以修改提示桩号，之后键入回车，输入高程数据，完成后再回车，系统自动下增一行，光标也调至下一行，如此循环到输入完成。输入完成后，用光标点击最后一行的序号，选中该行，点按图标工具中的“剪刀”，便可删去最后一行多余的桩号。当用户需要在某一行插入一行时，先将光标移到该行，再点按图标工具中的“插入”按钮。系统会自动检查用户输入的每一桩号的顺序，错误时会自动提示。

输入完成，点击“存盘”按钮，系统便将地面线数据写入到用户指定的数据文件中，并自动添加到项目管理器中。

纵断面地面线数据编辑器 - [15t.dmx]

	桩号	高程
1	0.000	767.075000
2	10.000	770.508000
3	20.000	768.335000
4	30.000	762.605000
5	40.000	755.439000
6	45	756.7
7	55	756.2
8	70.000	755.844000
9	80.000	757.252000
10	90.000	755.599000
11	100.000	757.133000
12	113	756.8
13	114.028	754.410000
14	120.000	754.008000
15	130.000	755.616000
16	140.000	754.994000

图 9.3.1　纵断面数据输入

2. 纵断面拉坡设计

1) 纵断面拉坡

菜单：设计→纵断面设计，命令：ZDMSJ。纵断面拉坡设计主对话框如图 9.3.2 所示。

此对话框启动后，如果项目中存在纵断面设计数据文件（ * . zdm），系统将自动读入并进行计算显示相关信息。“存盘”和“另存”可将修改后变坡点及竖曲线等数据保存到数据文件中去。

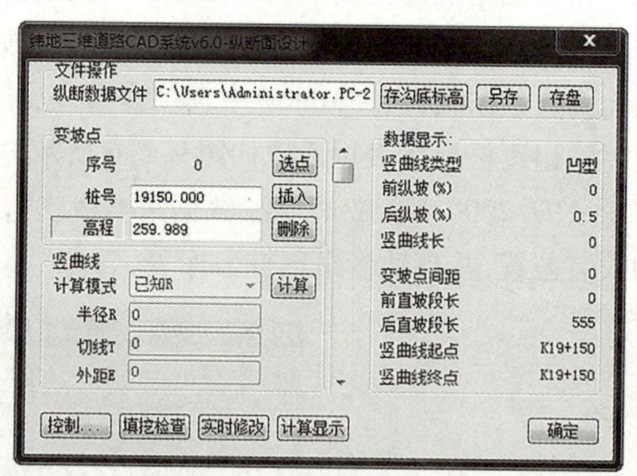

图 9.3.2　纵断面拉坡设计

第一次点按“计算显示”按钮，程序将在当前屏幕图形中绘出全线的纵断面地面线、里程桩号和平曲线变化，同时屏幕图形下方也会对应显示一栏平曲线变化图，为用户直接在屏幕上进行拉坡设计作准备，如图 9.3.3 所示。

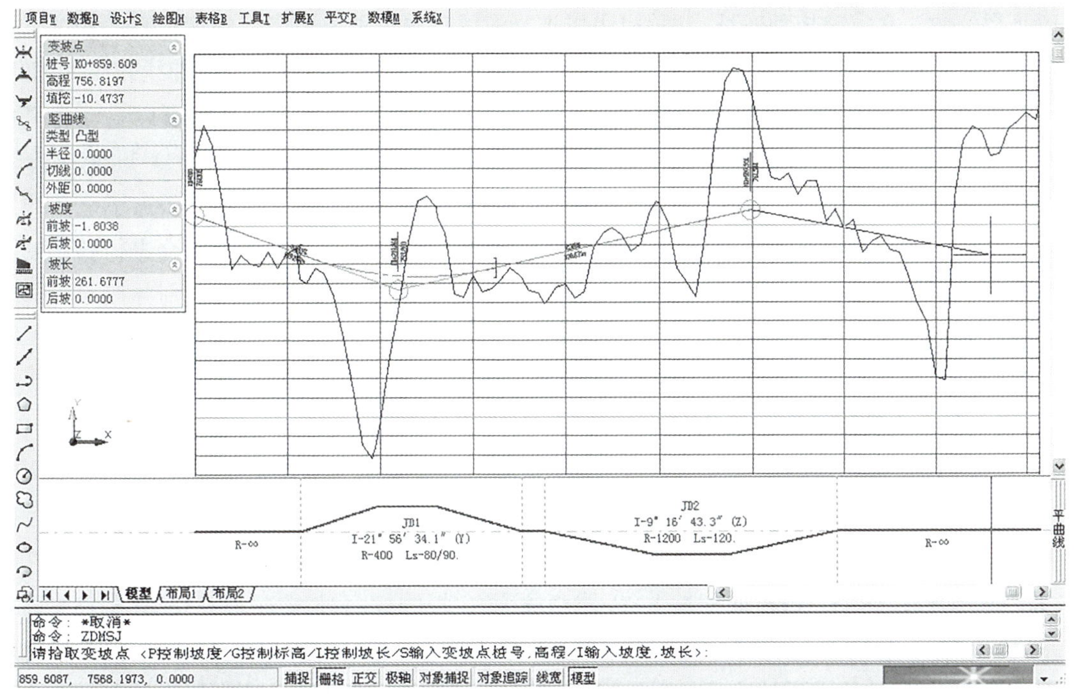

图9.3.3　拉坡设计实时显示

在拉坡设计过程中，系统在屏幕左上角会出现一个动态数据显示框，主要显示变坡点、竖曲线、坡度、坡长的数据变化，随着光标的移动，框中数据也随之变动，动态显示设计者拉坡所需的数据一目了然。

平曲线图的窗口位置是固定不动的，且可以将背景、字体、线形设置成不同的颜色。随着拉坡图的放大、缩小和移动等操作，平曲线也会随之在横向进行拉伸、缩短和移动，使其桩号位置始终和拉坡图桩号对应，以方便用户进行拉坡位置判断和拉坡的平纵结合设计。

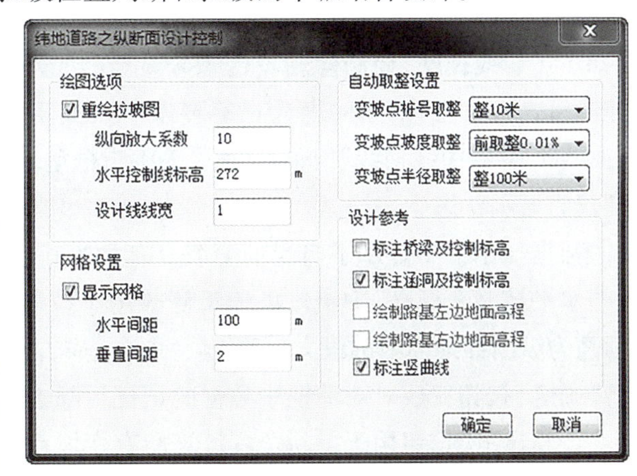

图9.3.4　纵断面设计控制

点按“控制”按钮后将出现图9.3.4所示对话框，用于控制系统是否自动绘制纵断拉坡图和在拉坡图中标注桥梁、涵洞构造物的位置和控制标高，以方便在计算机屏幕上进行拉坡设计。如果用户使用纬地道路CAD数模版软件从数字地模中直接采集了路面左右侧边缘的地面高程，对话框中的“绘制路基左右侧地面高程”选项可以控制在拉坡图中同时绘出左右侧的地面高程线图形。这样用户在拉坡时便可直接控制路基左右侧边缘的填挖情况。“标注竖曲线”选项是选择是否在拉坡图上显示变坡点桩号、高程、坡度、坡长以及竖曲线的起终点位置。“设计线线宽”是用于设置纵断面设计线的宽度，用户可根据需要自由调整拉坡设计线的粗细。该功能的增加主要针对旧路改造项目的拉坡设计，采用较细的坡度线可以在交互拉坡时对纵断面设计线进行很准确的定位。“自动取整设置”是用于设置变坡点的“桩号自动取整、坡度自动取整、半径自动取整”的精度。可设置插入变坡点（坡段）的前坡度值小数位数。在实时拖动变坡点时，也可以选择设置前坡度取整或者后坡度取整的精度。在纵断面设计功能中，可通过实时拖动竖曲线的 T 长、半径等方式生成或修改竖曲线，升级增加竖曲线半径 R 自动取整的设置功能。当用户通过拖动方式确定竖曲线后，系统可以自动将竖曲线的半径 R 值取整为 1、10 或 100 的倍数。

在纵断面设计功能中，当用户通过实时拖动的方式生成或修改竖曲线时，增加了竖曲线起终点位置在下方平面示意图上对应显示的功能，可方便对纵断面设计的平纵组合进行精确的控制。同时，当用户拖动竖曲线起终点位置与前（后）竖曲线连接时，系统自动识别并按照与前后衔接方式反算竖曲线半径等。

“变坡点”中各控件显示当前变坡点的“序号”“变坡点桩号”及“变坡点高程”等数据。“选点”用于在屏幕上直接拾取当前变坡点的位置；纵向滚动条控制向前或向后翻动变坡点数据。“插入”和“删除”按钮使用户可以在屏幕上通过光标点取的方式直接插入（增加）或删除一个变坡点及其数据。当选择插入一个变坡点时，除采用动态交互式拉坡方式来确定坡度线，还可以根据命令行的提示直接输入待插入变坡点的设计高程、坡长、坡度或桩号等信息，用以确定已知的坡度线。当系统提示“请拾取变坡点<P 控制坡度/G 控制标高/L 控制坡长/S 输入变坡点桩号，高程/I 输入坡度，坡长>”时，用户可根据需要键入不同的控制键（字母），然后根据系统提示输入已知的坡度、坡长或设计高程、变坡点桩号等，即可完成已知坡度设计线的输入。在拉坡设计过程中，可交互使用动态拉坡或直接输入坡度这两种方式，使纵断面设计过程更灵活方便。

为使路线纵坡的坡度在设计和施工中便于计算和掌握，纬地系统还可以在对话框中直接输入坡度值。鼠标点击变坡点控件中的凹显“高程”按钮，右侧数据框中的变坡点高程值会转换为前（或后）纵坡度，用户可以将该坡度值进行取整或输入需要的坡度值，点击“计算显示”按钮，系统会自动算出新的变坡点高程并刷新图形。

2）竖曲线设计

在“竖曲线”中的“计算模式”包含 5 种模式，即常规的“已知 R”（竖曲线半径）控制模式、“已知 T”（切线长度）控制模式、“已知 E”（竖曲线外距）控制模式，以及与前（或后）竖曲线相接的控制模式，以达到不同的设计计算要求。根据用户对“计算模式”的不同选择，其下的三项“竖曲线半径”“曲线切线”“曲线外距”等编辑框呈现不同的状态。亮显时，为可编辑修改状态，否则仅为显示状态。

“数据显示：”中显示了与当前变坡点有关的其他数据信息，以供随时参考、控制。

“水平控制线标高”中用户可编辑修改用于拉坡设计时作为参考的水平标高控制线（其默认标高为纵断面地面线的最大标高）。

“确定”按钮完成对对话框中数据的记忆后隐去对话框。

“计算显示”按钮用于重新全程计算所有变坡点，并将计算结果显示于对话框中；同时完成对拉坡图中纵断面设计线的自动刷新功能。

3）修改调整

“实时修改”按钮是纵断面设计功能的重点，首先提示“请选择变坡点/P 坡段：”，如果用户需要修改变坡点，可在目标变坡点圆圈之内单击鼠标左键，系统提示请用户选择“修改方式：沿前坡（F）/后坡（B）/水平（H）/垂直（V）/半径（R）/切线（T）/外距（E）/自由（Z）：”，用户键入不同的控制键（字母）后，可分别对变坡点进行沿前坡（F）、后坡（B）、水平（H）、垂直（V）等方式的实时移动和对竖曲线半径(R)、切线长(T),以及外距(E)等的控制性动态拖动。该命令默认的修改方式是对变坡点的自由(Z)拖动。这里系统仍然支持"S""L"键对光标拖动步长的缩小与放大功能。如果用户需要将变坡点的桩号或某一纵坡坡度设定到整数值或固定值,可以通过实时拖动、直接修改对话框中变坡点的数据或直接指定变坡点的前、后纵坡值来实现。

当选择拖动"坡段"时,系统提示"选择修改方式:指定坡度且固定前点(Q) /固定后点(H) /自由拖动(Z)"。可以在指定坡段的前点或后点固定的前提下,直接输入一指定纵坡坡度,"自由拖动(Z)"使用户可以在坡段坡度不变的前提下,整段纵坡进行平行移动。

在操作过程完成后,注意用"存盘"或"另存"命令对纵断面变坡点及竖曲线数据进行存盘。

3. 纵断面自动拉坡设计

纵断面优化拟合设计功能采用最小二乘法原理,实现了旧路纵断面自动快速拟合以及纵断面自动优化快速设计的功能。该功能可用于新建公路各阶段纵断面优化设计以及旧路改建工程的纵断面自动拟合设计。纵断面自动拟合功能利用旧路中心线纵断地面线数据,系统自动排除错误的测量点,并自动完成纵断面拟合设计的过程。纵断面自动优化设计是指在平面线形既定的情况下,根据道路等级、沿线自然条件和构造物控制标高等控制参数,快速确定各坡段的坡长和纵坡度,并自动配置竖曲线,使得纵断面土石方等相关工程量最小。同时,纵断面设计线满足国家规范技术指标、标高控制点限制以及平纵组合等要求。

菜单:设计→纵断面优化/拟合,命令:HZDMNH。纵断面自动拉坡设计主对话框如图9.3.5所示。

启动该命令后,系统自动从项目数据中提取道路等级、设计车速,用户根据项目情况设置横断面基本参数、填挖方边坡的平均坡度、工程量基本参数、最大、最小指标(最大最小纵坡和竖曲线半径等)等控制参数,还可以根据设计要求勾选"平纵组合控制"和"文件控制"(项目管理器添加控制文件后,该复选框会自动激活)选项。

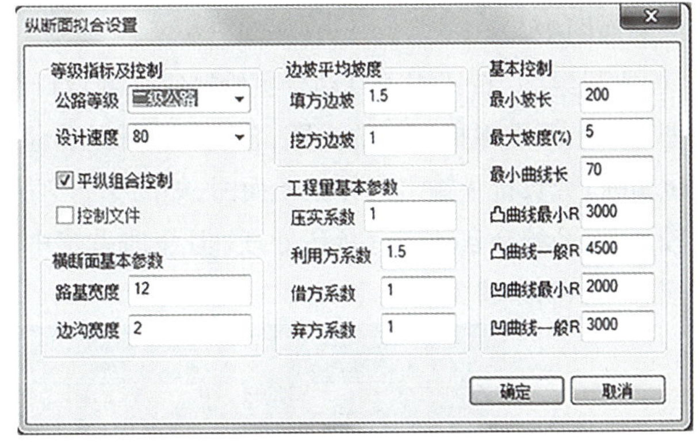

图9.3.5　纵断面拟合设置

参数设置完成后,点击"确定"按钮,系统弹出参数确认对话框,在确认设置参数无误后,点击"开始计算"按钮,系统根据各种控制条件和参数,自动计算出10个纵断面优化设计方案,并自动筛选得到纵断面优化设计最佳方案。点击"保存最佳方案"按钮即可得到一个最优化的纵断面设计数据文件(*.zdm)。点击"输出报告"按钮可得到纵断面拟合报告。使用纵断面优化/拟合设计功能可大幅度提高纵断面拉坡设计效率,优化设计质量。

4. 路线纵断面图绘制

菜单:设计→纵断面设计绘图,命令:ZDMT。纵断面计算与绘图程序主对话框如图9.3.6所示。"起始桩号:"和"终止桩号:"编辑框用于输入用户所需绘制的纵断面图的桩号区间范围。点击"搜索全线"按钮,系统会自动搜索到本项目起终点桩号。

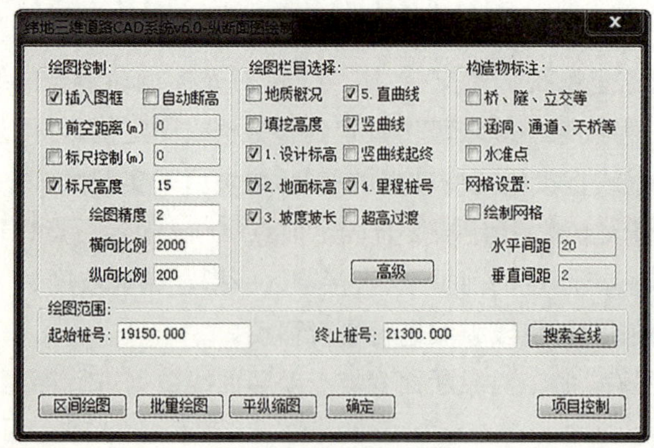

图 9.3.6　纵断面绘制

"标尺控制:"按钮点亮后,可在其后的编辑框中输入一标高值,程序将通过以此数值作为纵断面图中标尺的最低点标高来调整纵断面图在图框中的位置。另外,可以控制"标尺高度:"的高度值。

"前空距离:"按钮点亮后,控制在绘图时调整纵断面图与标尺间的水平向距离。

"绘图精度:"编辑框中用户可以制定在绘图过程中,设计标高、地面标高等数据的精度。

"横向比例:"和"纵向比例:"编辑框中分别输入指定纵断面的纵横向绘图比例。也正是因为纵横向比例可以任意调整,所以此程序还可以方便地用于路线平纵面缩图的绘制。

"确定"按钮可完成对话框数据的记忆功能。

"区间绘图"按钮将完成对话框输入,开始进行用户输入范围的连续纵断面图绘制,主要包括读取变坡点及竖曲线,进行纵断面计算,绘制设计线;读取纵断面地面线数据文件,绘制地面线;读取超高过渡文件,绘制超高渐变图;读取平面线形数据文件,绘制平曲线;将位于绘图范围内的地面线文件中的一系列桩号及其地面标高、设计标高标注于图中;将设计参数控制文件中"qhsj. dat"项及"hdsj. dat"项所列出的桥梁、分离立交、天桥、涵洞、通道包括水准点等数据标注于纵断面图中。

"批量绘图"按钮用于自动分页绘制纵断面设计图。当所有设置均调整好以后,点击"批量绘图"按钮,系统根据用户的设置,自动调用纬地目录下的纵断面图框(纬地安装目录下的/Tk-zdmt. dwg)分页批量输出所有纵断面图,如图 9.3.7 所示。系统将自动确定标尺高度,当地形起伏较大时,系统会自动进行断高处理(但纬地系统中默认在同一幅图中最多断高三次,否则用户应压缩纵向绘图比例)。

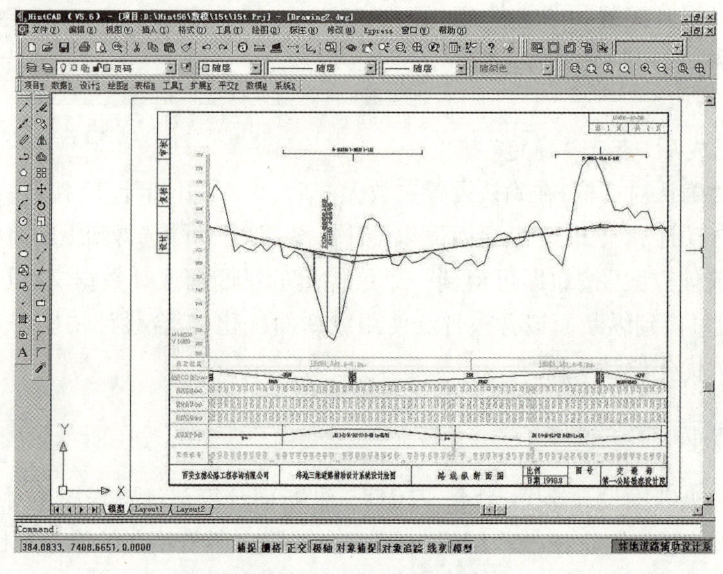

图 9.3.7　纵断面分幅图

“绘图栏目选择”中的一系列按钮分别控制纵断面图中诸多元素的取舍和排放次序，如地质概况、里程桩号、设计高程、地面高程、直曲线、超高过渡、纵坡、竖曲线等。“构造标注”控制是否标注桥梁、涵洞、隧道和水准点等构造物，用户可以根据自己的需要随意控制。

点击“高级”设置按钮，出现如图9.3.8所示对话框。用户可以对其进行详细的设置，其中通用设置可以选择里程桩号不重叠或者只绘制“5公里”“1公里”“500米”“100米”“50米”“20米”等桩号。通过此功能，用户可以很方便地绘制不同比例下的纵断面缩图。另外，对纵断面图中的地质概况等每一项栏目都可以进行详细的设置，可以自行修改栏目名称、高度、选择是否绘制、绘制顺序以及图层和文字等各种修改。

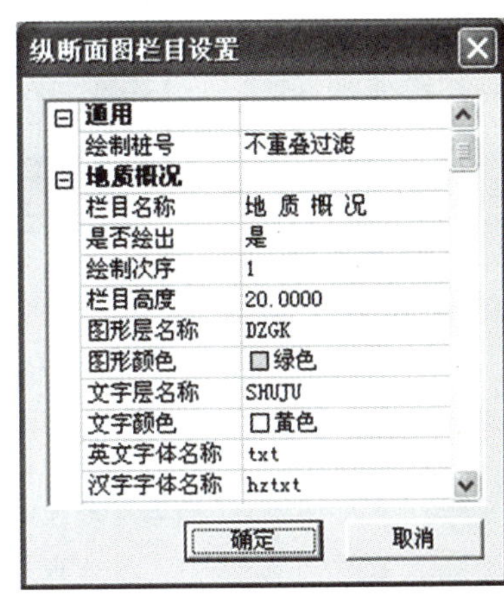

图9.3.8　纵断面图栏目设置

程序可在绘图时自动缩放并插入图框文件（纬地安装目录下的\tk_zdm.dwg），用户可以修改、替换该文件。首先修改该文件的属性，取消只读文件的设置，并将新的图框文件的插入点定位到内框的左下角，并注意标准图框模板的大小及位置不能改变。

“平纵缩图”绘制的具体操作步骤为：绘制平之前，首先打开“主线平面图设计”或“立交平面设计”窗口，在模型空间里将平面线形计算绘制出来；再打开“纵断面绘图”窗口，如图9.3.9所示；点击“平纵缩图”按钮，弹出“平面自动分图”窗口，如图9.3.10所示。点击“开始出图”按钮，命令行自动提示输出的总页码，用户可在命令行输入“图框标注起始页码”和“图框标注总页码”，系统即自动批量输出平纵面图。

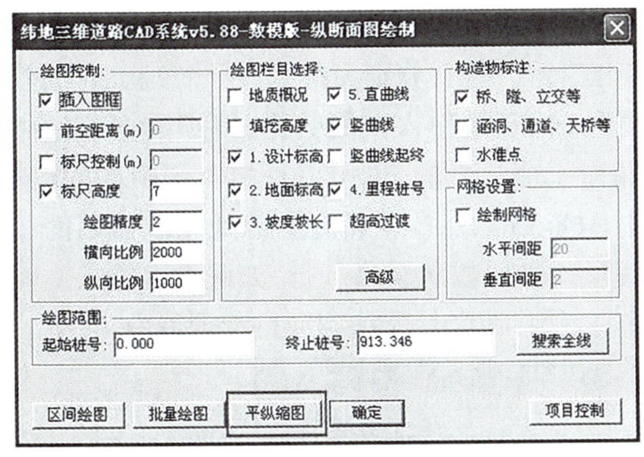

图9.3.9　纵断面设置

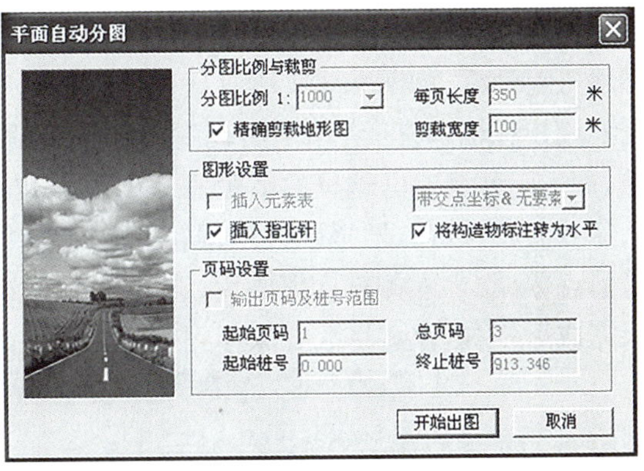

图9.3.10　平面自动分图

“平纵缩图”绘制采用专门的图框进行输出，因此，在“图框表格模板设置”中增加一个“平纵缩图图框”模板，如图9.3.11所示。

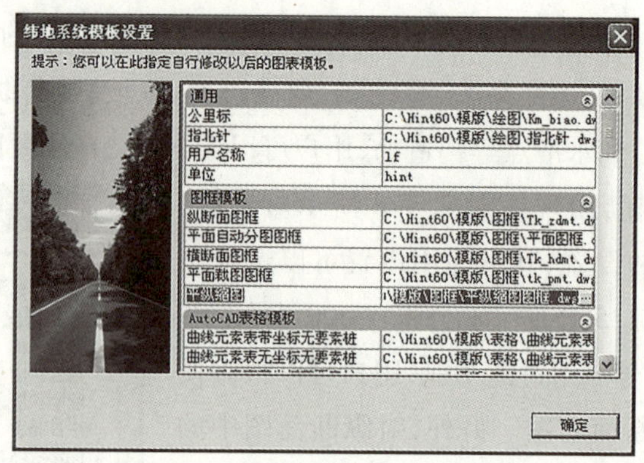

图 9.3.11　纵断面图框模板设置

任务 9.4　纬地软件横断面设计

道路横断面设计是在平面线设计和纵断面设计完成后进行的，纬地软件通过设置横断面参数，应用横断面勘测数据批量生成横断面图，对一些做特殊要求的横断面再进行修改。

1. 横断面测量数据输入

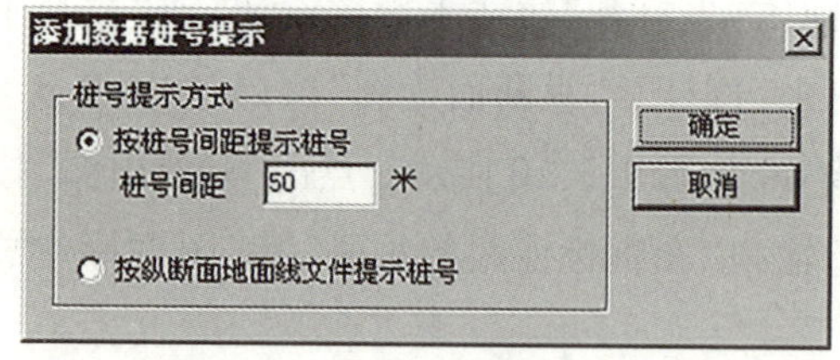

图 9.4.1　桩号提取设置

菜单：数据→横断数据输入或输入命令：HDMTOOL，弹出"桩号提示"对话框如图 9.4.1 所示。系统提供两种方式的桩号提示：按桩号间距或根据纵断面地面线数据的桩号。一般用户选择后一种，这样可以方便地避免出现纵、横断数据不匹配的情况。然后点击"确定"，弹出横断数据输入对话框，如图 9.4.2 所示。在输入界面中，每三行为一组，分别为桩号、左侧数据、右侧数据。用户在输入桩号后按"回车"，光标自动跳至第二行开始输入左侧数据，每组数据包括两项，即平距和高差。这里的平距和高差既可以是相对于前一点的，也可以是相对于中桩的（输入完成后，可以通过"横断面数据转换"中的"相对中桩→相对前点"转化为纬地系统需用的相对前点数据）。左侧输入完毕后，直接键入两次"回车"，光标便跳至第三行，如此循环输入。输入完成后，点击存盘将数据保存到指定文件中，系统自动将该文件添加到项目管理器中。

15t.hdm - HDMTool

文件(F)　编辑(E)　查看(V)　帮助(H)

	平距	高差	平距	高差	平距	高差	平距	高差	平距	高差	平距	高差
桩号		0.000										
左侧	3.060	-0.683	1.572	-0.241	3.336	-2.252	3.616	-0.108	0.184	-0.006	0.536	-0.
右侧	0.946	0.211	0.990	-0.094	5.738	-1.544	2.524	0.145	3.379	0.209	4.016	1.
桩号		10.000										
左侧	0.862	-0.163	0.089	-0.022	0.029	-0.017	1.430	-1.473	1.450	-0.237	2.319	-0.
右侧	7.884	1.492	3.071	1.474	1.523	0.526	1.851	0.692	1.842	0.330	1.704	0.
桩号		20.000										
左侧	0.656	-0.159	1.994	-0.892	4.401	-2.717	0.089	-0.229	0.108	0.526	0.388	-0.
右侧	1.604	0.390	1.025	1.356	0.910	0.610	4.491	1.201	2.965	0.909	2.991	1.
桩号		30.000										
左侧	6.477	-2.670	0.170	-0.061	3.174	-1.874	1.226	-0.483	0.679	-0.143	0.264	0.
右侧	0.189	0.078	1.449	0.249	3.466	1.843	1.521	0.136	0.878	0.370	3.668	0.
桩号		40.000										
左侧	0.324	-0.057	1.149	-0.334	2.376	0.172	4.363	-0.455	1.972	-0.243	0.179	-0.
右侧	1.424	0.249	0.764	0.312	2.181	1.648	2.085	1.256	1.423	1.096	0.526	0.
桩号		50.000										

就绪　当前数据类型：相对前点　桩号：40.000　右侧　平距：11

图 9.4.2　横断面数据输入

2. 通过项目导向初设横断面

1) 典型路基横断面设置

首先进行初步的横断面设计，俗称“戴帽子”，项目导向可以根据同一项目不同的等级标准分段自动计算建立超高、加宽、路幅断面、填挖方边坡等技术参数。纬地设计向导启动后，程序自动从项目中提取“项目名称”“平面线形文件”以及“项目路径”等数据。选择“公路等级”，根据公路等级程序自动从数据库中提出其对应的计算车速。在提示出对应的典型路基横断面形式和具体尺寸组成，修改并调整路幅总宽；针对城市道路，用户还可在原公路断面的两侧设置左右侧附加板块，以方便地处理多板块断面，如图9.4.3所示。

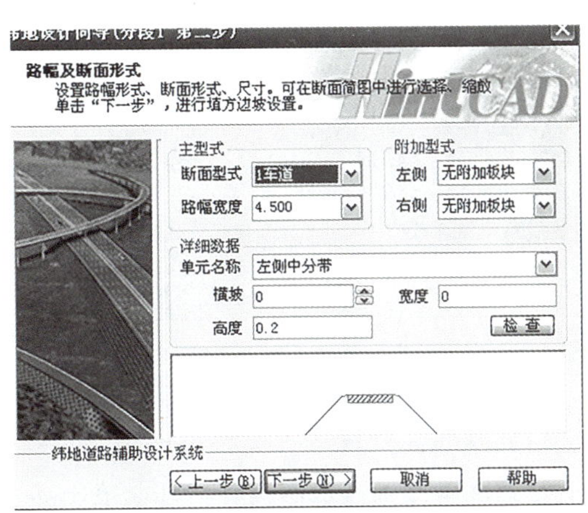

图9.4.3　路幅及断面形式

2) 典型路基边坡设置

点击“下一步”，在对话框的提示下完成项目典型填、挖方边坡的控制参数设置。根据需要，设置可处理高填与深挖断面的任意多级边坡台阶，如图9.4.4、图9.4.5所示。

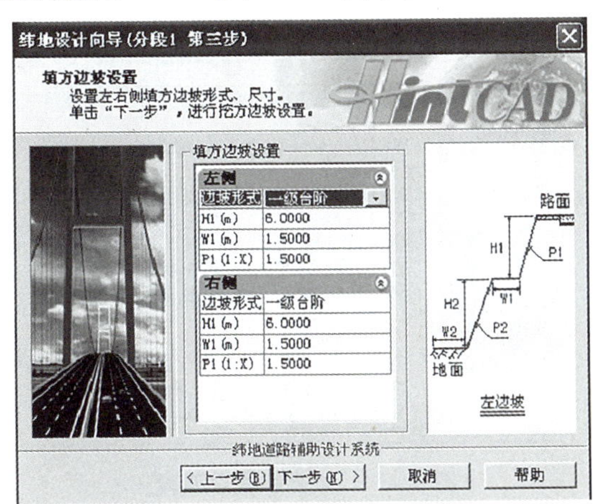

图9.4.4　填方边坡设置

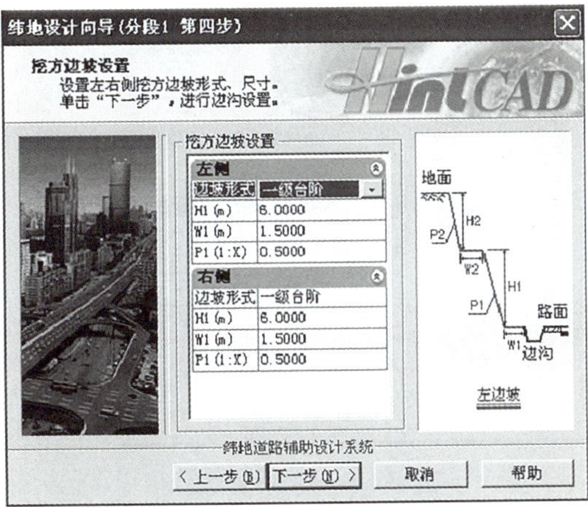

图9.4.5　挖方边坡设置

3) 典型路基边沟设置

完成边坡设置后，系统引导进行路基两侧边沟、排水沟形式及典型尺寸设置，如图9.4.6、图9.4.7所示。

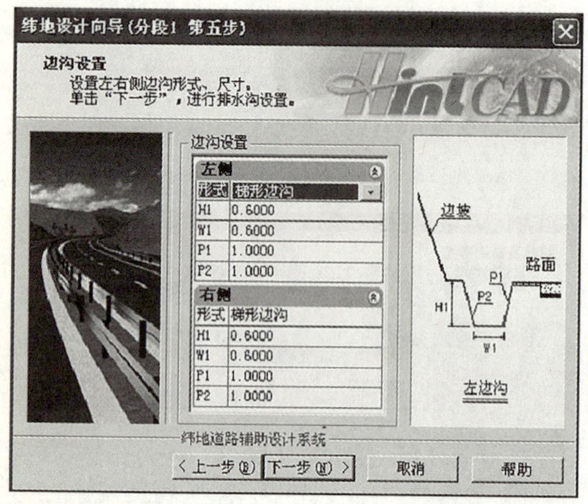

图 9.4.6　边沟设置

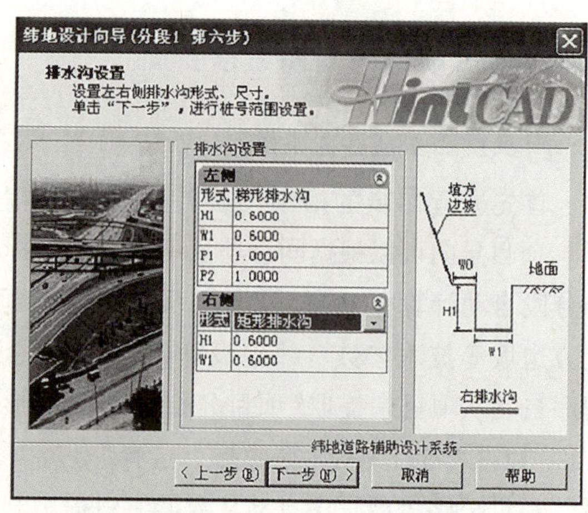

图 9.4.7　排水沟设置

4）路基超高设置

选择确定该项目分段路基设计所采用的超高和加宽类型、超高旋转、超高渐变方式及外侧土路肩超高方式（纬地新版中增加的功能，用户可以根据需要选取“曲线外侧土路肩不超高”和“曲线外侧土路肩随行车道一起超高”两种方式）、曲线加宽位置及加宽渐变方式，对话框如图 9.4.8 所示。点击“下一步”，则开始项目的第二个分段的设置，如此循环直到所有项目分段设置完成，则进入纬地设计向导最后一步自动计算超高和加宽过渡段。如果只有一个项目分段，点击“下一步”，则直接进入纬地设计向导最后一步。

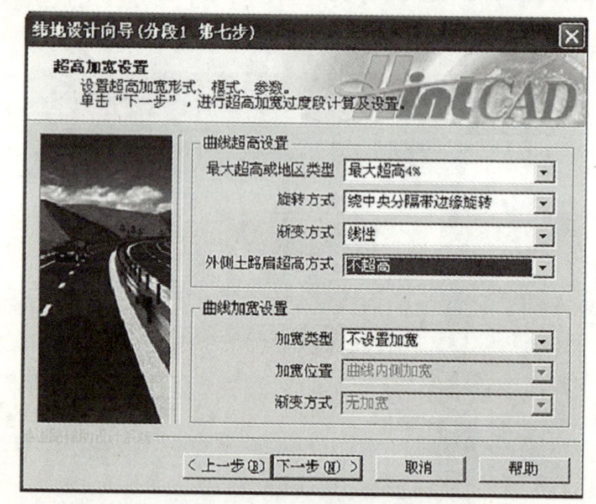

图 9.4.8　超高加宽设置

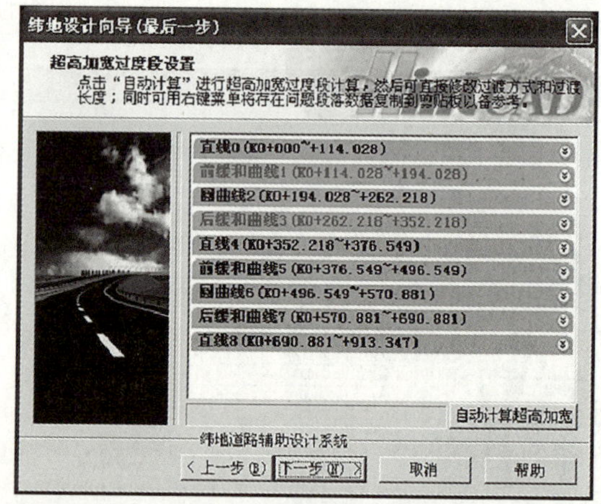

图 9.4.9　超高加宽过渡段

点击“自动计算超高加宽”按钮，系统将根据前面所有项目分段的设置结合项目的平面线形文件，自动计算出每个交点曲线的超高和加宽过渡段，其对话框如图 9.4.9 所示。对于过渡段长度不够或曲线半径太小的线元，系统将以红色显示，便于用户进行检查。用户可以展开每一个曲线单元查看其超高和加宽设置，并且可以修改超高和加宽过渡段的位置和长度。

3. 横断面设计

需要调整定制各种横断面类型、多级填挖方边坡、护坡道、边沟、排水沟，以及截水沟和路基支挡防护构造物，实现横断面随意修改后的所有数据自动搜索刷新。针对不同公路等级和设计的不同需要,可随意定制横断面绘图的方式方法、断面各种图形信息的标注形式和内容。

菜单:设计→横断设计绘图,命令:HDM_new。横断设计与绘图主对话框如图 9.4.10 所示,主要分为 3 个部分:设计控制、土方控制、绘图控制。

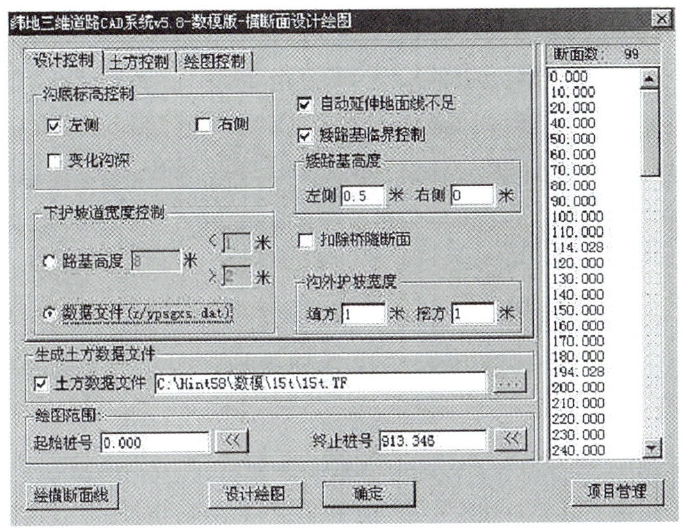

图 9.4.10　横断面设计控制

1) 设计控制

①自动延伸地面线不足,控制当断面两侧地面线测量宽度较窄,"戴帽子"时边坡线不能和地面线相交,系统可自动按地面线最外侧的一段的坡度延伸,直到"戴帽子"成功。

②左右侧沟底标高控制:已经在项目管理器中添加左右侧沟底标高设计数据文件,则"沟底标高控制"中的"左侧"和"右侧"控制将会亮显,可以分别设定在路基左右纬地系统纵断面设计程序,完成对路基左右侧边沟排水沟的沟底拉坡设计。

③下护坡道宽度控制:主要用于控制高等级公路项目填方断面下护坡道的宽度变化。一是根据路基填土高度控制,即可以指定当路基高度大于某一数值时,下护坡道宽度和小于该数值时下护坡道宽度;二是根据设计控制参数文件中左右侧排水沟形式(zpsgxs. dat 和 ypsgxs. dat)中的具体数据控制。

④矮路基临界控制:选择此项后,需要输入左右侧填方路基的一个临界高度数值(一般约为边沟的深度)。用以控制当路基边缘填方高度小于临界高度时,直接设计边沟,而不先按填方放坡之后再设计排水沟。利用此项功能还可以进行反开挖路基等特殊横断面设计。

⑤扣除桥隧断面:桥隧桩号范围内将不绘出横断面。

⑥沟外护坡宽度:用来控制"戴帽子"时排水沟(或边沟)的外缘平台宽度,用户可以分别设置沟外护坡平台位于填方或挖方区域的宽度。

2) 土方控制

如图 9.4.11 所示 ,计入排水沟面积用以控制在断面面积中是否考虑计入左右侧排水沟的土方面积。计入清除表土面积,用以控制在断面面积中是否考虑计入清除表土面积。计入左右侧超填面积, 用以控制在断面面积中是否考虑计入填方路基左右侧超宽填筑部分的土方面积。扣除路槽土方,用以控制在断面面积中考虑扣除路槽部分土方面积的情况,可以分别选择对于填方段落是否扣除路槽面积和挖方段落是否加上路槽面积。计入顶面超填面积,该控制主要用于某些路基沉降较为严重的项目，需要在路基土方中考虑因地基沉降而引起的土方数量增加。顶面超填也分为“路基高度”和“文件控制”两种方式。路基高度控制方式，即按路基高度大于或小于某一指定临界高度分别考虑顶面超填的厚度（路基实际高度的百分数）。

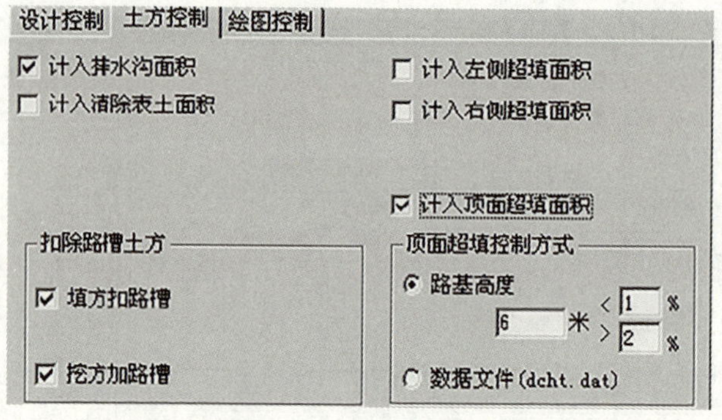

图 9.4.11　土方控制

3）绘图控制

如图 9.4.12 所示，按项目需要自由控制绘图的比例和方式；在横断面设计绘图时是否自动插入图框，可以根据项目需要修改图框内容，但不能移动、缩放该图框；可以勾选横断面绘图的排列方式是以中线对齐的方式还是以图形居中的方式来进行排列。每幅图排放列数，适用于低等级道路断面较窄的情况，用户可以根据需要直接指定每幅横断面图中断面的排放列数。自动剪断地面线宽度，控制是否需要系统在横断面绘图时，根据用户指定的长度将地面线左右水平距离超出此长度的多余部分自动裁掉。对于设计线超出此长度时，系统将保留设计线及其以外一定的地面线长度。绘出路槽图形用于控制是否需要系统在横断面绘图时，自动绘出路槽部分图形。对于绘制网格，选择在横断面设计绘图时，是否绘出方格网，方格网的大小可以自由设定。对于标注部分，根据需要，自由选择在横断面图中自动标注哪些内容。输出相关数据成果部分是在横断面设计绘图时，直接输出横断面设计“三维数据”和路基的“左右侧沟底标高”的设置，其中断面“三维数据”用于系统数模版直接结合数模输出公路全三维模型。

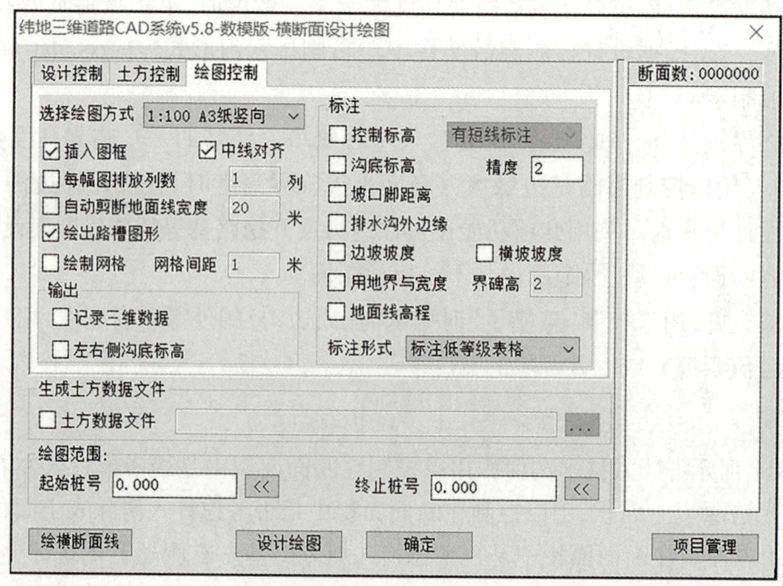

图 9.4.12　绘图控制

4）生成土方数据文件

选择直接在横断面设计与绘图的同时输出土方数据文件，其中记录桩号、断面填挖面积、中桩填挖高度、坡口坡脚距离等数据，以满足后期的横断面设计修改、用地图绘制、总体图绘制等需要，特别是路基土石方计算和调配的需要。对话框中选择输出土方数据文件后（数据文件名称变为亮显状态）需输入土方数据文件的名称，也可以点击其后的“…”按钮，指定该文件的名称及存放位置。

4. 绘图输出

点击“设计绘图”按钮，系统自动调用纬地安装目录下的横断面图框（Tk-hdmt. dwg），批量自动生成用户指定的桩号区间的所有横断面图。如图9.4.13所示，系统根据用户的定制自动生成的一种横断面图，定制的格式为“A3图纸横放、比例1∶400、中线对齐、断面图排放两列、自动裁剪地面线25米、绘出路槽图形、标注路面横坡、标注边坡坡度、绘出用地界并标注宽度、设计数据以表格形式输出”等。所有这些设置均可根据用户的不同需要自由定制。

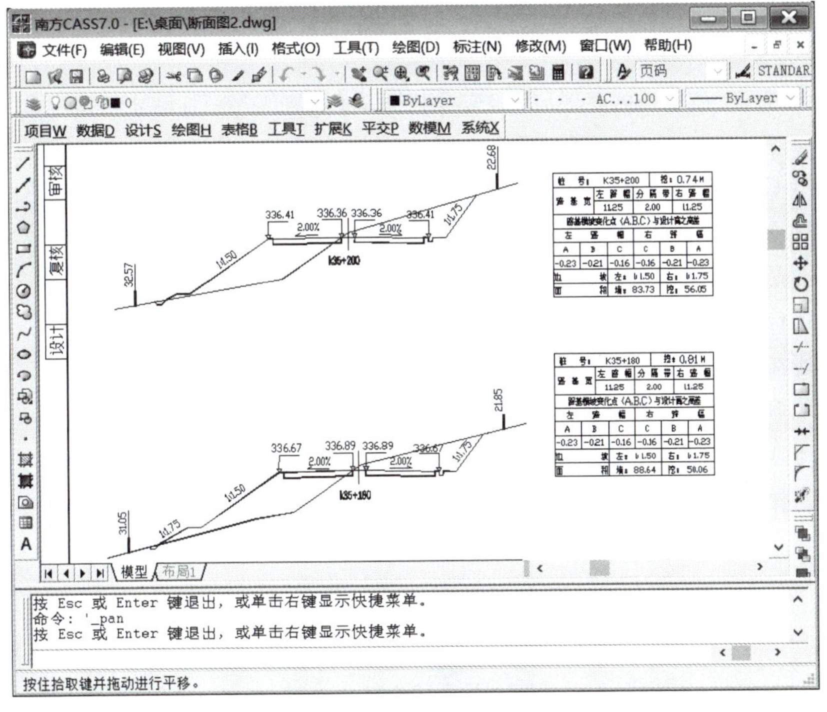

图9.4.13　横断面输出

5. 横断面修改

如果发现个别断面的填挖方边坡、边沟、排水沟、截水沟以及其他路基支挡构造物需要修改，可先将“sjx”图层作为当前层，用“explode”命令炸开整条连续的设计线，并对其进行修改。在完成修改后点取“设计”菜单的“横断面修改”项，按照提示点选需要修改的横断面中心线，系统便自动重新搜索新的设计线并计算断面填挖方面积、坡口坡脚距离以及用地界等，同时启动横断面修改对话框，如图9.4.14所示。根据自己的需要修改各个选项的内容，修改完成后点击“修改”按钮。

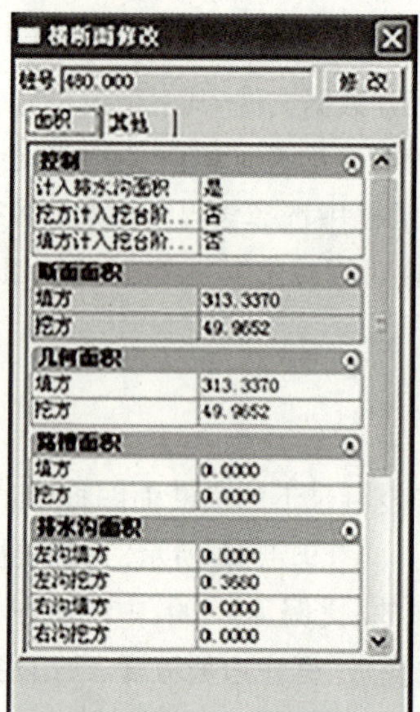

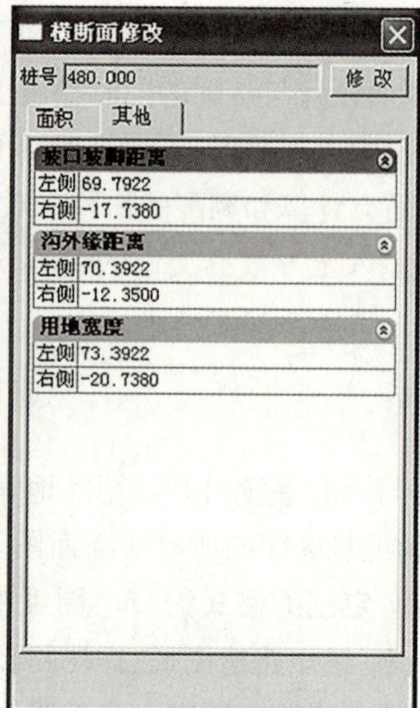

图 9.4.14　横断面设计

思考与练习题

9.1　道路 CAD 系统主要功能是什么?

9.2　简述道路 CAD 系统主要设计内容。

9.3　什么是数字地面模型? 它有哪些特点?

9.4　简述纬地软件主线平面设计的操作步骤。

9.5　简述纬地软件的手动拉坡设计方法及注意事项。

9.6　纬地软件的横断面数据格式是什么?

9.7　简述项目导向初设横断面步骤及技术要求。

9.8　简述横断面调整设计的方法步骤及要求。

参考文献

[1] 中华人民共和国交通运输部. 公路路线设计规范:JTG D20—2017[S]. 北京:人民交通出版社,2017.

[2] 中华人民共和国交通运输部. 公路勘测规范:JTG C10—2007[S]. 北京:人民交通出版社,2007.

[3] 中华人民共和国交通运输部. 公路勘测细则:JTG/T C10—2007[S]. 北京:人民交通出版社,2007.

[4] 中华人民共和国交通运输部. 公路工程技术标准:JTG B01—2014[S]. 北京:人民交通出版社,2015.

[5] 中华人民共和国交通运输部. 城镇化地区公路工程技术标准:JTG 2112—2021[S]. 北京:人民交通出版社,2021.

[6] 中华人民共和国住房和城乡建设部. 城市道路路线设计规范:CJJ 193—2012[S]. 北京:中国建筑工业出版社,2012.

[7] 中华人民共和国住房和城乡建设部. 城市道路工程设计规范(2016 年版):CJJ 37—2012[S]. 北京:中国建筑工业出版社,2016.

[8] 中华人民共和国交通运输部. 公路排水设计规范:JTG/T D33—2012[S]. 北京:人民交通出版社,2012.

[9] 中华人民共和国交通运输部. 公路立体交叉设计细则:JTG/T D21—2014[S]. 北京:人民交通出版社,2014.

[10] 中华人民共和国交通运输部. 公路路基设计规范:JTG D30—2015[S]. 北京:人民交通出版社,2015.

[11] 中华人民共和国交通运输部. 公路隧道设计细则:JTG/T D70—2010[S]. 北京:人民交通出版社,2010.

[12] 许金良,等. 道路勘测设计[M]. 5 版. 北京:人民交通出版社,2019.

[13] 杨少伟,等. 道路勘测设计[M]. 3 版. 北京:人民交通出版社,2009.

[14] 张志清. 道路勘测设计[M]. 4 版. 北京:科学出版社,2022.

[15] 孙家驷. 道路勘测设计[M]. 3 版. 北京:人民交通出版社,2012.

[16] 张铭,杨航卓. 注册道路工程师执业资格考试专业考试复习教程[M]. 北京:人民交通出版社,2016.

[17] 张雨化. 道路勘测设计[M]. 北京:人民交通出版社,1997.

[18] 沈建武,吴瑞麟. 城市道路与交通[M]. 2 版. 武汉:武汉大学出版社,2006.

[19] 朱照宏,符锌砂,李方,等.道路勘测设计软件开发与应用指南[M].北京:人民交通出版社,2003.
[20] 周志坚,徐宇飞.道路勘测设计[M].北京:科学出版社,2015.
[21] 李远富. 线路勘测设计[M]. 北京:高等教育出版社,2009.
[22] 周亦唐.道路勘测设计[M].4 版.重庆:重庆大学出版社,2013.
[23] 朱照宏. 公路计算机辅助工程[M]. 北京:人民交通出版社,2000.
[24] 林雨,陶明霞.道路勘测设计[M].武汉:武汉大学出版社,2013.
[25] 陈方晔,李绪梅.公路勘测设计[M].3 版.北京:人民交通出版社,2015.
[26] 黄兴安. 公路与城市道路设计手册[M]. 北京:中国建筑工业出版社,2005.
[27] 任福田,刘小明,孙立山,等.交通工程学[M].4 版.北京:人民交通出版社,2023.
[28] 文国玮. 城市交通与道路系统规划[M]. 北京:清华大学出版社,2007.